知识产权
理论与实务

Theory and Practice
of Intellectual Property
(Second Edition)

第二版

王洪友 主编

以培养应用型专业人才为目标
以实务需求为导向阐释知识产权理论
结构合理、逻辑严密、特色鲜明

知识产权出版社
全国百佳图书出版单位
—北京—

图书在版编目（CIP）数据

知识产权理论与实务 / 王洪友主编 . -- 2 版 .-- 北京：知识产权出版社，2022.1
ISBN 978-7-5130-7943-3（2023.10 重印）

Ⅰ . ①知… Ⅱ . ①王… Ⅲ . ①知识产权法—研究—中国 Ⅳ . ① D923.404

中国版本图书馆 CIP 数据核字（2021）第 251217 号

内容提要

本书以培养法学和知识产权专业应用型人才为目标，以学习者为中心设计内容体系，以知识产权法律制度为主线，系统阐述了知识产权理论与实务概述、著作权法、专利法、商标法及其他知识产权理论与实务等内容。

本书不仅可用作高等学校法学、知识产权及相关本科专业教材，也可用作法学硕士、法律硕士、工程硕士、工商管理硕士等研究生教材及政府机构、企事业单位和各类知识产权人才的学习参考用书。

责任编辑：李石华　　　　　　　　　　责任印制：刘译文

知识产权理论与实务（第二版）
ZHISHICHANQUAN LILUN YU SHIWU（DI-ER BAN）

王洪友　主编

出版发行：知识产权出版社有限责任公司		网　　址：http://www.ipph.cn	
电　　话：010-82004826		http://www.laichushu.com	
社　　址：北京市海淀区气象路50号院		邮　　编：100081	
责编电话：010-82000860转8072		责编邮箱：lishihua@cnipr.com	
发行电话：010-82000860转8101		发行传真：010-82000893	
印　　刷：北京中献拓方科技发展有限公司		经　　销：新华书店、各大网上书店及相关专业书店	
开　　本：720mm×1000mm　1/16		印　　张：27	
版　　次：2022年1月第1版		印　　次：2023年10月第3次印刷	
字　　数：400千字		定　　价：88.00元	

ISBN 978-7-5130-7943-3

出版权专有　侵权必究
如有印装质量问题，本社负责调换。

前　言

在长期的教学过程中，我们感觉已有知识产权法学教材在理论与实务的结合方面，在体现"以学生为中心"的教学理念方面还有进一步努力的空间，因此我们决定编写一本更适合以应用型人才为培养目标的知识产权法学教材。本教材第一版出版以来，与知识产权相关的国内法律制度建设取得了许多新进展，包括《中华人民共和国民法典》（以下简称《民法典》）的颁布与实施，以及《中华人民共和国著作权法》（以下简称《著作权法》）、《中华人民共和国专利法》（以下简称《专利法》）、《中华人民共和国商标法》（以下简称《商标法》）等知识产权法律的修正。2021年9月22日，中共中央、国务院发布了《知识产权强国建设纲要（2021—2035年）》，提出要营造更加开放、更加积极、更有活力的知识产权人才发展环境，包括开发一批知识产权精品课程等，这对知识产权法学教材建设提出了更高要求。这些使得本教材有必要做相应修改。本书以习近平法治思想为指引，以培养应用型专业人才为目标，以强化知识产权法学理论服务知识产权实务为原则而撰写，全书篇章结构合理、逻辑严密、特色鲜明。

首先，以习近平法治思想为指引，适度融入课程思政。2020年11月16日至17日，在中央全面依法治国工作会议上，党中央正式明确提出了"习近平法治思想"。习近平法治思想强调中国共产党的领导是我国社会主义法治之魂，是我国法治同西方资本主义国家法治最大的区别。本次教材修改时运用习近平法治思想理论，在知识产权制度的历史沿革部分，对中国共产党在我国知识产权制度建设过程中的领导作用进行了详细阐述，对于提升学生对中国共产党全面领导地位的认识，有着重要意义。

其次，以学习者为中心，以辅教导学为目标，内容安排遵循学习认知规律，以"导学—主体—引申"为主线，由浅入深，层次分明。每章的导学部分指明了章节内容和理论知识的应用方法，主体部分按照法学理论内在逻辑进行安排，一改多数教材以法律规定结构为主线安排的传统，逻辑更加严密，结构更加简洁；每章结束后的"思考与讨论""延伸阅读"等进一步拓展了学习空间，延伸学习环节。

再次，注重理论与实务有机结合，理论阐释简洁明了，实务探讨全面准确。理论知识结合法律法规、司法解释与相关案例进行抽象总结，强化其运用功能，避免空洞无用；实务探讨精选经典案例，案情概括全面精炼，点评客观准确，实务技巧得当，可为学习范例。

最后，内容新颖，与时俱进。在保留知识产权法学教材基本内容的同时，注意吸收学术领域最新理论研究成果、最新司法制度改革和国家机构改革情况及法律法规、司法解释最新修订变化内容，确保内容与时俱进。

教材编写既要体现特色，又要继承传统，吸收已有成果的优秀成分，因此本书仍不免借鉴已有相关文献，在不影响教材体例的情况下，我们都尽力注明出处，若有疏漏未注明者，敬请谅解，并对被借鉴文献作者表示衷心感谢！

本教材的编写同时得到四川省知识产权培训基地、绵阳市知识产权促进服务中心、西南科技大学技术与创新支持中心（TISC）和西南科技大学法学院的资助，得到领导和同事的关心支持，在此一并致谢！

由于编者学识所限，书中不当之处在所难免，希望专家学者、前辈同行和广大读者朋友批评指正。

本书作者及具体分工如下：

主编王洪友，知识产权法学博士，西南科技大学法学院教授，硕士生导师。撰写第一章第一节、第二节、第三节、第二章、第三章、第八章，附录整理及全书统稿。

副主编王海燕，民商法学博士，四川轻化工大学法学院讲师。公开发表论文30余篇，主持及参研各级科研项目3项。撰写第四章及第九章第三、四节，承担部分统稿工作。

副主编唐咏章，法律硕士，西南科技大学法学院讲师。拥有法律职业资格证书及专利代理人资格证书。曾就职于知识产权代理公司从事专利代理业务。发表学术论文多篇，参研各级科研项目多项。撰写第十章、第十一章，第十三章至第十六章，承担部分统稿工作。

宋雪，民商法学硕士，西南科技大学法学院助教，发表论文3篇，参编教材1部，主持及参研各级科研项目3项。撰写第一章第四节。

贾小龙，知识产权法学博士，兰州理工大学法学院教授，硕士生导师。公开发表论文近50篇，出版专著3部，主持国家社科基金等科研项目多项。撰写第五章。

王鑫，管理学博士，西南科技大学法学院副教授，硕士生导师。发表论文30余篇，主持及参研各级各类科研项目10余项。撰写第六章、第七章。

孟祥娟，民商法学博士，华南理工大学法学院教授，硕士生导师。中国法学会知识产权研究会理事、广东省法学会知识产权研究会常务理事、广州市版权局特聘专家顾问。发表论文40余篇，出版专著2部，主持及参加省部级项目多项。撰写第九章第一节、第二节。

王建，经济法学硕士，西南科技大学技术与创新支持中心（TISC）研究馆员，硕士生导师。发表论文20余篇，出版专著1部，参编著作1部，主持和参加各级科研项目多项。撰写第十二章。

廖勇，经济法学硕士，西南科技大学法学院副教授，硕士生导师。四川省法学会知识产权法学研究会常务理事、中国（四川）知识产权维权援助中心专利侵权判定咨询专家。发表论文20余篇，参编教材2部，合作出版著作2部。主持和参加各级科研项目10项，获绵阳市哲学社会科学优秀科研成果一等奖1项、二等奖2项。撰写第十七章至第二十一章。

李晓兰，经济法学硕士，西南科技大学法学院讲师。发表学术论文多篇，参研各级科研项目多项。撰写第二十二章至第二十六章。

王洪友
2021年12月

目 录 CONTENTS

第一编　知识产权理论与实务概述

第一章　知识产权理论概述　//3
第一节　知识产权的含义　//3
第二节　知识产权的性质与分类　//10
第三节　知识产权制度的历史沿革　//14
第四节　知识产权的国际保护　//22

第二章　知识产权实务概述　//36
第一节　知识产权实务的含义　//36
第二节　知识产权实务的法律依据　//38

第二编　著作权法理论与实务

第三章　著作权的客体　//45
第一节　作品的特征　//45
第二节　作品的种类　//48
第三节　不受著作权法保护的智力成果　//58

第四章 著作权的内容 // 64

第一节 著作人身权 // 64
第二节 著作财产权 // 72

第五章 著作权的主体 // 90

第一节 著作权主体概述 // 90
第二节 著作权的原始归属 // 93

第六章 邻接权 // 111

第一节 邻接权概述 // 111
第二节 出版者版式设计权 // 113
第三节 表演者权 // 114
第四节 录音录像制作者权 // 117
第五节 广播组织权 // 118

第七章 著作权的取得与管理 // 122

第一节 权利取得 // 122
第二节 许可使用 // 124
第三节 转让与继承 // 128
第四节 其他管理 // 129

第八章 著作权的限制 // 135

第一节 法定期限 // 135
第二节 合理使用 // 136
第三节 法定许可 // 142
第四节 强制许可 // 144

第九章 著作权的法律保护 // 148

第一节 著作权侵权 // 148
第二节 侵犯信息网络传播权 // 155

第三节 侵犯著作权的法律责任 // 161
第四节 著作权侵权纠纷处理实务 // 173

第三编 专利法理论与实务

第十章 专利权概述 // 187
第一节 专利权的性质 // 187
第二节 我国专利制度的发展 // 190

第十一章 专利权的对象 // 193
第一节 发明 // 193
第二节 实用新型 // 195
第三节 外观设计 // 196
第四节 专利权不予保护的对象 // 197

第十二章 专利权的主体 // 204
第一节 发明人、申请人与专利权人 // 204
第二节 职务发明创造 // 205
第三节 委托或合作发明创造 // 207

第十三章 授予专利权的实质条件 // 212
第一节 新颖性 // 212
第二节 创造性 // 216
第三节 实用性 // 220
第四节 外观设计的授权实质条件 // 221

第十四章 专利申请实务 // 226
第一节 专利申请程序 // 226
第二节 专利申请文件 // 232

第三节　复审无效程序　// 240

第十五章　专利权及其管理　// 248
第一节　专利权　// 248
第二节　专利权的限制　// 252
第三节　专利权的管理　// 254

第十六章　专利保护实务　// 261
第一节　专利侵权的判定　// 261
第二节　专利纠纷的解决　// 266

第四编　商标法理论与实务

第十七章　商标权的对象　// 275
第一节　商标的概念和特征　// 275
第二节　商标的种类　// 277
第三节　商标使用和注册的限制　// 280

第十八章　商标权人　// 294
第一节　商标权的归属　// 294
第二节　商标权主体　// 297
第三节　商标权及其限制　// 299
第四节　商标权人的基本义务　// 302
第五节　未注册商标使用人的相关权利　// 304

第十九章　商标权的取得与维持　// 311
第一节　商标权的取得方式　// 311
第二节　商标注册的原则　// 314
第三节　商标注册申请的审查和核准　// 316

第四节　注册商标的期限、续展和终止　// 323
第五节　注册商标的无效　// 326

第二十章　商标管理　// 337

第一节　商标使用　// 337
第二节　商标使用许可　// 339
第三节　商标的转让和移转　// 343
第四节　商标权的质押　// 345

第二十一章　商标权的法律保护　// 351

第一节　侵害商标权的行为　// 351
第二节　驰名商标的法律保护　// 356
第三节　侵犯商标权的法律责任　// 361
第四节　商标侵权纠纷的解决及诉讼实务　// 364

第五编　其他知识产权理论与实务

第二十二章　地理标志权　// 375

第一节　地理标志与地理标志权概述　// 375
第二节　地理标志的法律保护　// 378

第二十三章　商业秘密权　// 382

第一节　商业秘密与商业秘密权概述　// 382
第二节　商业秘密权的法律保护　// 386

第二十四章　集成电路布图设计权　// 392

第一节　集成电路布图设计概述　// 392
第二节　集成电路布图设计权的法律保护　// 394

第二十五章　植物新品种权 // 402

　　第一节　植物新品种概述 // 402
　　第二节　植物新品种权的法律保护 // 404

第二十六章　商号权 // 411

　　第一节　商号与商号权概述 // 411
　　第二节　商号权的法律保护 // 413

附录　相关法律法规、司法解释与国际条约 // 418

第一编
知识产权理论与实务概述

知识产权本质上是一种民事权利，但知识产权与人身权、物权、债权等其他民事权利相比存在鲜明的特征。因为权利客体、权利内容、权利限制与法律保护手段等诸多特殊性，知识产权逐渐成为独立研究的对象。以知识产权为研究对象的学科就是知识产权法学，知识产权法学有相对独立的理论基础，也有丰富的社会实践作观察对象。知识产权理论与知识产权实务是相辅相成的关系，实务抽象形成理论，理论运用构成实务，只有深刻理解了二者之间的关系，才能正确处理好理论学习与实务工作间的关系。

第一章 知识产权理论概述

知识产权理论是以知识产权为对象进行研究形成的体系化知识，是处理知识产权实务工作的基础，也是知识产权实务工作的总结、抽象与升华。作为舶来品的"知识产权"这一概念，国际和国内存在多种定义，以知识产权客体为核心的客观定义方法，是比较可取的。知识产权具有鲜明的特征，把握这些特征是准确理解和应用知识产权法律制度的基础。知识产权的特征决定知识产权保护不仅是一国内部的事，也是关系全球各国利益的事，大量与知识产权相关的国际公约或者条约，约束并指引各成员的域内立法。了解这些国际公约或者条约，有助于更好地理解相关理论问题。本章的理论知识如知识产权的特征、知识产权法定原则、利益平衡理念等均可以用于解决法律适用中的规范解释问题。

第一节 知识产权的含义

一、知识产权的概念

"知识产权"这个概念并非源于我国，而是译自外文。在英语中，通常用"Intellectual Property"（简称"IP"）或者"Intellectual Property Right"（简称"IPR"）表示我们所指称的知识产权。从词义上讲，"IP"更多地在财产这种意义上使用，可以称为"知识财产"，而"IPR"则更多地在权利这种意义上使用。但在国内外文献中，除极其严谨的场合和特别必要，一般没有严格区分二者，通常将"IP"和"知识产权"互译。我国学术界在研究过程中也曾使用过"智力成果权"这个概念，但1986年颁布的《中华人民共和国民法通则》（以下简称《民法通则》）中正式使用了"知识产权"的概念。

在英文文献里，"Intellectual Property"被理解为"来自工业、科学、文学与艺术领域的智力活动产生的法律权利"。❶ 在国内，对知识产权概念的界定也多种多样，并且都给出了各自定义的理由。例如，有的学者认为知识产权是指"基于创造成果和商业标记依法产生的权利的统称"；❷ 另有学者认为知识产权是"民事主体依法享有的，支配特定的蕴涵人的创造力并具有一定价值的信息，享受其利益并排斥他人干涉的权利"，❸ 还有学者认为知识产权是"民事主体基于创造性智力劳动成果（含工商业标记、商誉）依法享有的民事权利的总称"。❹

上述对知识产权的界定方式分为两种，一种是以世界知识产权组织（WIPO）相关文件为代表的"客体定义法"，即以客体为中心界定权利，认为知识产权是存在于某种客体上的权利；另一种是国内诸多学者采用的"主体定义法"，即采用民事主体为中心界定权利，认为知识产权是民事主体享有的某种权利。两种定义方法虽然角度不同，但也有共同点，即都会指明知识产权依附的客体，差别在于客体范围、抽象程度不同。定义应当体现准确性，即准确概括权利客体、权利性质、权利内容等要素，权利主体只是享有权利的人，与其他权利主体并无不同，没有必要将权利主体纳入权利定义之中，因此客体定义法相对更可取。采用客体定义法，首先需要对知识产权客体作必要的列举和抽象。

WIPO在1967年签订的《成立世界知识产权组织公约》第二条第八款规定，知识产权包括以下有关项目的权利：①文学、艺术和科学作品；②表演艺术家的演出、录音制品和广播节目；③在人类一切领域的发明；④科学发现；⑤工业品外观设计；⑥商标、服务标记、商号名称和标记；⑦禁止不正当竞争；⑧在工业、科学、文学或艺术领域内的其他一切来自智力活动的权利。世界贸易组织（WTO）关于规范知识产权贸易的重要文件《与贸易有关的知识产权协定》（以下简称"TRIPs协定"）规定知识产权包括：①著作权；②商标权；③地理标志权；④工业品外观设计权；

---

❶ WIPO.WIPO Intellectual Property Handbook: Policy, Law and Use [M]. WIPO Puplication, 2004: 3.

❷ 《知识产权法学》编写组. 知识产权法学 [M]. 北京：高等教育出版社, 2019: 2.

❸ 张玉敏. 知识产权法学（第二版）[M]. 北京：法律出版社, 2011: 12.

❹ 韩松. 知识产权法 [M]. 北京：中国人民大学出版社, 2006: 5.

⑤专利权；⑥集成电路布图设计权；⑦未公开信息权；⑧对许可合同中限制竞争行为的控制权。我国于2020年颁布的《民法典》规定知识产权的客体包括：①作品；②专利；③商标；④地理标志；⑤商业秘密；⑥集成电路布图设计；⑦植物新品种；⑧法律规定的其他客体。

上述国际条约与我国法律规定的知识产权客体，可以概括为三种类型：一是智力成果，即基于人的智力活动产生的事物，如作品、专利、集成电路布图设计等；二是商业化标记，即在商业过程中用于识别某些事物的符号，如商标、商号、服务标记、地理标志等；三是其他信息，如商业秘密、商品化信息等。随着社会发展，知识产权客体的表现形态也将越来越多。与物权的客体即物相比，知识产权的客体表现出明显的非物质性，即不具有任何物理特性，虽可为人所感知但不能借助物理维度进行描述与界定。但与人身权的客体相比，有些人身权的客体如名誉、荣誉、隐私等也具有非物质性，而不具有任何物理特性，为何后者是人身权的客体而通常不作为知识产权的客体呢？这是法律规定的原因。法律将某些与人身密切相关的信息规定为人身权的客体，而将某些其他信息规定为知识产权的客体，这就是知识产权的法定性。

综上，我们认为，知识产权是指基于创造性智力成果、商业化标记和其他信息依法产生的权利的统称。这一定义体现了以下几个特点。

第一，知识产权是一类权利的统称而非指单个权利。知识产权包括著作权、专利权、商标权等多种权利，是这些权利的上位概念，而不能等同于著作权甚至更下位的权利如署名权等具体权利。第二，知识产权是"依法产生"的权利。此点强调知识产权是一种法定权利而非"天赋"，即自然取得的权利，哪些客体受法律保护，是一种政策的选择。第三，知识产权的客体本质上是一种信息，其典型表现有智力成果和商业化标记。

二、知识产权的法律特征

（一）知识产权的客体是信息

权利的客体就是权利所依托的事物。我们知道，物权的客体是物，物是存在于人身之外，占有一定空间，能够为人力所支配并且能满足人类某种需要，具有稀缺性的物质对象；❶ 人身权的客体是人身利益，而债权的客体是特定主体的给付行为。在学术界，关于知识产权客体的本质存在诸多学说，主要有精神产物或精神上创造说、❷ 脑力劳动的创造性成果或智力成果说、❸ 知识产品说、❹ 知识说、❺ 信息说❻ 等。以上学说都是从不同的理论（学科）角度对知识产权客体进行的认识，很难简单判断各种学说的对错。本书采用信息说，因为这是从自然科学的角度来解释社会科学，使作为社会科学领域内的知识产权具有了自然机理基础，相关理论建构也就会更牢固。

从信息学的角度讲，信息是指适于通信、存贮或处理的形式表示的情报或知识。❼ 从控制论的角度讲，信息不仅仅是信号所承载的一种不变结构（同型结构），还是具有特定意义的不变结构。作为知识产权客体的信息，不仅仅是一种客观存在的频率、符号等，必须还有这些频率、符号在特定环境中对特定主体而言的意义，因此是控制论意义上的信息，即具有"同型结构＋意义"的双重结构存在。❽ 例如，李白的诗中写到"床前明月光，疑是地上霜"，同型结构就是这一句诗的十个字（符号），任何人看到的都是这十个字。然而，对于不认识汉字的人而言，它就是一串符号，而对于认识汉字且理解每个字的意义的人而言，它会是一个场景：月光如白霜洒进窗户，照在床前。符号意义使这十个字成了文字作品。然而，如果是某书法家将这十个字用具有美感的特殊字体（如狂草）写出来，这十个字就成了特定字体的十个字（同型结构），而其意义在于通过字体体现

---

❶ 王利明.民法（第八版）[M].北京：中国人民大学出版社，2020：116.
❷ 史尚宽.民法总论[M].北京：中国政法大学出版社，2000：23；王泽鉴.民法总则[M].北京：中国政法大学出版社，2009：196；梁慧星.民法总论[M].北京：法律出版社，2011：60.
❸ 王家福.关于知识产权的几个问题[J].法学研究，1991（1）；杨立新.民法总论[M].北京：高等教育出版社，2007：136；魏振瀛.民法（第五版）[M].北京：北京大学出版社，2013：134.
❹ 吴汉东.知识产权法学（第七版）[M].北京：北京大学出版社，2019：16.
❺ 《知识产权法学》编写组.知识产权法学[M].北京：高等教育出版社，2019：14.
❻ 郑胜利，袁泳.从知识产权到信息产权——知识产权经济时代财产性信息的保护[J].知识产权，1999（4）.
❼ 郑成思，朱谢群.信息与知识产权的基本概念[J].科技与法律，2004（2）.
❽ 张玉敏.知识产权法学（第二版）[M].北京：法律出版社，2011：8-9.

了这十个字的美，对于不认识这种字体的人而言，也不再产生前述的场景联想，他/她获得的是对字体美的享受（也可能有相反的感觉）。这时，这十个字就成了美术作品，这就是信息变化的结果。

综观目前法律实务界和理论界基本认可的知识产权客体，我们可以认为它们本质上符合信息的特征，因此都是一种信息。信息具有以下几方面的特征。

（1）非物质性。信息不同于物质本身，它是物质属性的反映与表征，因此没有物理实体存在，不具有任何物理特性（颜色、气味、状态、融化、凝固、升华、挥发、熔点、沸点、硬度、导电性、导热性、延展性等），也不具有任何化学特征（酸性、碱性、氧化性、还原性、热稳定性、放射与衰变等）或者生物特征（繁殖、遗传与进化等）。正如美国控制论学家维纳所称："信息就是信息，不是物质，也不是能量。"[1] 与物具有的物质性相对应，我们把这种特性称为非物质性。以文字作品为例，我们所称的文字作品，既不是载有特定文字的纸张或其他载体，如竹简、羊皮等，也不是这些文字本身，而是这些文字借由其意义所体现的同型结构。

（2）独立性。就信息和载体（承载信息的物质）的关系而言，虽然信息需要依托载体才得以存贮和表现，但信息是独立于其载体的存在。存贮有某种信息的载体（如光盘），可以仅仅作为一个物而存在，而脱离了某种载体的信息，也可以以其他形式存在于其他载体上。信息可能与载体完全无关（如文字作品与纸张），也可能是对载体的描述（如专利方案与专利产品），但绝不是载体本身。

（3）可复制性。复制就是信息的再现。信息可以被固定在多种载体上，尽管载体不同，但信息却相同，存在于第一个载体上的信息我们可以称为原信息，而存在于此外载体上的信息则为复制的信息。例如，《清明上河图》这幅画，当它被首次画于纸上时，人们看到的是以线条、颜色为基本表达手段，由许多建筑、人物、动物、植物图案组成的街景；当它被现代技术扫描进电脑后，人们看到的还是那些用线条、颜色描绘的由建筑、人物、动物、植物图案组成的街景。也就是说，《清明上河图》的信息再现了。信息只有在其组成要素损耗的情况下才会发生损耗，一般的复

---

[1] 维纳.控制论[M].郝季仁，译.北京：科学出版社，1962：133.

制不会导致信息损耗。

（4）可传递性。传递就是信息从信源（信息发出者）传达到信宿（信息接收者）的过程。只要条件适合，信息可以从一个信源出发，同时被多个信宿接收。甚至可以在信宿接收以后，自己作为信源再次向别的信宿发出信息。信息传递的基础是信息的可复制性，经过传递，在信宿那里产生了信源信息的复制信息。同样以《清明上河图》为例，当该画被扫描进电脑以后，即产生了该画的复制件，而该复制件完全可以通过网络或其他设备传到其他存贮设备上。

（5）可共享性。信息可以被多个主体同时以完全相同的方式利用而不会相互影响，这就是信息的可共享性。信息的可共享性是其与物的显著区别。一个物不可能被多个主体同时以完全相同的方式利用而相互不影响，一个物在特定时间段被一个主体以某种方式利用，其他主体就不可以这种方式利用，除非他们对物的不同部分进行利用。但作为知识产权客体的信息可以在同一时间段被多个主体以完全相同的方式利用。例如，专利方案，某甲在 A 地依照某专利方案制造某件产品，而乙完全可以同时在 B 地依照相同的专利方案制造相同的产品。但若是某丙的机械设备正被丙用于某地收割水稻，某丁就不可能同时利用某丙的那台机械设备在异地收割水稻。

（二）法定专有性

法定专有性是指知识产权人依法享有对知识产权客体的控制、利用、收益和处分权能，非经知识产权人许可或者法律特别规定，他人不得实施受知识产权专有权利控制的行为。❶

知识产权的法定专有性有两层含义。第一，知识产权具有专有性，即知识产权人对知识产权的客体享有排他性支配权。尽管信息可以由多个主体同时支配，但那只是"事实"层面的共享；而在"权利"层面，只有知识产权人才是"有权"支配，其他人都是"无权"支配。强调知识产权的"专有性"具有特殊的意义。首先，在传统民法理论里，几乎没有使用"专有性"描述民事权利特征的，即使对于支配权也是用"排他性"描述其性质。其次，在民法理论中，权利的排他性是指"禁止他人妨碍其支

---

❶ 王迁. 知识产权法教程（第七版）[M]. 北京：中国人民大学出版社，2021：7.

配"权利客体。❶ 在传统民法里，因为基于同一客体上的支配权不可共存与共享，所以才要强调权利的排他性；而在知识产权法中，知识产权人之外的人对信息的支配并不妨碍知识产权人对同一信息的支配。因此，知识产权法的任务并不是要解决"排他"问题，而是要解决"专有"问题，即谁才是信息的合法支配人的问题，用"专有性"概括知识产权人对客体的专属控制，比用"排他性"更为准确。与所有权的排他性相比，知识产权的专有性也有所不同。所有权的支配之"权"与支配之"实"是相符合的，排他权利是对支配事实的法律确认，知识产权则是在多个"支配事实"中确定一个为合法而其他为非法，专有权利是对支配事实的法律配置。第二，知识产权的专有性是法律规定的。知识产权的专有性使得未经许可情况下社会公众对信息的支配成为非法，若是社会公众在法律没有规定情况下轻易成为侵权人，显然是不合理的。因此，法律按权利客体不同分门别类详细规定了知识产权的客体、取得、内容及期限等，从而使社会公众明确自己行为的边界。

因为信息具有可共享性，故权利人不可能如物权人那样通过对客体进行排他性控制来达到独享客体法益的目的，而只能由法律在权利配置上赋予权利人对信息法益的垄断性支配来保护权利人的利益。

（三）可共享性

知识产权的可共享性是指知识产权的同一权项可以同时被多个主体行使。例如，著作权中的复制权可同时授予给无数主体行使，即就完全相同的作品复制完全相同的份数。所有权则不同，不能就同一权能同时被多个主体行使，只能就不同权能同时被多个主体行使。例如，占有权能，如果甲占有了某物，乙则不能同时占有某物，即使存在甲乙共同占有某物，也是二者在量上作了分割以后分别行使不同部分的占有，或者甲乙分时段占有某物。

（四）异域共存性

知识产权的异域共存性是指基于同一客体可以同时在不同的法域存在

---

❶ 魏振瀛. 民法学 [M]. 北京：高等教育出版社，2000：38.

相同的知识产权，受到不同的法律独立调整。法域是指由同一法律规范调整的地域，该地域可能是一个国家，也可能是一个地区，如欧盟等。因为信息具有可传递性和可共享性，因此知识产权的客体可以同时存在于不同的国家或地区，但不同的国家或地区的法律政策不同，对同一信息是否保护及保护程度都会各异。"异域共存性"观点不同于传统的"地域性"观点，后者认为知识产权"只能依一定国家的法律产生，又只在其依法产生的地域内有效"。❶地域性观点强调知识产权保护的国别差异性，这点其实在其他民事权利如物权中也存在，并非知识产权所独有。❷例如，关于哪些物可以成为物权的客体，在各国都是不尽相同的。如在许多国家土地可以成为个人所有的客体，而在目前中国土地只能成为国家所有和集体所有的客体，不能成为个人所有的客体。知识产权区别于物权的重要之处不在于它是否"只在其依法产生的地域内有效"，而在于它是否可以同时在不同法域有效。例如，专利方案，可依中国法取得专利，也可依美国法取得专利，在特定时间内，二者完全并存而互不冲突。但若某客体为物，如不动产，位于中国境内依据中国法享有所有权，却绝不可同时依据美国法在美国享有所有权。

第二节　知识产权的性质与分类

一、知识产权的性质

探讨知识产权的性质，有两个层面的含义：第一，知识产权为公权还是私权。第二，知识产权是财产权、人身权还是既有人身权也有财产权性质。

首先，关于知识产权是公权还是私权。根据学者观点，以政府生活上之利益为内容者，为公权；以社会生活之利益为内容者，为私权。❸知识产权是基于特定信息依法产生的权利的统称。这种权利的内容，是关

---

❶ 郑成思. 知识产权法[M]. 北京：法律出版社，1997：19.
❷ 张玉敏. 知识产权法学（第二版）[M]. 北京：法律出版社，2011：17.
❸ 史尚宽. 民法总论[M]. 北京：中国政法大学出版社，2000：19.

于信息的支配及相关利益如何在平等主体间进行配置，不是关于政治权力的配置、国家机构的设计、国防事务的处理及外交、国际关系等政府生活内容，因此知识产权是一种私权而非公权。我国《民法典》将知识产权与物权、债权、人身权等规定在一章，确认了知识产权的民事权利性质；TRIPs协定在前言中也声明各成员达成共识的一点是知识产权为私权（Private Right）。

认识到知识产权的私权（民事权利）性质，有利于我们借鉴民法理论研究和分析知识产权，并在司法实践中运用上位法与下位法、普通法与特别法的关系处理相关问题。例如，在我国，《民法典》是上位法、普通法，相关知识产权法是下位法、特别法。在处理知识产权纠纷时，知识产权法有特别规定的应当优先适用，知识产权法没有特别规定的，可以适用《民法典》的相关规定处理。

其次，关于知识产权是财产权、人身权还是兼具财产权和人身权双重性质。有人认为，并非所有知识产权都有人身权的内容。知识产权的普遍属性就是一种财产权。❶ 有的学者认为，智力成果是一种精神财产，作为人类脑力劳动的产物，也体现一般劳动者的个性，从而包括人身权的内容。知识产权大多具有人身权和财产权的双重性质。❷ 没有学者认为知识产权是一种纯粹的人身权或其普遍属性是一种人身权。

在学界，因为对财产权的范围界定不同，所以对知识产权的性质界定就会不同。例如，依照我国台湾地区史尚宽先生的观点，财产权为身份权和人格权以外的权利，而知识产权似乎既不是身份权也不是人格权，因此应为财产权，可谓无体财产权。❸ 我国台湾地区的王泽鉴先生也认为，知识产权（智慧财产权）为无体财产权，与物权、债权同属于财产权。❹ 而依照另一民法学者王利明的观点，财产权仅包括物权与债权两大类，知识产权有自身特点，与财产权大大不同，属于独立的第三类民事权利。❺

---

❶ 王春燕.也论知识产权的属性［J］.中国法学，1996（3）.
❷ 刘春茂.中国民法学·知识产权［M］.北京：中国人民公安大学出版社，1997：7.
❸ 史尚宽.民法总论［M］.北京：中国政法大学出版社，2000：23-25.
❹ 王泽鉴.民法总则［M］.北京：北京大学出版社，2009：96.
❺ 王利明.民法（第八版）［M］.北京：中国人民大学出版社，2020：107.

从我国《民法典》第 2 条的规定来看，民事法律关系只有两类：一类是人身关系；另一类是财产关系。从民法学理论关于人身权和财产权划分的标准来看，基本采取权利所体现的利益性质来划分权利的性质，如果这种利益是人身利益则权利为人身权，如果是财产利益则权利为财产权。这种权利性质划分，与我国《民法典》关于民事法律关系的划分是一致的。以权利客体是人身还是人身之外的事物将民事权利分为人身权和财产权是合理的，权利客体为人身者，为人身权；权利客体为人身之外且有经济价值的事物者，则为财产权。知识产权的客体为特定信息，这些信息如作品、专利、商标等，并不包含直接与人身相关的信息如个人姓名、隐私、名誉、荣誉等，不属于人身的范畴，而属于财产的范畴。因此，知识产权在性质上应属于财产权。

要理解知识产权是一种财产权，最难之处在于如何理解著作权中的署名权、发表权、修改权、保护作品完整权等通常被称为"著作人身权"的财产权属性。我们以表面上看非财产性最为强烈的署名权为例来说明。署名权通常会与姓名权进行比较。学界通常认为姓名权是一种人身权，是因为姓名以识别民事主体本人来区分不同的主体为功能，就是民事主体的指代，因此其与民事主体人身直接相关。但署名的功能不同，署名的功能在于识别作者身份，也就是宣示作品的创作者是谁，其本质意义仍然是一种识别作品的符号，而不是识别作者（本人）的符号。姓名使人与某个民事主体相联系，而署名使人与某部作品的创作者相联系。署名仅与作品相关，是作品这种财产的一个识别要素。因此署名权本质还是一种财产权。也许有人会说，署名权的内容是作者决定是否署名及以何种方式署名的"意志自由"，因此是一种人身权。这种说法将"意志自由"等同于"人身"，是错误的，因为许可也是一种意志自由，难道我们说知识产权中的许可权也是人身权？至于发表权和保护作品完整权，如果从发表和保护作品完整的实质的角度来理解，也容易理解为这是作者控制作品的两种方式，是知识产权控制权能的体现，其直接支配对象仍然是作品这种财产而非人身。因此发表权和保护作品完整权本质上也是财产权。正如某些学者所言：虽然我们把某些权利称为"著作人身权"，但它与传统民事权利中的人身权利，实际上有本质区别。❶ 这种本质区别，就是人身权和财产权的区别。

二、知识产权的分类

对知识产权的分类进行探讨，有助于我们更好地认识知识产权。依据不同的标准，知识产权有不同的分类。

（一）工业产权和著作权

将知识产权划分为工业产权和著作权，是比较传统的划分方式，如《保护工业产权巴黎公约》（以下简称《巴黎公约》）就将专利权、商标权、服务标记权、厂商名称权、货源标记权、原产地名称权及制止不正当竞争的权利统称为工业产权，而《保护文学和艺术作品伯尔尼公约》（以下简称《伯尔尼公约》）仅保护著作权和与著作权相关的权利。有学者认为，将知识产权划分为工业产权和著作权，是以知识产权客体的功能为标准的，工业产权客体的功能主要在于满足人类生产生活，满足物质消费，其功能为实用功能，如专利权、商标权等绝大多数知识产权都属于工业产权。著作权的客体即作品以满足人类审美需求为功能，为非实用功能。❷ 我们认为，以知识产权的客体功能是否为实用功能划分知识产权的种类，标准并非十分严谨。例如，实用艺术品虽具有实用功能，却是著作权的客体；而外观设计专利主要功能是为人们提供一种视觉上的美感，应该也是精神性质的而非实用功能的，但外观设计却是专利权（工业产权）的客体。所以，虽然早期的国际公约将作品及作品之外的客体进行分别规定，但这只说明较早的知识产权理论不够成熟，随着知识产权理论的发展，工业产权与著作权的二分法应被摒弃。

（二）创造性智力成果权、识别性标记权、其他信息产权

根据知识产权客体的价值来源，可以将知识产权划分为创造性智力成

---

❶ 刘春田. 知识产权法（第五版）[M]. 北京：中国人民大学出版社，2014：70.
❷ 同 ❶.

果权、识别性标记权和其他信息产权。

将知识产权分为创造性智力成果权和识别性标记权的理论，大约在20世纪60年代就存在了。这种理论内部也存在多种划分标准。有一种标准叫价值来源标准，即知识产权客体的价值是直接来源于人的创造成果本身还是来源于创造成果识别的事物。如果知识产权客体的价值是直接来源于创造成果的，就叫创造性智力成果权；如果知识产权的价值不是来源于创造成果本身，而是来源于创造成果所识别的事物，就是识别性标记权❶，或称为"工商业标记权"。❷ 按照这种划分方法，著作权、专利权、集成电路布图设计权、植物新品种权等都属于创造性智力成果权；商标权、地理标志权、商号权等则属于工商业标记权。

我们认为，将知识产权划分为创造性智力成果权和识别性标记权，在外延上表明知识产权的客体只有两类：创造性智力成果和识别性标记。这虽然能够涵盖知识产权的绝大多数客体，却不能完全涵盖知识产权的客体范围。随着社会经济生活的发展，知识产权的客体范围越来越大，有些会超越这两类范围，如商品化权中的个人经历，就是一种纯粹的个人信息，既不是某个人创造的结果，也不是识别性标记；另如商业秘密中的经营秘密，就只是在经营过程中不愿为他人知悉的信息，这些信息既不是创造性智力活动的产物，也不是识别性标记。我们把这类信息称为其他信息。

第三节　知识产权制度的历史沿革

一、域外知识产权制度的历史沿革

马克思主义理论认为，经济基础决定上层建筑。作为上层建筑的知识产权制度的起源与发展，也与作为经济基础的科学技术进步和商品经济的发展密切相关。在科学技术不发达的农耕社会或简单商品经济社会，智力创造活动多是自发行为，由于复制、仿造等技术困难而使在先创造

---

❶ 郑成思.知识产权论[M].北京：法律出版社，2003：58.
❷ 刘春田.知识产权法（第五版）[M].北京：中国人民大学出版社，2014：19.

者利用时间优势获利,或者因商业活动有限而使社会主体之间利益冲突不明显,将智力成果或商标等商业化标识作为权利客体进行保护缺乏经济基础。随着商品经济的发展,商人阶层逐渐形成,商人的逐利性使得技术方案、书稿等成为交易对象,也让商标使用与保护有了需要。商人阶层的壮大还使得商人寻求政府对技术方案实施、书稿印刷与销售等给予垄断性经营成为可能。现代知识产权制度便在技术进步与商品经济发展交织的复杂背景下萌芽、演变与不断完善。

大约从13世纪起,英国开始以皇家特许令的方式奖励为技术作出贡献的人,向他们颁发一定期限内的垄断权证书。该类证书不对封套进行封口,因此在驿站传送的过程中,任何人均可阅读证书的内容。相对于传统的"密封证书"(Letters Close)而言,该类证书被称为"公开证书"(Letters Patent),这就是现代"专利"(Patent)一词的英文词源。1474年威尼斯共和国颁布的《发明人规范》是世界上第一部具有专利法要素的法律,其中规定了鼓励创新的立法目的,要求发明应当是新的、有用的和有益的,发明人对授权技术享有十年独占实施权等内容。1623年英国颁布并于1624年生效的《垄断法》(*Statute of Monopolies*)被认为是近代意义上较为系统的专利制度,其中规定了先发明原则、国内新颖性要求、专利客体排除范围、专利权的期限(十四年)等内容。1710年英国议会通过并生效的《安妮法》则被认为是世界上第一部成文著作权法。❶1803年法国颁布的《关于工厂、制造场和作坊的法律》确认了对商标权的保护。1824年英国的塞克斯诉塞克斯一案则被认为是有记载的英国普通法上确立商标保护的首例。❷

自1883《巴黎公约》订立开始,知识产权保护从国内走向国际,国际公约或国际条约的成员须遵守其加入的知识产权公约或条约的约束,将相关制度落实到国内法并予以实施。

---

❶ 该法案英文名称为"An act for the encouragement of learning, by vesting the copies of printed books in the authors or purchasers of such copies, during the times therein mentioned",于1710年4月5日得到皇室批准,于1710年4月10日正式施行,时值英国的安妮(Anne)女王当政,后世将其简称为《安妮女王法》或者《安妮法》(*the Statute of Anne*)。

❷ 黄海峰.知识产权的话语与现实:版权、专利与商标史论[M].武汉:华中科技大学出版社,2011:226.

二、中国知识产权制度的历史沿革

（一）中华人民共和国成立之前的知识产权制度

早在我国南宋光宗绍熙年间（1190—1194年）四川眉山王偁所编写的《东都事略》一书所载牌记有"眉山程舍人宅刊行，已申上司不许覆板"的声明，表明我国宋代存在印刷出版专有权保护的例证，但学界关于该声明是否表示我国早在宋代就有著作权保护相关制度争议较大。

太平天国时期，洪仁玕看到西方科技发达与法律制度之间的关系，在其于1859年提出的改革纲领《资政新篇》中阐述了"首创至巧者，赏以自专其利，限满准他人仿做"的思想，算是近代专利概念和思想提出较早者。在维新派的推动下，1898年清政府颁布了《振兴工艺给奖章程》，其中规定了专利的取得条件、保护年限、申报程序和侵权惩处等内容，被认为是我国历史上第一部具有专利法性质的立法。

中国第一部商标法主要不是在商品经济推动下自发制定的，而是在英国等外国列强的强势推动下形成的。1902年英国在与清政府签订的《续议通商行船条约》中要求清政府"保护英商贸易牌号"。1903年中美、中日《通商行船条约》也有类似要求。1904年2月，由英国在清政府的总税务司赫德起草了商标法草案，送交清政府外务部审核。由于该草案过度偏向保护外商的利益，在注册主管部门归属争议中获胜的清政府商部牵头重新拟了商标注册章程，试图平等保护内商和外商利益。该草案在磋商了英、美、日公使后形成《商标注册试办章程》，并于1904年8月4日上奏并获旨准颁行。《商标注册试办章程》被认为是我国历史上第一部成文商标法。1910年清政府颁布了《大清著作权律》，比较系统地规定了著作权的概念、著作物（作品）的范围、著作权归属及权利期间、呈报义务、权利限制、权利内容及罚则等内容，算是我国历史上第一部成文著作权法。

民国时期的主要知识产权法律法规：1915年颁布的《著作权法》、1923年颁布的《商标法》及《商标法实施细则》、1928年颁布的《著作权法》及《著作权法施行细则》、1944年颁布的《专利法》等。

（二）中华人民共和国成立后知识产权制度建设历程

中华人民共和国成立之后，国内经济百废待兴。知识产权制度建设的紧迫性明显不及发展工业和农业生产。但是，在中国共产党领导下召开的第一届中国人民政治协商会议于1949年9月29日通过的具有临时宪法性质的《中国人民政治协商会议共同纲领》第43条规定要"奖励科学的发现和发明，普及科学知识"，第44条规定要"奖励优秀的社会科学著作"，第45条提出要"奖励文学艺术作品。发展人民的戏剧电影事业"。这对建国初期制定鼓励创新相关规定提供了依据。

由中国共产党提出动议、制订草案并最终通过表决的中华人民共和国历史上第一部宪法——1954年《中华人民共和国宪法》（以下简称《宪法》）第95条规定："中华人民共和国保障公民进行科学研究、文学艺术创作和其他文化活动的自由。国家对于从事科学、教育、文学、艺术和其他文化事业的公民的创造性工作，给以鼓励和帮助。"该条规定的内容在1982年《宪法》中总体予以了保留，在此后宪法历次修改过程中也未进行实质性改动。宪法的相关规定，为国家建立鼓励作品创作和发明创造相关制度奠定了宪法基础。

虽然中华人民共和国成立后相当长时间内没有制定以《商标法》《专利法》《著作权法》命名的法律法规，但国家仍然以行政法规或规章、政策文件等形式探索中华人民共和国的知识产权保护之路。相对而言，商标制度的发展比专利制度和著作权制度略早略快一些。

1950年7月28日，中央人民政府政务院颁布了《商标注册暂行条例》，规定了自愿注册原则等重要内容，可算中华人民共和国成立后保护商标权的第一部行政法规。1963年4月10日国务院颁布的《商标管理条例》虽然整体内容主要还是突出商标行政管理，但仍然规定了商标注册先申请原则及对商标取消存续期限等内容。

1950年8月11日，中央人民政府政务院制定了《保障发明权和专利权暂行条例》，比较系统地规定了专利保护相关制度。1950年9月15日至25日于北京召开的第一届全国出版工作会议通过的《关于改进和发展出版工作的决议》提出"出版业应尊重著作权及出版权，不得有翻版、抄袭、窜改等行为"，并对出版物在版权页标注内容和稿酬支付原则作了规定。国家出版总署于1953年还颁发了《关于纠正任意翻印图书现象的规定》，禁止一切机关团体"擅自翻印出版社出版的图书图片，以尊重版权"，这些均表明中华人民共和国成立之初中国共产党领导下的中央人民政府对知识产权保护工作给予了一定重视。

著作权立法则要复杂得多。1956年，文化部曾制定《保障出版物著作权暂行规定（草案）》，虽然该草案最终未能施行，但表现出中央人民政府尝试以规章形式明确保护著作权的努力。1979年1月31日和1979年7月7日，中美两国分别签订了《中美高能物理协定》和《中美贸易协定》，两份协定中均要求中国承诺保护专利权和版权。1979年4月，一份关于起草版权法并逐步加入国际版权公约的报告被提交给当时主管国家宣传工作的胡耀邦同志，胡耀邦同志在批复中要求"赶快动手，组织班子，草拟版权法"。这份报告和胡耀邦同志的批复被认为是中国当代版权立法的开端。五年之后，文化部于1984年6月颁布了《图书、期刊版权保护试行条例》，于1985年1月颁布了《图书、期刊版权保护试行条例实施细则》，规定了后来《著作权法》的主体内容，可算作中华人民共和国历史上系统保护著作权的最重要的两部规章。时过五年，1990年9月7日第七届全国人大常委会第十五次会议通过了《著作权法》，这是中华人民共和国历史上第一部法律形式的著作权法。

反不正当竞争法也是知识产权制度的构成部分。1993年9月2日第八届全国人民代表大会常务委员会第三次会议通过了《中华人民共和国反不正当竞争法》（以下简称《反不正当竞争法》），就商业标识使用、商业秘密方面的不正当竞争行为进行法律规制。

为了适应社会主义市场经济的发展和改革开放的需要，中华人民共和国的知识产权法律制度历经多次修正。截至2021年12月，《商标法》分别于1993年、2001年、2013年和2019年进行了四次修正；《专利法》分别于1992年、2000年、2008年、2020年进行了四次修正；《著作权法》分别于2001年、2010年和2020年进行了三次修正；《反不正当竞争法》分别于2017年、2019年进行了两次修正。从上述法律的历次修正情况看，我国知识产权法律制度中国特色更加明显，社会各界参与度更高，开放立法、民主立法的过程体现得更加充分。

（三）中国共产党对知识产权制度建设工作的领导

习近平法治思想把坚持党的领导作为决定全面依法治国政治方向的首要问题、中国特色社会主义法治道路的核心要义、全面依法治国的显著优势。❶ 习近平指出，"党的领导是我国社会主义法治之魂，是我国法治同西方资本主义国家法治最大的区别"。❷ 中华人民共和国知识产权制度的建立与完善，离不开中国共产党对知识产权制度建设工作的重视与领导。如前所述，在改革开放前，国家各方面建设处于初建、探索阶段，尤其是经济上，以学习苏联的计划经济为主，知识产权制度建设缺乏紧迫性，党和国家在知识产权制度建设方面进展缓慢。但早在邓小平同志主持中央工作的 1975 年，他就强调要引进外国技术，实施规章制度及恢复物质激励。在党的十一届三中全会之后，中国共产党对世界形势作出和平与发展两大基本判断，中国的中心工作转向经济建设，开始发展中国特色社会主义市场经济，知识产权制度的市场基础慢慢培育起来，党开始重视知识产权制度建设工作。

在 1975 年启动的《专利法》起草阶段，就中国要不要建立专利制度争论不休时，邓小平同志作出了"专利法以早通过为好"的果断决策。在深化改革开放和社会主义市场经济建设过程中，党中央和国务院都十分重视知识产权工作。自 1982 年制定《专利法》开始，知识产权立法工作进入快车道。1986 年颁布的《民法通则》首次将"知识产权"规定为民事权利的一种并用专节进行规定，突出了国家对知识产权保护的重视。1995 年 12 月 30 日，时任中共中央总书记的江泽民同志在广东考察工作期间在汕头讲话时指出："既要坚决依法保护别国的知识产权，防止侵犯知识产权的事发生；也要坚决依法保护好我国自己的知识产权，切实维护我们的权益。"❸1999 年 1 月 27 日，江泽民同志在会见 WIPO 总干事卡米勒·伊德里斯一行时提出，在建立国内知识产权法律体系的同时，

---

❶ 《习近平法治思想概论》编写组. 习近平法治思想概论 [M]. 北京：高等教育出版社，2021：10.

❷ 习近平. 坚定不移走中国特色社会主义法治道路 为全面建设社会主义现代化国家提供有力法治保障 [J]. 求是，2021（5）.

❸ 江泽民. 论社会主义市场经济 [M]. 北京：中央文献出版社，2006：281.

中国还积极承担保护知识产权的国际义务。❶2000年11月16日，在亚太经合组织第八次领导人非正式会议上，江泽民主席提出了知识产权保护两个"有利于"的重要原则。江泽民指出："在切实保护知识产权的同时，按照市场规律，使知识产权的保护范围、保护期限和保护方式，有利于科技知识的扩散和传播，有利于各国共享科技进步带来的利益。"❷21世纪初，我国《著作权法》《专利法》和《商标法》等知识产权法律的修改，就是在该思想指引下进行的。

2006年5月26日，时任中共中央总书记的胡锦涛同志在中共中央政治局第三十一次集体学习时强调，加强我国知识产权制度建设，大力提高知识产权创造、管理、保护、运用能力，是增强我国自主创新能力、建设创新型国家的迫切需要，是完善社会主义市场经济体制、规范市场秩序和建立诚信社会的迫切需要，是增强我国企业市场竞争力、提高国家核心竞争力的迫切需要，也是扩大对外开放、实现互利共赢的迫切需要。❸2007年10月15日，胡锦涛总书记在党的十七大报告中明确提出要"实施知识产权战略"。2008年6月5日，《国家知识产权战略纲要》发布，这对提升我国知识产权创造、运用、保护和管理能力，建设创新型国家，实现全面建成小康社会目标起到了重要推动作用。

党的十八大以来，党中央把知识产权保护工作摆在更加突出的位置，习近平总书记高度重视知识产权保护，对知识产权工作作出了一系列重要指示，深刻揭示了知识产权发展的客观规律、丰富内涵和重要作用，进一步明确了知识产权的功能定位，赋予了知识产权新的时代内涵，对知识产权工作提出了新的具体要求，为知识产权事业发展提供了根本遵循和行动指南。习近平总书记主持召开中央全面深化改革领导小组会议，审议通过《知识产权综合管理改革试点总体方案》《知识产权对外转让有关工作办法（试行）》《关于加强知识产权审判领域改革创新若干问题

---

❶ 谭国器.江泽民会见世界知识产权组织总干事[EB/OL].(1998-01-28)[2021-12-12].https://www.gmw.cn/01gmrb/1999-01/28/GB/17951%5EGM1-2805.HTM.

❷ 江泽民.在亚太经合组织第八次领导人非正式会议上的讲话[R].国务院公报，2001年第2号.

❸ 新华社.胡锦涛在政治局学习时强调加强知识产权制度建设[EB/OL].(2006-05-27)[2021-12-12].http://www.gov.cn/govweb/ldhd/2006-05/27/content_293195.htm.

的意见》等重要文件，对知识产权工作作出一系列重大部署。国务院常务会议研究建立了知识产权战略实施工作部际联席会议制度，批准成立了全国打击侵犯知识产权和制售假冒伪劣商品工作领导小组，批复同意建立推进使用正版软件工作部际联席会议制度。党的十九届三中全会作出重新组建国家知识产权局的重要决定，实现了专利、商标、原产地地理标志等知识产权的综合管理，为知识产权事业发展作出了很好的顶层设计。❶在 2014 年 10 月 23 日中国共产党第十八届中央委员会第四次全体会议通过的就依法治国问题具有纲领性重要地位的《中共中央关于全面推进依法治国若干重大问题的决定》中，中共中央提出要"完善激励创新的产权制度、知识产权保护制度和促进科技成果转化的体制机制"。随后，2014 年 12 月 10 日，国务院办公厅印发了《深入实施国家知识产权战略行动计划（2014—2020 年）》；2015 年 12 月 18 日，国务院印发《关于新形势下加快知识产权强国建设的若干意见》；2016 年 12 月 30 日，国务院印发《"十三五"国家知识产权保护和运用规划》。2020 年前后，我国知识产权法律法规进行的修改工作，以及 2020 年颁布的《民法典》关于知识产权客体（第 123 条）及故意侵权惩罚性赔偿（第 1185 条）的创新性规定，都是在党和国家领导人重要讲话精神指引下落实党中央、国务院上述重要文件部署的结果。

2020 年 11 月 30 日十九届中央政治局举行第二十五次集体学习，专题研究我国知识产权保护工作，习近平总书记发表重要讲话。2021 年 2 月，习近平总书记在《求是》杂志发表重要专题文章，对我国未来知识产权制度建设工作提出了若干重大的方向性的指导，强调创新是引领发展的第一动力，保护知识产权就是保护创新。要求必须从国家战略高度和进入新发展阶段要求出发，全面加强知识产权保护工作，促进建设现代化经济体系，激发全社会创新活力，推动构建新发展格局。❷2021 年 9 月，中共中央、国务院联合印发《知识产权强国建设纲要（2021—2035 年）》，对今后十五年国家知识产权工作作出了具体部署。

我国知识产权制度建设工作始终是也应当继续坚持在中国共产党领

---

❶ 申长雨.中国依法保护知识产权[J].求是，2018（20）.
❷ 习近平.全面加强知识产权保护工作 激发创新活力推动构建新发展格局[J].求是，2021(3).

导下有序推进。以后的知识产权制度建设工作，将按照习近平总书记关于我国正从知识产权引进大国向知识产权创造大国转变的基本判断及其系列重要讲话精神要求，贯彻落实党中央、国务院关于知识产权工作的相关战略部署，走中国特色知识产权制度发展道路。

第四节　知识产权的国际保护

知识产权国际保护是现代知识产权制度的重要内容。自《巴黎公约》问世以来，知识产权的保护从国内范围进入国际领域，知识产权国际保护制度开始得到长足的发展。而1994年签署的TRIPs协定将知识产权保护链接到了世界贸易体制中。以下将围绕保护知识产权的国际公约展开对知识产权国际保护制度的讨论。

知识产权的国际保护制度兴起于19世纪80年代，目前已经成为国际经济、文化、科技、贸易领域中的一项法律秩序。以WIPO、WTO等相关国际组织为协调机构，对各国知识产权制度进行协调，进而在知识产权领域形成了国际性的法律规则与秩序。

一、《巴黎公约》

《巴黎公约》于1883年在法国巴黎订立，以后历经修改，现行文本是1980年在日内瓦修订的文本。我国于1985年3月19日加入该公约。《巴黎公约》是知识产权领域第一个世界性多边公约，对于工业产权的国际保护具有深刻的影响。截至2021年3月，《巴黎公约》共有成员国177个。

《巴黎公约》所指的"工业"，并不限于一般意义上与农业相对应的工业，而是包括农业、采掘业和其他所有人工或天然产品的制作。《巴黎公约》确立了保护工业产权的几项基本原则。

（一）国民待遇原则

根据《巴黎公约》第2条第1款和第3条的规定，成员国的国民或在成员国有住所或有真实和有效的工商业营业场所的非成员国国民在保护公约产权方面，在公约所有其他成员国内应享有各该国法律规范授予或今后可能授予其本国国民的利益；一切都不应损害本公约特别规定的权利。因此，他们应和各该国国民享有同样的保护，对侵犯他们的权利享有同样的法律上的救济手段，但是以他们遵守对各该国国民规定的条件和手续为前提。

上述规定表明了三层含义：第一，一成员国国民在任何其他一成员国所取得的工业产权的保护方面应享受国民待遇；第二，各成员国对工业产权的保护不能低于本公约特别规定所设定的最低要求；第三，一成员国国民在其他成员国取得工业产权，须遵守该国工业产权法所规定的实质条件和有关程序。前两层含义涉及已取得的工业产权后的保护问题，后一含义则是针对工业产权的取得，而且是以但书的形式体现出来的。

此外，《巴黎公约》第1条第3款还规定，在涉及工业产权保护事宜时，成员国法律中关于司法和行政程序、管辖权，以及制定送达地址或制定代理人的规定，均可以明确地予以保留。

（二）优先权原则

《巴黎公约》第4条所规定的关于专利、实用新型、外观设计申请的优先权对专利权的取得具有实质性影响。依据该条规定，已经在一个成员国正式提出专利、实用新型注册、外观设计注册的任何人，在一定的期限内（自第一次申请日起计算，专利和实用新型为12个月，外观设计和商标为6个月）享有在其他成员国优先申请的权利；在这段时间内，他在任何其他成员国就同一发明或设计所提出的申请，不应由于在这期间完成的任何行为，特别是他人申请的提出、发明的公布或利用、外观设计复制品的出售或使用商标而成为无效。优先权的确立对申请人在进行跨国申请时防止他人抢先申请及防止因第一次申请时的公布而使得以后的申请丧失新颖性，是十分有效和必要的。

（三）专利、商标独立保护原则

根据公约的规定，专利或商标的国际保护并非指在成员国内一国注册，所有成员国均予以保护，或者所有成员国对同一专利或商标要给予相同的保护，而是规定在符合公约最低保护标准的情况下，各国有权规定自己的保护标准，包括注册条件和司法救济等都是各自独立的，这就是公约所确立的专利、商标独立保护原则。专利的独立性原则体现在《巴黎公约》第 4 条之二，指成员国国民欲在各成员国申请专利权与其在其他成员国为同一发明而取得的专利权相互独立、互不干涉。特别是在优先权期限内申请的各项专利，在专利权的无效原因、被撤销原因及有效期限等方面是没有任何关系的。

商标权独立性和专利的独立性类似，指关于外国人的商标申请和注册，应由各成员国的法律作出规定。对成员国国民在任何成员国中提出的商标注册申请，不能以未在本国申请、注册或续展为理由而拒绝或使其注册失效。

商标独立性原则与专利独立性原则有一个不同之处：如果一项商标在其本国获得了合法注册，那么在一般情况下，它在其他成员国的申请就不应当被拒绝。而专利权人在其本国获得专利，并不会在其他成员国获得专利。

（四）对国际展览的临时性保护原则

《巴黎公约》第 11 条规定，成员国应按其本国法律对在任何成员国领土内举办的官方的或经官方承认的国际展览会上展出的商品中可以取得专利的发明、实用新型、外观设计和商标给予临时保护。公约这一规定仍是旨在防止因展览而使发明、实用新型等丧失新颖性或被他人抢先申请。公约并未对临时保护的期限作出规定，各国知识产权法的规定不一，有的为 12 个月，有的为 6 个月。公约还对临时保护与优先权期限的关系作了规定：临时保护不应延展优先权期限，如果以后要求优先权，任何国家的主管机关可以规定其期间应自该商品在展览会上展出之日起算。

二、《伯尔尼公约》

《伯尔尼公约》于 1886 年 9 月 9 日由英国、法国、瑞士、比利时、意大利、德国、西班牙、利比里亚、海地和突尼斯 10 个国家发起，在瑞士首都伯尔尼正式签订，后经多次修订增补，目前广泛适用的最新文本是 1971 年的巴黎文本。截至 2021 年 3 月，《伯尔尼公约》共有成员 179 个。我国于 1992 年 10 月 15 日正式加入《伯尔尼公约》；根据中国政府的声明，自 1997 年 7 月 1 日起，该文本也适用于中华人民共和国香港特别行政区。《伯尔尼公约》规定了三项基本原则。

（一）国民待遇原则

《伯尔尼公约》规定下列作者的作品均可以获得缔约方境内版权法赋予本国国民的待遇，从而得到与缔约方国民相同的保护：

（1）缔约方国民，或非缔约方国民但在缔约方境内有惯常住所，其作品无论是否出版；

（2）非缔约方国民，但其作品首先在某个缔约方境内出版，或同时在某个缔约方境内和非缔约方境内同时发表；

（3）电影作品的作者，如果符合上述条件之一，或不符合上述条件但电影制片人总部或惯常住所在缔约方境内；建筑作品的作者，如果符合上述条件之一，或不符合上述条件但建筑物位于缔约方境内。

上述作品即视为受公约保护。这里的出版是指对作品的复制，因此，戏剧、电影作品的表演、音乐作品的演奏、文字作品的朗诵或广播、美术作品的展览和建筑作品的建造不构成出版。一部作品在首次出版后 30 天内在两个或两个以上国家出版，视为同时出版。

（二）自动保护原则

《伯尔尼公约》第 5 条第 2 款规定：享有及行使依国民待遇所提供的有关权利时，不需要履行任何手续。按照这一原则，公约成员方国民及在缔约方境内有惯常居所的其他人，在作品创作完成时即自动享有著作权；非缔约方国民在缔约方境内无惯常居所者，其作品首先在缔约方境内出版时即享有著作权。

受公约保护的作品在所有非起源成员国获得的保护不需要履行任何手续，也不论作品起源国是否存在保护。因此，可以获得公约保护的作品，一旦完成或首次出版或影片一旦发行、建筑一旦建成，就自动获得保护。

（三）版权独立保护原则

依据《伯尔尼公约》第 5 条第二款规定，享有国民待遇的人在公约任何缔约方境内所得到的著作权保护，不依赖其作品在来源国受到的保护。在符合公约最低要求的前提下，该作者的权利受到保护的程度及为保护作者权利而向其提供的司法救济方式等，均完全适用提供保护的缔约方境内的法律。这就是《伯尔尼公约》确立的版权独立保护原则。版权独立性原则清楚地表明，《伯尔尼公约》并没有取消版权的地域性特征。

版权独立性原则在实践中主要体现为如下三种情形：①公约缔约方中，有些国家的版权法要求其国民的作品要履行一定的手续才能获得保护，那么有关作者在其他缔约方境内要求版权保护时，其他国家不能因其本国要求履行手续而专门要求他们也履行手续；②对一位作者居住地和作品首次出版地都在某一缔约方的作品，在该国规定以某种方式利用不构成侵权，但在另一缔约方境内以相同的方式利用却构成侵权，那么后一国不能因这种利用方式在作品来源国不视为侵权而拒绝受理有关的侵权诉讼；③不能因为作品来源国的保护水平低，其他缔约方就降低对有关作品的保护水平。

三、TRIPs 协定

TRIPs 协定是 WTO 的前身关贸总协定（GATT）在服务与贸易协议谈判过程中经发达国家提议新增的知识产权协议谈判的结果。1986 年 9 月，GATT 的部长级会议在乌拉圭的埃斯特角举行，会议决定将知识产权列入谈判议程。经过长达七年的谈判，1993 年 12 月，谈判国同意达成 TRIPs 协定并于 1994 年 4 月 15 日在摩洛哥的马拉喀什完成最终签署。现行 TRIPs 协定版本为 2017 年 1 月 23 日修正本。TRIPs 协定成为 20 世纪形成的知识产权国际保护最重要的多边协定。由于加入 WTO 同时也要加入 TRIPs 协定，因此 TRIPs 协定对后来加入 WTO 的成员特别是发展中国家的知识产权制度建设产生了重要的影响。中国于 2001 年 12 月 11 日起成为 WTO 的成员，同时也成为 TRIPs 协定的成员。截至 2020 年 5 月，TRIPs 协定成员共有 164 个。

TRIPs 协定除引言外共七大部分。第一部分是总则和基本原则；第二部分是有关知识产权的效力、范围和使用的标准；第三部分是有关知识产权的实施；第四部分涉及有关知识产权的取得和维持及相关当事人之间的程序；第五部分是争端的防止与解决；第六部分是过渡安排，主要包括过渡的时间、对最不发达国家成员的照顾及技术合作等；第七部分是机构安排与最后条款。

（一）TRIPs 协定的基本原则

TRIPs 协定第一部分对基本原则的主要规定如下。

（1）维护公共利益原则。尽管 TRIPs 协定以知识产权为核心，但作为私权的知识产权保护要受到公共利益的影响及限制，维护公共利益作为一项原则体现在 TRIPs 协定的具体条文及其发展过程中。

（2）禁止权利滥用原则。禁止权利滥用是一项可以追溯至罗马法的古老民法原则，知识产权滥用是权利滥用的一种形式。禁止权利滥用是权利制度的组成部分，是权利中的问题，而非权利外的问题，它和权利保护制度共同确定着权利的边界。TRIPs 协定明确规定，各成员可采取适当措施防止权利持有人滥用知识产权、采用不合理限制贸易或者对于国际技术转移具有消极影响的行为，只要该措施与本协定的规定一致。

（3）国民待遇原则。作为《关贸总协定》第 3 条国民待遇原则的延伸，TRIPs 协定也将国民待遇原则作为其基本原则，除《巴黎公约》《伯尔尼公约》《保护表演者、音像制品制作者和广播组织罗马公约》（以下简称《罗马公约》）及《集成电路知识产权条约》已规定的，各成员在知识产权保护上，对其他缔约国民提供的待遇，不低于其授予自己国民的待遇。就表演者、录音制品制作者及广播组织而言，该义务仅适用于本协定所提供的权利。

（4）最惠国待遇原则。按照联合国国际法委员会的《最惠国条款草案》，所谓最惠国待遇是给惠国给予受惠国或者与受惠国有确定关系的人或物的优惠，不低于该给惠国给予第三国或者与第三国有同样关系的人或物的待遇。最惠国待遇原则是包括 TRIPs 协定在内的 WTO 多边贸易协定的共同基本原则，旨在保证贸易的公平竞争，从而构成整个国际贸易体制的基石。在传统的知识产权公约中，一般不涉及国际贸易中的最惠国待遇问题。TRIPs 协定将最惠国待遇原则适用于知识产权保护，这不仅改变了传统的知识产权的国际保护制度，而且使该原则的使用超出了一般的国际贸易范围。

（二）TRIPs 协定的最低保护标准

TRIPs 协定第二部分规定了 WTO 各成员对七类知识产权应予提供的最低保护标准。这七类知识产权分别是版权及相关权利、商标、地理标识、工业设计、专利、集成电路布图设计（拓扑图）、未披露信息，以下分别予以阐述。

1. 版权及相关权利

TRIPs 协定第二部分第一节共 6 个条款（第 9～14 条），对版权及相关权利的最低保护标准作出了规定。相关权利就是我国著作权法中的表演者权、录音录像制作者权和广播权，或统称为邻接权。

（1）WTO 各成员应履行《伯尔尼公约》中的相关义务。WTO 各成员应履行《伯尔尼公约》及其附件中规定的义务，即《伯尔尼公约》的主要内容都已经纳入 TRIPs 协定之中。但是，WTO 各成员没有义务保护《伯尔尼公约》第 6 条之二授予的权利，也就是在 TRIPs 协定的范围中排除所谓的"精神权利"。

（2）版权保护的客体。版权保护应及于表达，而不是思想、程序、操作方法或数学概念本身。这就表明，版权保护的是具有原创性的对某种思想的表达方式，而不是思想本身。当然，表达某种思想的载体就是文字或艺术作品等。TRIPs 协定要求各成员对计算机程序和数据汇编提供版权保护。计算机程序，不论是源代码还是目标代码，均应作为《伯尔尼公约》项下的文字作品加以保护。这就意味着，计算机程序一旦完成，就自动获得保护，无须以登记或销售为前提。数据或其他资料汇编，无论是机器可读还是其他形式，只要由于对其内容的选取或编排而构成智力创作，即应获得保护。这类保护不应延伸至数据或资料本身，也不应损及这些数据或资料本身已有的任何版权。

（3）出租权。在计算机程序和电影作品方面，TRIPs 协定第一次规定了作者及其继承人的出租权。第 11 条规定，至少就计算机程序和电影作品而言，各成员应准予作者及其合法继承人有权允许或禁止对其版权作品的原件或复制件的商业出租。

（4）保护期限。摄影或实用艺术作品之外的作品，保护期为不少于作品授权出版之年以后 50 年，自出版之年年底开始计算；如果没有授权出版，则保护期为不少于作品完成之年以后 50 年，自完成之年年底开始计算。由于 TRIPs 协定已将《伯尔尼公约》的主要条款（第 1～21 条）并入，《伯尔尼公约》第 7 条所规定的保护期也对 WTO 各成员适用。根据该条规定，自然人创作的作品，保护期为作者有生之年加作者死后 50 年，这也适用 WTO 成员。

（5）限制和例外。各成员对专有权的任何限制或例外应限于某些特殊情况，且不得与作品的正常利用相冲突，也不得不合理地损害权利持有人的正当利益。

TRIPs 协定并没有并入保护邻接权的《罗马公约》，而是对邻接权作出了自己的规定。包括如下内容。

（1）表演者权。对于将表演者的表演固定于录音制品，表演者有权禁止下列未经他们许可的行为：固定尚未固定的表演、复制已经固定的录音制品。表演者还有权制止未经许可以无线电方式向公众广播或直播其现场表演。表演者权的保护期自表演完成的日历年年底起算，不少于 50 年。

（2）录音制品（唱片）制作者权。录音制品制作者权享有授权或禁止直接或间接复制、出租其录音制品的权利，保护期自制作完成的日历年年底起算，不少于 50 年。

（3）广播组织权。广播组织有权禁止未经许可的下列行为：对其广播内容以无线电方式重播、将其广播内容固定；将已经固定的内容复制、以同样或其他方式将其电视广播向公众广播。广播组织权的保护期自广播播出的日历年年底起算，不少于 20 年。如果成员未授予广播组织以上述权利，则应给予广播的客体的版权所有人阻止上述行为的可能性。

（4）对邻接权的限制。对于表演者权、录音制品制作者权和广播组织权，各成员可在《罗马公约》允许的范围内规定条件、限制、例外和保留。

（5）对现有客体的保护。《罗马公约》仅要求对公约生效后的表演、录制和广播生效，但 TRIPs 协定要求，协定生效前的表演、录制，如果自 TRIPs 协定生效时在来源国仍然受保护，则其他成员也应依照 TRIPs 协定对表演、录制进行保护。

2. 商标权的最低保护标准

（1）商标的概念及目的。商标是区别一工商企业的产品或服务不同于其他企业的标记。这类标记是由一个或多个特殊的单词、字母、名称、数码、数字符号和颜色混合而成的。某一商标标记也可能是上述几个因素联合组成。

（2）商标保护的注册条件、要求及义务。商标注册的识别性与视觉感知要求：TRIPs 协定对商标的获得提出了"注册条件"要求。即 WTO 成员对其成员的商标提供保护必须以其成员国或地区的国民对其商品或服务提出"注册申请"为获得商标的前提条件，没有采取一些国家所采取的"使用在先"原则（即以是否"使用"某一标记作为获得商标的条件）。鉴于仍有少量的国家并没有实行以申请注册为获得商标权的制度，TRIPs 协定规定，不能以实行注册条件获得商标权为理由阻止成员以其他理由拒绝为某些商标注册，但这些理由要符合《巴黎公约》1967 年文本中的规定。

（3）授予商标所有权人的权利范围和限制。TRIPs 协定规定了商标所有权人"应当享有独占权，以防止第三方未经其授权在相同或相似的商品或服务的交易过程中使用相同或相似的已获商标注册的标记并使公众造成混淆"。从此规定中可以看出，WTO 突出强调了商标所有权人有权制止他人使用与其注册商标相同或近似的标记以避免造成混淆。这突出了 WTO 成员之间因商品和服务交换扩大而带来的商标保护问题。WTO 对注册商标所有权人的上述权利作了相应的限制，即商标所有权人在行使上述权利时不应损害任何已有的在先权，也不应影响各成员在使用的基础上获得权利的可能性。TRIPs 协定没有规定"在先权"包括哪些权利，一般认为至少应包括以下几方面的权利：商号权、工业品外观设计专有权、原产地地理标志名称权、著作权、姓名权、肖像权等。

（4）对驰名商标的保护。驰名商标的保护是商标保护国内法律及国际和地区性公约保护的重要组成部分。WTO 要求各成员都必须禁止使用与成员中的任何驰名商标相同或近似的标记，并拒绝这种标记的商标注册申请。如果已获得注册，则应当予以撤销。对应特别保护的驰名商标，不论是已注册的还是未注册的，都应加以保护。

（5）商标权的例外规定。TRIPs 协定规定了 WTO 成员可以对授予商标权规定有限的例外，只要这种规定考虑了商标所有权人与第三方的合法利益即可。

（6）商标保护期限及续展。TRIPs 协定规定，注册商标保护期应不少于7年，而续展次数应为无限，即商标所有权人有权无条件地续展。这样在事实上使商标权的保护期与版权、专利权极不相同。版权与专利权的保护期是法定的有效限期，一般在有限的时间期满后便不再享受保护，即进入公共领域，任何人均可免费使用而不构成侵权。

（7）关于使用的要求。TRIPs协定规定，如果已使用维持商标注册，只有在连续3年的期限内没有使用，才可以取消该项注册。但是，如果商标所有权人有正当理由说明其不使用是合理的，则不能取消其注册。此处"正当理由"主要指"出现不为商标所有权人意愿所控制的情况而构成对商标使用的障碍"，一般认为应包括不可抗力、政府禁令及政府性的其他要求等。

（8）商标的许可与转让、共同使用。TRIPs协定规定对商标的许可与转让作出了与版权不相同的处理。考虑到版权转让许可方式的多样性及各国法律的差异太大，在协定中没有对版权的许可与转让作出具体规定。但是，商标的许可与转让在经贸实践中极为普遍，也是权利人获得利益的最重要的手段。针对一些国家在商标转让中要求连同企业的业务一起转让的规定，协定对商标的许可使用与转让加以规范：①各成员可以对商标许可使用与转让合同依国内立法自行确定条件；②不能采用商标强制许可制度；③在商标转让中，商标所有人有权连同或不连同商标所属的企业的业务同时转移，即商标所有权人有权选择将注册商标所属的商品或服务的一部分业务或全部业务转让给他人使用。

此外，在TRIPs协定第20条中还提到了商标在贸易中的使用，特殊要求不能够对商标的使用构成不合理的阻碍。并指出这种"特殊要求"主要指：与其他商标共同使用；以特殊形式使用；以不利于该商标将一企业的商品或服务与其他企业的商品或服务相区别的方式使用。

3. 地理标志的保护

（1）地理标志的定义及与原产地名称的区别。TRIPs协定没有使用地理名称，而是使用"地理标志"一词。地理标志指标明一商品来源于一成员的领土，或该领土的一个区域，或一个地方的标志，而该商品的一种特定质量、声誉或其他的特性本质上可以归于这一地理来源。

（2）对地理标志的侵权及侵权形式。由于地理标志与产品的质量、信誉和其他性能有本质上的联系，因此，滥用或者利用足以使人产生误解的手法就形成对"地理标志"的侵权。首先表现为对原产地名称的侵权方面。例如，非"中国制造"却滥用"Made in China"便构成这一侵权行为。同时，由于地理标志具有三个来源，不是某一地域而乱用、不是某一地方来源而滥用的行为同样属于此种侵权行为。

（3）对地理标志侵权行为的救济。救济手段可以分为两种方式。一种方式是依照一利益方的请求，对具有地理标志侵权行为的商标拒绝注册申请或撤销已进行了的注册；另一种方式是一成员可以主动依照职权，只要国内法律允许，对具有地理标志侵权行为的商标进行处理。对地理标志侵权行为的商标施加处理的机关既可以是法院，又可以是行政机关。另外，行政机关可以主动依照职权对上述行为加以处理。也就是说，在利益方没有提出诉讼的情形下，行政机关一样可以对地理标志的侵权行为加以处理，行政机关的主动介入在知识产权保护中是必要的。当然，必须排除其介入对保护知识产权的削弱行为。

（4）加强对酒类地理标志的保护。TRIPs 协定规定，葡萄酒或烈性酒使用并非真实产地地理标志属侵权行为，应受到处罚，权利人可提请保护。除上述规定外，TRIPs 协定还提出要加强国际合作以保护地理标志。

4. 工业品外观设计保护

（1）获得工业品外观设计保护的条件。TRIPs 协定第 25 条第一款规定，WTO 成员必须对工业品外观设计提供保护，并规定了要想获得工业品外观设计保护。该工业品外观设计需要满足两个条件：新颖性和原创性。

（2）重在保护"外观设计"而非功能本身。各国对工业品外观设计保护立法的中心都在于其"外观设计"而非"产品"的功能及技术方面的保护。产品的功能及技术因素对产品质量及给消费者带来的消费满足固然重要，却不是工业品外观设计保护重点解决的问题。它们可以通过专利法或其他工业产权法加以保护。因此，TRIPs 协定第 25 条规定各成员"必须"保护工业品外观设计，这是强制性的规定，是必须履行的义务要求。然而，对于外观设计的保护，各成员没有义务将保护延伸至主要由技术因素或功能因素构成的设计。

（3）对纺织品外观设计保护问题的处理。TRIPs 协定规定，各成员应确保其对纺织品外观设计提供保护的规定，特别是在成本、审查或公开方面的规定，不得无理由地损害寻求和获得该保护的机会。

（4）工业品外观设计权利人的权利。TRIPs 协定赋予了工业品外观设计的所有权人生产制造权、销售权及进口权。其中生产制造权、销售权是工业产权中权利人应享有权利的基本内容。

（5）工业品外观设计的保护期。TRIPs 协定规定，工业品外观设计的保护期不少于 10 年。这是对工业品外观设计保护的最短时间，是最起码的保护要求。

5. 对其他知识产权客体的保护

（1）集成电路布图设计。除另有其他规定，TRIPs 协定要求成员按照《保护集成电路知识产权的华盛顿公约》的有关条款对集成电路的布图设计提供保护。TRIPs 协定其他条款还规定，在没有获得正当权利人授权时，进口或销售含有受保护的集成电路是违法行为。但那些不知道且无合理的理由知道含有非法集成电路的人对某一产品的获得并不构成违法行为。"无辜侵权人"在得知所用布图设计属非法以后仍可销售或处理其库存产品，但应向正当权利人支付一定使用费。TRIPs 协定另一条款规定，禁止对受保护的权利实施强制许可，除非是出于公共的非商业目的或由司法或行政当局判定为制止反竞争行为的补救措施。

（2）未披露信息。TRIPs 协定有关未公开信息的条款是第一次用国际公法的形式明确要求未公开的信息如商业秘密和诀窍受保护。保护适用于秘密信息，因为秘密的信息具有商业价值，应采取合理措施维护其秘密。TRIPs 协定并未要求未公开的信息应作为一种财产形式来处理，但它确实规定，合法支配这一信息的人必须拥有在没有征得其同意时阻止他人违背诚实商业做法而要求公开、获得或使用该信息的可能性。而且 TRIPs 协定还对有关政府要求提议未公开信息的检验数据和其他数据并以此作为医药或产品销售条件的问题作了规定。成员方政府必须保护这类数据以防不公正的商业应用。

（3）有关生物技术发明的专利保护。TRIPs 协定第 27 条第一款对可获专利的客体范围明显的定义规定中也包括生物技术发明。然而，在动植物专利，尤其是人体 DNA 排序专利方面，存在许多反对的声音。发展中国家担忧，外国公司将通过申请专利把当地居民关于植物有效成分方面的传统知识占为己有。

四、《视听表演北京条约》

《视听表演北京条约》(以下简称《北京条约》)于 2012 年 6 月 26 日在 WIPO 主持下于北京订立,2020 年 4 月 28 日起正式生效,我国已于 2014 年 4 月 24 日正式加入该条约。《北京条约》是 WIPO 管理的一项新的邻接权国际保护条约,其首次将对表演者的保护延伸至视听录制品中的表演,旨在保护表演者对其录制或未录制的表演所享有的精神权利和经济权利。截至 2020 年 5 月 11 日,《北京条约》共有缔约方 31 个。

《北京条约》第 3 条规定的保护适用于全部缔约方国民的表演者,非缔约方国民但在一个缔约方境内有惯常居所的表演者,在条约中视同该缔约方的国民。

国民待遇同样是《北京条约》的基本原则,该原则规定:

(1)通常情况下,在条约专门授予的专有权及依据第 11 条授予的权利中获得合理报酬方面,缔约方之间享有同等的本国国民的待遇。

(2)缔约方可以规定上述广播权或广播获酬权时,声明对其使用条件或范围加以限制,此外,缔约方还可以声明完全不规定广播权或广播获酬权。

《北京条约》第 7 条至第 11 条所规定的进行授权的专有权包括复制权、发行权、出租权、提供已录制表演的权利及广播和向公众传播的权利均属于可进行授权的专有权。根据《北京条约》第 12 条"权利的转让"规定,缔约方可以在其国内法中规定,表演者一旦同意将其表演录制于视听录制品中,上述专有权应归该视听录制品的制作者所有,或应由其行使,或应向其转让,但表演者与视听录制品制作者之间按国内法的规定订立任何相反合同者除外。

思考与讨论

1. 知识产权的客体本质上是什么?
2. 如何理解知识产权的特征?
3. 《伯尔尼公约》的基本原则有哪些?
4. 《巴黎公约》的基本原则有哪些?

5. TRIPs 协定的基本原则有哪些？

6. 中国共产党在中华人民共和国知识产权制度建设过程中的领导作用主要体现在哪些方面？

延伸阅读

1. 吴汉东. 知识产权法学 [M]. 北京：知识产权出版社，2019.

2. 张玉敏. 知识产权法学 [M]. 北京：法律出版社，2017.

3. 刘春田. 知识产权法 [M]. 北京：高等教育出版社，2015.

4. 彼得·德霍斯. 知识财产法哲学 [M]. 周林，译. 北京：商务印书馆，2008.

5. 冯晓青. 知识产权法哲学 [M]. 北京：中国人民公安大学出版社，2003.

6. 王迁.《视听表演北京条约》争议问题及对我国国际义务的影响 [J]. 法学，2012（10）.

7. 齐爱民. 论信息财产的法律保护与大陆法系财产权体系之建立：兼论物权法、知识产权法与信息财产法之关系 [J]. 学术论坛，2009（2）.

第二章　知识产权实务概述

知识产权实务是指与知识产权的取得、运用、保护、管理和服务相关的实际工作和过程，其范围包括知识产权行政管理实务、知识产权司法实务、企业知识产权管理实务和知识产权法律服务实务等诸多方面。知识产权实务是对知识产权理论的运用和实践。知识产权实务能力只能随着实务工作经验的增长而增长。处理知识产权实务工作必须依法进行，我国的知识产权法律渊源是由法律、行政法规与规章及相关司法解释构成的完整体系，掌握这些法律渊源是熟练处理知识产权实务工作的基础。

第一节　知识产权实务的含义

一、知识产权实务的概念

知识产权实务是指与知识产权的取得、运用、保护、管理和服务相关的实际工作和过程。实务是与理论相对的一个概念，理论是指人们关于事物知识的理解和系统论述，是通常由若干人经过研究，在长时期内所形成的具有一定专业知识的智力成果；实务则通常指在实际生活中进行操作的程序、技巧等。从法律的角度讲，实务是指运用法律解决实际问题的工作和过程。

二、知识产权实务的范围

（一）知识产权法律实务

知识产权法律实务是指以知识产权法律服务为主要内容的实务，包括知识产权行政管理实务、知识产权司法实务和知识产权法律服务实务。

知识产权行政管理实务是指知识产权行政管理部门依法从事与知识产权相关的行政管理工作，包括登记工作和处罚侵权行为等。根据法律法规的规定，知识产权行政执法实务主要包括如下内容。

第一，登记。即对知识产权取得、变更、消灭等进行相应的注册受理、异议处理、注册登记、撤销登记、注销登记等工作，包括对作品著作权备案登记、作品质押登记、专利授权登记、专利转让登记、商标取得登记、商标许可备案登记、植物新品种权取得登记等。行政机关的登记，有些是登记方生效的，如专利权的取得、商标权的取得等；有些只是登记备案，不登记并不影响相应的行为效力，在此种情况下，登记有时作为享有权利的首要证据，有时只是对抗第三人的条件，即在有备案登记的情况下，第三人不能以不知道权利状态为由进行抗辩，而在没有备案登记的情况下，第三人除非明知，否则以不知道权利状态已经发生改变进行抗辩，可以成功对抗在先的知识产权受让人或被许可人。例如，作品著作权备案登记就实行自愿登记原则，不登记不影响著作权取得。专利转让和商标转让也实行备案登记制度，不登记不能对抗善意第三人。

第二，责令停止侵权。即向侵害知识产权并且同时损害公共利益、破坏国家正常经济秩序的侵权人发出行政执法通知，要求侵权人立即停止实施其侵害知识产权人权利的行为。

第三，没收。没收指国家行政机关将侵权人的违法所得或侵权物品无偿收归国有。没收包括两方面：一是没收非法所得，即将其从侵权行为中获得的非法利益（利润）全部收归国家财政；二是没收侵权物品或主要生产设备，即没收侵权复制品、侵权产品，或者没收主要用于制作或制造生产侵权物品的材料、工具、设备等。"主要用于制作或者制造生产侵权物品"是指某些材料、工具、设备，除用于制作或制造生产侵权物品以外，几乎没有别的用途。对于这类物品，如果不予收缴，侵权人有可能会继续实施侵权行为。没收应当依法出具相关手续，遵守行政执法的各项原则和具体规定。对于没收的侵权物品或者主要生产设备，根据情况可予以变卖或销毁。

第四，罚款。即对侵权人发出罚款通知，要求侵权人在指定的时间到相关部门缴付一定数额的货币。行政罚款有助于加大对知识产权侵权行为的惩罚力度，进一步遏制知识产权侵权行为，更好地保护知识产权人的合法权益，维护市场秩序和社会公共利益。

知识产权司法实务是指与知识产权相关的审判、检察等工作，主要包括人民法院审理知识产权纠纷案件，人民检察院公诉、监督、抗诉知识产权犯罪案件等。

知识产权法律服务实务指向当事人提供与知识产权相关的专业法律服务工作，主要包括知识产权法律咨询（如知识产权风险评估咨询等）、知识产权法律文书（如许可或转让合同）的撰写和知识产权业务代理（如专利代理、商标代理或诉讼代理、仲裁代理等）。

（二）企业知识产权管理实务

企业知识产权管理是指以法律规定为依据，以知识产权为客体，综合运用法律、技术、经济等方法所实施的有计划的规划、组织、协调和利用活动。❶知识产权管理具有合法性、市场性、动态性、文化性和国际性等几方面的特征。❷广义的知识产权管理实务包括企业知识产权管理实务和知识产权行政管理实务。由于知识产权行政管理实务也可归于知识产权法律实务范围，因此不再纳入知识产权管理的范围。

企业知识产权管理是对企业所拥有的知识产权进行综合性管理和系统化谋划的活动。企业知识产权管理包括企业对知识产权获取、应用、规划、维护等方面的管理工作。在知识经济时代，知识产权是重要的财富资源，企业知识产权管理将成为提升企业效益的重要内容。

企业知识产权管理实务既有管理工作方面的特征，也有法律工作方面的特征，本质上还是对知识产权法律法规的应用，因此本书不将企业知识产权管理作为专门学习内容，而将重点放在知识产权法律实务方面。

第二节　知识产权实务的法律依据

一、知识产权法

处理知识产权实务需要以民法、刑法、行政法、诉讼法、知识产权法等诸多法律为依据，知识产权法专指调整知识产权法律关系的法律规范的

---

❶ 宋伟.知识产权管理［M］.合肥：中国科学技术大学出版社，2010：85.
❷ 安雪梅.知识产权管理［M］.北京：法律出版社，2015：12-14.

总称。知识产权法不是一部法律的称谓，而是调整知识产权法律关系的所有法律规范的总称，目前世界上只有少数国家以《知识产权法》或者《知识产权法典》为名称单独立法❶，多数国家包括我国都是采用单行立法各自调整的立法模式。

从知识产权法的调整对象来看，知识产权法律关系是平等主体间关于信息的支配与控制及相关利益分配而产生的财产关系，故属于民事法律关系的一种。虽然知识产权法中往往也规定知识产权的法定取得程序等本属公法性质的制度，其中涉及国家行政机关与行政相对人的关系，但这不是知识产权制度的主体，故不影响知识产权法的私法性质。知识产权法属民法的下位法。

二、我国现行知识产权法律体系

我国现行的知识产权法规主要有三大基本法，即《著作权法》《专利法》和《商标法》；另外还有许多行政法规或规章作为补充，如上述基本法的实施条例或实施细则，以及《计算机软件保护条例》《植物新品种保护条例》《集成电路布图设计保护条例》《音像制品管理条例》《知识产权海关保护条例》《奥林匹克标志保护条例》《著作权集体管理条例》《信息网络传播权保护条例》等；知识产权法与反不正当竞争法有着密切联系，因此，《反不正当竞争法》也可作为知识产权法律体系的重要组成部分。此外，我国还加入了许多保护知识产权的国际公约如《巴黎公约》和TRIPs协定等，这些公约在处理关于知识产权的国际争议时也可发挥调整作用。

三、知识产权法的制度功能

知识产权法的制度功能是指知识产权法律对社会能够产生的作用。对此，从不同的角度有不同的认识。知识产权法正如其他法律制度一样，应

---

❶ 法国是世界上少有制定《知识产权法典》的国家。1992年7月1日，法国将当时与知识产权有关多部分散立法汇编成《法国知识产权法典》予以颁布，开创了知识产权法典化的先河。

该是公平正义的分配机制，是社会利益的平衡器。知识产权的制度功能具体体现在以下三方面。

（一）保障功能

知识产权制度可以保障信息权利人的合法权益，调动社会个体的创造积极性。创造力是人类特有的能力，创新也是社会前进的动力。创造性信息是知识产权的主要客体，保护这些创造性信息既有助于给创造者提供持续创造的物质保障，也有助于鼓励其他人积极进行创新。

（二）促进功能

知识产权制度可以规范信息的运用，促进信息产出经济效益和社会效益。社会是一张复杂的信息网，如何更好地发挥信息的最大功能，促进信息的正常交流与利用，是知识产权法的重要使命。知识产权法律制度能够鼓励信息及时公开并被社会公众有序利用，从而促进信息产出经济效益和社会效益。

（三）协调功能

知识产权制度可以协调信息权利人和社会之间的利益冲突。信息权利人对信息享有专有权，并希望从信息的利用者那里获得物质回报，而社会又需要从信息中廉价甚至免费分享利益，这二者之间存在矛盾。知识产权制度基于利益平衡思想，在赋予信息权利人专有权的同时，通过权利限制、时间性规定等制度设计，能够较好地协调二者之间的矛盾。

思考与讨论

1. 知识产权实务的范围有哪些？
2. 知识产权法的制度功能理论对指导知识产权实务工作有何意义？

延伸阅读

1. 安雪梅. 知识产权管理［M］. 北京：法律出版社，2015.

2. 温旭. 知识产权业务律师基础实务（上下册）[M]. 北京：中国人民大学出版社，2014.

3. 冯晓青. 企业知识产权管理[M]. 北京：中国政法大学出版社，2012.

4. 宋伟. 中美中小企业知识产权管理比较[M]. 合肥：中国科学技术大学出版社，2011.

5. 马东晓，李德成. 知识产权律师实务与法律服务技能[M]. 北京：法律出版社，2011.

6. 朱雪忠. 知识产权管理[M]. 北京：法律出版社，2010.

第二编
著作权法理论与实务

著作权是指基于文学、艺术和科学作品依法产生的权利。本编以我国《著作权法》相关规定为主线，以著作权法律关系的要素为重点，阐述了著作权法基础理论与实务相关内容，包括著作权的客体（作品、著作权的内容），各种著作权、著作权的主体即权利归属、著作权的取得与管理、邻接权、著作权的限制与法律保护等。全编理论阐释结合实务案例，实务部分注重可操作性。

第三章 著作权的客体

著作权保护的客体称为"作品",指文学、艺术和科学领域内具有独创性并能以一定形式表现的智力成果。作品受著作权法保护的条件,可归纳为应当是思想或情感的表现,应当具有独创性或原创性和表现形式应当符合法律的规定。我国著作权法列举了文字作品、口述作品、音乐作品等八类作品,并附设开放性条款,同时规定了著作权法不予保护的客体。作品是权利之源,本章的理论知识是解决著作权纠纷的前提,也是著作权侵权纠纷中被控侵权方抗辩时首先需要考虑的问题。

第一节 作品的特征

我国著作权法将著作权又称作"版权",认为二者所指为同一类权利,从而在立法上结束了理论界关于"著作权"与"版权"的称谓之争。通说认为我国的"著作权"与"版权"称谓均来自日本。[1] 著作权在英美法系国家称为"Copyright",其原意仅指"复制权",最初就是指出版商从国家那里获得的对作品特许垄断的印刷权。现在的"Copyright"也就指代了以作品为依托,以作者权利为源头的现代著作权。著作权法是调整著作权法律关系的法律规范的总称。著作权法调整的法律关系包括作品的认定、著作权的内容、归属、管理、限制与法律保护等关系。

著作权的客体即作品。我国《著作权法》第 3 条规定,作品是指"文学、艺术和科学领域内具有独创性并能以一定形式表现的智力成果",这就是关于作品的定义条款,也叫一般条款,在判断法律没有明确规定的某些信息是否属于作品时可适用该内容。可见我国法律要求作品具有表达性、独创性和存在领域的特定性,其本质是具有独创性的人类思想或情感

---

[1] 刘春田."著作权"与"版权"辨析[J].版权参考资料,1990(2).

的表达。不是所有的信息都是作品，信息要成为作品需要符合一定的条件，这就是信息的"可版权性"。根据法律规定，判断一项智力成果是否属于作品，关键是判断其是否"符合作品特征"。因此，本节重点阐述作品的特征问题。根据法律关于作品的一般条款规定可知，作品的特征包括表达性、独创性与特定领域性。

一、表达性

表达性指作品应当是思想或情感的表现，也即作品应当是"智力成果"。著作权法规定的"能以一定形式表现"可以理解为是关于作品表达性的规定。作品是智力活动的结果，不是通过这个"智力成果"表达出的思想或情感本身，这通常被称为"思想—表达二分法"。

"思想—表达二分法"为各国立法、实践及国际公约普遍接受，已成为现代著作权制度的基本原理之一。但是，关于"思想"的范围须作较为宽泛的理解，包括但不限于思路、观念、构思、创意、概念、工艺、原则、客观事实、发现等。如TRIPs协定第9条规定，版权保护只包括表达，而不延及思想、工艺、操作方法或数学概念。另如我国《计算机软件保护条例》第6条也规定，对软件著作权的保护不延及开发软件所用的思想、处理过程、操作方法或者数学概念等。

一般认为，"思想—表达二分法"来源于美国联邦最高法院对 Baker v. Selden（1879）案的判决。Selden 在其著作中介绍了一种新的簿记方法，Baker 利用该簿记方法，设计出一种账簿。法院认为，版权保护不应延及它所描述的技术或产品，这就像数学、医药或技术作品的作者，虽然他们可享有版权，禁止他人复制其作品，但他们作品中所描述的系统、思想、方法等"有用的技术"却是全人类的共同财产，不应由版权人垄断。❶"思想—表达二分法"的理论依据在于：在美学原理上，作品的价值不在于"传达什么"，而在于"如何传达"。❷题材相同的作品不胜枚举，但不会令人生厌。在法学原理上，创意和思想属于主观范畴，范围无法确定，而权利客体不确定的

---

❶ See Baker v. Selden, 101 U.S.99（1879）.
❷ 李琛.知识产权法关键词［M］.北京：法律出版社，2006：24.

事物法律不可保护，因此难点在于制度的设计与司法实践的操作。

区分思想与表达是个十分复杂的问题。简要地说，思想或情感是作者内心希望表达的高度抽象的核心信息，是一种主观认识。表达则是思想或情感通过一定形式外化出来的具体信息，是一种客观表现。与思想或情感相比，表达在信息量上更丰富，表现要素更复杂，表现更多样。思想或情感通常需要对表达进行层层抽象而获得，表达则需要借助表现要素对思想或情感进行层层具体化而形成。表达一经形成，信息即已确定，其中的思想或情感，则由受众从表达中去概括或体会。❶

二、独创性

作品的独创性又称作品的原创性，是指作品由作者独立创作，且创作出来的作品具有最低限度的创造性。这意味着作品体现了作者的精神劳动和智力判断，而非简单的摹写或材料的汇集，更不能是抄袭所得。独创性是作品获得著作权保护的必要条件，只有具有独创性的作品才能获得著作权法的保护。需要注意的是，作品的独创性实际上是指作者的表述是新的或原创的，而非被表述的思想观念必须是新的或原创的。即使是那些公共领域的已有思想观念，只要作者能以新颖独特的表述予以表达、阐述、论证，均可得到著作权的保护。当然，如果作者具有某种新的思想观念或情感主题，必然有助于他创作出新颖独特的表述。❷ 同时，对作品独创性的要求也包括作品应该具有最小限度的创造性。一方面，不要求作品具备新颖性，也不要求作品是唯一的；另一方面，不能没有任何创造性，或仅有微不足道的创造性。

强调受著作权法保护的作品需要具有独创性的理由：从创作的过程考虑，一部作品的完成不可能完全脱离现实的基础和人类的公共信息资源，不可能不借鉴、参考或使用他人的作品，因此受著作权保护的门槛不应过高。从创作的价值考虑，如果一部作品仅是抄袭之作也就未对人类贡献有用信息，反而可能增加社会成本，因此不予保护。

---

❶ 王洪友. 版权制度异化研究［M］. 北京：知识产权出版社，2018：60.
❷ 李明德，许超. 著作权法［M］. 北京：法律出版社，2003：31.

三、特定领域性

作品的特定领域性指作品应当是属于文学、艺术和科学领域内的信息。文学、艺术和科学领域限定了作品的功能领域。作品一般是供人们进行精神消费而存在的，文学和艺术领域内的作品主要是满足人们的欣赏需求，科学领域内的作品主要是为同行提供研究成果、信息增量、启发研究思路等。关于作品应当限定于特定领域，在《伯尔尼公约》中即有规定。根据《伯尔尼公约》第 2 条第一款的规定，作品应当包括文学、科学和艺术领域内的一切成果，而不论其表现方式或形式如何。将作品限定于特定领域，可以将著作权的保护对象与其他领域的保护对象相区别。例如，专利和集成电路布图设计可算工程技术领域内的信息，而商标则属于商业活动领域内的信息，植物新品种可算是生物工程领域内的信息等。

需要注意的是，某些特殊信息可能由于具有多功能性或交叉价值来源而可分属不同知识产权的客体。例如，某个注册商标可能同时也是美术作品，或某个外观设计专利产品也可同时是实用艺术作品。其他知识产权客体要被认定为作品，必须在实体上或者观念上具备文学、艺术和科学功能，能够归属于文学、艺术和科学领域。如果某项信息纯粹是为解决技术问题进行的功能设计（如两个元器件的拼接设计方案）而获得专利授权，在实体上（如方法发明）或观念上（如结构的美感）不具备作品的文学、艺术和科学功能，则它不可被视为作品。

第二节　作品的种类

作品的种类是指作品的具体表现形式。国际公约和世界各国关于作品种类的规定各不相同。一般地，国际公约的成员要对国际公约规定的作品种类全部保护，同时也可根据本国特色扩大范围。例如，《伯尔尼公约》规定"文学和艺术作品"种类包括书籍、小册子和其他文学作品；讲课、演讲、讲道和其他同类性质作品；戏剧或音乐戏剧作品；舞蹈艺术作品和哑剧；配词或未配词的乐曲；电影作品和以类似摄制电影的方法表现的作品；图画、油画、建筑、雕塑、雕刻和版画作品；摄影作品和以类似摄影的方法表现的作品；实用艺术作品；与地理、地形、建筑或科学有关的插图、地图、设计图、草图和立体作品。另如《美国版权法》列举了8类受保护的作品：文字作品；带词或者不带词的音乐作品；配曲或者不配曲的戏剧作品；表意动作和舞蹈作品；绘画、图形和雕刻作品；电影和其他视听作品；录音制品；建筑作品。其范围不包括口述作品。再如《法国知识产权法典》（2016年修正）规定了14类受保护的作品：文学、艺术及科学书籍、小册子及其他文字作品；报告、讲演、布道词、辩护词及其他同类作品；戏剧或戏剧音乐作品；以书面或者其他方式固定其表演的舞蹈、马戏、哑剧；配词或不配词的音乐作品；有声或无声的电影作品及其他由连续画面组成的作品（统称视听作品）；绘画、油画、建筑、雕塑、雕刻、拓印作品；装帧及版式作品；摄影作品及借助与摄影相类似的技术而完成的作品；实用艺术作品；插图、地图；与地图、地形、建筑及科学有关的设计图、草图及立体作品；软件，包括软件开发设计过程中的有关文档；季节性服饰工业制品。法国在世界上属于作品范围规定较广的一类国家。

在借鉴《伯尔尼公约》《世界版权公约》和其他国家版权法的基础上，结合我国的文化特色和国情，我国著作权法及实施条例规定了八类作品，并附设开放性条款；同时，著作权法对"民间文学艺术作品"的保护进行了指引。

一、文字作品

文字作品是指以语言文字的符号含义表达信息的作品，如小说、诗词、散文、论文、剧本、文书、日记、科学专著等以文字符号含义表达的作品。文字作品不同于文学作品，二者存在交叉。但文字作品一定是通过文字符号产生视觉效果作为表达的基本手段。文字的范围可以是汉语文字、少数民族文字、盲文，也可以是外国文字。计算机程序是一种以特殊语言表现的作品，属于文字作品，但中国已将其单列为一种作品进行保护。另外需要注意，一些作品虽具有文字形式，但划入其他作品行列，如剧本可属于戏剧作品，与乐曲结合的歌词属于音乐作品。

二、口述作品

口述作品是指即兴的演说、授课、法庭辩论等以口头语言形式表现的作品，包括即兴的演讲、教师的课堂教学、律师的法庭辩论、牧师的布道、节目主持人的即兴发挥、相声演员的即兴表演等。口述作品最大的特点是未以任何物质媒介固定。口述作品主要体现为听觉的、时间的、流动的艺术，它以语言为表现手段，以声音为物质载体，有感而发、临机创作、即兴完成、瞬间即逝，并以口述为原始表现形式。口述作品在我国受保护而在许多国家（如美国等）不受著作权法保护，《伯尔尼公约》将选择权授予各成员。口述作品如经记录或录像则可能转为其他类型作品，如文字作品、视听作品等。

三、表演艺术类作品

表演艺术类作品以表演为基本的表达手段，包括音乐、戏剧、曲艺、舞蹈、杂技艺术作品。

（一）音乐作品

音乐作品是指歌曲、交响乐等能够演唱或者演奏的、带词或不带词的作品。音乐作品的独创性表现在对各种声音、节奏等元素的组合和运用上，具体表现形式可以乐谱形式出现，也可不以乐谱形式出现，配词与不配词均可，但应该能够被演唱或者演奏。音乐作品还应该是人工的创作，而非自然界的声音，但可以在自然界声音基础上加工。音乐和语言结合可以产生歌曲；和戏剧结合可以产生歌剧、戏曲；和舞蹈相结合可以产生舞剧；和电影艺术相结合可以形成电影音乐等。

从字面上理解，"能够"指的是"可以"，故此处的音乐作品是指可以通过"演唱或者演奏"表现的作品，而非"演唱"或"演奏"本身（"演唱"或"演奏"在著作权法上是"表演"）。而"乐谱"正是"能够"演唱或演奏的作品，而非通过其符号含义表达某种思想或情感，所以"音乐作品"包括"乐谱"。当然，从艺术理论的角度讲，音乐是"声音"

的艺术而非"符号"的艺术,故没有乐谱而直接通过演奏或演唱的声音表现曲调要素组合的,也应为"音乐作品"。此处的"音乐作品"仍然是其"演奏或演唱"表现出的曲调要素的组合,而非"演奏或演唱"本身。

(二)戏剧作品

戏剧作品是指话剧、歌剧、地方戏等通过演出形式表现的作品。戏剧作品不仅包括我国的京剧或其他地方戏作品,如豫剧、评剧、越剧、黄梅戏、川剧、秦腔等,还包括西方的歌剧等。但是对于何谓著作权法上的戏剧作品,存在不同观点。一种观点认为,戏剧作品指的是由对话、旁白、音乐、配词等构成的剧本,而不是以舞台表现形式出现的戏剧。❶ 相反的观点认为,戏剧是时间和空间的综合艺术,它融合了文学、音乐、绘画、雕塑、建筑及舞蹈、灯光等多种艺术表现手段,是一种表演的艺术形式。❷

我国法律规定戏剧作品是"供舞台演出"的作品而未规定"通过舞台演出"的作品,其本义显然不是指"舞台演出"本身而指的是舞台演出的"蓝本"。这个"蓝本",可谓"演出要素"的安排。"剧本"是这样一种安排,是"供"舞台演出的安排。故"戏剧作品"应当包括"剧本"。然而,从艺术理论上讲,戏剧是以表演为中心的综合艺术。戏剧可以是有剧本的,也可以是没有剧本的。没有剧本的戏剧,其安排是通过"舞台演出"表现出的要素组合。因此,归根结底,戏剧作品就是"通过演出"而表达的全部信息(展现的舞台布置、故事情节、人物关系、人物表情、人物对白、背景音乐等)。演出只是表达这些信息的一种形式,是戏剧作品的表演,而不是戏剧作品本身。没有演出的剧本,仅仅是文字作品,记录演出的剧本,可以认为是戏剧作品的一部分。

日常生活中所谓看"戏剧"当然不是指看(阅读)"剧本",但此并不能否认"剧本"是戏剧作品,应理解为看的是剧本的"演出表达"。

---

❶ 郑成思. 版权法 [M]. 北京:中国人民大学出版社, 1997:93-97.
❷ 刘春田. 知识产权法(第五版)[M]. 北京:中国人民大学出版社, 2014:57.

（三）曲艺作品

曲艺作品，即说唱艺术，是以带有表演动作的说唱来叙述故事、塑造人物、反映社会生活、表达思想感情的一种艺术形式，包括相声、快书、大鼓、评书等以说唱为主要形式表演的作品。为保护和发展传统文化表现形式，著作权法特别规定了对此类作品的保护。就曲艺作品而言，有的已有文字脚本，实际上形成了文字作品；有的无文字脚本，是由表演者代代相传，则是曲艺作品与口述作品的重合。无论哪种形式的曲艺作品，在我国都受到著作权法的保护。❶

（四）舞蹈作品

舞蹈作品指通过连续的动作、姿势、表情等表现思想情感的作品。换言之，舞蹈作品是以形体而非语言为表达要素所创作的作品。舞蹈包括舞蹈表情、舞蹈节奏和舞蹈构图三个要素，它们统一于独特的艺术形态中。对于舞蹈作品的理解，理论界同样存在着争议，一种观点认为，舞蹈作品是创作者对舞蹈动作的设计。❷另一种观点认为舞蹈作品与戏剧作品一样，属于表演的艺术。❸至于舞蹈作品是否要以舞谱或者录像等形式固定作为保护条件，各国著作权法规定不尽相同。我国著作权法没有要求以有形载体固定作为受保护的条件，从保护作者权益的立法宗旨来看，应解释为无论是否固定，均受到著作权法的保护。法律规定用"通过"而非"能够"或"供"等词来界定"舞蹈作品"，可见"舞蹈作品"不同于"舞谱"。"舞谱"只能是舞蹈作品的简要记录，如果其记录符号具有特定含义，可以被理解和阅读，可以理解为文字作品。

（五）杂技艺术作品

杂技艺术作品是指杂技、魔术、马戏等通过形体动作和技巧表现的具有一定艺术成分的作品。具体而言，杂技包括手技、蹬技、踩技、车技、武

---

❶ 张玉敏．知识产权法学（第二版）[M]．北京：法律出版社，2011：89．
❷ 张今．著作权法[M]．北京：北京大学出版社，2015：27．
❸ 刘春田．知识产权法（第五版）[M]．北京：中国人民大学出版社，2014：58．

术、爬杆、走索及各种民间杂耍等，是表演艺术的一种。为促进我国民间艺术的繁荣和发展，2001年《著作权法》第一次修正时增加其为保护客体。

杂技艺术作品的保护范围并不是整个杂技表演，而是指通过杂技表演体现的艺术成分，不包括杂技表演必需的技术成分。例如，用头顶一摞碗，如果没有什么肢体动作等超过技术展示之外的表演，便不受著作权法保护。另如马戏中黑熊踩球的"表演"，也不算"人的表演"，任何人都可以通过训练黑熊"表演"踩球这一节目。不能因为某人第一个训练出了黑熊踩球，第二个人就不能再次通过训练而"表演"黑熊踩球这一节目。

四、静态艺术类作品

静态艺术类作品是以静态形式表现同时具有审美意义为主要特征，包括美术作品和建筑作品。

（一）美术作品

美术作品是指绘画、书法、雕塑等以线条、色彩或者其他方式构成的有审美意义的平面或者立体的造型艺术作品。著作权法上的美术作品属于纯欣赏性作品，与具有实用性的工艺美术均属于视觉艺术作品。工艺美术又称为实用艺术品，是指人们日常生活中主要在身边使用的道具及其他物品，它们通过其材料、技巧或者制作过程的关联表现美的效果，兼具实用功能与审美功能。《伯尔尼公约》对纯美术作品和实用艺术品分别进行规定，这就避免了可能发生的争议。但在我国，有观点认为应当对美术作品作扩张解释，将实用艺术品包含在内。也有观点认为应该严格限定美术作品的范围，不应包括实用艺术品，理由在于：其一，著作权制度假想的保护客体不具有实用性；其二，实用艺术品可能同时符合外观设计专利的特征，受到双重保护。我国1992年发布的《实施著作权国际条约的规定》第6条第一款对外国实用艺术作品提供自创作完成之日起25年的保护期，在一定意义上说明我国立法机关有意将二者进行区分。问题是对中国公民的实用艺术品是否给予保护，如作为美术作品给予保护可能违反国民待遇原则，而不予保护则会出现超国民待遇原则。

（二）建筑作品

建筑作品是指以建筑物或者构筑物形式表现的有审美意义的作品。其表现形式包括建筑物或者构筑物，并且必须要有审美意义，而不包括仅具实用功能却没有审美意义的建筑物或构筑物。建筑作品包括建筑组群规划、建筑形体组合、平面布局、立面处理、内外空间组织及装修、材料、色彩、绿化等要素。WIPO和联合国教科文组织（UNESCO）认为，建筑作品应当包括两项内容：①建筑物本身（仅指外观、装饰或设计上含有独创性成分的建筑物）。②建筑设计图与模型。我国著作权法规定与之并不完全一致。在我国，建筑作品仅指建筑物本身，而其工程设计图与建筑模型作为单独客体给予保护。实践中，即使两个建筑并非完全一样，但两个建筑整体上如果构成实质近似，除非是巧合，在后修建的建筑也可能被判构成著作权侵权。❶

五、摄影作品

摄影作品是指借助器械在感光材料或者其他介质上记录客观物体形象的艺术作品。摄影作品虽然也以静态形式表现，但其创作的技术及是否需要作品具有审美意义与静态艺术类作品不同，如风景照、人物照、动植物照片等。WIPO认为，摄影作品包括"一切摄影作品和以摄影方式表现的其他作品。"摄影作品在较大程度上取决于摄影器械、感光材料的性质和质量，但仍需要有一定的独创性因素，如取景、视角、光影比例、曝光度等。❷为此，我国要求其应有一定的艺术性。但这并非要求摄影作品需要较高的艺术水准，它只需要有必要的艺术创作成分即可。电影作品中的单独镜头或静止图像可作为摄影作品受到保护。

---

❶ 参见北京市高级人民法院（2008）高民终字第325号民事判决书。
❷ 刘银良.知识产权法［M］.北京：高等教育出版社，2010：258.

六、视听作品

视听作品是指由一系列画面组成并且借助适当装置放映或者其他方式传播的作品,以连续的画面作为表达的形式包括故事片、科教片、美术片等。视听作品是一种综合的艺术,也是一种动态的艺术。此类作品包括电影、录像、通过计算机软件生成的动画(Flash)等。电影是一种特殊作品,它是由众多作者创作的综合性艺术作品,如由小说作者、将小说改编成剧本的作者(编剧)、将剧本改编成"分镜头剧本"的作者(导演)、拍摄影片的摄影作者、配曲配词的词曲作者、美工设计的作者等共同完成的。❶

"视听作品"这一概念是在我国《著作权法》第三次修正时才规定的,1990年制定《著作权法》时称为"电影、电视、录像作品",2001年修改为"电影和以类似摄制电影的方法创作的作品"。需要注意的是,复制性地录制他人报告、讲学等制作的电视片、录像片等不属于作品,属于录像制品。英、美版权法将录像制品纳入视听作品的范畴。❷

七、图形作品和模型作品

图形作品和模型作品以静态平面或立体载体表达和功能性为主要特征。所谓功能性,是指这类作品的主要用途在于为人们建造工程、制造产品或展示产品等提供一种手段,而非为人们提供美学或艺术欣赏对象。因此,在判断这类作品的独创性时,在美学和艺术方面要求不高或可以不要求。

图形作品是指为施工、生产绘制的工程设计图、产品设计图,以及反映地理现象、说明事物原理或者结构的地图、示意图等作品,包括如下内容。

(1)工程设计图,是指为拟建工程的实施在技术上和经济上所进行的全面安排提供依据的设计图纸及其说明。它包括制定的一整套工程项目技术文件,如各项技术经济依据、计算书、图纸、模型、预算、说明书及其他资料。

---

❶ 张玉敏.知识产权法学(第二版)[M].北京:法律出版社,2011:91.
❷ See UK Copyright Act, Section 5B(1).

（2）产品设计图，是指工业产品的设计图，是产品设计从明确产品设计任务起到确定产品的具体结构为止的一系列技术工作的总称，通常包括设计任务书、初步设计、技术设计和工作图设计及其说明。

关于著作权法对工程设计图、产品设计图的保护，一种观点认为，著作权法保护的工程设计图、产品设计图及其说明，仅指以印刷、复印、翻拍等复制形式使用图纸及其说明，不包括按照工程设计图、产品设计图及其说明进行施工、生产工业品，后者的使用适用其他有关法律的规定❶，即认为著作权对其的保护仅限于"从平面到平面的复制"。相反的观点认为，工业设计的使用价值不在于制作工程或者产品的模型，而在于完成工程建设和批量生产工业产品，支持著作权对图形作品及其说明的保护延及"从平面到立体的复制"，如按照设计图纸制作雕塑也是一种复制。❷ 司法实践倾向于前一种观点。❸ 复制的本质是作品信息的再现，对图形作品复制的结果应该也是图形作品，如果以图形作品为基础按照相关工艺流程制作成立体的产品或工程（如建筑），则是一种演绎而非复制。

（3）地图，是指运用制图原理来表示地面自然现象和社会现象的图形，如地理图、地形图、政区图、旅游导航图等。在地图作品中，可包含的科学和艺术成分包括对表现事物的选择、图片使用和色彩设置等。由于地图绘制过程复杂、技术要求高，并可能涉及国家安全和广泛的利益等，因此我国还出台了《地图编制出版管理条例》予以专门规定。

（4）示意图，是指借助于简单的点、线、几何图形和注记等符号来说明内容较为复杂的事物及其原理，或为显示事物的具体形状或轮廓而绘制的略图或草图，包括电路图、工艺流程图、机器设备图、工程项目图、统计图、解剖图等。

模型作品，是指为展示、试验或者观测等用途，根据物体的形状和结构，按照一定比例制成的立体作品。模型作品与图形作品的区别在于前者为立体的表达而后者为平面的表达，如人体模型、建筑模型等。

---

❶ 姚红. 中华人民共和国著作权法解释[M]. 北京：群众出版社，2001：60.
❷ 张今. 著作权法[M]. 北京：北京大学出版社，2015：82.
❸ 参见上海市第二中级人民法院（2002）沪二中民五（知）初字第132号民事判决书。

八、计算机软件

计算机软件是指为了得到某种结果而由计算机等具有信息处理能力的装置执行的代码化指令序列，或可被自动转换成代码化指令序列的符号化指令序列或者符号化语句序列。计算机软件包括程序和文档。计算机程序包括源程序（源代码）和目标程序。同一程序的源程序和目标程序应当视为同一作品。文档是指用自然语言或者形式化语言所编写的文字资料和图表，用来描述程序的内容、组成、设计、功能规格、开发情况、测试结果及使用方法，如程序设计说明书、流程图、用户手册等。关于计算机软件的法律保护，我国由《计算机软件保护条例》予以专门规定。需要注意的是，计算机软件作品仅指能够完成某种功能的程序或文档的集合体，而不包括其功能的表达结果，如利用图形软件制作的图形作品等。

九、民间文学艺术作品

按照 1989 年 11 月 15 日 UNESCO 第 25 届大会通过的《保护民间创作建议案》（Recommendation on the Safeguarding of Traditional Culture and Folklore）的定义，传统的民间文化"是指来自某一文化社区的全部创作，这些创作以传统为依据、由某一群体或一些个体所表达并被认为是符合社区期望的作为其文化和社会特性的表达形式；它的准则和价值通过模仿或其他方式口头相传。它的形式包括语言、文学、音乐、舞蹈、游戏、神论、礼仪、习惯、手工艺、建筑术及其他艺术"。更广泛意义上的观点认为，民间文学艺术包括大多由身份不明但被推定为某特定国家国民的作者创作，从该国种族群体的传统特有形式演变而来的所有文学和艺术作品。❶《伯尔尼公约》规定，民间文学艺术作品受著作权法保护。1976 年 UNESCO 和 WIPO 制定的《突尼斯示范版权法》和 1982 年的《保护民间文学表达形式、防止不正当利用及其他行为的国内法示范条款》均将其列为保护对象。我国著作权法将民间文学艺术作品的保护授权国务院另行出台

---

❶ 刘春田. 知识产权法（第五版）[M]. 北京：中国人民大学出版社，2014：64.

办法规定。

民间文学艺术具有以下特点：①创作主体不易确定；②内容反映该民族地区的社会群体所特有的传统文化艺术遗产，并且世代传颂、不断变化，没有固定形式；③创作完成时间无法确定。因此，著作权法保护民间文学艺术的难点在于：①著作权的保护客体主要针对具体的作者，而民间文学艺术创作主体不易确定；②著作权适用于已经固定在物质载体上的作品，而民间文学艺术无固定形式；③民间文学艺术的保护期无法确定始点；④民间文学艺术的创作者没有把自己的创作当成私有物品的观念。❶

十、符合作品特征的其他智力成果

现代社会理论认为，立法者的理性能力有限，立法时难以预料到以后因科技、社会发展或者其他原因而产生的新情况。因此，关于作品的范围，我国著作权法设置了开放条款以适应社会发展。判断相关智力成果是否属于作品，需要从该智力成果是否符合作品的特征进行判断。关于作品的特征，就蕴含在著作权法关于作品的定义条款中。在实践中，将由人民法院依法判断某项智力成果是否属于作品。

第三节　不受著作权法保护的智力成果

并不是所有的智力成果都受到著作权法的保护，法律有时会基于多种原因禁止某些表达受到著作权法保护，即使某些信息具有"可版权性"亦是如此。一国受保护的作品范围往往受该国经济社会发展水平的影响，原先不受保护的作品也可能因为研究的深入和内外因的作用在法律修改后予以保护，反之亦然。至于法律会将哪些智力成果排除在作品之外，则是一种很强的政策选择，有时代发展的推动，也有历史因素的保留，有基于国情的考虑，也有国际条约的要求。我国法律规定以下三类智力成果不受著作权法保护。

---

❶ 李明德，许超．著作权法［M］．北京：法律出版社，2003：51.

一、官方文件及正式译文

根据我国《著作权法》第 5 条第（一）项规定，法律、法规，国家机关的决议、决定、命令和其他具有立法、行政、司法性质的文件，及其官方正式译文不受著作权法保护。具有立法性质的文件主要是指法律、行政法规和行政规章、地方性法规和规章；具有行政性质的文件是指国家机关因处理公务而形成的决议、决定、命令、意见、议案、请示、报告、通报、通知、公告、纪要、批复、指示、方案、纲要、函等；具有司法性质的文件指国家司法机关（广义上应该包括检察机关）在处理司法（检察）公务过程中形成的司法解释、判决、裁定、决定等。这里的"官方正式译文"是指由国家机关组织或确定的翻译结果。如果官方文件译文不是由国家机关组织或确定的，而是由一些学者或翻译爱好者翻译形成的，应视为翻译作品，应当受到著作权法的保护。官方文件及正式译文不受著作权法保护是《伯尔尼公约》第 2 条确认的原则，也是国际惯例，其主要是出于公共利益等政策考虑，因为这类智力成果一般都具有社会规范的性质，为保证其能迅速而广泛地传播，尽量为越多的人知晓越好。

在司法实践中，曾因"标准文件"是否属于立法或行政性质的文件产生过争议。最高人民法院认为，强制性标准具有国家法规性质，不属于著作权法的保护范围，而推荐性标准不具有国家法规性质，因此如果其符合作品的构成要件，应当确认属于著作权法的保护范围。[1] 地方人民法院甚至据此判决将一部"标准文件"中的部分规定认定为国家标准不受著作权法保护，而另一部分规定属于推荐性标准而受著作权法保护。[2] 根据我国标准化法的规定，划分强制性标准和推荐性标准的依据是"标准"对于保障人身财产安全的重要程度，前者是保障人体健康、人身、财产安全和法律、行政法规规定强制执行的标准，后者则不是。因此，无论是强制性标

---

[1] 参见"最高人民法院知识产权审判庭关于中国标准出版社与中国劳动出版社著作权纠纷案的答复"，（1998）知他字第 6 号函。

[2] 参见中国建筑出版社与北京万方数据股份有限公司等侵害著作权纠纷案，北京市朝阳区人民法院（2009）朝民初字第 31172 号民事判决书。

准还是推荐性标准，只要是经国家机关认可并公布实施的标准文件，都具有类行政法规的文件性质，不应受到著作权法的保护。[1]当然，那些非经国家机关认可并公布的所谓"标准文件"，如一些行业协会组织制定的行业标准，则应当受到著作权法的保护。

二、单纯事实消息

单纯事实消息是指全部由事实要素构成的信息。事实要素包括时间、地点、人物、事件等客观现象，不包括对某些事件具有独创性的报道或分析。著作权法不保护单纯事实消息主要是出于保护公众知情权的考虑。生活中的单纯事实消息涉及个人、社会、国家乃至国际政治、经济、文化生活等，表达十分有限，一旦允许最先表达者获得垄断权将阻碍相关信息的传播，不利于保障社会信息自由，故予以排除。

三、表达形式单一的智力成果

历法、通用数表、通用表格和公式等也不受著作权法的保护。主要原因是这类客体表达形式有限甚至单一，涉及思想观念与表述的合并，且其中的绝大多数信息已经处于公有领域之中，故不受保护。所谓思想与表达合并，基本含义是，当思想与表达密不可分时，或者说当某种思想只有一种或者有限几种表现形式时，著作权法不仅不保护思想，也不保护表达。此外，过于简单的表达要素如线条、词语、日常用语等，也可归于此类。

【案例1】 朱某与耐克公司等侵害著作权纠纷案

【案情】 2003年10月，耐克公司在其新产品的推广广告中大量使用了"黑棍小人"的形象，且"黑棍小人"形象近似于网络动画《小小特警》等作品的作者朱某设计的"火柴棍小人"形象。

---

[1] 王洪友.版权制度异化研究[M].北京：知识产权出版社，2018：65.

2004年1月，朱某以耐克公司、耐克（苏州）体育用品有限公司在产品推广广告中擅自使用其设计的"火柴棍小人"形象侵犯了其著作权为由将两公司告上法庭，要求对方赔偿其经济损失并赔礼道歉。

法院认定朱某的"火柴棍小人"形象具有独创性，符合作品的构成条件，应受著作权法保护。但法院同时认为，"线条小人"形象已经进入公有领域，任何人均可以以此为基础创作小人形象。另外，"火柴棍小人"形象的独创性程度并不高。因此，对"火柴棍小人"形象不能给予过高的保护，同时应将公有领域的部分在保护范围之内排除。

将"火柴棍小人"形象和"黑棍小人"形象进行对比，二者有相同之处，但相同部分主要存在于已进入公有领域、不应得到著作权法保护的部分，其差异部分恰恰体现了各自创作者的独立创作。因此，不能认定"黑棍小人"形象使用了"火柴棍小人"形象的独创性劳动。"黑棍小人"形象未侵犯朱某"火柴棍小人"形象的著作权，耐克公司不应承担侵权责任。❶

【评析】 该案反映出对作品独创性程度及法律保护的要求还应该进行更充分的理解。对作品原创性是仅要求作品有最小限度的创造性。一方面，不要求作品具备新颖性，也不要求作品是唯一的；另一方面，也不能没有任何创造性，或仅有微不足道的创造性。公有领域的信息知识产权法律不予保护。而创造性的高低也导致受知识产权法律保护水平的高低。

【案例2】 英特宜家系统有限公司与台州市中天塑业有限公司侵害著作权纠纷案

【案情】 英特宜家公司诉称：原告创立于1943年，是世界上最大的家具零售公司，在31个国家和地区设立了190多家专营店。玛莫特（Mammut）系列儿童家具是在原告的指导下，由

---

❶ 参见北京市高级人民法院（2005）高民终字第538号民事判决书。

设计师莫滕·谢尔斯特鲁普（Morten Kjelstrup）和服装设计师阿伦·厄斯特（Allan Ostgaard）代表原告设计完成，原告是玛莫特系列作品的著作权人。玛莫特系列商品多年前就在商品目录和多本书籍中刊载，1994年，玛莫特童椅还获得瑞典"年度家具"的大奖。被告中天公司未经原告允许擅自抄袭玛莫特系列作品的设计，生产和销售了多种型号的儿童椅和儿童凳，并在其公司网站上展示侵权商品。自2004年起，原告就委托律师多次致函被告要求其停止侵权行为，被告对此置之不理，还将侵权设计申请了外观设计专利，后专利被国家知识产权局专利复审委员会宣告无效。玛莫特系列儿童椅和儿童凳属于家具，具有实用性，同时具有较高的艺术性，属于受中国法律保护的实用艺术作品。被告生产、销售侵权作品及进行网络宣传的行为侵犯了原告的著作权，给原告造成了极大的经济损失。

法院认为，玛莫特儿童椅和儿童凳从表达形式来讲，设计要点主要体现在造型线条上，简单、流畅的线条力图体现朴实而略带童趣的作品思想，但这样的设计思想并不能与其他普通儿童用品设计思想完全区别开来；从表达的独创性来讲，玛莫特儿童椅和儿童凳除了在细节方面立椎体及纺锤状棒体的凳腿与普通的儿童椅和儿童凳有所区别外，整体外形上与绝大多数普通的儿童椅和儿童凳区别不大。总体而言，玛莫特儿童椅和儿童凳属于造型设计较为简单的儿童椅和儿童凳，不具备美术作品应当具备的艺术高度。因此，尽管被告中天公司生产的涉案儿童凳、儿童椅产品与原告英特宜家公司的玛莫特儿童椅和儿童凳从整体上看构成相似或者基本相同，也不构成对原告著作权的侵犯。❶

【评析】根据我国参加的国际公约和相关法律规定，对实用艺术作品的著作权保护，是从实用艺术作品的实用性和艺术性角度分别予以考虑，对于实用性部分不适用著作权保护，对于艺术性部分可以归入"美术作品"予以保护。外国实用艺术品的权利

---

❶ 参见上海市第二中级人民法院（2008）沪二中民五（知）初字第187号民事判决书。

人要求著作权保护时，应当首先从审美意义方面予以审查，如果涉案实用产品不具备美术作品应当具备的艺术高度，即使被控侵权产品与涉案作品构成相似或者基本相同，也不能作为实用艺术作品获得著作权保护。对于该案中的儿童椅凳，通过申请外观设计专利的方式保护实际上更为合适。

思考与讨论

1. 作品受著作权法保护的条件是什么？
2. 如何理解音乐作品与乐谱间的关系？
3. 如何理解戏剧作品与剧本间的关系？
4. 杂技艺术作品的保护范围是什么？
5. 专利申请文件、商标注册申请文件、起诉状、答辩状、仲裁委员会作出的仲裁裁定是否受著作权法保护？

延伸阅读

1. 卢海君．版权客体论（第二版）[M]．北京：知识产权出版社，2014．
2. 王迁．论视听作品的范围及权利归属 [J]．中外法学，2021（3）．
3. 梁志文．作品类型法定缓和化的理据与路径 [J]．中外法学，2021（3）．
4. 孙山．新类型作品著作权保护的现实选择：《著作权法》第三条中"其他作品"的解释适用 [J]．电子知识产权，2020（7）．
5. 李明德．两大法系背景下的作品保护制度 [J]．知识产权，2020（7）．
6. 金松．论作品的"可复制性"要件：兼论作品概念条款与作品类型条款的关系 [J]．知识产权，2019（1）．
7. 李琛．论作品类型化的法律意义 [J]．知识产权，2018（8）．

第四章 著作权的内容

著作权的内容是指著作权人享有的实体权利，是著作权制度的核心，也是侵权判断的前提。我国著作权法明确规定权利人可以享有十六种著作权，并规定"应当由著作权人享有的其他权利"也属于著作权，从而为著作权的扩张留下了空间，为司法实践处理原告主张对不属于法律明确规定的"著作权利益"进行保护的纠纷提供裁判依据。著作权包括"著作人身权和著作财产权"两大类。著作人身权包括发表权、署名权、修改权和保护作品完整权四种，著作财产权包括复制权、传播权、演绎权和获得报酬权四大类十几种。

第一节 著作人身权

一、著作人身权概述

（一）著作人身权的概念

著作人身权，是指作者基于作品依法享有的以在作品上体现的精神利益为内容的权利。

目前，关于外延为"发表权、署名权、修改权和保护作品完整权"等著作权的名称，各国立法不同，学术界众说纷纭。依我国著作权法，这些权利叫作"著作人身权"；依大陆法系国家和地区如法国、德国、日本等的一些立法，这些权利叫作"作者人格权"；[1]而依一些国际公约和英美法系国家立法和理论，这些权利则叫作"精神权利"（Moral Rights）。[2]

---

[1] M·雷炳德.著作权法［M］.张恩民，译.北京：法律出版社，2005：266.
[2] 参见《伯尔尼公约》第6条之二。

（二）著作人身权的本质

我国现行的著作权法所采用的"著作人身权"称谓引起的争议十分激烈，使学术界关于这一权利本质的认识难达一致。由于我国民事法律将权利分为人身权与财产权两类，民法学界关于权利的分类从此固化，一种权利要么是人身权，要么是财产权。表面上看，"署名权、发表权、修改权和保护作品完整权"等权利并不涉及直接的财产利益，也就是这些权利不会给作者带来直接的财产收益，而是保护财产利益之外的利益的，因此不是财产权，依非此即彼的逻辑，只可能是人身权。但是，由于划分人身权与财产权的标准不一，上述权利究竟是不是人身权尚有疑问；❶此外，依据民法理论，人身权通常包括人格权与身份权两种，因此对上述权利的本质在学界就有三种观点，即人格权说、身份权说、人格权与身份权兼具说。❷

我们认为，就作品的本质而言，它是一种外在于人身的财产，因此如果从客体的本质角度而言，著作权本质上不是一种人身权。但就依附在这一财产上的权利而言，有些是为维护作者的精神利益的，有些是为维护作者的物质利益的，前者就是精神权利，后者就是财产权利。

如上所述，在英美著作权法及国际公约的概念体系中，是用"Moral Rights"来称谓上述权利的。根据《布莱克法律词典》对"Moral Right"的解释，是指基于自然法原则产生的作者享有的独立于其他著作权人或财产权人享有的财产权的保护其创造完整性的权利，其范围：①署名权，即确认作品系由己著或者声称系由己著，以及在作品被改变的情况下否认作品系由己著的权利；②保护作品完整权，即保护作品未经作者同意进行改动的权利；③发表权，即创作者认可的情况下公开作品的权利；④收回权，即放弃作品或者从出卖或放映中收回作品的权利。"Moral Right"保护的是作者的非金钱（Non-Pecuniary）或者非经济利益（Non-economic Interests）。❸"Moral"一词在英文中有"道德的、伦理的、道义

---

❶ 李琛. 质疑知识产权之"人格财产一体性"[J]. 中国社会科学，2004（2）.
❷ 杨延超. 作品精神权利论[M]. 北京：法律出版社，2007：114-116.
❸ GARNER B A. Black's Law Dictionary（eighth edition）[M]. Eagan：West Publishing，2009：3195.

上的、精神的"等含义❶，但却无"人身的"这一含义，"人身的"这一含义用"Personal"来表示❷，在法律术语中，也是用"Personal Right"而不用"Moral Right"指"人身权"或"人格权"。❸因此将"Moral Right"译作著作精神权利比较妥当。

综观著作人身权的外延，这些权利本质上都是以维护作者精神利益为目的的权利。按照大陆法系民法学相关理论，精神利益属于人身利益的范畴，人格利益和身份利益中均存在精神利益，因此将作品中所体现的精神利益统称为人身利益，将这些权利统称为著作人身权，可以避免将这些权利划入范围更为狭窄的人格权领域或者在大陆法系权利体系中并不存在的"精神权利"领域，是更具包容性的立法技术处理。在现行法律未作修改的情况下，我国的学术界和司法界应当与立法创造的概念体系保持一致，以防出现在同一法域自说自话、概念混乱，造成交流困惑。

需要说明的是，著作人身权并不是民法学中所谓的人身权（以下简称"人身权"），二者存在较大差别。

首先，著作人身权与人身权的载体不同。人身权是指以人身利益为客体的权利，人身利益的直接载体是人身；而著作人身权的客体是作品所体现的非财产利益，其直接载体是作品。

其次，著作人身权与人身权的性质不同。人身权包括人格权和身份权，人格权具有绝对性和对世性，而身份权则可能具有相对性和对人性。著作人身权并不是基于特定身份关系而产生的，因此不会在特定主体之间存在请求配合实现权利的关系，故著作人身权具有绝对性和对世性。就这点而言，著作人身权更接近于人格权。

最后，著作人身权与人身权产生的基础不同。著作人身权产生的基础是作品的产生，作者基于创作行为，在作品创作完成后即可原始取得著作人身权。人身权产生的基础是人身的存在或者身份关系的存在，民事主体基于人身或者特定身份即可原始取得人身权。

综上所述，著作人身权与传统民法中的人身权存在诸多差异，故既不

---

❶ 牛津高阶英汉双解词典[M]．北京：商务印书馆，1997：956.
❷ 同❶：1096.
❸ 英汉法律词典[M]．北京：法律出版社，1999：589.

能说它们是人格权，也不能说是身份权，更不能说是人格权与身份权兼具。❶ 理解著作人身权，需要将其理解为依附于作品之上并且体现作者的精神利益的权利。它不是人身权的下位概念，不能简单地运用民法理论中关于人身权的相关学说来理解著作人身权，也不能将著作权法关于著作人身权的相关规定理解为民法关于人身权相关规定的特别规定，从而认为在著作权法无明确规定时适用民法有关人身权的一般规定对著作人身权进行保护。

二、著作人身权的具体内容

（一）发表权

发表权是指作者决定作品是否及以何种方式公之于众的权利。作品创作完成后往往不是立即处于公众可以获知的状态，除非作品是在社会公众面前公开创作。处于"秘密"状态的作品，是作者思想、观念、情感、理想、主张、价值观的表达❷，一旦公之于众，其后果轻者涉及个人创作才能评价，重者涉及个人隐私、商业秘密和国家机密泄露甚至带来牢狱之灾，因此是否将作品公之于众，在什么范围以何种方式公之于众，应由作者自由决定。发表作品仅涉及作品从秘密状态向公开状态转化，不会直接给作者带来经济利益，因此发表权属于著作人身权而非著作财产权。

发表权是控制作品传播的首要权利，无发表则无传播和演绎，也就无著作财产权侵权的可能，因此发表权对于防止著作权侵权具有重要的意义。"发表"之意在于"公之于众"，也就是使作品处于公众可以获知的状态，而不论社会公众是否事实上已经知晓。❸ 学界一般认为，公之于众的"众"，是指作者之外与作者没有特定亲近关系的不特定人，只有超越家庭或社交的正常范围的展示和表演才构成发表。❹ 如果作者把作品提供给亲属、亲友、同事等特定的人，或者向某些专家请教等，并不构成发表。❺

---

❶ 杨延超. 作品精神权利论［M］. 北京：法律出版社，2007：116-140.
❷ 刘春田. 知识产权法（第五版）［M］. 北京：中国人民大学出版社，2014：70.
❸ 参见《最高人民法院关于审理著作权民事纠纷案件适用法律若干问题的解释》第9条.
❹ 张俊浩. 民法学原理［M］. 北京：中国政法大学出版社，2000：563.
❺ 张玉敏. 知识产权法学（第二版）［M］. 北京：法律出版社，2011：101.

发表权的行使方式，可以是以下几种：①由作者明确表示是否发表作品。②由作者的行为推定其行使了发表权。例如，作者将作品投稿到杂志社，希望通过杂志发表作品，则无须作者特别授权发表，即可推定杂志社有权发表该作品。另如，作者将美术作品转让给他人，因美术作品原件的展览权依法转让给受让人，则可推定该作品的发表权也已许可受让人行使，否则展览权便无意义。依据日本著作权法的规定，如无相反约定，权利人不得对著作权受让人或者被许可人行使发表权。❶③在特殊情况下，由法律规定的特殊主体代为行使。例如，在作者身份不明时，发表权由作者原件合法持有人行使；作者生前未发表的作品（遗作），如果作者未明确表示不发表，作者死亡后五十年内，其发表权可由继承人或者受遗赠人行使；没有继承人又无人受遗赠的，由作品原件的所有人行使。在作者死亡以后，如果未经书信作者继承人同意，书信保存人（收信人）擅自公开书信内容，会构成对书信撰写人发表权的侵害。

发表权的重要特点是仅控制作品首次从秘密状态转化为公开状态这一环节，作品如果经作者或其授权的人以合法方式公之于众，即构成发表，作者自此不再享有发表权。这种特点被称为"发表权一次用尽"。同一作品不存在多次或者反复发表的问题。对于未经著作权人同意擅自发表作品者，仅首次发表构成对发表权的侵害，此后若是对已经发表之作品进行复制、发行、转载等，应不构成对发表权的侵害。

（二）署名权

署名权是指作者在作品上表明其作者身份的权利。署名是指代作者的符号，该符号因此具有识别功能，通过这个符号，社会公众能够判断某部作品是源于此人而不是彼人。同一思想的众多表达，表达方式和表达内容不同，其中体现的创作才能相异，社会大众对作者创作才能的评价也凝聚在署名这个符号上。因此，署名不仅对于作者具有重要意义，对于社会公众也具有重要意义。署名权是著作权的起点，如果不能证明作者身份，试图获得著作权法上的保护将十分困难。

---

❶ 田村善之.日本知识产权法[M].周超,李雨峰,李希同,译.北京：知识产权出版社，2011：486.

署名权的内容包括以下四方面。

（1）作者有权要求确认其作者身份。在某些情况下，作品上没有作者署名，或被错误署名等，这时，作者有权向人民法院请求确认其创作了作品的事实。如果作者能够举证证明其创作作品的过程，如选题、资料收集与整理、创作原始稿件（草稿草图）、照片底片、合作创作者的证言等，可以确认其作者身份。

（2）作者有权决定署名方式。署名的方式包括署真名、署假名，甚至不署名。通说认为，有多名作者的，作者的署名顺序也是署名权的内容。如果作者之间对署名顺序有约定的，应当按照约定确定署名顺序；如果没有约定的，可以按照创作作品付出的劳动、作品排列、作者姓氏笔画等确定署名顺序。❶

（3）作者有权维护其署名。在作品被他人使用时，如果有可能，使用人应当在作品的复制件上标明作者署名，否则，作者有权要求其标注。例如，作者有权要求他人在翻译、汇编等演绎时按原作署名指明其作者身份，在引用其作品时按被引用作品署名方式指明其作者身份等。

（4）作者有权禁止非作者在作品上署名。没有创作作品的人不是作者，不应当在他人作品上署名。对强行署名的，作者有权拒绝；如果已经署名，作者有权从作品上去除其署名。

（三）修改权

修改权是指作者对作品进行更正、删节或补充等非实质性改动的权利。修改权专属于作者，未经授权不得对他人作品作出修改。一般地，报刊社、杂志社、出版社或其他媒体在无须征得作者同意的情况下，有权对作品中存在的诸如语法错误、标点符号错误、序号混乱、公式使用明显错误等进行技术性修改。

对作品进行修改，应当仅涉及对作品信息作出非实质性改动，即不会导致作品的主要构成要素如文学作品的主题思想、人物关系、故事情节、结局等的变动，建筑艺术作品的造型、风格等的变动。如果达到这种程度的改动，则构成篡改等。修改不同于演绎，如果对作品的改动达到创作的程度，形成新的作品，则构成演绎。

---

❶ 参见《最高人民法院关于审理著作权民事纠纷案件适用法律若干问题的解释》第11条。

(四)保护作品完整权

保护作品完整权是指保护作品表达的完整性,使作品不受歪曲、篡改的权利。作品是作者创作完成的集内容与形式于一体的具有独创性的表达。对作品进行改动或者使用达到这样一种程度即使得原作品希望表达的思想或情感被曲解、割裂、丑化或者美化,这是破坏了作者的独创性,也就是破坏了作品的完整性。

保护作品完整权具有以下两方面的内容:①保护作品不受足以歪曲、篡改的改动。例如,对文学作品掐头去尾、断章取义进行改编、丑化人物形象等;对美术作品进行切割,使其意境、人物形象、图案美感不能得到完整体现等。②保护作品不被用于不符合作者创作作品的使用意图、有损于作者声誉的使用。❶ 传统的保护作品完整权仅强调作品本身信息的完整性的保持,不注重对作品的正当使用进行保护。某些作品被使用于特定场合时,会造成社会对其作品的评价降低,如果不给予作者保护,作者就无权获得救济。因此,虽然未对作品进行修改,但对于可能有损作者声誉的使用,也应为保护作品完整权的内容。例如,在"张某与长江日报社等侵害著作权纠纷"案中,法院认定,被告长江日报社等违背原告本意,将原告创作的本拟用作公益广告的宣传画《让世界充满爱》标上房地产开发商名称及联系方式进行发布,从而变成商业广告的行为侵犯了原告的保护作品完整权。❷

修改权和保护作品完整权都涉及对作品的改动,因此司法实践中很难准确地区分二者。我们可以尝试从以下几方面理解二者的关系。

首先,修改权与保护作品完整权互有交叉。修改本意上指对作品的改动,即对作品表达要素的改动,而歪曲与篡改往往也涉及对作品表达要素的改动。这本质上还是修改,只是对作品表达要素的改动达到了歪曲与篡改的程度。同时,对于何种改动可以达到歪曲与篡改的程度并没有统一的认定标准,这就为实践中究竟某种对作品的改动行为是侵犯"修改权"还

---

❶ 李雨峰.保护作品完整权的重构[J].法学论坛,2003(1).
❷ 参见湖北省武汉市中级人民法院(1999)武知初字第7号民事判决书,湖北省高级人民法院(1999)鄂民终字第183号民事判决书。

是侵犯"保护作品完整权"的认定增加了困难。例如,有判决认为修改权保护的是作品的外在表现形式,保护作品完整权保护的是作品的内在表达。仅对作品的标题作出修改(将原文标题"在拐弯处的回头",改为"父爱,在拐弯处")而未对文章内容作出修改,就不构成对保护作品完整权的侵犯。❶ 正是由于修改权与保护作品完整权的这种交叉关系,连专业人士也很难区分,著作权人在诉讼时往往同时请求保护"修改权"和"保护作品完整权"。

其次,保护作品完整权比修改权更具有涵盖能力。"修改"是对作品完整性的一种破坏方式,一般指未达歪曲与篡改程度的改动,但对作品进行有损作者声誉的其他一些行为却不是修改可以涵盖的。对作品进行未达歪曲与篡改程度的修改是可以的,如对文字作品作个别字句的修改等,但作品表达要素的选择,是作者自由意志的结果,也是作者人格的体现。❷ 保护作品完整权的实质,是要保持作品创作完成时的信息,是要尊重作者的这种自由意志或人格,任何人未经作者许可对作品的改动,事实上是对作者人格的一种破坏,因此也属于对作品完整性的破坏,制止对作品作出即使是未达歪曲与篡改程度的修改也属于保护作品完整权的应有之义。

在其他国家立法和国际公约中,一般也不将修改权和保护作品完整权分别规定,而统一规定为"保护作品完整权"。例如,在德国,保护作品完整权的保护范围也包括对作品的更改行为,含负面的更改行为和正面的更改行为,因为"法律所保护的不单是作者本人的利益,还要让社会公众知道是谁为本部作品赋予了独创性。"❸ 在国际公约中,反对对作品进行有害于作者声誉的任何歪曲、割裂、修改或其他贬损行为的权利均被称为保护作品完整权,没有单独的修改权,并且国际组织也认为保护作品完整权可以禁止未经授权的修改及在贬低的意义上使用作品。❹ 可见修改只是保护作品完整权的内容之一。

综上所述,破坏作品完整性的行为包括对作品进行不同程度的改动,

---

❶ 参见陈果与人民教育出版社侵害著作权纠纷案,北京市海淀区人民法院(2008)海民初字第11715号民事判决书.
❷ 李雨峰.精神权利研究:以署名权和保护作品完整权为主轴[J].现代法学,2003(2).
❸ M·雷炳德.著作权法[M].张恩民,译.北京:法律出版社,2005:277.
❹ 联合国教科文组织.版权法导论[M].张雨泽,译.北京:知识产权出版社,2009:56-58.

但对这种改动程度的判断往往异常困难，没有必要将这种改动分别纳入两种权利的内容，以免造成法律适用上的困惑。保护作品完整权可以涵盖修改权的内容，将修改权与保护作品完整权进行合并，统一为"保护作品完整权"，是可行的立法选择。

第二节 著作财产权

著作财产权是指基于对作品的利用而可能给著作权人带来财产收益的权利。著作权人通过自己行使或者许可他人行使著作财产权，可以获得报酬。著作权法明确规定的著作财产权多达十几种。根据对作品的使用方式，著作财产权可以分为复制权、传播权和演绎权三类。复制权是指使作品在不同的载体上再现的权利；传播权是将作品从一处传播到他处，并能使公众接触到作品的权利，包括发行权、表演权、出租权、展览权、放映权、广播权、信息网络传播权等；演绎权是指以原作品为基础创作出新的作品的权利，包括摄制权、改编权、翻译权、汇编权等。

一、复制权

（一）复制权的概念

复制权是指将作品制作成一份或多份的权利。作品是信息，信息具有可复制性，即可以在不同的载体上再现。当作品被固定在不同的载体上时，作品就被复制了。首次固定作品的载体叫原件，经过复制后固定作品的载体叫复制件。口述作品的原件应该是人的大脑，当口述作品被录音或者记录下来以后，便产生了录音制品或者其他形式的复制件。其他形式的作品原件和复制件都是有体物。作品被复制，本质上是复制件保留了作品原件的实质信息。从主体的角度看，就是一般人从作品原件所获得的主要信息与通过复制件获得的主要信息相同。主要信息是指确定作品区别于同类作品的信息。例如，绘画作品，无论它是彩色的还是黑白的，其图案构造都是主要信息。我们通过原件看到一幅彩色的"黄果树瀑布"图，而通过复制件可能看到的是黑白的"黄果树瀑布"图，但我们看到的瀑布及其周围的景色图案却使我们获得了这样的信息：除了着色差异，二者是相同的。当然，复制件也可能保留与原件完全相同的信息。例如，文字作品和书法作品，如果通过复印的方式制作复制件，由于是通过文字含义或字体表达思想或情感，在文字保留和字体不变的情况下，二者的信息可以完全一致。但总体而言，复制一般仅能保持或减少作品信息，不会增加作品信息量。

（二）复制的方式

复制有广义与狭义之分。广义的复制既包括以与原件相同或相近的形式制作一份或多份的行为（通常称为"同形复制"），也包括以与原件完全不同的形式再现作品的行为（通常称为"异形复制"）。同形复制包括从平面载体到平面载体的复制，如抄写、复印、临摹、拓印、录音、录像、翻录、翻拍、扫描、数字化、通过信息网络上载、通过信息网络下载等，也包括从立体载体到立体载体的复制，如依照建筑作品建造同样大小的建筑物，以及依照建筑作品按比例放大或缩小建造建筑物或制作模型等。异形复制既包括按照平面设计图去建筑或者生产受著作权法保护的建筑作品和三维艺术品，或者按照工程设计等平面图形作品制作成立体的工程模型或建造成工程这种从平面到立体的复制，还包括采用临摹、拍摄等方式将雕塑、雕刻等美术作品和建筑作品体现在平面媒介上这种从立体到平面的复制。❶狭义的复制仅指"同形复制"。

异形复制不是真正意义上的复制。因为复制本质上在于作品信息量的保持，即复制件保留了作品原件的实质信息。在平面设计图或者施工图本身为作品的情况下，按照平面设计图或施工图建造建筑物或施工，是在利用设计图或施工图中的设计方案或者施工方案，其结果是产生一个工程。按照平面设计图或施工图建造的工程，也许有美感从而成为建筑作品，也许因为缺乏美感而不称其为作品，但无论该建造结果是否为作品，该结果与平面设计图或者施工图都没有相同的实质信息，因而不是原设计图或者施工图的复制件。尤其是当建筑物本身不是作品时，说建造行为是复制行为的不妥之处甚为明显。即便当建筑物本身是作品，那也不是设计图或者施工图的复制件，因为设计图或者施工图的实质信息是"图"，其表达要素为各种线条、数据等，其功能在于指明建筑物各部分间的关系及施工的

---

❶ 曲三强．现代著作权法［M］．北京：北京大学出版社，2011：128-129．

流程等"用",而建筑物的实质信息为"物",其表达要素为建造物的外观如形状、颜色等,其功能在于通过建筑物的外观体现建筑物的"美"。一般人看建筑设计图或者施工图与看依照该图建造而成的建筑物所获得的信息大相径庭,甚至连二者的联系都很难建立起来,如何能说建造行为是复制呢?对所谓"从立体到平面的复制",可作类似的理解。建筑作品、雕塑作品等立体作品,是通过作品的形状、结构、颜色等体现"实物美",而以立体作品为客体进行临摹、绘画、拍照等产生的平面作品,是临摹人、绘画人、拍照人在特定的时间、特定的自然条件和特定的角度等综合因素选择的基础上,借助临摹人、绘画人、拍照人的技术,通过线条、颜色等体现的"画面美"。二者的实质信息并不相同,即不会使人获得这样的信息:这张照片就是那个雕塑。但二者的确存在这样的联系,即绘画或照片是以某个雕塑为客体临摹或拍照形成的,这可以理解为绘画或拍照是一种演绎行为。

在复制中,有一种特殊情形即临时复制需要特别讨论。

临时复制(Temporary Copy)是指信息从计算机外部首先进入该计算机随机存储器(RAM),并停留于此供用户使用的过程。因为存贮在 RAM 上的信息最终会因为后续信息挤兑、计算机关机、重启等原因消失,不会给用户留下永久的复制信息,被称为临时复制。

随机存储器又称内存,是计算机的重要部件之一,它是与中央处理器(CPU)进行沟通的桥梁,其作用是暂时存放 CPU 中的运算数据及与硬盘等外部存储器交换的数据。只要计算机在运行中,CPU 就会把需要运算的数据调到内存中进行运算,当运算完成后 CPU 再将结果传送出来。在计算机技术发展起来以后,当作品通过计算机供人们使用时,是否在计算机内存中产生了作品复制件?对于这个问题,在立法实践和理论界存在较大争议。例如,美国有案例认为,当一个计算机程序从某个永久存储器调入计算机内存中时,就发生了版权法意义上的"复制";❶也有人认为,传统意义上的复制同时伴随了载体的"再现",而当信息在计算机中"暂存"时不会产生载体的"再生",关机后该信息不会"再现",因此不是一种

---

❶ 约纳森·罗森诺.网络法:关于因特网的法律[M].张皋彤等,译.北京:中国政法大学出版社,2003:33.

复制。❶

计算机的永久存储设备构成作品的载体，如果将信息永久存储在硬盘或其他存储设备中，即使关机后该信息不会"再现"也构成复制。但是内存只是在人们需要使用永久存储设备上的信息时暂存该信息的必不可少的中间环节，并未将信息永久固定于内存上。虽然在使用作品期间，在内存这种物理介质上临时存在了作品信息，理论上讲只要不关闭计算机，该信息将会一直存在，因此构成"物理意义上的复制"。然而，著作权法要禁止的是对于著作权人而言存在侵权可能的复制行为。对于著作权人而言，禁止未经许可的复制，是为防止产生永久复制件并进一步传播这些复制件。如果未经许可通过内存复制、传播或演绎作品，只需禁止复制、传播或者演绎即可，而无须禁止人们将信息调入内存；如果不通过复制、传播或演绎作品，而仅通过内存显示作品，也无禁止的必要。因为通过内存显示的作品并不是内存中的作品，而是存储设备上的作品。禁止通过计算机显示数字化作品，无异于禁止社会公众接触作品，传统著作权中并无禁止社会公众翻阅、欣赏已经发表的作品的权利。例如，我国台湾地区"著作权法"曾规定"随机存取记忆体上的复制"属于复制形式之一，但后来在2003年修改时特别明确，除计算机程序作品以外，当专为网络合法中继性传输，包括浏览、快速存取或其他为达成传输功能的电脑或机械本身不可避免的现象，或合法使用作品，属技术操作过程中必要的过渡性、附带性而不具有独立经济意义的暂时性重制，不适用复制权。此外，《巴西著作权法》也有类似规定。根据《巴西著作权法》的规定，如果复制是临时的，且复制的唯一目的是使作品、录音制品或表演可以通过电子媒介的方式被感知，或者复制是短暂的或偶然的，且复制是在获得著作权人的适当授权后使用作品的过程中所为，不应适用复制专用权。❷

综上所述，临时复制只是显示、复制、传播和演绎作品的中间环节，对于显示、复制、传播和演绎作品仅具有技术上的价值，不具有著作权法上的规范价值，不是"著作权法意义上的复制"，不应纳入复制权的范围。

---

❶ 吴汉东.知识产权法（第三版）[M].北京：中国政法大学出版社，2004：67.
❷ 《十二国著作权法》翻译组.十二国著作权法[M].北京：清华大学出版社，2011：12.

二、传播权

(一) 发行权

发行权即向公众提供作品原件或复制件的权利。发行行为包括作品复制件的出售、散发、赠予等。有观点认为,发行仅限于转移载体所有权的传播行为❶,而不包括单纯的信息流动如网络传播等方式。复制与发行通常称为"出版"。

发行权控制的是作品创作完成或者被制作成复制件后,首次提供给社会公众的环节。在作品原件或者复制件被著作权人提供给公众以后,作品原件或者复制件再次转手,便不再受发行权的控制。这在理论上被称为"发行权穷尽原则"或"首次销售原则"。

(二) 出租权

出租权即许可他人临时有偿使用作品的权利。这是我国《著作权法》在2001年修改时增加的一种权利。该权利行使的特点在于临时有偿提供作品原件或复制件,与发行需要转移作品载体所有权不同。在出租作品时,出租人(著作权人或经其许可的人)将作品原件或者复制件提供给承租人,承租人按照约定的方式使用作品,在租赁期限结束时将作品原件或者复制件交还给出租人并且支付租金。出租作品通常表现为租赁业务经营者向承租人提供作品的复制件,而承租人向租赁业务经营者支付租金。在此种情形下,不可认为出租权的权利人是租赁业务经营者。事实上,租赁业务经营者不过是经著作权人许可后行使出租权的受托人,不是真正的出租权人。在租赁业务经营者未获得著作权人许可向承租人提供作品原件或者复制件时,租赁业务经营者构成对著作权人出租权的侵害。

对于出租权,需要注意以下两点:第一,出租权仅特定作品著作权人享有,非所有作品的著作权人均享有。在我国,出租权的客体目前仅限于视听作品及计算机软件作品,其他作品的著作权人均不享有出租权。例如,生活中广泛存在的出租书籍、音乐CD等行为,并不是出租权制度规

---

❶ 刘春田.知识产权法(第五版)[M].北京:中国人民大学出版社,2014:77.

范的对象。第二，计算机软件如果不是出租的主要标的的，不受出租权控制。例如，承租人租赁电脑或汽车时，电脑或汽车中有集成软件，由于对电脑或汽车的使用主要是对硬件的使用，该软件不是出租的主要标的，对附带在电脑或汽车中的软件的提供，不需要特别征得著作权人许可。当然，对于安装特定软件且仅依靠该软件完成特定功能的电脑的出租，电脑只是软件的载体，软件构成出租的主要标的，该出租行为应受出租权的规范。

（三）展览权

展览权即将作品原件或其复制件向公众陈列或展示的权利。对于某些作品如美术作品和摄影作品，展览是作品的通常使用方式和著作权人获得经济收入的主要渠道，因此有必要特别规定。

对于展览权，需要注意以下三点：第一，展览权仅特定种类作品著作权人享有，非所有作品的著作权人均享有。展览权的客体仅限于美术作品和摄影作品。对于文字作品的手稿，当其构成书法作品时，可以作为美术作品进行展览，受展览权规范；当其不构成书法作品，仅向人们展示文字作品创作时的状态，而仍是通过文字含义展示作品时，不受展览权规范。第二，美术作品、摄影作品原件展览权随作品原件所有权的转移而转移。即当美术作品和摄影作品原件所有权通过转让、赠予等方式转移给他人时，受让人与受赠予人虽不取得该作品的其他著作权，但取得了该作品的展览权，有权展览该作品而无须原出让人或赠予人特别许可。第三，展览权行使时要尊重美术作品或者摄影作品中可能存在的人身权。例如，如果展览的作品涉及他人肖像或隐私，展览时需要征得肖像权人或隐私权人的同意。

（四）表演权

表演权即公开表演作品的权利。表演是指通过演奏、演唱、朗诵等形式表现作品的行为。

表演包括现场表演和机械表演。现场表演又称"活表演"，指表演者直接的表演，即表演者通过语言、声音、动作、表情或者各种仪器设备将作品表现出来的过程。对于音乐作品，表演一般为利用乐器演奏或者通过嗓音演唱；对于文字作品，表演一般为朗诵和背诵；对于舞蹈作品，表演一般为通过肢体动作、表情等表现作品的舞蹈过程。机械表演指"用各种手段公开播送作品的表演",即通过播放设备向公众传播事前利用录音录像设备固定下来的现场表演的行为。使用播放设备公开播送录有表演的唱片、录音带、录像带,如宾馆、饭店、商店、歌舞厅为顾客播放音乐、歌舞表演等就属于机械表演。

对于表演权,需要注意以下两点:第一,不是所有的"表演"都是对作品的表演,如服装表演,就仅仅是通过演员向人们展示服装的过程,不是对某部事先创作的作品的表演,不是表演权的客体。第二,表演权是著作权人控制作品被公开表演的权利,不是作品表演者对其表演进行控制的权利,后者属于邻接权中表演者权的内容。

(五)放映权

放映是将固定在载体上的作品通过放映设备呈现在屏幕等反射装置上,供人们阅读、欣赏作品的过程。放映权即通过放映机、幻灯机、投影仪等技术设备公开再现作品的权利。

放映权最初是针对电影等视听作品设计的,因为放映视听作品是再现这些作品并使著作权人获得报酬的主要渠道。随着技术的发展,美术作品、摄影作品也可以通过放映机等放映设备再现,因此也被纳入放映权的客体。在计算机技术发展起来以后,文字作品也可以通过投影仪等技术设备公开再现,文字作品是否属于放映权的客体呢?对此,我国著作权法没有明确列举。我国著作权法关于放映权的客体采取的是开放式规定,没有规定放映权仅适用于美术作品、摄影作品和视听作品三种,因此只要适于通过放映方式再现的作品,包括文字作品,都是放映权的客体。

放映权仅规范作品从存储介质借助放映设备再现这个环节,其目的是使放映现场观众能够观看到作品,不包含通过更为复杂的技术转换以后呈现的环节。例如,卡拉OK厅未经许可在点歌机中放映音乐电视作品就属于侵犯著作权人的放映权[1],而电视台通过无线传送电视节目,宾馆通过接收设备接收电视节目并通过有线在各房间播放,就不构成放映,而是广播。

---

[1] 参见中国音像著作权集体管理协会与北京金福娱乐有限公司等侵害著作权纠纷案,北京市西城区人民法院(2009)西民初字第2509号民事判决书。

（六）广播权

广播权是指以有线或者无线方式公开广播或者传播作品，以及通过扩音器或者其他传送符号、声音、图像等类似工具向公众传播广播的作品的权利。广播最早本指通过无线电波或导线传送声音信息的传播方式，通过无线电波传送声音信息的称无线广播，通过导线传送声音信息的称有线广播。随着技术的发展，广播的形式不仅包括传送声音信息的传播方式，如电台广播，还包括传播符号信息和图像信息的传播方式，如电视台广播。

广播的形式：①无线广播。即以电磁波方式向公众传播作品，公众通过特定的接收装置可以欣赏作品。这是最基本、最主要的广播形式。②有线转播。即通过导线和播放设备向公众再次传播广播的作品。这种形式的广播在我国农村地区普遍存在，另外，饭店、商场、公众娱乐场所、某些交通工具上也有这种形式的广播。③公开播放广播。即通过扩音器或其他传送符号、声音、图像的类似工具向公众转播正在广播的作品。与有线转播不同，这种广播方式只是将接收到的无线广播声音通过扩音器放大，或者通过类似传送工具对接收到的广播信息作出技术处理，使公众可以更加清晰地收听或者收看。例如，在收音机前安放一部扩音器，便构成这种意义上的广播，但不构成无线广播也不构成有线转播。这是关于广播方式的"口袋"型规定，以备科技发展出现新的广播手段而致法律不敷适用。上述三种传播方式，第一、二种方式可以称为"直播"，第三种方式可以称为"转播"。

广播的特点在于信息传播的单向性和公众的被动性，此特点与信息网络传播不同。信息传播的单向性是指在广播中只存在公众接收信息的单向流动关系，不存在广播者与公众互动信息的关系；公众的被动性是指广播者在广播信息内容的选择、播出时间的安排、广播范围的确定等方面都是主动的，而公众只能被动选择接收还是不接收，没有其他选择权。广播的实质是以能传送符号、声音、图像的工具向公众传播适于广播的作品。究竟是使用无线方式还是有线方式，这只是技术问题，不是实质问题。

（七）信息网络传播权

信息网络传播权即以有线或无线方式向公众提供作品使公众可依其个人选定的时间和地点获得作品的权利。此种权利是顺应网络时代的来临而特别规定的，虽然其内容与复制权、广播权等存在交叉，但由于可以实现交互式使用作品，故单独规定也无不可。❶

信息网络传播与广播既有相同之处，也有不同之处。相同之处在于二者均可使公众接收到来自传播者提供的信息；不同之处在于，信息网络传播具有交互性和公众主动性特点。信息网络传播的交互性是指在信息网络传播中，信息的传播者与接收者可以是双向互动关系，信息网络传播者只需要将信息置于特定的存储空间，信息接收者向信息传播者发出要求获得某条信息的指令以后，该条信息才会提供给信息接收者；公众的主动性是指对于网络信息内容，公众可以在自己选择的时间和地点接收，而不再被动地按信息传播者的既定安排接收。当然，公众主动选择信息具有相对性，即不能说必须是公众在全天候全世界任何时间和任何地点都能获得作品才是信息网络传播，而是强调在选择信息这个问题上，在信息可以获得的情况下，在特定的时间段和特定的空间范围内，公众可以根据自己的意愿选择是否接收信息，并且在这些信息传播过程中，随时可以终止信息的传播。例如，在一个局域网内，将作品置于服务器上，供该局域网上任何一个终端的使用者点播欣赏，也应属于信息网络传播。图书馆在自行划定的地域范围（馆舍之内）和时间范围（上班时间）内，以交互式手段提供作品，使公众得以在上述地域和时间范围内自行选择时间和地点获得作品，仍然构成信息网络传播行为。❷ 对于信息网络传播中使公众"获得作品"，应当理解为使公众可以接触到作品，而不能理解为必须使公众获得作品的复制件。例如，在网络上仅提供在线欣赏或浏览，不提供在线下载或离线下载，也构成信息网络传播；若未经著作权人许可，构成对著作权

---

❶ 王洪友.信息网络传播权与相关权利之比较［J］.科技与法律，2004（2）.
❷ 王迁.知识产权法教程（第七版）［M］.北京：中国人民大学出版社，2021：193.

人信息网络传播权的侵犯。❶

三、演绎权

（一）摄制权

摄制权指以摄制电影或类似方法将作品固定在一定的载体上的权利。摄制权是演绎权的一种，因为摄制产生的视听作品与据以摄制的原作存在诸多相同的信息，如主题思想、故事情节、人物关系、画面等，不同的是原作可能是以文字或其他要素表达这些信息，而视听作品则以连续画面、人物对白、背景音乐等要素表达这些信息。摄制权主要存在以下情形：以原创剧本为基础拍摄电影或电视剧，剧本的著作权人享有摄制权；❷将小说改编成剧本后再拍摄电影或电视剧，小说和剧本的著作权人都享有摄制权；❸美术作品、曲艺作品、杂技艺术作品、建筑艺术作品被拍摄进入视听作品时，美术作品等作品的著作权人享有摄制权；音乐作品用作视听作品的主题曲、插曲、片尾曲、背景音乐等时，音乐作品的著作权人享有摄制权。

（二）改编权

改编权即改变作品，创作出具有独创性的新作品的权利。改编权是演绎权的一种。在改编中，被改编的作品称为"原作"，改编后的作品称为"改编作品"，原作与改编作品之间存在实质要素的相同，但也存在明显的差别，此种差别是改编作品独创性的体现。如果对原作仅作出未达独创性的改动，那就是修改而非改编。常见的改编包括将长篇小说缩写为中篇或者短篇小说；将中篇或者短篇小说扩写成长篇小说；将小说改成剧本；将诗歌改成小说；将电影改写成小说；为视听作品配以不同于原作的人物对白；将此种风格的音乐作品改成彼种风格的音乐作品等。从本质上讲，将

---

❶ 参见北京市海淀区人民法院民事判决书（2004）海民初字第12509号，北京市第一中级人民法院（2005）一中民终字第3463号民事判决书。
❷ 参见北京市海淀区人民法院（2006）海民初字第24253号民事调解书。
❸ 参见北京市第二中级人民法院（2011）二中民初字第16049号民事判决书。

非视听作品改成视听作品也是对作品的改编,但我国著作权法单独规定了摄制权,此种改动便不再纳入改编权的范围,而纳入摄制权的范围。

(三)翻译权

翻译权即将作品从一种语言文字转换成另一种语言文字的权利。语言是人类所特有的用来表达意思、交流思想的工具,是一种特殊的社会现象,由语音、词汇和语法构成一定的系统。"语言"一般包括书面形式,但在与"文字"并用时,"语言"仅指口语。"文字"是记录语言的符号或者语言的书面形式。翻译不仅仅是文字间的转换,也包括口语间的转换。口述作品的翻译即口语间的转换。

翻译是在他人以语言文字创作的作品基础上,将其转换为以另一种语言文字表现的作品,这个过程涉及不同语言构成要素的选择、取舍、组合,并不是一一对应的转换,因此是一个创造的过程。如果语言文字的转换仅是一一对应的机械的转换过程,那么不构成翻译,如将普通文字作品转换成盲文作品,或者将非手语作品转换成手语(哑语)作品,就不构成翻译。就原作与译作间的关系而言,原作确定了作品的实质信息,译作也保留了这些实质信息,同时,译作在新的语言表达方面融入了翻译者的独创性因素,构成新作品,译者可以对译作享有独立的著作权。❶离开原作,译作不可能产生,因此可以说译作是原作作者与译者共同创造的结果,在将译作再次翻译成第三种语言文字表达的作品时,需要取得原作、译作著作权人的许可。

(四)汇编权

汇编权即将作品或者作品的片段通过选择或者编排,汇集成新作品的权利。在汇编过程中,被汇编的作品或作品片段称为原作,汇编后形成的作品称为汇编作品。汇编不同于改编,改编会改动作品的表达,而汇编不会改动作品的表达,仅会将作品或者作品片段按照一定的逻辑进行编排从而形成新的作品。报纸、期刊、作品集等是典型的汇编作品。

---

❶ 参见郅溥浩与中央编译出版社等侵害著作权纠纷案,北京市西城区人民法院(2008)西民初字第 13265 号民事判决书。

对于汇编，需要注意的问题是，只有汇编者对原作的选择、编排体现了创造性，才有可能形成汇编作品。如果汇编者对原作的选择和编排仅是按照常见的方式如时间顺序、作品名称首字母的排列顺序、作者姓名排列顺序等进行排列，则不会形成汇编作品。对于作品未经许可被他人进行编排但没有形成汇编作品时，著作权人不能主张汇编权被侵犯，而只能主张复制权、发行权被侵犯。

四、其他著作财产权

依据我国著作权法的规定，除了法律明确规定的上述著作财产权以外，著作权人还可以享有"应当由著作权人享有的其他权利"。但依什么理论或者标准确定哪些权利是著作权人"应当"享有的呢？对于这个问题立法没有明确，而交由人民法院依据公平原则自由裁量。例如，在"安乐影片有限公司与北京时越网络技术有限公司侵害著作权纠纷"案中，法院认为被告通过网络定时播放电影既不属于信息网络传播权的内容，也不属于广播权等其他著作财产权的内容，而是"应当由著作权人享有的其他权利"的内容，并据此判定被告未经原告许可通过网络定时播放原告享有著作权的电影侵犯了原告的著作权。❶

关于著作财产权的种类，几乎每个国家和地区都有不同规定。例如，在巴西、法国、德国等国就规定有一种被称为"追续权"的著作财产权。所谓追续权，是指特定作品在其原件被作者转让以后，当该作品原件再次被转让且增值时，作者对每一次转售增值中的一定比例依法有分享的权利。特定作品，特别是美术作品，在创作之初，其艺术价值一般很难被人们认可，但随着时间的推移，其价值可能会不断增加。作品的增值，有市场的因素，但更主要的是随着作者的艺术才能被认可，其作品艺术价值增加的结果。当作品已被作者转让给了他人后增值时，如果没有追续权，那么作品增值部分将全部由转售人获得，作者不能获得由于作品艺术价值增加而应获得的增值分享，对作者是不公平的。因此，规定追续权是为了更

---

❶ 参见北京市第二中级人民法院（2008）二中民初字第10396号民事判决书，北京市高级人民法院（2009）高民终字第3034号民事判决书。

好地保障作者的利益。理论上讲，追续权也是可以转让的。因此，如果追续权被作者转让给了作品原件的受让人，那么作品增值部分仍将由转售人获得，这会使追续权制度的目的落空。为了防止追续权形同虚设，规定有追续权的国家一般都禁止追续权转让和放弃。我国目前没有规定追续权，也没有判例确定追续权为"其他著作财产权"。但我国在进行《著作权法》第三次修改时，曾在修正案草案中将追续权增加为新的著作财产权，这是符合著作权保护的国际趋势的。

【案例1】 腾讯科技（深圳）有限公司与上海虹连网络科技有限公司等侵害计算机软件著作权纠纷案

【案情】 腾讯科技（深圳）有限公司（以下简称"腾讯科技公司"）开发了QQ即时通讯软件，并将QQ软件及其各升级版本授权深圳市腾讯计算机系统有限公司（以下简称"腾讯计算机公司"）在腾讯网进行运营。2008年年初，上海虹连网络科技有限公司（以下简称"虹连公司"）针对腾讯QQ软件开发了彩虹显IP软件，并在其开办的网站提供该软件的官方免费下载。上海我要网络发展有限公司（以下简称"发展公司"）参与了彩虹显IP软件的后期开发和运营，并为该软件的官方网站提供服务器等物质支持。彩虹显IP软件无法独立运行，必须"依附"于腾讯QQ软件运行，其主要通过修改QQ软件的19处目标程序指令，实现改变腾讯QQ软件用户上线时具有的隐身功能和显示在线好友的IP地址及地理位置的功能。腾讯科技公司、腾讯计算机公司一审将虹连公司和发展公司起诉至武汉市江岸区人民法院。该院认为虹连公司和发展公司侵犯了腾讯科技公司的著作权之修改权。许子华构成对腾讯科技公司著作权的共同侵权。并均应立即停止侵权行为，公开道歉。虹连公司、发展公司提起上诉。湖北省武汉市中级人民法院认为：计算机软件的功能必须通过计算机程序的运行实现，功能的改变是计算机程序改变的外在表现形式。彩虹显IP软件改变了QQ软件目标程序中必备的相关代码、指令及其顺序，导致QQ软件的部分功能缺失或发生变化。此行为侵犯了腾讯科技公司

对其软件作品的修改权，遂驳回上诉，维持原判。❶

【评析】 该案是关于计算机软件著作权保护的案例，曾入选2012年中国十大知识产权司法保护创新案例。计算机程序也是作品。根据《软件保护条例》的规定，著作权人对计算机软件享有修改权，即对软件进行增补、删节，或者改变指令、语句顺序的权利；一般地，这种修改表现为对计算机源程序和目标程序静态的改动，而该案被告的行为不表现为直接在原告的程序基础上进行程序改动，而是通过另外的程序与原告程序同时运行，使原告程序的部分功能不能得到实现。这种操作方法虽然不是直接修改原告的程序，但类似于在原告的程序运行时附加了一段程序，本质上仍然是对计算机程序进行指令或代码的改动。随着技术的发展，侵害软件修改权的表现形式也呈现多样化、复杂化趋势，司法认定不应仅局限于对计算机程序或有关文档的静态比对，还应综合考虑修改的具体行为、手段与修改后的技术效果、功能等因素。在法律适用上，该案未将《计算机软件保护条例》第8条中关于"修改权"的定义仅理解为对源程序或目标程序静态的修改，而是对本案中的行为进行了综合考虑，将其纳入软件著作权人修改权的调整范围，具有创新适用法律的意义。

【案例2】 手塚桃子与北京乐韬世纪文化传媒有限公司等侵害著作权纠纷案

【案情】 2007年10月，中国华侨出版社出版发行了由原告手塚桃子（以下简称"桃子"）创作完成的悬疑推理小说《皇粮胡同十九号》（以下简称"涉案小说"）。涉案小说中对主人公紫姨的描写如下：她是位有学问、有教养的妇人；她的皮肤白皙、细腻，保养得很好；她通常的穿戴不但讲究、得体，甚至有时还表现出了几分对时尚和摩登的追求；她终年坐在一张特制的胶轱辘、外国造的轮椅里。

被告乐韬公司成立于2009年，经营范围为制作、发行动画

---

❶ 根据湖北省武汉市中级人民法院（2011）武知终字第6号民事判决书改编。

片、电视综艺、专题片等，并于2010年6月取得了广播电视节目制作经营许可证。

第三人文采公司成立于2005年，经营范围为商业服务业及商品批发与零售，不具备广播电视节目制作经营资质。

2008年1月，文采公司与桃子案外人崔某签署了《关于长篇小说的电视剧版权转让合同书》。该合同约定：桃子将涉案小说华语电视剧的改编使用权转让给文采公司；自签约日起至《皇粮胡同十九号》剧开拍，文采公司拥有两个半自然年的著作改编权。如超出合同的有效期而文采公司未能投入拍摄，其电视剧改编权自动回归桃子；桃子同意由文采公司自行选择、确定改编者；桃子拥有在完成片上的原著署名权；成品片名继续沿用原著名，并在每集片头注明："根据桃子同名长篇小说改编"字样；若此剧在发行中遇到电视台要求更改片名，双方可协商解决；完成片的著作权包括音乐、造型、动作、服饰、对白、剧照等的使用权均归文采公司。

2008年10月，文采公司与朱某签署《委托创作合同书》，约定由朱昭宾以涉案小说作为改编基础，创作剧本，该剧本的版权属于文采公司，朱某享有署名权。朱昭宾根据涉案小说创作出了电视剧剧本《生死底牌》。该剧本中对主人公紫姨的描写如下：右足有疾，总是拄着一根精致的手杖……她身世神秘，气质高贵，见多识广，生活充满情趣和智慧。

2010年3月，文采公司与乐韬公司签署了《电视剧改编权及电视剧本转让合同书》，文采公司将《皇粮胡同十九号》小说的改编权和电视剧本《生死底牌》除署名权以外的全部著作权转让给乐韬公司；拍摄完成的电视剧应为原著作者"桃子"署名，并在每集片头注明"根据桃子同名长篇小说改编"；乐韬公司有权另行聘任编剧修改剧本直至符合拍摄要求。

2010年3月，文采公司与朱某签署《补充协议》并约定：朱昭宾已知晓并同意文采公司将《皇粮胡同十九号》电视剧剧本转让于乐韬公司，并同意文采公司与乐韬公司的相应合同条款约定，同意由电视剧剧本的新受让方自行改编或修改剧本。2010年10月，朱某签署《编剧授权书》，记载：《生死底牌》剧本系文采公司委托其根据桃子小说《皇粮胡同十九号》改编创作，该剧本影视拍摄权属文采公司所有。

2010年9月10日，乐韬公司获北京市广播电影电视局颁发的《电视剧制作许可证》，同日《皇粮胡同十九号》电视剧在浙江横店影视城开机拍摄。乐韬公司为了拍摄需要，对《生死底牌》剧本进行了修改，形成《皇粮胡同十九号》剧本。该剧本中主人公紫姨的形象沿用了《生死底牌》剧本的描述。

桃子主张：第一，根据关于双方约定转让的权利内容，文采公司支付对价仅涉及剧本的改编权，不包括摄制权。乐韬公司及文采公司均主张该合同约定转让的权利种类应为小说的改编权及摄制权。第二，涉案小说创造的灵魂人物紫姨的形象已完全被歪曲、篡改，被告乐韬公司侵害了其保护作品完整权。乐韬公司主张文采公司的改编作品拔高了小说主题，明显提高了小说的声誉与社会评价，不属于歪曲、篡改，未侵害桃子的保护作品完整权。

法院判决认为被告未侵犯原告的摄制权和保护作品完整权。❶

【评析】 该案是一个较为典型的案例，涉及改编权、摄制权、保护作品完整权等著作权利，同时还涉及权利行使中的转让、权利主体中的委托作品等。

该案的争议焦点：第一，桃子与文采公司的合同是否转让了涉案小说的摄制权？第二，被告乐韬公司是否依其与文采公司签订的合同取得涉案小说的改编权和改编后的作品《生死底牌》的著作权？第三，《生死底牌》及据此拍摄而成的电视剧就紫姨这个人物形象是否侵害了涉案小说的保护作品完整权？

关于第一个争议焦点，原告主张因为双方转让合同中未明确约定转让摄制权，故文采公司未取得涉案小说的摄制权。被告与第三人主张其已经取得摄制权。从原告与第三人签订的合同内容看，的确未出现"摄制权"这个词，但从合同中相关条款术语，例如，"开拍""投入拍摄""完成片""成品片""每集片头"等

---

❶ 参见手塚桃子（TEZUKA MOMOKO）与北京乐韬世纪文化传媒有限公司等侵害著作权纠纷案，北京市第二中级人民法院（2011）二民初字第16049号民事判决书。

来看，双方事实上对于文采公司在改编涉案小说以后将用于拍摄电视剧是有充分认识的，转让改编权为名，同时转让改编权和摄制权为实，只是双方将摄制电视剧也理解为"改编"的一部分，这种理解虽有误，不应影响其合同实质内容。文采公司应当依约取得涉案小说的摄制权。

关于第二个争议焦点，涉及文采公司对涉案小说的改编权转让是否有效的问题。由于文采公司已经依约受让涉案小说的改编权，不是获得许可，因此其将涉案小说的改编权再次转让给被告乐韬公司有效。文采公司依与《生死底牌》的作者的约定取得《生死底牌》除署名权以外的著作权，故将这些著作权转让给乐韬公司也属有效。

关于第三个争议焦点，涉及对保护作品完整权的适用。被告乐韬公司摄制用的《皇粮胡同十九号》剧本系经对《生死底牌》剧本修改而成，《生死底牌》剧本系涉案小说的改编作品，必然要与原著在人物形象、故事情节、环境描写等方面有一定区别，才能成为具有独创性的新作品。小说以文字表达信息，追求人物形象的丰满度、人物关系和情节的完整性等为目的，需要借助读者的想象进行重构，而电视剧以画面、人物对白等表达信息，可以直接向观众传递作品内容，必须要对原著进行适当改动才能使电视剧获得更好的收视效果。只要未达到损害作品和作者声誉、降低公众对作品和作者评价的程度，就不应认定侵害了作者的保护作品完整权。《皇粮胡同十九号》剧本与涉案小说中人物紫姨，虽然在姓名、年龄、职业、形象上均有较大的差别，但前者延续了涉案小说中紫姨穿戴讲究、皮肤白皙、高贵、端丽、成熟、智慧等特征；涉案小说中紫姨身有残疾，终年坐在轮椅中，而改编后也是身有残疾，只是没有那么严重。乐韬公司主观上并无歪曲、篡改、割裂或贬低作者声誉的故意，客观上亦未造成歪曲、篡改、割裂或有损于作者声誉的后果，故被告乐韬公司未侵害原告的保护作品完整权。

思考与讨论

1. 著作人身权有哪几种？

2. 如何理解广播权与信息网络传播权的关系？

3. 张某系物理学教授李某的学生，李某翻译完成了《电路设计原理》一书手稿，共计100万字，李某将已完成的手稿交给张某，表示希望该书能够出版。半年后，张某将书稿删去10万字，署上自己和李某的名字，交付出版社出版。李某欲向人民法院提起诉讼，诉张某侵犯了其版权，但有些问题尚不清楚。请思考：

（1）张某的行为是否侵犯李某的发表权？

（2）张某的行为是否侵犯李某的署名权？

（3）张某的行为是否侵犯李某的修改权？

（4）张某的行为是否侵犯李某的保护作品完整权？

4. 周某创作了一部长篇小说《铜人阵》。某出版社欲在全国范围内出版该小说。吴某将该小说翻译成英文。郑某发表了一篇对该小说的评论。美国的麦克想依据吴某的英文版将该小说改编成电视剧本并拍成电视剧，某网站想在网站上播放并供消费者点播该电视剧。

请思考：根据著作权法及相关规定，哪些人的行为需要征得他人哪些著作财产权的许可？

延伸阅读

1. 梅术文. 著作权法上的传播权研究[M]. 北京：法律出版社，2012.

2. 杨延超. 作品精神权利论[M]. 北京：法律出版社，2007.

3. 何敏，吴梓茗. 论展览权穷竭制度的完善：从"部分穷竭"到"完全穷竭"[J]. 电子知识产权，2021（6）.

4. 陶鑫良. 论"署名权"应改为"保护作者身份权"[J]. 知识产权，2020（5）.

5. 管育鹰. 保护作品完整权之歪曲篡改的理解与判定[J]. 知识产权，2019（10）.

6. 刘银良. 制度演进视角下我国广播权的范畴[J]. 法学，2018（12）.

第五章 著作权的主体

著作权的主体又称著作权人，是指依照著作权法享有著作权的自然人、法人或非法人组织。根据著作权的取得方式不同，可将著作权主体分为原始著作权人和继受著作权人。通常，继受著作权人只能取得著作财产权，而原始著作权人则可享有完整的著作权。从著作权人的国籍角度看，又可将其分为国内著作权人和外国著作权人，不具有中国国籍的人创作的作品只有在满足了著作权法规定的条件时，方能得到中国著作权法保护。我国著作权法未对著作权主体进行集中、系统的规定，而是散见于不同章节的条文之中。本章知识是解决著作权纠纷的重要前提，其中作者认定、法人作品的认定、外国人和无国籍人创作的作品权利归属、职务作品的认定、合作作品的权利行使规则等常被用于解决相关纠纷。

第一节 著作权主体概述

一、著作权主体的概念

权利主体一语通常包含两种含义：一是指特定权利的归属者；二是指能够成为权利人的资格。在前一含义中，往往对应特定权利的存在或是以具体的权利为前提，如某具体物为某人所有或应为某人所有；而在后一含义中，则通常对应于概括意义上的权利，如自然人、法人或非法人组织可以成为所有权的主体。权利主体的这一一般原理同样适用于著作权。本节将从概括意义上对著作权的主体进行阐述；而对于特定作品著作权的归属，将在下一节进行叙述。据此，所谓著作权的主体，又称著作权人，是指依照著作权法享有著作权的自然人、法人或非法人组织。同时，国家在特定情形下也可以成为著作人，如法人或者非法人组织享有的著作权，在法人或非法人组织因终止等事由而导致没有承受权利义务的主体时，其著作财产权由国家享有，在此情形下，作品的使用由著作权主管部门管理。

二、著作权主体的分类

对著作权的主体进行分类学习和研究，既是全面、系统把握与著作权主体有关的法律规定的需要，也能够为学习著作权的行使和保护制度奠定必要的基础。为此，本部分将从不同角度对著作权的主体进行分类叙述和分析。

（一）原始著作权人和继受著作权人

根据著作权取得方式的不同，可将著作权的主体分为原始著作权人和继受著作权人。民法理论中，民事权利的取得方式包括原始取得和继受取得，前者是指依法最初取得民事权利，后者是指通过某种法律行为从原权利人那里取得民事权利。著作权也是民事权利的一种形式，因而，民事权利取得方式的分类对于著作权来说也是适用的。相应地，所谓原始著作权人和继受著作权人的分类便是与著作权的原始取得和继受取得相对应的。

当然，著作权的取得也有其自身的特性，主要表现在，著作权的原始取得只与符合著作权法保护条件的作品是否创作完成这一事实有关，而无须履行任何法律手续。据此，原始著作权人是指依照法律规定随作品的创作完成而享有著作权的人。在我国著作权法上，原始著作权人包括创作作品的自然人，依照合同约定取得作品著作权的自然人、法人或非法人组织，如依照约定取得委托作品著作权的委托人等，以及依法被"视为"作者的法人或者非法人组织。继受著作权人是指通过继承、遗赠和受让而获得和享有著作权的人。著作权人可以通过与他人订立书面合同而转让著作财产权的一部分或全部；在著作权的保护期内，著作权属于自然人，在其死亡后，其所享有的著作财产权部分应当依照民法典或者相关法律法规的规定转移，在法人或非法人组织变更、终止后，没有承受其权利义务的法人或非法人组织的，其著作财产权由国家享有。

此分类的意义在于，著作权的取得依据不同，主体所享有的权利内容范围也存在一定不同。通常，原始著作权人会享有完整的著作权，即其取得和享有的著作权既包括了人身权的内容，如署名权、修改权等，也包括了财产权的内容，如复制权、发行权等。而由于著作人身权与作者的人身密切相关，具有不可转让性，因而，作为继受著作权人，其可能取得和享有的主要是法律规定的著作财产权。需要指出的是，我国著作权法上规定的发表权，一般认为也是与作者人身紧密相关的。但若某一作品发表权未曾行使、作者也未明确反对作品发表的，则他人可通过继承或接受遗赠而取得该作品的发表权。这种立法规定的理由在于，发表权从性质上来说，不单纯与作者人身相关，事实上，也与财产权紧密相关；同时，在作者未明确反对其作品发表的前提下，允许继受著作权人行使发表权，也符合著作权立法鼓励作品传播、促进文化和科学事业发展与繁荣的立法宗旨。

（二）国内著作权人和外国著作权人

根据著作权人的国籍不同，可将著作权人分为国内著作权人和外国著作权人。依据我国著作权法及我国参加的有关国际公约规定，自然人、法人和非法人组织，无论是否拥有中国国籍，也无论是依据中国法律还是依据外国法律成立，都可能在我国取得著作权或得到我国著作权法的保护。当然，在国内人和外国人获得或享有著作权保护的条件上，各国立法均给予了不同的规定。依据我国著作权法，就该法保护的作品而言，中国人在作品创作完成后即可享有著作权。对于外国人，则需要根据其作品是否在中国境内首先出版或其所属国或者经常居住地国是否同中国签订相关协议或者共同参加相关国际条约，来决定能否享有著作权或获得我国著作权法的保护。具体而言，若外国人的作品首先在中国境内出版，则可依法享有著作权，其著作权自作品首次出版之日起受保护，其中，作品在中国境外首先出版后 30 日内在中国境内出版的，视为该作品同时在中国境内出版；若外国人的作品并非首先在中国境内出版，则根据其作者所属国或者经常居住地国同中国签订的协议或者共同参加的国际条约享有的著作权，受我国著作权法保护；未与中国签订协议或者共同参加国际条约的国家的作者及无国籍人的作品首次在中国参加的国际条约的成员国出版的，或者在成员国和非成员国同时出版的，也受我国著作权法保护。

第二节　著作权的原始归属

从概括的意义上来看，自然人、法人或非法人组织都可能取得著作权或享有我国著作权法的保护。但这并没有回答就特定作品而言，其著作权应当归属于何人的问题。对此，本节将主要根据我国著作权法的规定，从两方面进行阐述，即首先阐明作品原始著作权归属的一般规则，然后叙述著作权法对于著作权归属的特别规定。

一、著作权原始归属的一般原则：创作人原则

创作人原则是确定著作权归属的基本原则或缺省原则，是指除非著作权法另有规定，作品的原始著作权应当归属于创作作品的人。作品原始著作权在通常情况下归属于创作作品的自然人或者"视为作者"的法人或非法人组织。

作品原始著作权归属的创作人原则，与著作权保护的正当性解读是相一致的。学说对著作权保护的正当性解读，主要有劳动财产权理论、人格理论、激励论等。在劳动财产权学说看来，创作人所付出的劳动，才是产生或保护著作权的原因，由此，该权利最初自然应当归属于创作人。同样，在人格理论中，作品被视为作者人格的延伸，因而，作品之上权利原始地归属于作者——创作人，是该权利享有和保护的逻辑起点。激励论的基本要旨是，认可或赋予作品著作权的目的是激励更多优秀作品的创作和传播，由此也不难看出，作品著作权原始地归属于创作人也是其应有之意。

尽管我国著作权法未直接规定或明确采用创作人原则的措辞，但从该法关于著作权归属的一般规定和特别规定中均可以看出，该法事实上确立了创作人原则。如《著作权法》明确规定：著作权属于作者，而创作作品的自然人是作者；对于受委托创作的作品，则在当事人之间未就著作权归属进行明确约定的情况下归属于受托人，即委托作品的创作人；合作创作的作品，著作权由合作作者共同享有；演绎作品的著作权由演绎作品的作者享有；汇编作品的著作权由汇编人享有等。不难看出，我国著作权法对创作人原则的体现，是通过作者这一中心概念来反映的。著作权法不仅给

作者下了明确的定义，还规定了"视为作者"的情形。同时，在著作权原始归属的特别规定中，作者也居于重要地位。为此，下文将对作者的著作权法内涵及其确认进行明确。

（一）作者

作者是创作作品的自然人。其中，创作是指直接产生文学、艺术和科学作品的智力活动。据此，可从如下方面把握作者的概念。首先，一切自然人均可能成为作者。而且，从文义上来看，作者也只能是自然人。创作的智力活动本质表明，它是一个思维过程，是将大脑中形成的思想、情感、认识等精神状态通过文字、色彩、线条等人工符号加以表达和客观化的过程。因而，能够从事创作的只能是具有思维能力的自然人，而不能是不具有思维能力的动物或植物。同时，尽管现代民法上普遍认可了法人的民事主体地位，并认可了法人机关的意思表示能力，但不论从创作的智力活动本质上看，还是从现行著作权法的规定来看，法人，包括其他社会组织，均不是严格意义上的作者。其次，自然人成为作者不以具有民事行为能力为必要。在民法理论上，民事行为能力是自然人可以独立进行民事活动的能力或资格。❶ 而根据著作权法的规定，创作是产生作品的智力活动，它是一种事实行为，只关乎人类的思维能力；换言之，创作并非设定、变更、终止一定权利义务关系的法律行为，与意思能力无关。因而，限制民事行为能力人、无民事行为能力人都可能成为作者。最后，作者以从事创作为必要。自然人均可能成为作者，但并非所有自然人均为作者。唯有创作作品的自然人才是作者。可以说，创作是自然人成为作者的基本途径。因而，不但未从事直接产生文学、艺术和科学作品的智力活动的自然人不是作者，而且，即便参与了文学、艺术和科学作品的产生过程，并为之付出了劳动，但若此种劳动并非直接产生相应作品的智力活动，如为他人创作进行组织工作、提供咨询意见、物质条件，或者进行其他辅助工作的自然人，也不是作者。

---

❶ 王利明. 民法（第八版）[M]. 北京：中国人民大学出版社，2020：63.

（二）"视为"作者的法人或非法人组织

著作权法在规定作者的同时，还规定法人或者非法人组织在一定条件下可"视为"作者，即由法人或者非法人组织主持，代表法人或者非法人组织意志创作，并由法人或者非法人组织承担责任的作品，法人或者非法人组织"视为"作者。其中，法人是指具有民事权利能力和民事行为能力，依法独立享有民事权利和承担民事义务的组织。如在"新疆天农畜牧科技发展有限责任公司与卞某侵害著作权纠纷案"中，木垒县人民政府成立编辑委员会主持编辑出版了《今日木垒》画册，新疆维吾尔自治区高级人民法院认定，该画册体现的是木垒县人民政府成立50周年来所取得的建设成就，反映的是木垒县人民政府的创作意图，因此认定《今日木垒》画册为法人作品，其著作权人为木垒县人民政府。❶非法人组织是不具有法人资格，但是能够依法以自己的名义从事民事活动的组织。它可以理解为是介于自然人和法人之间的一些组织，包括个人独资企业、合伙企业、不具有法人资格的专业服务机构等。

法人或非法人组织"视为"作者的规定虽然没有明确、直接回答法人或非法人组织能否成为作者的问题，但也没有在作者是创作作品的自然人这一基本界定之外"另起炉灶"，而是间接表明，作者只能是有生命的自然人。"视为"作者的立法用语表明，法人或非法人组织不是作者，而是在特定条件下，基于权利义务相一致的考虑，将它们当作作者来对待。换言之，尽管作品只能由自然人创作完成，但若自然人只是在法人或非法人组织的主持下，将法人或非法人组织的意志通过自己的思维活动加以表达，同时，与该表达有关的一切法律责任均由法人或非法人组织承担，则该法人或非法人组织而非具体从事创作的自然人，就具有了与作者相当的法律地位，即能够原始取得相应作品的著作权。事实上，著作权法关于法人或非法人组织"视为"作者的规定和民法上的代理制度具有一定的相似性。我们可以将二者进行简要对照，以理解著作权法的这一规定。代理是一人以他人的名义或者以自己的名义独立与第三人从事民事法律行为，由此产生的法律效果直接或间

---

❶ 参见新疆维吾尔自治区高级人民法院（2009）新民三终字第13号民事判决书。

接归属于该他人的行为。❶ 不难看出，正是由于代理人在代理权限内以被代理人的名义从事法律行为，由此形成的权利义务均应当由本人承受。同样，法人或非法人组织"视为"作者的条件表明，具体从事创作的自然人事实上类同于以法人或非法人组织的名义从事创作。此外，正如代理人独立进行意思表示也是为了本人的利益，具体从事创作的自然人所进行的智力创作也是反映了法人或非法人组织的意志。因而，在此种情形下视法人或非法人组织为作品的作者也是合理的。

此外，法人或非法人组织"视为"作者并享有相应作品著作权的情形下，也可能存在参与创作的作者就其创作的部分可单独享有著作权的可能。如在"新疆天农畜牧科技发展有限责任公司与卞某侵害著作权纠纷案"中，新疆维吾尔自治区高级人民法院认定编入法人作品《今日木垒》画册中的《绒山羊》《毛纺厂车间》两幅摄影作品属于可以单独使用的作品，且单独使用时，并不能够直观地反映出其创作目的是体现木垒县人民政府成立50周年来所取得的建设成就。《绒山羊》《毛纺厂车间》两幅摄影作品的著作权人有权单独行使著作权。❷

（三）作者的确定

创作作品的自然人是作者，因而，除了法人或非法人组织"视为"作者的情形，创作的事实与作者的确定是一一对应的。据此，在理论上，只要确定了创作事实，就确定了作者。但创作毕竟只是事实行为，在实践中，若每一个作品作者的确认都需要借助于对创作事实的证明，则势必会耗费巨大的资源。为此，著作权法规定了一项作者确定的推定规则，即如无相反证明，在作品上署名的自然人、法人或者非法人组织为作者。如在马某与四川广播电视台著作权权属纠纷案中，四川省高级人民法院适用此推定规则，裁决了当事人之间就涉案作品著作权的权属争议。❸

需要注意，作品上的署名者是作者，并不具有终局意义，换言之，对于这项推定，允许他人举证推翻。司法实务中认为，当事人提供的涉及著

---

❶ 王利明. 民法（第八版）[M]. 北京：中国人民大学出版社，2020：265.
❷ 参见新疆维吾尔自治区高级人民法院（2009）新民三终字第13号民事判决书。
❸ 参见四川省高级人民法院（2013）川民终字第658号民事判决书。

作权的底稿、原件、合法出版物、著作权登记证书、认证机构出具的证明、取得权利的合同等，都可以作为相反证据。在"广东省广告股份有限公司北京分公司与纽海信息技术（上海）有限公司著作权权属纠纷案"中，法院认定原告提供的此类证据符合法律规定的真实性、合法性和关联性，并在考虑被告的相关证据形式的基础上，否认了在该案系争作品上署名者主张相应作品著作权的请求。❶ 当然，如果仅仅主张作品的署名者并非实际创作作品的人，而不能提供证据加以证明的，则仍然只能认定署名者是作者。著作权法关于作者确定的该项推定规则在有效降低作者确认成本的同时，也不会给人们带来明显的负担和不便。事实上，自人类进入文明时期以来，人们在科学、艺术、文化创作或表达之上署名是惯常的做法，而不署名者只是极少数例外情形。此外，该推定规则还具有规范人们行为的潜在作用，即能够引导创作者在作品之上署名。

二、著作权原始归属的特别规定

著作权法所规定的作品著作权原始归属的一般原则，尽管在理论上可以适用于所有类型的作品：不论是单个人创作的作品，还是多个人一起创作的作品；也不论是全新的作品，还是以已有作品为基础所进行的新的创作。但在作品并非单个人独立基于自己意志所进行的全新创作，或者作品作者身份不明等情况下，著作权的归属或行使往往还会涉及其他人的利益。为便利著作权的行使和作品的使用，促进作品表达形式的繁荣，以更好地实现著作权法的立法目的，著作权法还对一些特殊作品的著作权归属和行使进行了另外列举。

（一）演绎作品著作权的归属

演绎作品是指改编、翻译、注释、整理已有作品而产生的作品。其中，改编是指通过对原作品进行增删、重新编写等，以不同的表达形式对原作品加以再现，如将长篇小说改写为短篇小说，或者将小说改编为影视作品剧本等。翻译是指将原作品运用不同的人类语言形式加以表达，如将

---

❶ 参见上海市第一中级人民法院（2014）沪一中民五（知）终字第38号民事判决书。

中文作品通过英文、德文等语言文字表达。需要注意的是，翻译不能改变原作品的内容，强调忠实于原作，因而，只是通过不同语言文字形式对原作品的再现。注释是指对原作品中的语句、内容等进行解读和说明，如对原作品的语句进行断句、对其中所引用语句的出处、原意、读音、寓意等进行考证或解释等。整理是指对原作品进行体系化编排加工。实践中，整理多是对零散的、散见于不同出处的作品或作品片段进行重新编排，使其在表达形式、思想内容上更加完整、更富条理性。如将某人散见于不同讲话或发言中针对同一问题的表达重新编排在一部作品之中，以更加完整、系统地表达其思想内容。

由上可知，演绎作品是由原作品派生而来的，是以原作品为基础进行的再创作。如果演绎者对于演绎作品的产生付出了创造性智力劳动，从而使得演绎作品达到了著作权法所保护的作品的要求，则其同原作品一样，也应当受到著作权法的保护。相反，如果演绎者对原作品所进行的演绎仅限于个别文字、标点、语句的改变，并没有形成相对独立的作品，则不应产生新的著作权。当然，在演绎作品享有著作权保护的标准上，各国立法规定存在一定差异。我国著作权法没有为演绎作品享有著作权规定额外的条件，据此，应当准用著作权法关于作品受到保护的一般规定，即具有独创性并能以某种有形形式复制。而《德国著作权法》在"改作"一条中规定，只有当改作作品是"能反映改作人的个人智力创作的"，才当作独立著作予以保护；同时，"对不受保护的音乐著作的非实质性改作，不当作独创著作保护。"❶ 在认定演绎作品时，还要注意将其与利用了已有作品的原创作品进行区别，只有利用了已有作品的基本表达的作品才可能是演绎作品；相反，若仅仅是利用了已有作品的思想，而没有利用原作品的基本表达者，则不宜认定为演绎作品。对此，北京市第二中级人民法院在"电广传媒影业（北京）有限公司与北京劳雷影业有限公司著作权权属纠纷案"中进行了较好的诠释。法院指出，演绎作品是利用已有作品创作的作品，但并非所有利用已有作品创作的作品都是演绎作品。对于文学、影视作品，在判断作品是否利用了已有作品的基本表达时，主要应当考虑该作品的表现形式、主题、语言风格、人物特征、人物关系及新作品中保留已

---

❶ 《十二国著作权法》翻译组.十二国著作权法[M].北京：清华大学出版社，2011：147.

有作品情节的数量、结构及其在作品中发挥的作用,并在此基础上整体认定、综合判断。❶

由创作人原则可知,演绎作品的著作权应当归属于演绎者享有,即改编人、翻译人、注释人、整理人等,演绎者所取得的著作权是独立的、完整的。同时,因为演绎作品是在原作品基础上所进行的再创作,演绎者在进行改编、翻译、注释、整理已有作品时,不得侵犯原作品的著作权。其他国家著作权法也有类似规定。如《日本著作权法》规定,该法对于二次作品(即通过翻译、编曲、改变形式、改编成剧本、拍摄成电影或其他改编方法创作的作品)的保护,不得影响原作品作者的著作权。❷具体来说,由于原作品的著作人身权并无保护期限的限制,因而,任何时候对原作品进行的演绎,都不得侵犯原作的著作人身权。而对于著作财产权而言,法律为其规定了保护期限,一旦期限届满,则不再受法律保护。据此,如果原作品的著作权尚在法律保护期限以内,则依照我国著作权法的规定,演绎者在进行改编、翻译之前应当取得原作品著作权人的许可并支付报酬。反之,如果原作品著作权保护期限已经届满,则可以在不侵犯原作著作人身权的前提下进行自由演绎。相应地,第三人针对演绎作品的使用,需要依法同时取得原作品和演绎作品的著作权人的许可。

(二)合作作品著作权的归属

我国理论界普遍认为,合作作品有广义和狭义之分。广义的合作作品是指合作者分别创作的部分可以分割使用的合作作品,如对于词作者与曲作者不同的音乐作品而言,词、曲一般均可以从整体中分割出来独立使用。狭义的合作作品是指各合作作者所创作的部分不能分割使用的合作作品,如二人以上共同拟定提纲、共同撰写的一篇论文。在立法上,各国对于合作作品的规定也不尽相同。合作作品是指两人以上合作创作的作品。合作作品可以分割使用的,作者对各自创作的部分可以单独享有著作权,但行使著作权时不得侵犯合作作品整体的著作权。可见,我国著作权法上的合作作品采用了广义的合作作品概念。而在境外许多立法中,则采用了

---

❶ 参见北京市第二中级人民法院(2014)二中民终字第01669号民事判决书。
❷ 《十二国著作权法》翻译组.十二国著作权法[M].北京:清华大学出版社,2011:369.

狭义的合作作品概念。如《日本著作权法》规定的合作作品是指两人以上合作创作、并且每个人创作的部分无法分开单独使用的作品。❶ 按照《德国著作权法》给共同著作人下的定义可知，德国法上的合作作品是指数人共同创作并不可能单独使用各自的创作部分的著作。❷《英国版权法》规定的合作作品是指由两个或以上的作者合作完成的，且各个作者对作品的贡献不易区分。

我国著作权法没有明确规定合作作品的构成条件，理论上一般以著作权法关于合作作品的著作权归属及权利行使方式为前提，认为构成著作权法上的合作作品，需要具备如下条件：首先，从主体上来看，作品的作者应是二人以上。需要注意的是，两个或两个以上的自然人合作创作完成合作作品是实践中最为常见的，也是没有争议的。但问题是，法人或非法人组织能否成为合作作者？理论上尚无一致说法，许多著作并未涉及该问题，少数著作则持肯定态度。❸ 对该问题的回答，不能离开《著作权法》的规定。从现行《著作权法》的规定来看，法人或非法人组织不能成为合作作者。理由是，该法规定："两人以上合作创作的作品，著作权由合作作者共同享有。没有参加创作的人，不能成为合作作者。"从该规定后段的措辞来看，"创作的人"只能是自然人，法人或非法人组织尽管可能被"视为"作者，但无法成为参加创作的人。同时，《著作权法》在规定法人或非法人组织"视为"作者的情形时，明确规定相应作品是法人或非法人组织之外的人代表法人或非法人组织意志创作。这也表明，创作作品的人只能是自然人。其次，从主观上来看，二人以上必须具有合作创作的合意。也就是说，参加创作的人认识到自己与他人合作创作的事实，并就合作创作作品达成了一致。由于我国著作权法所规定的合作作品是广义的，因而，对于合意达成的时间和形式，没有明确限定。换言之，合意可以是创作开始之前达成，也可以是创作开始之后达成。当然，尽管也有主张认为可以是"事后达成"，但不宜认可事后达成合意，因为所谓事后，一般是相对于合作作品的完成而言的，而从学者对所谓事后达成合意的解释来

---

❶ 《十二国著作权法》翻译组．十二国著作权法［M］．北京：清华大学出版社，2011：363．
❷ 同❶：148．
❸ 熊英．知识产权法原理与实践［M］．北京：知识产权出版社，2010：59．

看,此时合作作品尚未完成,因而,将其表述为事中达成合意更为妥当。另外,对于合意的形式,常见的是共同的意思表示。当然,二人以上只要进行了沟通并达成了合作创作的意思一致即可,至于此合意通过何种方式表现出来,都不影响合作创作合意的存在。若无合作创作合意,则尽管可能存在作品的结合或合成,仍不能称作合作作品。实践中发生争议时,当事人需要就存在共同创作合意承担举证责任。同时,若仅仅是对他人的创作提出过建议,无论所提建议是否被采纳,一般都不宜认定为是存在合作创作关系。❶最后,从客观上来看,二人以上必须有共同的创作行为和创作成果。作品——创作成果的存在是著作权产生的必要前提。同时,如果仅有合作创作的合意,作品的创作实际上是由一人完成的,则不能认为是合作作品。

我国《著作权法》区别合作作品是否可以分割使用,规定了不同的著作权归属和行使规则。总的来看,无论合作作品是否可以分割使用,合作作品之上均存在著作权,该著作权依法由合作作者共同享有。相应地,若合作作品不可以分割使用,则合作作者只能就合作作品共同享有著作权,并通过合作作者协商一致行使;不能协商一致,又无正当理由的,任何一方不得阻止他方行使除转让、许可他人专有使用、出质以外的其他权利,但是所得收益应当合理分配给所有合作作者。一般情况下,这里所指的"正当理由"主要涉及著作权的行使会侵犯国家或第三人的正当权益等,如作品的内容涉及了国家秘密、商业秘密、个人隐私等,合作作品在一定时期可能不宜发表或向公众传播。若合作作品可以分割使用,则各合作作者对各自创作的部分可以单独享有著作权,但行使著作权时不得侵犯合作作品整体的著作权。需要注意的是,在此情形下,合作作品整体著作权的行使原则上也应通过各合作作者协商一致来进行。

(三)汇编作品著作权的归属

根据我国《著作权法》第15条规定,汇编作品是指汇编若干作品、作品的片段或者不构成作品的数据或者其他材料,对其内容的选择或者编

---

❶ 参见刘国础与叶毓山侵害著作权纠纷案,原重庆市中级人民法院(1987)民字第1049号民事判决书,四川省高级人民法院(1990)川法民上字第7号民事判决书。

排体现独创性的作品。由此，汇编作品可分为两类：一是对作品或作品片段进行汇编而形成的新作品，如各种选集、期刊等；二是对不构成作品的数据或者其他材料进行汇编而形成的作品，如电话号码集、节目表等。

不论是上述哪一类，只有当汇编者在汇编内容的选择或编排上体现了独创性，才能成为著作权法保护的客体，其著作权由汇编人享有。当然，在对受到著作权法保护的作品或作品的片段进行汇编时，应当依法取得著作权人的许可并支付报酬。同时，汇编人行使汇编作品著作权时，也不得侵犯原作品的著作权。他人使用这类汇编作品，应当同时取得汇编作品著作权人和原作品著作权人的许可。而对于不构成作品的材料、不受著作权法保护的客体进行汇编的，汇编人可以自由进行。

需要强调的是，我国《著作权法》对汇编作品的定义包含了数据汇编。尽管该法未将机器可读的数据汇编加以列举，但从解释上来看，无论是机器可读的还是其他形式的数据汇编，只要对其内容的选择或编排体现独创性，都按照汇编作品予以保护。这种解释既未超越文义，也是和其他国家立法或国际公约的规定相一致的。如 TRIPs 协定第 10 条之二规定："数据汇编或其他资料，无论机器可读还是其他形式，只要由于对其内容的选取或编排而构成智力创作，即应作为智力创作加以保护。"❶《日本著作权法》在编辑（汇编）作品之外单独规定了数据库作品。❷《德国著作权法》在规定数据汇编的同时，给数据库著作进行了单独界定，即其是借助电子媒体或其他方式可系统地或按照一定方式访问其成分的汇编著作。同时，该法还特别将为创作数据库著作或可能访问其成分而使用的计算机程序排除在了数据库著作的组成部分之外。❸应当说，这一规定是十分科学的，因为计算机程序只是机器可读的数据库得以实现的通用工具，它可在符合条件的情况下单独享有著作权，但却并非特定数据库作品的组成部分。

---

❶ 中国人民大学知识产权教学与研究中心、中国人民大学知识产权学院.知识产权国际条约集成［M］.北京：清华大学出版社，2011：373.

❷ 参见《日本著作权法》第 12 条、第 12 条之二。

❸ 参见《德国著作权法》第 4 条。

（四）视听作品著作权的归属

视听作品具有演绎作品和合作作品的双重属性。从视听作品来源于文字作品或剧本来说，它符合演绎作品的构成；从视听作品通常由导演、演员、服装、美工、词曲作者等多人合作创作完成而言，它符合合作作品的构成。同时，视听作品的创作完成，往往需要许多人耗费较多的时间、投入较多的资金来完成。这些因素都使得视听作品的著作权归属和行使问题变得较为复杂。

尽管《伯尔尼公约》对视听作品著作权归属并未作出强制规定，而是留给了缔约成员自己来处理，但从有关条文整体来看，该公约似乎赞同视听作品的著作权应归属于作者。❶ 不同国家的规定也不尽相同。《英国版权法》规定，电影作品版权的原始所有人是制片者与总导演。❷ 按照《美国版权法》，电影作品的版权归制片人享有。法国则秉承了其对作者及作者精神权利的尊重传统，规定电影作品的原始著作权只能属于参加创作的每一个人。在《德国著作权法》中，为电影作品的制作付出创造性劳动的人是电影作品版权的原始所有人，当然，制片人可以通过合同约定的途径从作者那里取得授权。❸《日本著作权法》虽然规定了电影作品的作者是对电影作品的整体制作作出了独创性贡献的人❹，但其实际上却将电影作品的著作权赋予了电影作品制作者（制片人）。❺ 不难看出，尽管制片人很难在理论上成为严格意义上的作者，但是多数国家的立法都基于视听作品创作的特殊性，对制片人的利益给予了立法保障。

视听作品中的电影作品、电视剧作品的著作权由制片者享有，但编剧、导演、摄影、作词、作曲等作者享有署名权，并有权按照与制片者签订的合同获得报酬。同时，视听作品中的剧本、音乐等可以单独使用的作品的作者有权单独行使其著作权。

---

❶ 参见《伯尔尼公约》第 14 条之二。
❷ 参见《英国版权法》第 9～11 条。
❸ M·雷炳德. 著作权法［M］. 张恩民，译. 北京：法律出版社，2005：198-201.
❹ 参见《日本著作权法》第 16 条。
❺ 参见《日本著作权法》第 29 条第一款。

（五）职务作品著作权的归属

职务作品，又称雇用作品，是指自然人为完成法人或非法人组织工作任务所创作的作品。如记者在履行所在单位指派的采访任务时撰写的作品等。职务作品区别于其他作品的特殊性在于，该作品的创作是作者履行或完成工作任务的结果。由此不难看出，自然人与所在单位之间存在劳动关系或雇佣关系是职务作品产生的前提。当然，并非只要自然人具有雇员身份，其所创作完成的作品都是职务作品。职务作品的产生，还与创作人所承担的工作任务具有不可分割的关联。工作任务是指自然人在所在单位中应当履行的职责。因而，既可以是所在岗位或所从事工种的常规岗位要求，如建筑设计师完成建筑设计任务而创作的作品；也可以是法人或非法人组织临时交付的工作任务的要求，如承担计算机教学任务的教师在教学工作之外，为完成学校交付的开发教学辅助软件任务所编制的计算机程序。

职务作品与雇员身份和工作任务的关联使得其著作权的归属和行使相比较其他作品来说具有一定的复杂性。一方面，职务作品系由自然人所创作，因而在著作权归属方面考虑作者的利益是当然的；另一方面，因为创作职务作品本身就是完成工作职责，而且单位又向作者支付了薪金，因此，在职务作品著作权归属上不考虑单位利益也是不公正的。事实上，在绝大多数国家立法上，职务作品著作权的归属都同时考虑了作者和作者所在单位的利益。如《日本著作权法》规定，按照法人或其他使用者的提议，从事法人或其他使用者所属业务的人在职务上创作的计算机软件程序作品，其著作权在没有例外约定的情形下属于法人或其他使用者。❶《德国著作权法》也只是规定，对于雇员在履行职务中创作的计算机程序，如无其他约定，则只有雇主有权行使计算机程序的一切著作财产权。❷而对于其他职务作品，著作权归属于创作人。与此不同，《英国版权法》规定，"除非雇用合同另有规定，当文字、戏剧、音乐、艺术作品，或电影是雇员在雇用过程中完成的，其雇主是该作品版权的原始所有人。"❸《美国版权法》第201条（b）也有类似规定。

---

❶ 参见《日本著作权法》第15条第二款。
❷ 参见《德国著作权法》第69条b。
❸ 参见《英国版权法》第11条（2）。

我国著作权法关于职务作品著作权归属的规定，既不同于德国、日本，也不同于英国和美国。依据我国《著作权法》第18条规定，对于以下职务作品，作者享有署名权，著作权的其他权利由法人或者非法人组织享有，法人或者非法人组织可以给予作者奖励：第一，主要是利用法人或者非法人组织的物质技术条件创作，并由法人或者非法人组织承担责任的工程设计图、产品设计图、地图、示意图、计算机软件等职务作品。其中，物质技术条件是指该法人或者该组织为自然人完成创作提供专门的资金、设备或者资料。第二，报社、期刊社、通讯社、广播电台、电视台的工作人员创作的职务作品。第三，法律、行政法规规定或者合同约定著作权由法人或者非法人组织享有的职务作品。如果职务作品不属于上述情形，则其著作权由作者享有。据此，实践中，可依照如下顺序确定职务作品著作权的归属：一是看职务作品是否主要是利用法人或者非法人组织的物质技术条件创作，并由法人或者非法人组织承担责任的工程设计图、产品设计图、地图、示意图、计算机软件；二是看法律、行政法规对特定职务作品的著作权归属有无特别规定；三是看单位与作者之间是否存在有关合同约定。如果不存在以上情形，则该职务作品的著作权归属于作者。

在我国著作权法上，当职务作品著作权依据法律、行政法规规定或合同约定归属于单位时，单位只能享有除署名权之外的其他著作权权利。当职务作品的著作权归属于作者时，作者享有完整的著作权，但其行使受到一定限制：法人或者非法人组织有权在其业务范围内优先使用；作品完成两年内，未经单位同意，作者不得许可第三人以与单位使用的相同方式使用该作品，经过单位同意许可第三人使用作品所获得报酬，由作者与单位按约定的比例分配。其中，作品完成两年的期限，自作者向单位交付作品之日起计算。实践中，要注意"法人或非法人组织有权在其业务范围内优先使用"的认定。综合现行法律规定，此优先使用应是相对于第三人对职务作品的使用而言的，不应包含作者本人的使用；同时，法人或非法人组织的优先使用权应当限定在其业务范围内。司法实践中认为："优先使用权的范围不应当局限于本单位自行使用，还应当包括单位有权许可第三人使用。"❶

---

❶ 参见四川省高级人民法院（2013）川民终字第688号民事判决书。

（六）委托作品著作权的归属

委托作品是指接受他人委托创作完成的作品。委托作品与职务作品具有一定的类似性，因而欧美国家一般都把委托作品归入职务作品或将其视为职务作品的一种特殊情形。❶ 当然，委托作品与职务作品也存在明显不同，如创作义务的来源不尽相同，当事人之间法律关系的性质也不尽相同。因而，我国《著作权法》在规定委托作品著作权的归属时，一方面顾及了创作人原则；另一方面也对其他当事人的利益给予了必要的考虑。依据我国《著作权法》第19条规定，委托作品的著作权归属由委托人和受托人通过合同约定。合同未作明确约定或者没有订立合同的，著作权属于受托人。为了解决著作权归属于受托人时可能发生的委托人无法使用作品的问题，最高人民法院在《关于审理著作权民事纠纷案件适用法律若干问题的解释》（以下简称《著作权案件解释》）中规定，对于著作权属于受托人的委托作品，委托人在约定的使用范围内享有使用作品的权利；双方没有约定使用作品范围的，委托人可以在委托创作的特定目的范围内免费使用该作品。

（七）美术作品著作权的归属

美术作品是指绘画、书法、雕塑等以线条、色彩或者其他方式构成的有审美意义的平面或者立体的造型艺术作品。与以上所阐述的一些作品的著作权归属的特殊性不同，美术作品的著作权归属的特殊性不在于作品创作中多涉及两个或两个以上的人之间的利益平衡，而是基于美术作品表达形式的特殊性，美术作品的著作权与美术作品原件所有权在行使上容易产生冲突。实践中，尽管美术作品也是容易复制的，但与文字作品的复制件与原件一般在价值上不会存在多少差别不同，美术作品的价值恰恰在于原件的唯一性。因而，当美术作品原件转移时，如果原件持有人无法行使展览权，则原件持有人基于所有权所享有的使用、收益，甚至是处分美术作品的权利就无法实现。为了解决这一矛盾，《著作权法》第20条规定，美术等作品原件所有权的转移，不改变作品著作权的归属，但美术作品原件

---

❶ 李明德. 知识产权法 [M]. 北京：法律出版社，2008：65-66.

的展览权由原件所有人享有。

（八）匿名作品著作权的归属

匿名作品是指作者身份不明的作品。匿名作品著作权归属的特殊性来源于以下原因：一是作品作者确定的推定规则和著作权归属的创作人原则，即创作人是作者，著作权一般情况下属于作者；同时，如无相反证明，在作品上署名的自然人、法人或者非法人组织为作者。二是署名的任意性。署名权既然是一种权利，权利人可以在不违背民法基本原则的情形下自由行使，既可具名也可不具名或不具真实姓名。因而，当出现不具名或不具真实姓名的作品时，该作品的著作权归属就难以适用一般规则确定了。为了便利该类作品的使用，作者身份不明的作品，由作品原件的所有人行使除署名权以外的著作权。作者身份确定后，由作者或者其继承人行使著作权。

【案例】 某广公司与劳某公司等四公司侵害著作权纠纷案

【案情】 2011年8月，南某出版公司出版署名作者为蔡某的小说《某某似水年华》（以下简称"涉案小说"）。根据2011年11月某广公司与蔡某签订的涉案小说《著作权使用许可合同》，某广公司独占地、排他性地享有该作品电影剧本改编权、投资权、摄制权等专有使用权。原告某广公司诉称，2011—2012年间，被告劳某公司等四公司未经某广公司许可，大量采用涉案小说核心独创情节进行电影剧本改编，共同摄制、播放电影《某某曝光》（以下简称"涉案电影"）的行为侵犯了某广公司享有的涉案小说电影改编权、摄制权，对某广公司继续使用涉案小说的核心独创情节进行电影改编及投资摄制造成了根本性妨碍，给某广公司的影片前期开发造成了高额的投资损失，并对某广公司的可期待利益造成了损失。请求法院判令劳某公司等四公司：停止对涉案电影的复制、发行行为，包括影院公映、电视播映、信息网络传播等；在新浪网显著位置发表消除影响的声明；连带赔偿某广公司经济损失300万元；连带赔偿某广公司为维护其合法权益支出的律师费 10 万元；共同承担本案诉讼费用。

被告劳某公司分别从双方当事人的诉讼主体资格，涉案电影与涉案小说在作品类型、作品体裁、主题、表达方式及原告诉称之作品情节的独创性等方面进行了针对性答辩，要求驳回某广公司的全部诉讼请求，其他三被告未发表答辩意见。

2013 年 11 月 6 日，一审法院作出判决，驳回原告某广公司全部诉讼请求。某广公司不服，提起上诉，2014 年 5 月 20 日，二审法院判决驳回上诉，维持原判。❶

【评析】尽管该案涉及许多法律问题，但从法院查明的事实和原被告双方提交的证据来看，争议的焦点主要是涉案电影是否侵犯了某广公司对涉案小说的改编权。换言之，涉案电影是否系涉案小说的演绎作品。因为，我国著作权法在规定经改编、翻译、注释、整理已有作品而产生的演绎作品著作权应由改编、翻译、注释、整理人享有的同时，规定演绎作品著作权的行使不得侵犯原作品的著作权；同时，已有作品著作权人还享有改编权、翻译权等著作财产权。因而，改编原作时应当依法得到原作著作权人许可并支付报酬等。这样，如果涉案电影是改编涉案小说而来的演绎作品，则从该案被告涉案电影的创作、制作全过程来看，其行为违背了著作权法关于演绎作品著作权行使、作品改编权行使和保护的相关规定，构成侵权，应当承担相应的法律责任；而若涉案电影并不是由涉案小说改编而来，则其便和涉案小说一样是原创作品，自然不存在侵犯他作改编权的问题，其权利人享有的著作权的行使也不会受到他人权利的限制，简言之，不存在侵权，无须承担法律责任。

不难看出，从该案涉及的演绎行为——改编的角度来看，问题的核心是在什么情况下一件作品应被视为是对另一作品的改编？也就是说，该从何处去判断？逻辑上讲，应当从著作权法关于改编的界定入手。然而，现行著作权法对此并未进行明确揭示，立法对于改编、翻译、注释、整理等演绎行为的笼统规定无

---

❶ 该案改编自北京市第二中级人民法院（2014）二中民终字第 01669 号民事判决书。

法为判定一件作品是否为改编作品提供直接、明确的裁判标准。因而，对该问题的回答，需要从理论上回到著作权对于作品的保护深度——"思想—表达"二分法上面，即著作权对于作品的保护仅及于作品的表达，而不及于作品的思想、操作、方法、原理。尽管我国现行立法没有明确规定"思想—表达"二分法，但理论和实务中一致认为，起源于域外判例法上的"思想—表达"二分法对于确定我国著作权的保护深度同样是适用的。显然，演绎作品必须与已有作品存在关联，也就是说，演绎作品的创作必须是利用了已有作品。对已有作品的利用，自然既包含了对已有作品思想、方法、情节等的利用，也可能会涉及对已有作品表达的利用。结合"思想—表达"二分法不难推断，所谓演绎作品对已有作品的利用，则只涉及对已有作品表达的利用，而如果仅仅是利用了已有作品的思想创作的作品，则不能称作演绎作品。一言以蔽之，并非利用已有作品创作的作品都是演绎作品。正如该案两审法院在该案裁判中所分别指出的："改编应主要是利用了原作品的基本内容。其中，所谓基本内容必须是受著作权法保护的具有独创性的表达。""演绎作品应当是利用了已有作品的基本表达，而非利用已有作品的思想、创意、观点、情感等思想要素。"当然，对于采用不同表达形式的作品而言，与其相对应的演绎作品的认定中所考虑的因素也会有所差异。正如该案判决所言，该案涉及的作品形式是文学和影视作品，在判断时，主要应当考虑作品的表现形式、主题、语言风格、人物特征、体裁等要素，并在考虑新作品中保留已有作品的情节、结构及其在作品中发挥的作用的基础上，进行整体认定、综合判断。

在该案中，法院全面地使用了这一整体认定、综合判断标准。在此过程中，法院考虑了涉案的两部作品题材的不同；两部作品的主题不同；原告所主张的相同情节在两部作品中的具体表达上的差异；系争情节本身在表达上的独创性及这些情节在各自作品中的地位等。最终得出了尽管涉案电影创作过程中可能会存在借鉴涉案小说部分创意的可能，但就最终作品而言，涉案电影并未使用涉案小说的基本表达，因而不属于演绎作品的结论。如此，涉案电影制作方面不存在侵犯涉案小说著作权持有人的权利的问题。

综上，该案裁判对于明确著作权所保护作品的范围提供了很好的借鉴，特别是在我国著作权法对于演绎作品与原作品之间的具体关系未作出直接规定的情形下，对于在理论和实务上明确演绎作品的判定标准提供了很好的借鉴。同时，该案裁判的意义还在于，有利于在基于已有作品使用角度上合理界定著作权法保护作品的范围，推动在已有作品基础之上丰富作品表达，从而促进文化繁荣。

思考与讨论

1. 外国人享有我国著作权法保护的条件是什么？
2. 我国著作权法对作者是怎样规定的？
3. 如何认定演绎作品？
4. 职务作品的著作权归属规则是什么？
5. 电影等视听作品的著作权归属规则是什么？

延伸阅读

1. 唐艳. 论特定美术作品原件所有权与著作权的冲突与协调 [J]. 电子知识产权，2020（8）.

2. 李伟民. 职务作品制度重构与人工智能作品著作权归属路径选择 [J]. 法学评论，2020（5）.

3. 宋慧献，张今. 作为为他作品的委托作品：目的价值与权利分配——从《大头儿子和小头爸爸》系列案件说起 [J]. 电子知识产权，2018（1）.

4. 管育鹰. 欧美孤儿作品问题解决方案的反思与比较：兼论我国《著作权法》相关条款的修改 [J]. 河北法学，2013（5）.

第六章 邻接权

邻接权是指与著作权有关的权利，是作品传播者所享有的专有权利。广义的著作权包括狭义的著作权和邻接权，邻接权的保护主要出于对传播者劳动与付出的认可。邻接权和著作权既有联系又有区别。我国的著作权法规定了出版者版式设计权、表演者权、录音录像制作者权和广播组织权四项邻接权。

第一节 邻接权概述

邻接权（Neighboring Right）是指与著作权有关的权利，是作品传播者所享有的专有权利。我国所称的邻接权，在TRIPs协定也被称为"相关权"（Related Rights）。一般认为，其权利来源不是作品而是对作品的传播。因为作品传播者的行为对作品传播有着重要的影响，对于著作权人获得经济回报起着重要的作用，并且作品传播者在作品传播过程中往往也要付出投资和劳动，所以给作品传播者以法律保护是有必要的。但是这样一些有价值的非物质劳动成果由于难以达到狭义著作权"作品"要求的"独创性"标准而难以得到恰当的保护。不仅是大陆法系国家的传统著作权法理论不能认可"那些建立在普通人能力基础上"而非"带有独一无二天资与能力的个人智慧体现在创作活动中并把它的光辉展示出来"[1]的成果应该受到著作权的保护，即使是整体上对"独创性"要求较低的英美法系国家，也认为表演和机械录音、录像等不能构成作品，无法受到版权法的保护。

随着录音、录像等技术的发展，对于这类非物质劳动成果的保护愈加紧迫，为防止导致不公平的结果，一些国家开始对表演者和录音制品制作者进行保护。《德国著作权法》早在1910年就开始保护表演者的权利。英国在1925年颁布了《戏剧、音乐表演者保护法》。1936年，奥地利和

---

[1] 雷炳德.著作权法［M］.张恩民，译.北京：法律出版社，2004：112-117.

意大利将保护范围进一步扩大到录音制作者。1961年，在国际劳工组织（ILO）、UNESCO和WIPO的共同主持下，缔结了《罗马公约》。1996年，各国就网络环境下的相关权利保护达成《世界知识产权组织表演与录音制品条约》（以下简称"WPPT"）。2012年6月，《北京条约》首次将对表演者的保护延伸至"视听录制品"中的表演。

我国著作权法称邻接权为"与著作权有关的权利"，包括表演者对其表演享有的权利，录音录像制作者对其制作的录音录像制品享有的权利，广播电台、电视台对其播放的广播、电视节目享有的权利和出版者对其出版的图书和期刊的版式设计享有的权利。

一般认为，邻接权属于广义的著作权，同狭义的著作权联系紧密。邻接权和狭义的著作权的相同之处：①二者都与作品关联。著作权是直接基于作品而产生的，邻接权主要还是基于对作品的传播而产生的。②都具有某些相同的特征，如异域共存性等。③有关著作权的一些规定也适用于邻接权，如合理使用、权利质押等。主要区别之处：①权利产生的原因不同。著作权的产生是基于作品的创作；邻接权则是基于其传播活动中投入的一定资金和劳动。当然，这并不排除在某些情况下，表演者对作品赋予一定程度的再创作。②权利主体的种类不同。著作权的主体主要是自然人；邻接权的主体除表演者外一般为社会组织。③权利的客体不同。著作权的客体是作品，要求具有独创性；邻接权的客体是传播作品所产生的劳动成果，如表演活动、录音录像制品、广播电视。④权利的内容不同。著作权的内容包括财产权利和人身权利；而邻接权中除表演者权外不包括人身权利，且著作权的权利也比邻接权丰富得多。❶

我国《著作权法实施条例》还规定了对外国人、无国籍人邻接权的保护。如规定，外国人、无国籍人在中国境内的表演及根据中国参加的国际条约对其表演享有的权利，在中国境内制作、发行的录音制品及根据中国参加的国际条约对其制作、发行的录音制品享有的权利，外国的广播电台、电视台根据中国参加的国际条约对其播放的广播、电视节目享有的权利，受我国著作权法的保护。

---

❶ 吴汉东. 知识产权法[M]. 北京：北京大学出版社，2011：69.

第二节　出版者版式设计权

出版者一般包括图书、报纸、期刊等类出版单位。我国《著作权法》规定邻接权的章节，涉及了出版、表演、录音录像和广播。然而，在规定图书报刊出版的七个条文中，前六个都是与图书报刊的出版合同相关，只有最后一个条文的规定属于邻接权的范畴，即出版者的版式设计权。这当然是立法技术的原因所致，对于我国《著作权法》的这种编排是否合适本书不作探讨，只是在本节中同出版者的版式设计权一并进行介绍说明。

一、出版者的权利

（1）对于出版的作品，出版者拥有专有出版权和修改权。图书出版者对著作权人交付出版的作品，按照合同约定享有的专有出版权受法律保护，他人不得出版该作品。需要注意的是，此专有出版权为出版者与作者约定的权利而非法定的权利。所谓修改权是指，图书出版者经作者许可，可以对作品修改、删节。但报社、期刊社可以对作品作文字性修改、删节，对内容的修改应当经作者许可。

（2）对作品的载体，出版者拥有专有使用权，也称为版式设计权。我国《著作权法》规定："出版者有权许可或禁止他人使用其出版的图书、期刊的版式设计。"据此，出版者对其出版的图书、期刊的版式设计享有专有权利。版式设计是指印刷品的版面格式的设计，包括对版心、排式、用字、行距、标题、引文、标点等版面因素的安排。❶版式设计不同于装帧设计，后者是指从书籍文稿到成书出版的整个设计过程，也是完成从书籍形式的平面化到立体化的过程，它包含了艺术思维、构思创意和技术手法的系统设计。书籍的开本、装帧形式、封面、腰封、字体、版面、色彩、插图及纸张材料、印刷、装订及工艺等各个环节的艺术设计。版式设计属于装帧设计的一部分。装帧设计可以理解为是对出版书籍的一种全面、整体的设计，有独创性的装帧设计属于著作权的客体而不是邻接权的客体。出版者所享有的邻接权仅限

---

❶ 胡康生.中华人民共和国著作权法释义［M］.北京：法律出版社，2002：148.

于出版者的版式设计权。至于出版者依与著作权人签订的合同享有的专有出版权,应该视为自著作权人处获得的复制权和发行权的专有许可。其法律地位属于被许可人,不是邻接权人。

二、出版者的义务

出版者的义务:①图书出版者出版图书应当和著作权人订立出版合同,并支付报酬。②图书出版者应当按照合同约定的出版质量、期限出版图书。图书出版者重印、再版作品的,应当通知著作权人,并支付报酬。图书脱销后,图书出版者拒绝重印、再版的,著作权人有权终止合同。著作权人向报社、期刊社投稿的,自稿件发出之日起15日内未收到报社通知决定刊登的,或者自稿件发出之日起30日内未收到期刊社通知决定刊登的,可以将同一作品向其他报社、期刊社投稿。双方另有约定的除外。④作品刊登后,除著作权人声明不得转载、摘编的外,其他报刊可以转载或者作为文摘、资料刊登,但应当按照规定向著作权人支付报酬。

三、出版者版式设计权的期限

出版者版式设计权的保护期于使用该版式设计的图书、期刊首次出版后的第10年的12月31日截止。

第三节 表演者权

表演者权是指表演者对其表演享有的权利。表演者指演员、歌唱者、舞蹈者、演讲者、朗诵者、演奏者或者以其他方式表演文学艺术作品或指挥这种表演的人。表演者严格而言只能是自然人,我国《著作权法实施条例》规定表演者包括演出单位,这是为经济生活方便而规定的,可以称为"拟制表演者"。表演者权不同于表演权,后者是一种著作权,表演者如果表演的是他人的作品,则受他人的表演权限制,但合法的表演本身可以产生表演者权。同时,需要注意,如果被"表演"的不是著作权法意义下的作品,则进行"表演"活动的主体不是著作权法层面上的"表演者",自然不享有表演者权。尽管《罗马公约》允许缔约国对"表演者"的含义作广义界定，世界上一些国家也对非作品的表演者纳入表演者的范畴给予邻接权的保护，如法国、日本等，但我国对于表演者权的主体严格限定在表演文学艺术作品的人。

表演者权的客体是表演活动，指表演者通过自己对作品的理解和阐释，以声音、动作、表情等将作品的内容传达出来，或者借助一定的工具如乐器、道具等将作品的内容传达出来。表演者对其每一次的表演活动享有表演者权，而不论这种表演活动是否是对于同一作品的表演，也不论这种表演活动是否属于公有领域的作品。

一、表演者权的内容

根据《著作权法》第39条规定，表演者对其表演享有下列权利。

（一）表演者人身权

（1）表明表演者身份的权利。即表演者对其表演有权向公众表明自己作为表演者的身份，主要指向公众表明自己的姓名，它类似于作者所享有的署名权，只是因表演形式的多样，表明身份的方式也不相同。

（2）保护表演形象不受歪曲的权利。表演形象不同于表演者的形象，前者属于著作邻接权的范畴，后者则属于表演者个人的肖像权，虽同属民事权利，但前者主要由著作权法加以保护，后者则是民法上的人格权，主要是肖像权的保护范围。

（二）表演者财产权

（1）现场直播权。许可他人现场直播和公开传送其现场表演，并获得报酬。现场直播是指通过无线电广播或者电视系统等传播手段把现场表演直接送给用户。现场直播是一次性的。须注意的是，不包括那些将该现场表演录制下来再通过广播、录音机、录像机等其他方式对外传播的行为，也即是说，表演者不享有机械表演权。

（2）首次固定权。该权利内容为表演者有权许可他人对表演进行录音、录像，并获得报酬。表演者表演一部作品，会受到时间、地点、身体状况等因素的影响，产生不同的表演效果。如果表演者不想让公众知悉，有权禁止他人通过录音、录像将其固定。

（3）复制、发行、出租权。许可他人复制、发行、出租录有其表演的录音录像制品，并获得报酬。表演录制品的发行将大大减少表演者的现场表演机会，为弥补现场表演机会减少给表演者带来的损失，多数国家的著作权法建立了表演者二次收费制度，即对现场表演录制后，再通过技术设备向公众再现其表演也应当取得表演者的许可并支付报酬。我国著作权法未赋予表演者机械表演权，因此并没有"二次收费制度"。

（4）信息网络传播权。许可他人通过信息网络向公众传播其表演，并获得报酬。为解决国际互联网环境下应用数字技术而产生的邻接权侵权问题，WPPT 第 15 条规定了网络环境下的传播权。我国现行规定与 WPPT 规定保持一致。

二、表演者的义务

表演者在使用他人拥有著作权的作品进行表演时，也要履行一定的义务。主要内容：使用他人作品表演的，应当取得著作权人的许可，并支付报酬。演出组织者组织演出，由该组织者取得著作权人许可，并支付报酬。

三、职务表演

我国《著作权法》第三次修正时，增加了职务表演的相关规定。根据《著作权法》第 40 条规定，演员为完成本演出单位的演出任务进行的表演为职务表演，演员享有表演者人身权，其他权利归属由当事人约定。就表演者财产权而言，如果当事人没有约定或者约定不明确的，职务表演的权利由演出单位享有。对于约定职务表演的表演者财产权由演员享有的，演出单位可以在其业务范围内免费使用该表演。该规定与职务作品的相关规定保持一致。

四、表演者权的期限

表明表演者身份及保护表演形象不受歪曲的权利没有保护期限制；其余权利保护期为 50 年，于该表演发生后第 50 年的 12 月 31 日截止。

第四节 录音录像制作者权

录音录像制作者权，一般简称为"音像制作者权"，是指录音制作者和录像制作者对其制作的录音制品和录像制品享有的权利。录音制品，是指任何对表演的声音和其他声音的录制品。录音制作者，是指录音制品的首次制作人。录像制品，是指视听作品以外的任何有伴音或者无伴音的连续相关形象、图像的录制品。录像制作者，是指像制品的首次制作人。作为音像制作者权客体的录音、录像制品，一般均可分为对表演者表演活动的录制和表演活动之外其他事件的录制。所谓的表演活动之外其他事件，又可进一步区分为对人类生活中声音和画面的录制与对纯粹自然界声音和画面的录制。

一、音像制作者的权利

音像制作者享有的权利包括对录音录像制品的复制权、发行权、出租权、信息网络传播权。上述权利见《著作权法》第 44 条规定。此外，根据《著作权法》第 45 条规定，在他人使用录音制作者的录音制品用于有线或者无线公开传播或者通过传播声音的技术设备向公众公开播送的，虽不需要获得许可，但录音制作者有权获得报酬。这是一种法定许可，该规定与 WPPT 的相关规定一致。

二、音像制作者的义务

音像制作者在使用他人作品或制品时，也需要承担一定的义务，包括：①使用他人作品制作录音录像制品，应当取得著作权人许可，并支付报酬。②使用他人已经合法录制为录音制品的音乐作品制作录音制品，可以不经著作权人许可，但应当按照规定支付报酬；著作权人声明不许使用的不得使用。需要注意的是，音像制品在许可使用时，被许可人复制、发行、通过信息网络向公众传播录音录像制品，还应当取得著作权人、表演者许可，并支付报酬。被许可人出租录音录像制品，还应取得表演者许可，并支付报酬。

三、音像制作者权利的期限

音像制作者权享有的都是财产权利，保护期为50年，于该制品首次制作完成后第50年的12月31日截止。

第五节　广播组织权

广播组织权是指广播组织对其播放的节目信号享有的权利。《著作权法》中的广播组织仅指广播电台、电视台。尽管我国《著作权法》及相关法规和司法解释未对"广播电台、电视台"进行定义，但结合《广播电视管理条例》规定"本条例所称广播电台、电视台是指采编、制作并通过有线或者无线的方式播放广播电视节目的机构"，可以认为我国享有广播组织权的机构主要为"无线广播组织"和"有线广播组织"，而不包括通过互联网进行播放的所谓"网播组织"。需要注意的是，广播组织权的客体是广播组织播放的节目信号，而不能等同于广播电台、电视台制作的广播电台、电视节目。

一、广播组织的权利

广播组织权主要是一种禁止权。《著作权法》第47条规定，广播电台、电视台有权禁止未经其许可的下列行为。

（1）转播。即广播组织有权禁止他人对其播放的广播、电视信号进行转播的权利。转播是指一个广播组织的节目被另一个广播组织同时广播。转播强调"同时"，而将节目录制下来再播放属于重播而不是转播。目前，我国著作权法中广播组织的"转播权"可以控制以有线和无线方式进行的转播，权利范围广于 TRIPs 协定和《罗马公约》赋予广播组织的只能控制以无线方式转播的"转播权"。

（2）录制与复制。广播组织有权禁止他人未经许可将其播放的广播、电视录制在音像载体上及复制音像载体。录制指将播出的节目固定到有形的物质载体上，形成节目的有形复制件。复制指将该复制件再次制作成一份或多份。

（3）信息网络传播。广播组织有权禁止他人将其播放的广播、电视通过信息网络向公众传播。

二、广播组织的义务

广播组织须承担以下义务，包括播放他人未发表的作品，应当取得著作权人许可，并支付报酬；播放他人已发表的作品，可以不经著作权人许可，但应当支付报酬；电视台播放他人的视听作品、录像制品，应当取得视听作品著作权人或者录像制作者许可，并支付报酬；播放他人的录像制品，还应当取得著作权人许可，并支付报酬。另外，需要注意的是，《著作权法》还规定广播组织行使权利，不得影响、限制或者侵害他人行使著作权或者与著作权有关的权利。

三、广播组织权的期限

广播组织权的保护期为 50 年，于该广播、电视（节目）首次播放后第 50 年的 12 月 31 日截止。

【案例】 何某等与辽宁电视台等侵害著作权纠纷案

【案情】 原告何某、高某诉称，《四喜临门》等 12 部小品是何某及高某合作编写的，原告依法对其享有著作权。辽宁电视台在未经原告许可的情况下擅自将上述 12 部小品制作成 VCD 盘——《高某小品专辑》，并由辽宁广播电视音像出版社出版发行,由鸿翔公司负责总经销,由王府井书店进行分销。上述四被告的行为严重侵犯了原告的著作权,给原告造成了重大经济损失。因此,请求法院判令四被告立即停止侵权行为、在《法制日报》公开道歉、赔偿经济损失、承担本案诉讼费用。

法院审理查明:辽宁电视台是在原告许可的情况下录制的《四喜临门》等涉案9部小品,并已向原告支付了报酬,但其权利范围仅包括对上述小品进行现场直播和重播等。2002年9月28日,辽宁电视台与辽宁广播电视音像出版社签订合同,约定辽宁电视台授权辽宁广播电视音像出版社将涉案小品制成音像制品出版发行。辽宁电视台负责提供母版,并负责版权,辽宁广播电视音像出版社向辽宁电视台支付8万元版费。涉案其余5部小品是辽宁广播电视音像出版社基于1996年10月22日与辽宁电视台签订的另外一份合同从辽宁电视台处取得的。辽宁广播电视音像出版社委托佛山金声电子有限公司复制录像作品并出具了《录音录像制品复制委托书》。辽宁广播电视音像出版社于2002年7月28日与鸿翔公司签订了一份《销售分账协议书》,该协议书约定,辽宁广播电视音像出版社授权鸿翔公司独家经销其制作的涉案VCD盘,销售分账形式为扣除必要成本,利润按7∶3分成。辽宁广播电视音像出版社拥有其出版发行的小品的合法版权,若因版权引起的法律纠纷和经济赔偿概由辽宁广播电视音像出版社负责。最终法院认定:辽宁电视台、辽宁广播电视音像出版社等的行为侵犯了何某、高某享有的《高某小品专辑》相关VCD盘的著作权。❶

【评析】 我国著作权法规定,表演者拥有表演者权。该案原告被侵犯的著作权具体而言是其享有的表演者权。表演者权属于表演者,是邻接权中的一种,也归于广义的著作权范畴。案件中,辽宁电视台是在原告许可的情况下录制的涉案小品,并已向原告支付了报酬,但其权利范围仅包括对上述小品进行现场直播和重播等。辽宁电视台未经表演者许可,将涉案小品母版交由辽

---

❶ 参见北京市第二中级人民法院(2003)二中民初字第1746号民事判决书。

宁广播电视音像出版社出版发行，构成对原告表演者权的侵犯。辽宁广播电视音像出版社虽取得辽宁电视台授权，但亦未征得原告许可，也侵犯了原告的表演者权。广州鸿翔公司作为总经销商，北京王府井书店作为销售商均应承担相应法律责任。

思考与讨论

1. 邻接权和著作权有何联系与区别？
2. 表演者权的内容有哪些？
3. 音像制品制作者的权利和义务有哪些？
4. 广播组织的权利和义务各有哪些？

延伸阅读

1. 孙雷．邻接权研究［M］．北京：中国民主法制出版社，2009.
2. 管育鹰．我国著作权法中广播组织权内容的综合解读［J］．知识产权，2021（9）．
3. 张伟君．论邻接权与著作权的关系：兼谈《著作权法》第47条（广播组织权）的解释论问题［J］．苏州大学学报（法学版），2021（3）．
4. 谭洋．新闻出版者权作为一项新型邻接权：欧盟经验与本土选择［J］．南大法学，2020（4）．
5. 胡开忠．网络环境下广播组织权利内容立法的反思与重构：以"修正的信号说"为基础［J］．法律科学，2019（2）．
6. 王国柱．邻接权客体判断标准论［J］．法律科学，2018（5）．
7. 杨华权．论舞蹈作品表演者的作者地位［J］．知识产权，2018（3）．

第七章 著作权的取得与管理

著作权的原始取得包括自动取得、登记取得和加注版权标记取得三种方式，我国及世界上绝大多数国家采用自动取得原则。著作权的管理主要包括许可使用、转让、债权担保、强制执行、破产财产、信托等。其中，许可使用又分为独占许可、排他许可和普通许可三种类别。本章中许可合同的种类及内容设计、转让合同的内容设计、著作权的质押等理论知识在实务中应用广泛，通常可应用于为他人撰写相关合同或者修改相关合同或者用于质押融资。

第一节 权利取得

著作权的取得指的是作品创作完成后，是否需要附加其他条件或者履行法律规定的程序才能获得著作权。本节的讨论限于著作权的原始取得，著作权的继受取得在后面章节中论述。

法律对作品的要求或者说著作权取得的实质条件，即法律以作品的产生为取得著作权的唯一法律事实，有的国家要求用载体以固定。著作权取得的实质条件，指作品完成后是否附加条件而享有著作权。大体上有自动取得、登记取得和加注版权标记取得三种情况。

一、自动取得原则

自动取得原则又称为无手续原则，按照此种原则，作品自创作完成便自动获得著作权，无须履行任何手续。在这种方式下，作品创作的完成是一个关键的时间点，包括全部完成和部分完成。只要一件作品能够表达作者一定的思想和情感，具有最小的独创性，不违反法律的禁止性规定，就可以认定为完成。自动取得原则简单方便，保护水平高，作品一旦完成，不会因为任何客观因素而丧失著作权，能够很好地保护著作权人的利益。

自《伯尔尼公约》1908年确定自动取得原则以来，该原则为世界大多数国家所采用。我国实行的是自动取得原则，既不需要登记，也不需要加注版权标记，而自作品创作完成之日起产生。

二、登记取得原则

这一原则要求作品创作完成后，还必须到著作权管理部门进行登记方能取得著作权。我国历史上如《大清著作权律》等都曾采用过登记制。在我国，也有著作权登记事务，国家也鼓励著作权登记，但并不以登记作为获得著作权的条件，而是作为著作权确权的证明手段。对于比较重要且预计会产生较好的经济效益或容易发生侵权的作品，如计算机软件作品等，登记是比较好的作品权属证明。《计算机软件保护条例》规定，软件著作权人可以向国家著作权主管部门认定的软件登记机构办理登记。发放的登记文件是登记事项的初步证明。

三、关于版权标记

版权标记是表明作品受到著作权法保护的一种标记。各个国家有各种不同的版权标记加注方法。我国的"版权所有，侵权必究"之类的声明算是其中之一，但我国没有关于版权标记的专门规定。《世界版权公约》和美国版权法有关于版权标记的相关规定。按它们的规定，著作权标记包括三项内容：①"禁止复制""著作权保留""著作权所有"等声明，或将这种声明的英文缩写字母C外面加一个正圆，或者缩写成"Copr"，音像制品则在英文缩写字母P（Phonogram的缩写）外面加一个正圆，即以©宣示普通作品，以℗宣示音像制品的著作权；②著作权人的姓名或名称及其缩写；③作品的出版发行日期。

加注版权标记不是取得著作权的前提条件，但加注版权标记可以对社会公众起到一种权利宣示的作用，不至于使社会公众误认为该作品无版权。当作品复制件上有版权标记时，被控侵权人不得以不知该作品有版权而抗辩。由于加注版权标记简单易行，又是享有版权的初步证据，因此，很多国家也都在实践中广泛采用此种方式。

第二节　许可使用

著作权许可使用是指著作权人许可他人在一定的地域和期限内以一定方式使用其作品的法律行为。著作权人称为许可人，被许可使用作品的人称被为许可人。这是著作权人实现著作财产权价值的主要方式。

一、著作权许可的种类

（一）独占许可使用

独占许可使用又称为专有许可使用，指著作权人将该作品仅许可给一个被许可人使用，排斥包括著作权人在内的一切人以该方式在约定的期限和地域范围内使用该作品。独占许可使用有以下特点：①要式性。除报社或期刊社对作品的刊登外，应采取书面方式。②禁止分许可。原则上被许可人不得再向第三人发放许可证，理由在于本质上著作财产权的许可以信赖关系为基础，不涉及第三人。③被许可人权利受到侵害时，可以以自己名义独立提起诉讼，无须著作权人协助。④可以向著作权行政主管部门备案，以作为发生纠纷时的证据使用。⑤较之其他许可方式被许可方须支付更高额的费用。

（二）排他许可使用

排他许可使用又称为独家许可使用，是指著作权人不能再许可任何第三方在约定的期限和地域范围内使用该作品，著作权人自己仍有权使用该作品。排他许可使用的特点：①要式法律行为，应当签订许可合同。②在发生侵权行为时，被许可人可与著作权人共同提起诉讼；在著作权人不提起诉讼时，被许可人可以以自己的名义独立提起诉讼。③被许可方须支付的费用少于独占许可，高于普通许可。

（三）普通许可使用

普通许可使用是指著作权人自己有权使用，也可以再许可给其他多个被许可人在约定的期限和地域范围内使用该作品。一般理解，普通许可方式具有以下特点：①非要式法律行为。无论书面还是口头方式，明示或者默示，均发生法律效力，当然单纯的沉默不构成默示许可。②在当事人的诉讼地位上，除经著作权人明确授权外，被许可人原则上不能提起诉讼。③由于被许可方拥有的权利最小，因此相比前两种许可方式须支付的费用也最少。

二、著作权许可合同的内容

著作权许可使用一般通过合同进行。常见的著作权许可使用合同包括图书出版合同、报刊刊登作品合同、表演许可合同、翻译许可合同、汇编许可合同、展览许可合同等。合同的成立与生效要件适用《民法典》的相关规定。根据著作权法的规定，许可使用合同包括以下主要内容。

（一）许可使用的权利内容

这是指许可使用作品的方式，如许可复制、发行、翻译、改编、整理、汇编等，可以许可一种使用方式，也可以许可多种使用方式。对于许可合同中没有约定的权利，视为没有许可，被许可人无权行使。

（二）许可使用的权利类型：专有使用权或者非专有使用权

专有使用权指被许可人获得的是对作品的独占性的使用权，在许可期限与地域内包括许可人在内的任何人不得以与被许可人相同的方式使用作品，独占许可。非专有使用权，指被许可人获得了作品的许可使用权，但不是独占性的。同时，在许可期限与地域内，许可人和其他被许可人都可以相同方式使用作品，一般指排他许可或普通许可。如果双方未在合同中明确许可的类型，应推定为非专有许可。依据《著作权法》实施条例规定，专有使用权许可合同应当采取书面形式订立（报社、期刊社刊登作品除外），而非专有使用权许可则不必。❶

---

❶ 李明德，许超. 著作权法［M］. 北京：法律出版社，2003：164.

（三）许可使用的地域范围与期间

许可使用的地域范围与期间是被许可人行使权利的空间限制与时间限制，如作品的发行范围、可以表演的范围、可以播放的范围等。空间范围可以写"全球""国内外""国内""境内"或某个国家或国内部分地方区域等。

（四）付酬标准和办法

使用作品的付酬标准可以由当事人约定，也可以按照国务院著作权行政主管部门会同有关部门制定的付酬标准支付报酬。当事人约定不明确的，按照国务院著作权行政主管部门会同有关部门制定的付酬标准支付报酬。付酬方法一般包括一次支付、分期支付、"版税"式支付（即按作品制作量或发行量提成）等。

（五）违约责任

违约责任是约束双方遵守合同的条款，可按《民法典》约定违约金等责任。

（六）双方认为需要约定的其他内容

如争议解决方式、作品交付方法、作品修改、期满相关事务处理等均可特别约定。

三、著作权许可的特殊形式：集体管理

著作权具有排他性，使用者要使用著作权人的作品，行使专属于著作权人的权利，除非法律规定的合理使用或法定许可等特殊情形，否则必须事先征得著作权人的许可。但很多情况下，著作权人很难与使用人进行直接交易。一方面，使用者常常难以联系到著作权人或者由于著作权人众多单独联系的成本较高；另一方面，著作权人也很难控制自己的权利未经许可被他人使用。为提高著作权许可与使用的效率，双赢的办法是建立一个专门的、能够代表著作权人的中介组织来统一发放许可和收取许可使用费。经过实践探索，人们创设了集体管理组织，在著作权人的授权下，集中行使著作权、收取许可费并进行相关维权活动，从而使集体管理成为著

作权许可的特殊形式。

著作权集体管理是指著作权集体管理组织经权利人授权，集中行使权利人的有关权利并以自己的名义进行相关活动。经授权进行著作权集体管理的组织被称为著作权集体管理组织。

1777年，在法国戏剧作家加隆·德·博马舍的组织下，戏剧家们组成了法国历史上第一个戏剧家协会，但它还不是全国性组织。世界上第一个全国性集体管理组织是1851年由法国作曲家厄内斯特·布尔热和两位剧作家共同发起成立的音乐集体管理组织。[1] 此后，集体管理组织便如雨后春笋般在世界各地成立。1871年德国成立了戏剧作者与作曲者协会，1882年意大利成立了表演权协会，1897年奥地利成立了表演权协会，1901年西班牙成立了表演权协会，1903年德国成立了音乐作者与作曲者表演协会，1909年德国成立了机械表演权协会，1914年英国成立了表演权协会，1914年美国成立了美国作曲家、作词家及音乐出版商协会。到20世纪30年代，欧洲大陆各国基本都建立起类似的集体管理组织。同一时期，甚至产生了国际集体管理组织。例如，在1928年，由18个国家的音乐作品集体管理组织联合组成了国际作者与作曲者协会联合会（the International Confederation of Societies of Authors and Composers，CISAC）；1933年在意大利成立了国际唱片业协会（International Federation of the Phonographic Industry，IFPI）。

与著作权制度建设进程相适应，我国的集体管理组织在世界上成立较晚。1992年由国家版权局和中国音乐家协会联合发起成立了我国（除非特别说明，均指我国大陆）第一个集体管理组织——中国音乐著作权协会；2005年，设立了中国音像著作权集体管理协会和中国电影著作权保护协会（2009年10月更名为"中国电影著作权协会"）；2008年，设立了中国文字著作权协会和中国摄影著作权协会。这五个集体管理组织，分别将音乐作品、非电影视听作品（电影和电视剧之外的录音、录像制品和其他视听作品）、电影（含电视剧）作品、文字作品和摄影作品纳入集体管理的范畴。

为了规范著作权集体管理组织的行为，我国于2004年颁布了《著作权集体管理条例》。根据该条例规定，著作权集体管理组织从事的相关活

---

[1] MAKEEN M F. Copyright in a Global Information Society: the Scope of Copyright Protection Under International, US, UK and French [J]. Kluwer Law International, 2000: 20.

动：①与使用者订立著作权或者与著作权有关的权利许可使用合同；②向使用者收取使用费；③向权利人转付使用费；④进行涉及著作权或者与著作权有关的权利的诉讼、仲裁等。著作权集体管理组织与著作权人之间的关系属于信托关系。在著作权集体管理组织的权利范围上，表演权、放映权、广播权、出租权、信息网络传播权、复制权等权利人自己难以有效行使的权利，可以由著作权集体管理组织进行集体管理。

第三节　转让与继承

一、著作权转让的特点

著作权转让是著作权人（出让人）将著作财产权有偿转移给他人（受让人）的法律行为。著作权转让也是著作权人利用著作权创造价值的重要方式。著作权转让具有以下特点：①要式性，著作权转让合同应当以书面形式订立。如果是中国的著作权人向外国人转让软件著作权，还应遵守中国的《中华人民共和国技术进出口管理条例》。②著作财产权的转让并非作品原件的转让。作品载体所有权的转移并不导致著作财产权的转让，这体现了作品与其载体相互独立的原则。作品原件所有权的转移，不改变作品著作权归属，但美术作品、摄影作品原件的展览权由原件所有人享有。③著作权的转让与著作权许可使用存在显著的区别，主要体现在以下两方面：第一，著作权许可使用不改变著作权的归属，被许可人只是获得作品的使用权。而著作权转让使著作权人发生改变，受让人替代原著作权人享有相应的著作财产权。第二，著作权转让后著作权人将永久不再享有著作权，也没有转让区域的限制，而许可使用则是著作权在特定区域的临时转移。

二、著作权转让合同的内容

著作权转让应当订立书面合同，合同包括下列主要内容：作品的名称，转让的权利内容、地域范围，转让价金，交付转让价金的日期和方式，违约责任，双方认为需要约定的其他内容。

许可使用合同和转让合同中著作权人未明确表示转让的权利，未经著作权人同意，受让人不得行使。

三、继承

按照我国《民法典》的规定，著作人身权不能作为继承的标的。作者死亡后，其著作权中的署名权、修改权和保护作品完整权由作者的继承人或者受遗赠人保护。著作权无人继承又无人受遗赠的，其署名权、修改权和保护作品完整权由著作权行政主管部门保护。

同其他财产权一样，在自然人权利人死亡以后，著作财产权可以依照《民法典》由权利人的继承人继承；在法人或非法人组织权利人变更、终止以后，由相关组织或自然人依法继受。无人继承或继受的著作权归国家享有，由国务院著作权行政主管部门管理。美术、摄影作品原件所有权如果在作者生前已转让的，该作品展览权仍可随作品原件作为遗产继承。

作者生前未发表作品，如果作者未明确表示不发表，作者死亡后50年内，其发表权可由继承人或者受遗赠人行使；没有继承人又无人受遗赠的，由作品原件的所有人行使。

合作作品中合作作者之一死亡后，其对合作作品享有的著作财产权无人继承又无人受遗赠的，由其他合作作者享有。

第四节 其他管理

除上述三种著作权主要的利用和转移方式，著作财产权还可以作为担保、信托、破产财团、强制执行及离婚时夫妻财产分割的客体，以下仅作简要介绍。

一、担保

著作财产权因为具有财产价值，故如同物一样可用于设定债的担保。著作财产权的担保方式采取设定质权的方式实现。根据我国版权局2010年发布的《著作权质权登记办法》，以著作权中的财产权出质的，应当订立书面合同，并到登记机关进行登记，著作权质权的设立、变更、转让和消灭，自记载于《著作权质权登记簿》时起发生效力。设定质权的具体操作方式可参照我国《民法典》中关于担保的相关规定、关于担保的相关司法解释及上述《登记办法》。

二、信托

著作权的信托是指著作权人将著作权转让或以其他方式托付给受托人，由受托人以自己的名义按照著作权人的目的对作品进行管理并按约定支付报酬的行为。在信托关系中，著作财产权属于受托人，受托人必须按照信托目的行使著作权，以保障在信托关系中信托人的利益。信托在国外比较流行，著作权集体管理可以认为是这种利用方式。

三、破产处理

债务人因资不抵债时，自己申请或法院依法宣告其破产。经过清算组织清算后，债权人能从债务人方面获得的清偿债务的全部财产就是破产财团。在债务人破产以后，如果债务人还有著作财产权，也可以成为破产财团的组成部分。

四、强制执行

强制执行即指用强制方法实现确定判决的内容。依据具有强制力的刑事或民事判决，被执行人享有的著作财产权也可作为强制执行的对象。基于对著作人身权的尊重和保护，未发表作品的著作权不能作为强制执行的对象。❶

五、离婚分割

根据我国《民法典》第1062条规定，夫妻在婚姻关系存续期间所得的知识产权收益归夫妻共同所有。这里的"知识产权收益"是指已经取得

---

❶ 刘春田.知识产权法（第五版）[M].北京：中国人民大学出版社，2014：113.

或者明确可以取得的财产性收益,如夫妻一方在婚姻关系存续期间通过行使著作权而获得的许可费等收益,或者已经签订版权许可合同或转让合同等明确约定的未来收益(本质上是一种债权性质的收益)。对于夫妻关系存续期间没有实际取得或明确可以取得的收益,应当在离婚时将著作财产权作为共同财产进行分割处理。首先由双方进行协商分割方案,如果协商不一致,为了权利行使方便,原则上著作财产权应当归属于作者一方,不确定为共同享有比较可行。但作者一方应当给予另一方适当的补偿,具体补偿额由人民法院参照作品之前的许可费或其未来价值或经专业机构评估后确定。

【案例1】 中国音乐著作权协会与成都市人人乐商业有限公司著作权侵权纠纷案

【案情】 由于未支付使用费而在其经营的购物广场内播放了音乐著作权协会(以下简称音著协)管理的背景音乐《拯救》(以下简称涉案音乐作品),成都市人人乐购物广场被诉侵犯著作权。法院审理认为:周某、梁某系涉案音乐作品的曲、词作者没有异议,且音著协举出的该歌曲曲谱上署名也是周某、梁某,故周某、梁某享有涉案音乐作品的著作权。根据《著作权法》规定,著作权人可以全部或者部分转让其著作财产权。涉案音乐作品的词、曲作者通过与音著协签订《音乐著作权转让合同》的方式,将其对涉案音乐作品享有的表演权、广播权和录制发行权授权给音著协进行管理。《著作权法》同时规定,著作权人和与著作权有关的权利人可以授权著作权集体管理组织行使著作权或者与著作权有关的权利。著作权集体管理组织被授权后,可以以自己的名义为著作权人和与著作权有关的权利人主张权利,并可作为当事人进行涉及著作权或者与著作权有关的权利的诉讼、仲裁活动。故音著协可以以自己的名义对侵犯涉案音乐作品的行为提起诉讼。人人乐公司未经音著协许可,在其经营场所将涉案音乐作品作为背景音乐播放的行为虽然不能直接利用音乐作品获利,但可以起到营造氛围、提高消费者在购物过程中的愉悦程度，进而对商家的销售起到促进作用，是一种间接获利的商业性使用行为。因此，人人乐公司在营业性场所播放背景音乐的行为，侵犯了著作权人的表演权。[1]

【评析】 音乐作品的著作权本为其曲、词作者享有，中国音乐著作权协会因与作者签订转让协议等而享有相应的著作财产权。歌舞厅、夜总会、超市、商场、酒店、餐馆、机场、车站等经营场所播放背景音乐带有营利性质，应当向音乐著作权人支付许可使用费之后，才能公开播放音乐著作权协会管理的音乐作品。

【案例2】 皇冠文化出版有限公司与经济日报出版社侵害著作权纠纷案

【案情】 张爱玲是中国现代文学史上的著名作家，20世纪40年代，以小说集《传奇》、散文集《流言》蜚声文坛。后去美国，并加入美国国籍。1992年2月14日，张爱玲立下遗嘱：如本人去世，将所有财产遗赠给宋某和宋邝某。1995年9月8日，张爱玲在美国洛杉矶市去世。1996年1月1日，宋某、宋邝某与台湾地区皇冠文学出版有限公司（以下简称"皇冠文学公司"）签订了三份关于张爱玲作品出版及维权事宜的授权委托书，内容大致如下：宋某、宋邝某同意将张爱玲作品授权皇冠文学公司在全世界范围内中文版之重制、散布、发行、公开发表，版数及印量不限。自合同签订之日起至著作权存续期间届满时止，皇冠文学公司永久独家享有。皇冠文学公司在全世界范围内代为处理有关张爱玲著作权的维权事宜。1982年6月17日，宋某立下遗嘱，将其名下所有财产包括动产、不动产由太太宋邝某继承。1996年12月3日，宋某去世。宋某去世后，宋邝某分别于2002年8月、8月30日及10月17日与皇冠文化公司签订了三份关于张爱玲作品出版及维权事宜的授权委托书，授权内容概括如下：皇冠文化公司对张爱玲作品独家永久重制、散布、发行、公布发表和其他出版相关权利，不限时间、地区、版数、印数。皇冠文化公司在全世界范

---

[1] 参见四川省高级人民法院（2010）川民终字第104号民事判决书。

围内独家全权代理有关张爱玲作品的相关著作权事宜。皇冠文化公司提供了其出版的《张爱玲全集》共计17册。经济日报出版社分别于2001年4月、2002年8月、2002年9月、2003年1月出版了《红玫瑰与白玫瑰》平装本、《张看》平装本、《张看》精装本和《传奇》平装本四部张爱玲作品的图书。皇冠文化出版有限公司遂起诉经济日报出版社侵犯其专有出版权。

北京市第一中级人民法院认为：根据我国著作权法规定，外国人、无国籍人的作品根据其作者所属国或者经常居住地国同我国签订的协议或者共同参加的国际条约享有的著作权，受本法保护。我国和美国均为《伯尔尼公约》的成员国。张爱玲系该公约成员国国民，其作品受我国著作权法的保护。宋某、宋邝某依据张爱玲的遗嘱，取得了张爱玲作品著作权中的财产权。皇冠文化公司依据其与宋某、宋邝某的授权书，取得了张爱玲作品的专有出版权。经济日报出版社未经皇冠文化公司许可，擅自出版、发行了张爱玲作品的图书，其行为侵犯了皇冠文化公司对张爱玲作品的专有出版权，应当承担停止侵权、赔偿损失的民事责任。❶一审后被告提起上诉，北京市高级人民法院经审理后判决驳回上诉，维持原判。❷

【评析】 该案属于著作权继承的问题。依照我国《著作权法》规定，当自然人死亡后，其著作财产权如果在保护期内，则依照法律规定转移。但著作人身权不能够被继承。也就是说，自然人死亡后，其署名权、修改权和保护作品完整权可由继承人或者受遗赠人予以保护；如果没有继承人或遗赠人的，由著作权行政主管部门保护。作者生前未发表作品，如果作者未明确表示不发表，作者死亡后50年内，其发表权可由继承人或者受遗赠人行使；没有继承人又无人受遗赠的，由作品原件的所有人行使。

---

❶ 参见北京市第一中级人民法院（2005）一中民初字第686号民事判决书。
❷ 参见北京市高级人民法院（2005）高民终字第1267号民事判决书。

思考与讨论

1. 著作权的利用方式有哪些？
2. 著作权许可的种类有哪些？
3. 著作权许可合同的主要条款有哪些？
4. 对于无人继承又无人受遗赠的作品，如何设计其权利归属规则更符合著作权法的立法目的？

延伸阅读

1. 金海军. 流媒体音乐的著作权许可与付费问题：美国的最新发展与借鉴 [J]. 电子知识产权, 2018 (11).
2. 叶明, 张洁. 利益平衡视角下的数字音乐版权独家授权模式研究 [J]. 电子知识产权, 2018 (8).
3. 向波. 著作权集体管理组织：市场功能、角色安排与定价问题 [J]. 知识产权, 2018 (7).
4. 吕炳斌. 版权登记制度革新的第三条道路：基于交易的版权登记 [J]. 比较法研究, 2017 (5).
5. 郭娅丽. 版权质押融资的实践困境及制度破解 [J]. 知识产权, 2017 (1).
6. 何炼红, 邓欣欣. 数字作品转售行为的著作权法规制：兼论数字发行权有限用尽原则的确立 [J]. 法商研究, 2014 (5).
7. 熊琦. 论著作权集体管理中的私人自治：兼评我国集体管理制度立法的谬误 [J]. 法律科学, 2013 (1).
8. 李雨峰. 版权登记制度探析 [J]. 知识产权, 2008 (5).
9. 张平. 网络环境下著作权许可模式的变革 [J]. 华东政法大学学报, 2007 (7).
10. 来小鹏. 著作权转让比较研究 [J]. 比较法研究, 2005 (5).

第八章 著作权的限制

普遍认为，著作权制度有利于激励作者创造和促进邻接权人积极传播作品；与此同时，著作权制度也可能造成作品等信息的流转不畅乃至垄断。著作权法需要平衡权利人的利益和社会公众的正当使用。著作权法通过对著作权施以必要限制来达到这一目的。对著作权的限制措施包括为著作权设定期限、合理使用、法定许可和强制许可制度。本章的理论知识常被被控侵权人用作不侵权抗辩，如版权期限已过、自己的行为构成合理使用和法定许可等，从而免除相关法律责任。但法定许可通常不能免除被控侵权人按相关规定支付报酬的赔偿责任。需要注意的是，法律关于著作权限制的规定均适用于邻接权。

第一节 法定期限

著作权的期限是对著作权的一种限制，是协调著作权人和社会公共利益的结果。在这一期限内著作权人的专有权受到法律的保护，期限一旦届满，作品则进入公有领域，任何人都可以自由、免费地使用。著作权期间的计算方法有两种：一是死亡起算，即著作权的期间为作者终生加死后若干年，终止日期并非作者死亡的确切时间而是从死亡之年年末或翌年年初计算；二是发表起算，即与作者的生死无关，著作权期间为作品发表之年年末或翌年年初起的若干年内。我国著作权法规定兼采两种立法例。著作权自作品创作完成之日起产生，其保护期限因权利类型、作者性质、作品类别不同而有所区别。

一、发表权以外的著作人身权

署名权、修改权和保护作品完整权等著作人身权，保护期不受限制，永久归属于作者。这不会给社会带来不利影响，故没有保护期限限制，如果予以限制，反而是对作者人格的不尊重。但这并不意味着，作者死亡或者主体资格消灭之后还享有这三项精神权利。民事主体能够享有民事权利的前提是其具有民事权利能力，而民事权利能力因其死亡而消灭。著作权法如此规定，目的在于促进公益。作者在生存或存续期间，署名权、修改权和保护作品完整权由自己保护；作者死亡或主体资格消灭后，这些著作人身权由其继承人或受遗赠人保护；无继承人或受遗赠人的由著作权主管部门保护。但继承人、受遗赠人和著作权主管部门只能消极行使上述权利，即只能制止他人的不法行为，而不能积极行使这些权利。

二、发表权和著作财产权

一般情况下，对于自然人作品的发表权和著作财产权的保护期为作者终生及其死亡后50年。特殊情况下，如果是合作作品，于最后死亡的作者死亡后50年截止。匿名作品或者其他作者身份无法确定的作品，在作者身份确定之前，著作财产权保护期为50年，于作品首次发表后50年截止。作者身份确定之后，依照一般规则确定保护期限。

法人或者非法人组织的作品、著作权（署名权除外）由法人或者非法人组织人享有的职务作品和视听作品，发表权保护期为作品创作完成后50年；著作财产权保护期为作品首次发表后50年，但作品自创作完成后50年内未发表的，法律不再保护。

所有作品保护期的截至日均为截至年的12月31日。经过保护期的作品，相关权利即告消灭，社会公众可以无须许可且无偿使用。

第二节　合理使用

一、合理使用的含义

合理使用是指在法律规定的情况下不经著作权人许可，不向其支付报酬而对作品进行的使用。关于合理使用的判断，存在"多要素检验法"和"三步检验法"等判断规则。多要素检验法即立法规定几个判断合理使用的要素，通过这些要素对某种使用作品的行为进行判断。如果都符合，则属于合理使用，否则不属于合理使用。美国和我国台湾地区等采用多要素检验法。《伯尔尼公约》《世界版权公约》和TRIPs协定都采用了"三步检验法"，即某种行为必须满足三个条件才能构成合理使用，这三个条件："只能在特殊的情况下做出；与作品的正常利用不相冲突；不得不合理地损害著作权人的合法权益"。我国著作权法也规定了"三步检验法"。在我国，合理使用需要遵循的一般要求：①使用的作品应当是已经发表的作品，除非特别规定，对未发表的作品不得使用；②使用时，应当指明被使用作品作者姓名或名称、作品名称等相关信息；③使用时，不得侵犯著作权人依法享有的其他权利，如署名权、修改权等；④使用的目的应当是非营利性的。

合理使用是被控侵权的抗辩事由，也是作品使用人免费使用的权利界限。但是学理上对合理使用的性质还存在分歧，除"权利限制说"外，代表性的观点还有"侵权阻却说""使用者权利说"等。"侵权阻却说"认为，合理使用实际上是阻却侵权的事由，合理使用仍具有侵害性。"使用者权利说"强调权利的交互性，认为合理使用既不是对著作权的限制，也不是对著作权的侵害；相反，它本身就是使用者的一种权利。❶ 合理使用是对他人作品的一种使用方式，只是因其符合立法的公益价值才被认可为具有正当性并可对抗权利人的禁止权能，构成对权利人的一种限制，从侵权抗辩的角度讲，也具有阻却侵权的性质，但并非使用人就取得某种权利。

二、我国法律关于合理使用的具体规定

（一）个人使用

个人使用是指为个人学习、研究或者欣赏，使用他人作品的情形。有人认为，此处的"个人"仅限于使用者自己，而不能扩大至第三人或家庭、单位等。❷ 也有人认为，此处的"个人"应适当从宽解释为"家庭或

---

❶ 张玉敏. 知识产权法学（第二版）[M]. 北京：法律出版社，2011：160.
❷ 刘春田. 知识产权法（第五版）[M]. 北京：中国人民大学出版社，2014：120.

相当于家庭范围"❶，超出该范围的使用即属于侵犯他人著作权的行为。本书以为，本项规定的目的是为满足私人学习、研究或者欣赏需要。这种需要是极小范围的，因此对作品的使用不会给著作权人造成太大损害，而且现实生活中每个人都有与特殊紧密关系的人分享快乐的习惯，如果将这种特殊紧密关系的人排除出"个人"的范围，未免过于机械，有失法律规范的本义。因此"个人"应包括以使用者为中心的特定亲密关系范围，如家庭关系、朋友关系或同事关系，只要这种使用不是以营利为目的，对作品潜在市场不会造成明显损害即可。

（二）适当引用

适当引用指为介绍、评论某一作品或者说明某一问题，在作品中适当引用他人作品。本情形有三个适用条件：一是使用目的，仅限于介绍、评论某一作品或者说明某一问题；二是使用方式为"引用"，其实质就是复制；三是引用范围适当，所谓"适当"，是指被引用的作品不能构成引用人作品的主要部分或实质部分，如果剔除被引用的作品公众不能得到任何更有价值的信息，则被引用的作品就构成了引用人作品的主要部分或实质部分。

（三）时事新闻报道中使用

时事新闻报道中使用是指为报道时事新闻，在报纸、期刊、广播电台、电视台等媒体中不可避免地再现或者引用他人作品。本情形有三个适用条件：第一是使用目的，仅限于报道时事新闻，即单纯新闻事实报道，如果被使用作品并非单纯新闻事实报道，而是对某项新闻事件的详细报道或深度分析，则不构成合理使用；第二是使用主体范围为报纸、期刊、广播电台、电视台等媒体；第三是使用范围为报道时事新闻所必需，即不可避免地要使用相关作品才能更清楚完整地展示该时事新闻。

（四）媒体间转载或播放时事性文章

媒体间转载或播放时事性文章是指除著作权人有相反声明，报纸、期

---

❶ 冯晓青.著作权法［M］.北京：法律出版社，2010：160.

刊、广播电台、电视台等媒体刊登或者播放其他报纸、期刊、广播电台、电视台等媒体刊登的关于政治、经济、宗教问题的时事性文章。本情形有三个适用条件，一个限制条件。首先，使用主体须是报纸、期刊、广播电台、电视台等媒体。其次，适用客体为特定领域时事性文章，即对其他相关媒体刊登的关于政治、经济、宗教问题的时事性文章，关于其他领域如文学、艺术、科学等领域的时事性文章则不适用。时事性文章不同于时事新闻，具有一定详细程度，是关于最近发生的国内外真实事件的文章。最后，使用方式为转载，即对于其他媒体已经刊登的相关作品进行再次刊登，本质上是一种复制，当然也包括对复制后的发行，仅有复制没有意义。一个限制条件就是原被刊登的作品的著作权人如果在发表作品时声明不许转载或者播放，则其他媒体不得再进行转载或者刊登，否则即为侵权。本条也是关于默示许可的规定，即如果作品著作权人没有声明，视为同意相关媒体转载或者刊登。此处的声明禁止的权利只有著作权人享有，刊登媒体不得转载或播放的声明对其他媒体不具有约束力。另根据《信息网络传播权保护条例》的规定，网络中互相转载不适用关于宗教问题的时事性文章。

（五）媒体传播公众集会上的讲话

媒体传播公众集会上的讲话是指除作者有相反声明，报纸、期刊、广播电台、电视台等媒体刊登、播放在公众集会上发表的讲话。公众集会是指不特定多数人聚集在一起的情况。在公众集会上讲话，如果构成作品，则视为作品的一种发表方式，媒体传播类似于以文字、图像的形式再次进行传播。但本情形适用也有限制条件，即作者在讲话时声明不许刊登、播放的，媒体不得刊登播放。

（六）课堂教学或者科研使用

课堂教学或者科研使用是指为学校课堂教学或者科学研究，翻译、改编、汇编、播放或者少量复制已经发表的作品，供教学或者科研人员使用。本情形适用有三个条件。一是使用目的仅限于课堂教学或者科学研究，不得是营利性目的。二是使用方式限于翻译、改编、汇编、播放或者少量复制，其他使用方式不可，且不得出版发行翻译后的作品或者作品复制件;"少量"应以满足教学目的为限。三是使用者为学校课堂教学人员或者学校与其他科研机构的科研人员,"教学人员"不应理解为仅指教师,也应当包括参与课堂教学的学生,如德国著作权法规定此种情形复制的量以满足一个年级使用为限。此处的"学校",一般认为仅指公益性学校,不包括以营利为目的的私立学校、短期培训班、函授大学、开放大学、网络培训学校等。

(七)公务性使用

公务性使用是指国家机关为执行公务在合理范围内使用。国家机关包括立法、司法、行政和军事机关。执行公务一般是指国家机关为完成法律赋予它的职责所从事的活动。

(八)馆藏性复制

馆藏性复制是指图书馆、档案馆、纪念馆、博物馆、美术馆、文化馆等为陈列或者保存版本的需要,复制本馆收藏的作品。本情形适用于特定使用主体即图书馆、档案馆、纪念馆、博物馆、美术馆、文化馆等具有馆藏功能性质的社会组织,使用客体为本馆收藏的作品,使用目的限于为陈列或者保存该馆藏作品,使用方式限于复制。此处的作品可以认为包括未发表的作品,但应当尊重作者的发表权,未经许可不能进行陈列。

(九)免费表演

免费表演是指未向公众收取费用,也未向表演者支付报酬,且不以营利为目的的表演。本情形适用必须适用于完全免费,表演者不能从表演活动中直接或间接获利,观众也不需要为欣赏表演而付费。社会上一些所谓的捐款义演活动,如"抗震救灾义演""希望工程义演"等可能不构成合理使用,因为该种表演虽然表演者未收取报酬,但公众通常需要支付费用,只是通过该表演活动所募集的资金全部用于特定公益目的而已。此处的"表演",从立法本意上讲,应指现场表演,不包括机械表演。

(十)对室外艺术品的特定使用

对室外艺术品的特定使用是指对设置或者陈列在室外公共场所的艺术

作品进行临摹、绘画、摄影、录像。此种情形有两个适用条件：第一，使用客体须为设置或者陈列在室外社会公众活动处所的雕塑、绘画、书法等艺术作品，如果艺术品是陈列于室内甚至虽为室外但处于非对外开放的私人院落的，则不适用本情形；第二，使用方式限于对艺术品进行临摹、绘画、摄影和录像，其他方式不适用。对上述作品的临摹、绘画、摄影、录像人，可以对临摹、绘画、摄影、录像产生的成果以合理的方式和范围再行使用，无须征得原著作权人同意。

（十一）将国家通用语言文字作品翻译成少数民族语言文字作品并在国内出版发行

此种合理使用情形是指将中国公民、法人或者非法人组织以国家通用语言文字创作的作品翻译成少数民族语言文字作品在国内出版发行。此种情形具有严格的限定条件。第一，作者国籍限制。作者必须是中国公民、法人或者非法人组织已经发表的作品，不包括外国人的作品。第二，使用方式限制。使用仅限于翻译，不可以是其他。第三，作品语言文字类型限制。被使用的作品必须是国家通用语言文字作品，不包括使用其他语言文字如藏文、蒙古文、俄文、英文等创作的作品；根据我国《国家通用语言文字法》规定，我国的通用语言文字是普通话和规范汉字。同此可知，以普通话创作的口头作品和以规范汉字创作的文字作品均属此类作品。第四，出版发行地限制。翻译后的作品仅限于在国内出版发行，不得销往国外。

（十二）以阅读障碍者能够感知的无障碍方式向其提供已经发表的作品

这是我国《著作权法》第三次修正时修改的条款，条款内容将原规定"将非盲文作品改成盲文作品并出版"扩大为"以阅读障碍者能够感知的无障碍方式向其提供已经发表的作品"。很明显，现规定扩大了合理使用的范围。阅读障碍者不仅仅是盲人，还包括其他视觉障碍者及一部分听觉障碍者。对于已经发表的作品，以这些阅读障碍者能够感知的无障碍方式提供无许可免费使用，是对残障人士的关怀。例如，听觉障碍者在观看没有字幕或者哑语的视听作品时便无法如正常人那样获得足够的信息和欣赏体验。这样的规定，也符合 WIPO《关于为盲人、视力障碍者或其他印刷品阅读障碍者

获得已出版作品提供便利的马拉喀什条约》的精神。❶

（十三）法律、行政法规规定的其他情形

这是我国《著作权法》第三次修正时新增的条款。根据该条款，我国著作权法关于合理使用采取了开放立法的模式，这是值得肯定的。但该模式仍然强调了合理使用应当由法律和行政法规明确规定。如果法规未明确规定的，司法机关不能通过对所谓"三步检验法"等理论规则进行解释予以扩充，这种模式具有一定的僵化性。未来立法可在保留现行成熟规定的情况下，通过规定合理使用的判断规则，发挥司法机关的司法能动性，在特殊情况下由司法机关认定合理使用，以适应变化多样的社会生活。

关于行政法规规定的情形，包括如国务院出台的《信息网络传播权保护条例》关于作品在网络传播中的合理使用规定和《计算机软件保护条例》关于软件合理使用的相关专门规定等。

第三节　法定许可

一、法定许可的含义

法定许可是指依照法律规定，行为人使用他人已发表的作品，可不必征得权利人的许可，但应向其支付报酬并尊重其他权利的一种法律制度。关于支付报酬的标准，我国国家版权局发布了《录音法定许可付酬标准暂行规定》予以指导。同时，法定许可还需要遵循以下要求：①使用的客体应当是已经发表的作品，对未发表的作品不得使用；②使用时应当指明被使用作品作者姓名、作品名称等相关信息；③使用时不得侵犯著作权人依法享有的著作人身权和法定许可之外的其他著作财产权。法定许可方便了作品传播者对作品的使用，避免了因寻求著作权人授权所带来的不便，既有利于作品的传播，又可以保障著作权人的经济利益，成为各国著作权法普遍推行的一种办

---

❶ 该条约于 2013 年 6 月 27 日在摩洛哥的马拉喀什通过，于 2016 年 9 月 30 日生效。其宗旨在于创设一组有益于盲人、视力障碍者和其他印刷品阅读障碍者的强制性限制与例外，以保障阅读障碍者平等欣赏作品和接受教育的权利，是世界上第一部版权领域的人权条约。截至 2021 年 10 月 23 日，共有 81 个成员。我国全国人大常委会于 2021 年 10 月 23 日批准了该条约。

法。另外，我国著作权法对三种法定许可使用赋予了著作权人以保留权，即著作权人可以通过事先声明排除法定许可的适用。这种有别于国际通行的法定许可制度，亦被称为"准法定许可"。

二、法定许可的具体规定

我国《著作权法》和《信息网络传播权保护条例》规定的法定许可情形主要有以下几种。

（1）报刊转载或摘编。著作权人向报社、杂志社投稿，作品刊登后，除著作权人声明不得转载、摘编的外，其他报刊可以转载或者作为文摘、资料刊登。

（2）录音制作者使用他人已经合法录制为录音制品的音乐作品制作录音制品。录音制作者使用他人已经合法录制为录音制品的音乐作品制作录音制品，可以不经著作权人许可，但应当按照规定支付报酬；著作权人声明不许使用的不得使用。

（3）广播组织播放他人已经发表的作品。广播电台、电视台播放他人作品仅限已发表的作品。

（4）为实施义务教育和国家教育规划而编写出版教科书。在这种情形下，除作者事先声明不许使用的外，可以不经著作权人许可，在教科书中汇编已经发表的作品片段或者短小的文字作品、音乐作品或者单幅的美术作品、摄影作品、图形作品，但需要指明作者姓名或者名称及作品名称。

此外，根据信息网络传播权保护条例相关规定，为通过信息网络实施义务教育或者国家教育规划，可以不经著作权人许可，使用其已经发表作品的片断或者短小的文字作品、音乐作品或者单幅的美术作品、摄影作品制作课件，由制作课件或者依法取得课件的远程教育机构通过信息网络向注册学生提供，也属法定许可。在著作权法第三次修正后，信息网络传播权保护条例由于没有及时修改，法定许可作品类型未包含图形作品，从此前信息网络传播权保护条例规定与著作权法规定保持一致的惯例看，预计将来修订信息网络传播权保护条例时会增加此类作品。

另外，在某种意义上《信息网络传播权保护条例》第9条的规定也可理解为一种特殊的有条件的法定许可。该条规定，为扶贫助困，通过信息网络向农村地区的公众免费提供中国著作权人已经发表的种植养殖、防病治病、防灾减灾等与扶贫助困有关的作品和适应基本文化需求的作品，网络服务提供者应当在提供前公告拟提供的作品及其作者、拟支付报酬的标准。自公告之日起满 30 日，著作权人没有异议的，网络服务提供者可以提供其作品，并按照公告的标准向著作权人支付报酬。网络服务提供者提供著作权人的作品后，著作权人不同意提供的，网络服务提供者应当立即删除著作权人的作品，并按照公告的标准向著作权人支付提供作品期间的报酬。依照上述规定提供作品的，不得直接或者间接获得经济利益。信息网络传播权保护条例规定的此种情形也可视为默示许可。但即使如此，仍允许著作权人在知情后有权要求网络服务提供者删除作品并要求相关报酬，体现了对著作权人的尊重。

第四节　强制许可

一、强制许可的含义

强制许可是指作品的使用者基于某种法定的正当理由需要使用他人已发表的作品，但以合理条件和正常途径无法取得著作权人的许可时，经申请由著作权主管部门或司法部门授权，即可使用该作品，无须征得著作权人同意，但应当向其支付报酬。强制许可属于在法定的条件下，由著作权行政事务管理部门批准将作品许可给申请人使用的一种作品许可使用方式。此种许可不是著作权人的意志的体现，而是行政强制的结果。

二、强制许可的适用条件

根据国外立法和国际公约规定，强制许可使用需要满足以下条件：①使用人确有使用作品的必要，又不能找到可替代的作品；②无法以合理条件与正常途径获得许可，且使用人报价不得过低；③需要向主管机关申请，并由主管机关发布强制许可令；④取得强制许可令后，应与著作权人协商报酬数额，如无法达成协议，由颁令机关确定；⑤根据强制许可获得的使用权是非独占的、不可转让的。由于强制许可制度程序复杂，适用的国家很少，我国没有规定，但我国加入的《伯尔尼公约》和《世界版权公约》规定有此制度，故在实践中也可引用。

【案例】 国家广播电影总局电影卫星频道与中国教育电视台侵犯《冲出亚马逊》著作权纠纷案

【案情】 国家广播电影电视总局电影卫星频道节目制作中心（以下简称"电影频道中心"）与中国人民解放军八一电影制片厂（以下简称"八一厂"）共同投资摄制了电影作品《冲出亚马逊》（以下简称《冲》）。电影根据真人真事改编，讲述我军特种兵两名年轻军官被派往委内瑞拉接受国际军事组织举办的猎人学校残酷训练的故事，是一部扬国威、壮军威的现实题材影片。该电影后被列入"百部优秀爱国主义教育影视片"名单。拍摄双方通过《合作协议书》约定，原告电影频道中心独家享有该作品的电视播映权及由此产生的发行收益权。中国教育电视台在附有广告的"周末影院"栏目中未经许可播放了《冲》。电影频道中心据此诉中国教育电视台侵犯其著作权。被告中国教育电视台辩称播出涉案影片是当前进行思想道德教育不可缺少的组成部分，是爱国主义教育的公益行为，属于合理使用。

一审法院认为：中国教育电视台称其播放《冲》片是进行爱国主义教育的公益行为。《冲》片确实属于有关部门推荐的爱国主义教育影片，但并不表示任何播放该片的行为均是出于公益目的。就本案来说，中国教育电视台在播放该片过程中多处插播了广告内容，显然与公众利益无关，故认定其播放行为带有一定的商业目的。根据电影频道中心与八一厂的约定，电影频道中心享有《冲》片的电视播映权，通过播放《冲》片，电影频道中心既可以通过安排播放广告等形式获取一定的经济收益，又可以通过播放《冲》片这样优秀的影片获得良好的口碑，为今后的市场开拓打下基础。中国教育电视台作为一家面向全国的公共电视台，其观众群体除了广大中小学生外，还包括社会各个阶层，其播放《冲》片并附带播放广告的行为，显然降低了电影频道中心利用《冲》片获取经营收入的可能，给电影频道中心的经济利益造成了影响。故中国教育电视台的行为不属于合理使用的范围，其播放《冲》片应当取得电影频道中心的许可，并向其支付报酬。本案一审后中国教育电视台上诉，再以播出《冲》片属于执行公务行为，属于合理使用范畴。❶二审法院认为，中国教育电视台并非执行法定的管理职能的国家机关，其播放《冲》片既不是执行与法定职能直接相关的事务，也不属于执行政府行政指令的行为，故不属于著作权法规定的合理使用范畴。❷

【评析】 该案属于对合理使用理解和适用限制的典型案例。中国教育电视台辩称其播放《冲》片的行为系进行爱国主义教育，系一种新的合理使用形式。根据合理使用制度设计的要求，未经许可，也未支付费用使用作品，应当是出于公益目的。同时，认定合理使用的前提条件之一是该行为不能损害权利人的经济利益，既包括不能造成权利人实际的经济损失，还包括不能影响权利人在潜在的市场获得的经济利益。何况我国著作权法将为教学目的的合理使用明确限定为"为学校课堂教学"而"翻译、改编、汇编、播放或者少量复制已经发表的作品"以"供教学人员使用"。另外，对著作权法关于"公务性使用"合理范围内之规定的立法本意看，所述的"国家机关"是特指法定的具有公共事务管理职能的国家机构，"执行公务"则是指执行与国家机关的法定职能直接相关的事务，而不能作扩大的解释。

思考与讨论

1. 对著作权和邻接权进行限制的理由是什么？
2. 合理使用的判断条件有哪些？
3. 合理使用的法定情形有哪些？
4. 合理使用与法定许可有哪些区别与联系？

---

❶ 参见北京市海淀区人民法院（2006）海民初字8877号民事判决书。
❷ 参见北京市第一中级人民法院（2006）一中民终字第13332号民事判决书。

5. 法定许可的法定情形有哪些？

6. 强制许可的条件有哪些？

延伸阅读

1. 吴汉东. 著作权合理使用制度研究（第四版）[M]. 北京：中国人民大学出版社，2020.

2. 刘铁光，向静洁. 基于创作目的实现的法定许可制度调适：兼评2020年《著作权法》相关制度调整[J]. 江西社会科学，2021（7）.

3. 李杨. 著作权合理使用制度的体系构造与司法互动[J]. 法学评论，2020（7）.

4. 熊琦. 著作权合理使用司法认定标准释疑[J]. 法学，2018（1）.

5. 焦和平. 转载报刊的法定许可权与首发报刊的专有使用权之冲突及解决：兼评《著作权法（修订草案送审稿）》第48条[J]. 现代法学，2017（11）.

6. 熊琦. 著作权法定许可制度溯源与移植反思[J]. 法学，2015（5）.

7. 王洪友. 论我国作品合理使用制度的立法模式重构：兼评我国《著作权法》的两份修改草案论著作权法定许可制度的保障措施[J]. 理论与改革，2013（4）.

8. 李琛. 论我国著作权法修订中"合理使用"的立法技术[J]. 知识产权，2013（1）.

9. 王太平，杨峰. 知识产权法中的公共领域研究[J]. 法学研究，2008（1）.

10. 黄汇. 版权法的公共领域研究[J]. 现代法学，2008（3）.

第九章　著作权的法律保护

著作权侵权是指未经作者或其他权利人许可，又不符合法律规定的条件，擅自利用受版权保护的作品的行为。侵犯著作权的行为可分为直接侵权行为和间接侵权行为，每种行为的适用条件都有差别。著作权侵权的程序保障包括诉前责令停止侵权、诉前证据保全、诉前财产保全。著作权的侵权纠纷可以通过调解、仲裁，向行政管理机关投诉及民事诉讼等途径解决。侵犯著作权的行为可能承担的法律责任包括民事责任、行政责任和刑事责任。本章关于著作权的相关知识与实务技巧，除非特别说明，一般都适用于对邻接权的保护。本章的理论知识是帮助权利人维护合法权益的重要方面，特别是其中的侵权行为形态、损害赔偿的计算方法、诉讼管辖的选择与诉讼时效的计算等具有很强的实务运用性，常被广泛运用。本章知识的运用需要与民法中侵权责任法相关理论如一般侵权行为的构成要件、归责原则理论及刑法中的犯罪构成理论相结合方能顺利处理相关纠纷。

第一节　著作权侵权

著作权是一种排他性权利，只能由权利人行使。凡未经作者或其他权利人许可，又不符合法律规定的条件，擅自利用受版权保护的作品的行为，即为侵犯著作权的行为。侵犯著作权既包括侵犯著作人身权，也包括侵犯著作财产权，还包括侵犯邻接权。

关于侵犯著作权行为的构成要件，我国学者提出了两要件说，其构成要件有两个：第一，他人擅自使用的必须是受著作权保护的作品；第二，使用者使用受著作权保护作品的行为必须是既未经作者同意也无法

律上的根据。❶

著作权侵权是否要求主观上有过错？探讨著作权的侵权行为要件构成，不需考虑行为人的主观过错。但是，根据有过错才赔偿的民法原则，在探讨行为人的损害赔偿责任时，需要判断行为人主观上是否存在过错。❷

一、侵权的种类

（一）直接侵权

直接侵权是指他人未经著作权人的许可，以复制、发行、演绎、表演、展览等方式直接利用了有关的作品。由于著作权是权利人对作品所享有的权利，是权利人控制作品的使用方式的权利，所以直接侵权又可以说是他人未经许可从事了应当由著作权人从事或控制的行为，或者说他人未经许可而使用了有关的作品。依据我国著作权法，侵犯著作权就是侵犯复制权、发行权、出租权、展览权、表演权、放映权、广播权、信息网络传播权、摄制权、改编权、翻译权、汇编权等。如果再加上侵犯邻接权，侵犯著作权又包括侵犯表演者权、音像制作者权、广播组织权和出版者版式设计权，还包括侵犯著作人身权。

从作品的角度来看，侵犯著作权是行为人必须接触过著作权人的作品并以此为依据做成和原作品具有同一性或者类似性的作品。虽然行为人的作品和原作品具有同一性或者类似性，但如果行为人根本没有接触过著作权人的作品，则属于自己独立创作，属于偶然同一或者类似，行为人不但不构成著作权侵害，反而对其创作的作品享有独立的著作权。❸

（二）间接侵权

间接侵权是指第三人虽然没有直接侵犯他人的著作权，但由于其协助了第二人的侵权，或者由于其与第二人之间存在着某种特殊的关系，应当

---

❶ 吴汉东等.西方诸国著作权制度研究［M］.北京：中国政法大学出版社，1998：221.
❷ 李扬.著作权法基本原理［M］.北京：知识产权出版社，2019：317.
❸ 同❷：319.

由其承担一定的侵权责任。❶ 构成间接侵权的各种行为都不在著作权专有权利的控制范围内，将其界定为对著作权的侵犯是出于适当扩大著作权保护范围的政策考量及这些行为的可责备性，因此必须以行为人具有主观过错为构成要件。❷

间接侵权主要有"帮助"侵权和"代位侵权"两种。帮助侵权是指第三人通过引诱、教唆和提供物质手段的方式，促使第二人侵犯他人的著作权。帮助侵权的构成要件有两个：一是"知道"，即帮助侵权者有主观上的故意；二是以引诱、促使或以提供物质手段的方式帮助第二人侵犯了他人的著作权。代位侵权是指在某种特殊的相互关系中，第三人应当为第二人的侵权承担责任。一般说来，代位侵权存在于代理关系中。

著作权法中虽然没有出现"间接侵权"或"引诱侵权""帮助侵权"等用语，但《民法典》第1169条第一款规定："教唆、帮助他人实施侵权行为的，应当与行为人承担连带责任"，另根据《最高人民法院关于审理侵害信息网络传播权民事纠纷案件适用法律若干问题的规定》（以下简称《信息网络传播权解释》）第7条第二款和第三款规定，网络服务提供者以言语、推介技术支持、奖励积分等方式诱导、鼓励网络用户实施侵害信息网络传播权行为的，构成教唆侵权行为；网络服务提供者明知或者应知网络用户利用网络服务侵害信息网络传播权，未采取删除、屏蔽、断开链接等必要措施，或者提供技术支持等帮助行为的，构成帮助侵权行为。这些规定表明"共同侵权"包括间接侵权。

间接侵权的构成与直接侵权不同：法律规定间接侵权是加强著作权保护的手段，要将本身不受著作权控制的行为定为侵权，该行为必须有可责难性，即该行为的实施者应当具有主观过错。

二、著作权侵权的行为表现

（一）侵犯著作人身权

发表权通常与财产权利的行使密切联系在一起，所以未经作者的同意

---

❶ 李明德，许超. 著作权法［M］. 北京：法律出版社，2003：225.
❷ 王迁. 知识产权法教程（第七版）［M］. 北京：中国人民大学出版社，2021：22.

而发表有关的作品不仅会侵犯作者的发表权,而且还会侵犯作者的著作财产权。侵犯署名权是现实生活中较为常见的一类案件。例如,未经合作作者许可,将自己与他人合作创作的作品当作自己单独创作的作品来发表。又如,没有参加作品的创作,为了牟取个人名利,在他人创作的作品上署名。歪曲、篡改他人的作品属于侵犯保护作品完整权的行为。但是,行为人的所作所为必须是修改作品涉及对作品主题思想、人物关系、图案构思等核心信息的改动,损害了作者的声誉,才构成侵权。如果只是就作品进行了文字性的修改,或者就作品进行了一些技巧性的调整,就不属于侵犯保护作品完整权。❶

(二)擅自使用

擅自使用包括未经著作权人许可,以展览、摄制视听作品的方法使用作品,或者以改编、翻译、注释等方式使用作品;未经视听作品、计算机软件著作权人许可,出租其作品;未经著作权人许可,复制、发行、表演、放映、广播、汇编、通过信息网络向公众传播其作品等侵权行为。

(三)拒付报酬

这里主要是指著作权法关于"法定许可"的规定。需要注意的是,因违反著作权合同而未向著作权人支付报酬的,属于违约行为,而不属于侵犯著作权的行为,对此应适用违约的民事责任。

(四)侵犯邻接权

侵犯邻接权的行为包括未经表演者许可,从现场直播或者公开传送其现场表演,或者录制其表演,复制、发行、出租录有其表演的录音录像制品,或者通过信息网络向公众传播其表演;未经出版者许可使用其图书、期刊的版式设计;未经录音录像制作者许可,复制、发行、出租、通过信息网络向公众传播其制作的录音录像制品;未经许可,播放或者复制广播、电视的节目信号等侵权行为。

---

❶ 李明德,许超.著作权法[M].北京:法律出版社,2003:228-229.

（五）其他侵权行为

1. 对技术措施的侵犯

根据《著作权法》第49条第三款规定，技术措施是指"用于防止、限制未经权利人许可浏览、欣赏作品、表演、录音录像制品的或者通过信息网络向公众提供作品、表演、录音录像制品的有效技术、装置或者部件"。随着数字技术的发展，作品以数字化形式储存和使用使其复制变得更加容易、迅速，而且第一份和以后无论多少份的复制品的质量都是相同的，同时也可以极大地增加操纵和改变作品的能力，以及提高作品的复制品（授权或未授权的）传输给公众的速度。因此，在这种开放性的环境中，对于信息侵权，权利人要发现侵权人很不容易。另外，由于数字化环境的开放性、跨国界性，对侵权者的制裁及要求其赔偿损失都将十分困难。因为无法发现和制止侵权行为，所以确保现有的著作权法体系的实效性就变得日益困难。为了在新的环境下创建有效的权利保护体系以代替适时通过组织的措施，大部分权利人坚持首先采取有效的保障手段以制止侵权。

为了同侵犯著作权和邻接权在以数字形式使用被保护的客体的行为作斗争，"让机器负责"作为基本的手段成为不是组织通过的措施，而是采取的技术措施。趋势表明，如果创建足够可靠的履行职能的技术手段（程序保障装置等）封锁了任何未被授权的使用作品和邻接权客体，结果显示可以按照权利人的意愿，使用技术手段允许或禁止他人使用其享有著作权的作品。这在当时是比较普遍的情况。

但是实践上没有产生预想的效果，相反，差不多与利用技术手段保护的同时，人们开始研制其他的技术手段，目的在于破解或规避这些技术手段。与此相联系，类似的绕开保护的技术手段使他们的运用本身变得没有任何意义，只能用法律的方法同他们斗争，以使研究制作或传播为了绕开保障装置的人遭受法律诉讼。所以，在这样的情况下，字面上没有说关于制止侵犯著作权和邻接权，而是防止后续的实施行为，目的在于减少侵权，使绕开权利人使用保护的技术手段（这个称为二等水平的侵权）的其他人提供负担费用的可能性。

我国《著作权法》第49条对保护"技术措施"作了原则性规定：未经著作权人或者与著作权有关的权利人许可，故意避开或者破坏权利人为其作品、录音录像制品等采取的保护著作权或者与著作权有关的权利的技术措施的，构成侵权行为，法律、行政法规另有规定的除外。国务院 2013 年修订的《信息网络传播权条例》对技术措施的保护作出了较为详细的规定，如规定用于防止、限制未经权利人许可通过信息网络向公众提供作品、表演、录音录像制品的技术措施为"保护著作权专有权利的技术措施"；而用于防止、限制未经权利人许可浏览、欣赏作品、表演、录音录像制品的技术措施为"防止未经许可获得作品的技术措施"。任何组织或者个人不得故意避开或者破坏技术措施，不得故意制造、进口或者向公众提供主要用于避开或者破坏技术措施的装置或者部件，不得故意为他人避开或者破坏技术措施提供技术服务。但是，法律、行政法规规定可以避开的除外。从中可以看出，我国对"保护著作权专有权利的技术措施"和"防止未经许可获得作品的技术措施"同时加以保护。

2. 对权利管理信息的侵犯

"权利管理信息"是随着数字技术和网络的发展而新出现的事物。它是在作品、表演或制品中加入的用于识别作品或制品、作者、表演者、录音录像制品制作者的信息及有关作品、表演或制品使用的条款和条件的信息，以及表示上述信息的数字或者代码。这些信息随附于作品的复制件，或在作品向公众进行传播时出现。这些都是附属于作品的"权利管理信息"。

"权利管理信息"不但能够使作品的使用者了解作者和相关权利人的姓名、名称，从而成为作者和其他权利人昭示自己身份的方式之一，还可以成为使用作品之前必须接受的合同条款，促使作品的使用者尊重著作权。故意删除或改变"权利管理信息"，则会显著削弱著作权人对使用者的合理约束，同时还可能导致使用者无从知晓作品作者和相关权利人的身份，使作者和相关权利人无法获得与之付出的努力相称的声誉和尊重。❶

我国《著作权法》第 51 条对保护"权利管理信息"作了相关规定，包括未经权利人许可故意删除或者改变作品、版式设计、表演、录音录像制品或者广播、电视上的权利管理信息，以及知道或者应当知道作品、版式设计、表演、录音录像制品或者广播、电视上的权利管理信息未经许可被删除或者改变，仍然向公众提供。需要注意的是，删除或者改变权利管

---

❶ 王迁.知识产权法教程（第七版）[M].北京：中国人民大学出版社，2021：329.

理信息是由于技术上的原因无法避免的可不视为侵权。

（六）关于制作、出售假冒他人署名的作品行为

法律将制作、出售假冒他人署名的作品行为认定为侵犯著作权的行为，但却未说明是侵犯了何种著作权，司法实践中针对该种侵权纠纷依法判决冒用者侵犯了被冒用者的著作权。❶ 在著作权中，只有署名权与此行为相关，因此似乎只能理解为侵犯了署名权。在国外，如美国和英国，都有规定作者权的内容之一是禁止在他或她未创作的作品上使用其姓名的权利。那么如何区分"署名"与"姓名"呢？

署名与姓名的本质都是一个符号，但其功能却不相同。署名的本质功能在于表明作品系源于该符号所指代的"作者"，是作者与作品的源流关系的中介；姓名的本质功能在于表明该符号所指代的"人"，是人的符号化信息。当人们看到作品上的署名时，人们只知道某部作品是这个（些）作者创作的，并不去关心这个人的性别、社会地位、个人才能、品质、气质、名声等个人信息。但当看到某个人的姓名时，人们关注的是这个人的性别、社会地位、个人才能、品质、气质、名声等个人信息，并不关注其是否创作了某部作品。如前所述，署名权产生的基础是作品的创作行为，没有创作就没有署名权。某个符号，只有在与作者身份相联系时，它才是署名。脱离创作的事实而单独存在的符号，只是一个符号，不是署名。被冒名者没有创作某部作品，尽管以前长期署名使用的代表其创作才能的符号被冒用，也不能认为是侵犯了被冒用者的署名权。如果一个人长期使用某个符号作姓名，无论他或她名气多大，如果他或她从未创作一部作品，则该符号不会变成署名。然而，如果某人长期使用某个符号在作品上署名时，该符号就可能建立起与作者"本人"的指代关系，从而演变成该人姓名权的客体，未经该人同意将该符号冒用在作品上，应属侵犯姓名权的行为。❷ 在其他情况下，如果某个曾经被用作署名的符号并未建立起与使用该符号者本人的联系，该符号还不能认定为姓名。

---

❶ 参见吴冠中与上海朵云轩等侵害著作权纠纷案，上海市中级人民法院（1994）沪民（知）初字第109号民事判决书，上海市高级人民法院（1995）沪高（知）字第109号民事判决书。

❷ 刘春田.知识产权法（第五版）[M].北京：中国人民大学出版社，2014：72.

从现实情况来看，在"制作、出售假冒他人署名的作品"的案例中，被冒名者均为有一定名气的艺术家，冒用者不过是想借被冒名者的艺术名气谋取不正当的利益，这类似于假冒驰名商标获取不正当利益。在假冒驰名商标情形中，如果驰名商标是注册商标的，假冒可以认定为属于侵犯商标权的行为；如果驰名商标不是注册商标的，则被认定为属于不正当竞争行为。利用被冒名者的名气向市场推出作品，由于作品本身并非被冒名者创作，往往在创作水平上不及被冒名者创作的作品，因此可能会有损被冒名者的个人声誉，且该部作品进入市场后，会增加同一作者作品的市场供给，降低同类作品的价值，因此可以理解为属于不正当竞争。

综上所述，署名是在作品上表明作者身份的符号，姓名是用于指代自然人的符号。"制作、出售假冒他人署名的作品"应该准确地理解为"将未创作作品的他人姓名用于作品以表明作者身份并出售"。这种行为向消费者传递了错误信息，影响了消费者对作品的选择，并试图利用被冒名者的名气谋取不正当利益，既有损公共利益，也有损被冒名者的合法利益，应予禁止。在著作权法中规定由被冒名者来禁止，虽然本质上应依据姓名权作为请求权基础，但在功能上是合理的选择。

第二节 侵犯信息网络传播权

一、信息网络传播权适用的网络范围

信息网络传播权所指网络的范围，包括互联网及与互联网相连接的电视、电话等网络，还包括局域网络。

互联网又称为国际互联网（the Internet），是全球计算机信息和通信资源的综合体，是一种将计算机连接在一起的方式。从技术上说，互联网是相互连接的 IP 网络的系统，是成千上万计算机网络通过 TCP/IP 网络工作协议即时连接而成的。互联网是一个无中心的全球信息媒体，它所组成的网络空间将全世界的人、机构、组织、企业、政府联系在一起，使用户可以远程登录，共享数字化文件，网上讨论，电子出版，查询信息，发送电子邮件，向特定主体、某个群体甚至整个世界即时地发布信息。

随着信息技术的发展，目前已实现了电信网、广播电视网、互联网三

大网络的合一。三大网络技术通过技术改造，其技术功能趋于一致，业务范围趋于相同，网络互联互通、资源共享，能为用户提供语言、数据和广播电视等多种服务。这样，手机可以看电视、上网，电视可以打电话、上网，电脑也可以打电话、看电视。三者之间相互交叉，形成你中有我、我中有你的格局。因此，《信息网络传播权解释》第 2 条这样界定网络："信息网络，包括以计算机、电视机、固定电话机、移动电话机等电子设备为终端的计算机互联网、广播电视网、固定通信网、移动通信网等信息网络，以及向公众开放的局域网络。"

二、信息网络传播权的侵权主体

（一）网络用户

网络用户这一概念一直不够明确，作为侵权主体，网络用户应该包括怎样的一个范围，这是必须要确定的。

一种观点是从狭义上来定义，体现为《电信条例》第 65 条，分别提及了上网用户和电信用户等概念。《电信条例》所指上网用户、电信用户，指与互联网服务商或电信网络传输运营商建立相关互联网服务或电信合同关系，并按照合同约定向互联网或电信服务商支付服务费的自然人、法人和非法人组织。这样，对于在实际生活中没有与网络传输服务形成服务合作关系也没有向其付费上网的自然人及其他主体，均不是上述两个法律文件所指的用户，只能称为一般的网民。

另一观点是从广义上下定义，认为网络用户就是网络的使用者。网络用户既是网络信息的发出者，又是网络信息的接收者。网络用户就是指在各项实践活动中利用互联网获取和交流信息的个人和由个人组成的虚拟团体。网络用户不是对个人的身份的界定，而是由其行为方式组成的客观人群。网络用户的本质是使用互联网的个人。❶

《信息网络传播权解释》没有对网络用户予以界定，但从网络包括的范围上来分析，是从广义上来理解网络用户。

---

❶ 张莲，肖海鸥．网络用户分类及阅读心理特点探讨［J］．现代情报，2003（12）．

（二）网络服务提供者

网络服务提供者是为网络信息交流和交易活动的双方当事人提供中介服务的第三方主体。它包括但不限于网络接入服务提供者、网络空间提供者、搜索引擎服务提供者、传输通道服务提供者等媒介双方当事人的主体；或者说，除了上述技术服务提供者，还应当包括内容服务提供者。在多数情况下，网络服务提供者既不参与信息交流，也不选择信息接收方，仅是提供接入、缓存、信息存储空间、搜索及链接等技术服务，即在双方当事人的信息交流中处于消极中立第三方主体地位。❶

三、侵犯信息网络传播权的构成要件

（一）网络用户、网络服务提供者构成直接侵权

侵犯著作权的直接侵权行为是既未经权利人的许可，利用了权利人享有著作权的作品，也未支付报酬的行为。针对侵犯信息网络传播权，《信息网络传播权解释》第3条第一款规定："网络用户、网络服务提供者未经许可，通过信息网络提供权利人享有信息网络传播权的作品、表演、录音录像制品，除法律、行政法规另有规定外，人民法院应当认定其构成侵害信息网络传播权行为。"

对信息网络传播权几个关键词的理解如下。

（1）"提供行为"，是指"最初"将作品置于网络中的行为。只要这一提供行为客观上使得相关作品处于可以被公众得到的状态即可，至于其采用何种具体形式则在所不论。"提供作品"的行为，既可以是将作品上传到其服务器中供用户获取的行为，也可以是通过共享软件直接提供存储于其电脑共享区域中的内容的行为；既可以是提供作品的下载的行为，也可以是仅提供在线观看、视听或浏览等行为。《信息网络传播权解释》第3条规定提供行为包括"通过上传到网络服务器、设置共享文件或者利用文件分享软件等方式，将作品、表演、录音录像制品置于信息网络中，使公众能够在个人选定的时间和地点以下载、浏览或者其他方式获得"的行

---

❶ 吴汉东.论网络服务提供者的著作权侵权责任[J].中国法学，2011（2）.

为,以及"网络服务提供者以提供网页快照、缩略图等方式实质替代其他网络服务提供者向公众提供相关作品"的行为。但是,如果后者"不影响相关作品的正常使用,且未不合理损害权利人对该作品的合法权益",则不构成提供行为。

(2)"获得",是指获得作品的可能性,即这一提供行为只需使公众有可能获得该内容即可,至于具体的某个网络用户是否实际获得该内容在所不论。"获得"既包括用户的下载,也包括在线浏览观看、软件的在线安装、运行等。

(3)"以个人选定的时间和地点",这一要件更多地着眼于"交互性"的特点。"交互"具有双向性、互动性的含义,故对于交互式传播行为而言,只有在作品等内容的提供者与接收者均具有主动性的情况下,才可能具有传播的双向性及互动性。如果一方主动而另一方被动,则无法达到双向、互动这一效果。

个人选定的时间和地点,并非指用户对于时间和地点具有绝对的选择权,而是指在服务器"开放"的时间、空间内,用户可以按其需要选择任一时间、任一终端获得提供者所提供的内容。

因此,信息网络传播行为的本质特征在于其交互性特点,即对于网络内容提供者所提供的作品、表演、录音录像制品,公众并非被动接收,而是可以按照其"个人的需要"选择获得上述内容的时间或是地点,这也正是信息网络传播行为与著作权其他权项所控制行为的根本区别所在。

(二)网络服务提供者构成间接侵权

(1)共同侵权。《民法典》第1168条规定:"二人以上共同实施侵权行为,造成他人损害的,应当承担连带责任。"该条规定并没有对共同侵权行为的概念作出更明确的界定,一般认为,所谓共同侵权行为也称为共同过错、共同致人损害,是指数人基于共同过错而侵害他人的合法权益,依法应当承担连带责任的侵权行为。《信息网络传播权解释》对网络服务提供者承担共同侵权的情况予以了规定,其中第4条规定:"有证据证明网络服务提供者与他人以分工合作等方式共同提供作品、表演、录音录像制品,构成共同侵权行为的,人民法院应当判令其承担连带责任。网络服务提供者能够证明其仅提供自动接入、自动传输、信息存储空间、搜索、链接、文件分享技术等网络服务，主张其不构成共同侵权行为的，人民法院应予支持。"

（2）帮助侵权。帮助侵权是指第三人通过引诱、教唆和提供物质手段的方式，促使第二人侵犯他人的著作权。帮助侵权的构成要件有两个：一是"知道"，即帮助侵权者有主观上的故意；二是以引诱、促使或以提供物质手段的方式帮助第二人侵犯了他人的著作权。

根据《信息网络传播权解释》第7条"网络服务提供者在提供网络服务时教唆或者帮助网络用户实施侵害信息网络传播权行为的，人民法院应当判令其承担侵权责任"的规定，网络服务提供者对于直接侵权行为如果具有教唆或者帮助的行为，主观上有过错，就要承担相应的法律责任。

教唆是指以劝说、利诱、授意、怂恿、收买、威胁等方法，将自己的行为意图灌输给本来没有行为意图的人，致使其按教唆人的意图实施行为。《信息网络传播权解释》第7条第二款和第三款对网络服务提供者的教唆与帮助的情况也进行了详细的规定，包括"网络服务提供者以言语、推介技术支持、奖励积分等方式诱导、鼓励网络用户实施侵害信息网络传播权行为的，构成教唆侵权行为""网络服务提供者明知或者应知网络用户利用网络服务侵害信息网络传播权，未采取删除、屏蔽、断开链接等必要措施，或者提供技术支持等帮助行为的，构成帮助侵权行为"。

（三）网络服务提供者构成间接侵权的主观过错

过错是网络服务提供者承担责任的基础，之所以规定由其承担相应的民事责任，是因为其主观上有可以归责的事由（故意或者过失），在故意侵权的情况下，网络服务提供者违反的是不得侵害他人合法权益的义务；在过失侵权的情况下，网络服务提供者违反的是对他人合法权益应尽到的注意义务。❶ 网络服务提供者的过错包括对于网络用户侵害信息网络传播权的行为的明知或者应知。

明知一般是指有证据证明网络服务提供者明知其服务的网络用户可能利用其网络服务侵害权利人信息网络传播权，仍然积极鼓励网络用户实施侵权行为或者在已经明知网络用户利用其提供网络服务的实施侵害信息网

---

❶ 吴汉东. 论网络服务提供者的著作权侵权责任［J］. 中国法学，2011（2）.

络传播权行为的情况下，仍然为其提供服务而不采取相应的删除、断开链接、屏蔽等措施。

应知较明知的判断相对难以有比较客观化的标准，为此，从网络服务提供者应当具备的管理信息的能力，其传播的作品、表演、录音录像制品的类型、知名度及侵权信息的明显程度，是否主动对作品、表演、录音录像制品进行了选择、编辑、修改、推荐等，是否积极采取了预防侵权的合理措施，是否设置便捷程序接收侵权通知并及时对侵权通知作出合理的反应，是否针对同一网络用户的重复侵权行为采取了相应的合理措施等方面的因素，认定网络服务提供者对其网络用户侵害权利人信息网络传播权是否应知。❶

按照国务院 2013 年修订的《信息网络传播权条例》的规定，对网络服务提供者追究著作权侵权责任，也是以明知或应知作为其主观要件的。《信息网络传播权条例》第 14 条至第 17 条规定了"通知删除和反通知制度"。在不明知或应知的情况下，只承担删除侵权内容、断开与侵权作品、表演、录音录像制品链接的义务。

《民法典》第 1194 条至第 1197 条也对网络用户及网络服务提供者构成侵权及责任的承担予以了一般规定。其内容包括两部分：第一部分是网络用户或者网络服务提供者利用网络实施侵权行为的责任，第二部分是网络用户利用网络实施侵权行为网络服务提供者承担连带责任的情况。网络服务提供者的义务是提示之后的义务，而不是事先审查义务。规定的必要措施是指凡是能够避免侵权后果的措施，就是必要措施。

《信息网络传播权解释》第 8 条至第 12 条对网络服务提供者构成过错的情况作了具体的规定。主要根据以下几点作出认定：首先，网络服务提供商没有主动审查义务；其次，如果网络服务提供者因提供服务而获取直接的经济利益，则注意义务的标准就会提高。较高的注意义务并非过错，未尽到注意义务才是过错。并且，获得直接经济利益必须与侵权行为直接关联，才构成提高注意义务的条件。另外，需要特别注意的是，根据《信息网络传播权解释》第 11 条第二款的规定，因提供网络服务而收取一般

---

❶ 王艳芳.《最高人民法院关于审理侵害信息网络传播权民事纠纷案件适用法律若干问题的规定》理解与适用[J].中国版权，2013（1）.

性广告费、服务费等并不属于应当提高注意义务的情形。《信息网络传播权解释》第 13 条、第 14 条是关于"通知—移除"规则的具体运用。该解释的第 13 条规定："网络服务提供者接到权利人以书信、传真、电子邮件等方式提交的通知，未及时采取删除、屏蔽、断开链接等必要措施的，人民法院应当认定其明知相关侵害信息网络传播权行为。"而对于"应知"的判断，法院可根据多种因素综合考量。

总之，网络服务提供者构成间接侵权，构成要件有两个：一个是为直接侵权行为提供了"教唆"或"帮助"；另一个是主观上有过错，也就是主观上构成了"明知"或"应知"。例如，在"十一大知名唱片公司联合起诉雅虎"案中，法院审理认为，通过试听和下载向互联网用户提供歌曲本身的是第三方网站，而非被告网站。被告网站通过其搜索引擎服务，只是提供了试听和下载过程的便利。因此，雅虎中文网站的涉案行为不构成复制或者通过网络传播涉案歌曲的行为。然而，法院还认为，原告曾两次向被告发函，告知其侵权事实的存在，提供了有关权利人录音制品的信息，要求被告删除与涉案专辑有关的所有侵权链接。被告收到上述函件后，即可以获取原告享有录音制作者权的相关信息及被控侵权的相关歌曲的信息，应知其网站音乐搜索服务产生的搜索链接结果含有侵犯原告录音制作者权的内容。但被告仅删除了原告提供了具体 URL 地址的侵权搜索链接，怠于履行删除与涉案 229 首歌曲有关的其他侵权搜索链接的义务，放任涉案侵权结果的发生，其主观上具有过错，属于通过网络帮助他人实施侵权的行为，应当承担相应的侵权责任。❶

第三节　侵犯著作权的法律责任

侵犯著作权的侵权人依法应承担法律责任。一般情况下，侵权人应承担停止侵权、赔礼道歉或支付损害赔偿等民事责任，但如果侵权行为同时损害了公共利益，可能承担行政责任，严重损害公共利益的侵权行为还可能导致刑事责任。

---

❶ 参见十一大唱片公司联合起诉雅虎案，北京市第二中级人民法院（2007）二中民初字第 02622 号民事判决书，北京市高级人民法院（2007）高民终字第 1184 号民事判决书。

一、民事责任

针对著作权侵权行为,法院对侵权者施加的民事责任应当达到三个基本目的:一是使侵权者停止侵权行为,防止损害后果进一步扩大;二是使著作权人所蒙受的损失获得充分的补偿;三是防止侵权者今后继续从事侵权行为。围绕这三个目标,各国著作权法规定了基本相似的民事救济措施。

(一)停止侵害

停止侵害是《民法典》第179条所规定的一种民事责任方式,依据著作权法的规定,如果法院判定侵权成立,侵权人应当承担停止侵害的责任。应该说,著作权人或邻接权人在诉前和诉讼提起后申请的责令停止侵权的临时措施,也属于停止侵权的一种。事实上,法院应权利人的申请而裁定责令停止侵权的临时措施,已经考虑了案件的基本情形,得出了被告侵权可能性极大的结论。否则,法院就不会裁定责令停止侵权的临时措施。当然,这种侵权可能性有怎样的结论还需要经过进一步的审理而得到证实。

停止侵权责任的适用应具备以下条件。

(1)原告的请求。原告的请求是指原告在起诉时或在诉讼过程中,请求法院判令被告承担某种形式的民事责任。在我国,被告民事责任的承担采取原告请求的原则,即只有原告请求法院判令被告承担某种形式的民事责任,而法院经审理认为被告应该承担该种民事责任时,才会判令被告承担该责任。如在"郭某等与北京文化艺术音像出版社等侵害著作权纠纷案"中,受诉法院认定被告制作的电视连续剧《宰相刘罗锅》抄袭了原告小说《刘公案》中的独创情节,构成侵权,应承担相应的法律责任。对于侵权的影视作品而言,该作品的每一次播放,或者是制作成录像带、VCD或DVD等制品发行,均构成对权利人新的侵害。但在该案中,因原告没有提出要求判令被告停止侵害的诉讼请求,法院亦未主动做出被告停止侵害的判决。❶

---

❶ 参见北京市第一中级人民法院(1996)一中知初字第19号民事判决书。

（2）侵害正在进行或者有再次发生之虞。如果法院在进行判决时，认定被告的行为构成侵权，而且该侵害行为仍在继续，或者是权利人已经获得了诉前停止侵权行为或诉中停止侵权行为的裁定，法院一般应予以支持。而对于已经停止的侵权行为，只要该行为有再次发生或继续的，经原告请求，法院便应判令被告停止侵害。❶ 例如，在"英特莱格公司与可高（天津）玩具有限公司等侵害著作权纠纷案"中，一审法院认定被告可高（天津）玩具有限公司生产的 15 种型号的产品分别侵犯了原告的 33 种玩具积木块的著作权，故判令该被告停止侵害行为。在判决书中法院判决：自本判决之日起，被告可高（天津）玩具有限公司立即停止侵权行为，其生产、销售的系列插装玩具中不得含有侵犯原告英特莱格公司著作权的玩具积木块。❷

（二）赔偿损失

赔偿损失的基本含义是，让权利人从侵权人那里得到足够的赔偿，以弥补权利人因为他人侵权而造成的损失，使其处在一个侵权似乎没有发生过的地位上。"指给付金钱以补偿权利人权利法益所蒙受之损害，如同损害事故未曾发生者然"。❸ 这就是一般所说的"填平原则"。赔偿的范围，从赔偿权利人角度看，是指加害行为给其造成的损害有多大，也是赔偿义务人须对赔偿权利人受到的何种损害负赔偿责任。法律规定侵权人应按照权利人的实际损失予以赔偿。实际财产损失包括直接损失及间接损失。依通说，直接财产损失为侵害行为造成的权利人现有财产的减少；间接财产损失为侵害行为造成权利可得利益的丧失。❹ 例如，在"李某等与经济日报出版社侵害著作权纠纷案"中，原告李某等 32 名知名摄影家分别是涉案 110 幅照片的著作权人，被告经济日报出版社未经原告许可，将他们拍摄的 110 幅照片收入《百年老照片》一书中出版。法院认为，被告的行为侵犯了原告的著作权，判决被告停止侵权，在中国摄影报上向原告赔礼道

---

❶ 张广良.知识产权侵权民事救济[M].北京：法律出版社，2003：101-103.
❷ 参见北京市第一中级人民法院（1999）一中知初字第 132 号民事判决书，北京市高级人民法院（2002）高民终字第 279 号民事判决书。
❸ 曾世雄.损害赔偿法原理（修正 2 版）[M].台北：三民书局，1996：179.
❹ 张广良.知识产权侵权民事救济[M].北京：法律出版社，2003：138.

歉并赔偿原告每幅照片 1200 元。法院是在参考版权局稿酬支付标准的基础上，根据涉案照片的重大历史价值和文化价值确定每幅照片 300 元的合理预期收入，并按照该收入的 4 倍计算赔偿数额。

然而，现代的损害赔偿制度已经有了进一步的发展。例如，侵权人不仅要"填平"权利人因为自己的侵权行为而遭受的损失，而且要"填平"权利人因为追究侵权行为而付出的费用，包括律师费和诉讼费等。在知识产权的侵权诉讼中，律师费的支出是相当可观的。

关于赔偿损失是否要求行为人主观有过错，一些学者认为，赔偿损失是具有过错的侵权人侵犯了著作权，导致著作权人蒙受损失时，侵权人应承担的民事责任。行为人主观过错是其承担民事赔偿责任的前提。没有过错的侵权人虽然也会给著作权人造成损害，但这种侵权行为毕竟缺乏道德上的可责备性，规定侵权人承担全部赔偿责任显得不公。❶

我国著作权法虽然没有明确将侵权人的过错，即故意或过失规定为侵权人承担赔偿损失民事责任的前提条件，但《著作权案件解释》第 19 条规定："出版者、制作者应当对其出版、制作有合法授权承担举证责任，发行者、出租者应当对其发行或者出租的复制品有合法来源承担举证责任。举证不能的，依据著作权法第四十七条、第四十八条的相应规定承担法律责任。"这里的"法律责任"是指赔偿损失的民事责任。《著作权案件解释》第 20 条第二款明确规定："出版者对其出版行为的授权、稿件来源和署名、所编辑出版物的内容等未尽到合理注意义务的，依据著作权法第四十九条的规定，承担赔偿损失的责任。"这其实是将具有过错作为侵权人承担赔偿损失责任的前提条件的。

需要强调的是，无过错的侵权人虽然无须承担赔偿责任，但如果从侵权行为中获得了利润，仍然应当承担将利润返还给著作权人的责任。否则无过错的侵权人就会从侵权行为中牟取利益，使得受到损失的著作权人得不到任何补偿，这是与民法的公平原则和著作权法的利益平衡理念相违背的。

赔偿损失有三种计算方式。

（1）实际损失计算法。这是以权利人的实际损失作为计算赔偿额的标准。权利人的实际损失即著作权人或邻接权人因为被告的侵权行为而遭受

---

❶ 王迁. 知识产权法教程（第七版）[M]. 北京：中国人民大学出版社，2021：27.

的损失，或者说如果没有侵权人的行为权利人可以获得的收益。这又有两种计算方式。

第一，销售损失，适用于原告与侵权人是市场上的直接竞争者的情形。在这种情况下，可以假定侵权人每销售一件侵权物品，权利人就会有一个相应的损失。如果被告是以报刊、图书出版或类似方式侵权的，可参照国家有关稿酬的规定，综合考虑作品创造性程度、侵权情节等因素，按照一定倍数计算损失。另如因被告侵权导致原告许可使用合同不能履行或难以正常履行产生的预期利润损失也可算作实际损失。

第二，许可使用费，适用于原告与侵权人不是市场上的直接竞争对手。在这种情况下，权利人丧失发放许可证和获得许可使用费的机会，或者说侵权人未经权利人许可而使用了相关的作品或受保护客体，使得权利人不能获得相应的许可使用费。如果权利人曾经向第三者发放过许可证，则可以用市场价值的方法来计算他的实际损失。即根据市场惯例和合理条件，权利人会要求多少使用费或者说一般的被许可人愿意出多少使用费。

权利人的实际损失，可以根据权利人因侵权所造成复制品的发行量减少或者侵权复制品销售量与权利人发行该复制品单位利润乘积计算。具体而言，就是权利人的实际损失等于权利人因侵权所造成复制品发行减少量或者侵权复制品销售量乘以权利人发行该复制品单位利润。发行量减少难以确定的，按照侵权复制品的市场销售量确定。显然，这种情况系针对权利人与侵权人是市场上的直接竞争者而言。其中的按照侵权复制品的市场销售量确定，又涉及了下面所要讨论的侵权人的利润所得。

无论是采取销售损失的方式还是许可使用费的方式计算权利人的实际损失，都存在着一些难以计算或难以估价的问题。❶

按照这个标准计算侵权行为人的赔偿额，需要注意以下三点。

第一，该标准以权利人实际复制和销售其作品为前提。如果权利人没有实际复制和销售其作品，该标准无法适用。理由是，权利人没有实际复制和销售其作品时，其作品是否能够出版、出版后是否能够销售、销售多少，都没有办法进行计算。

---

❶ 李明德，许超. 著作权法 [M]. 北京：法律出版社，2003：249–250.

第二，在计算权利人因侵权所造成复制品发行的减少量时，应当根据具体情况，考虑权利人经营管理不善等因素导致的减少量、因替代品的出现导致的减少量、因消费者消费取向的变化导致的减少量。当然，这些因素都具有不确定性，因此依赖于法官根据案件具体情况进行自由裁量。

第三，在计算侵权复制品的销售量时，应当从侵权复制品销售数量中扣除权利人没有能力销售的数量，如因为侵权行为人特有的销售渠道所销售的数量。❶

（2）非法所得计算法。此种计算方法是以侵权人从侵权行为中获得的利润作为计算赔偿的标准，要求侵权人将因非法行为所获利润全部赔偿给权利人。非法所得是指侵权人因为侵权而获得的收益。此处的收益实际指的是利润，包括产品销售利润、营业利润和净利润。一般情况下，以被告营业利润作为赔偿数额；被告侵权情节或者后果严重的，可以产品销售利润作为赔偿数额；侵权情节轻微，且诉讼期间已经主动停止侵权的，可以净利润作为赔偿数额。由于权利人在复制、销售著作权产品时，同样必须付出生产成本、销售成本、管理费用及税收，因此非法所得以净利润计算比较合理。其计算方法：净利润＝销售金额－生产成本（原材料费用＋员工工资＋机器磨损费用）或者进货成本（购买费用＋员工工资＋房屋租赁成本等）－销售成本－管理费用－税收。

在要求按违法所得进行赔偿时，应当由原告初步举证证明被告侵权所得，或者阐述合理理由后，由被告举证反驳；被告没有证据或者证据不足以证明其事实主张的，将可能不会得到司法支持。

（3）法定赔偿法。法定赔偿法即由法律规定一个赔偿额度，由人民法院根据侵权行为的情节，在一定额度内确定一个合理的赔偿数额。著作权人或邻接权人在其实际损失和侵权者的非法所得难以证明或者不能证明时，或者认为要求实际损失和侵权利润赔偿对自己不利时，就可以选择法定损害赔偿。

适用法定赔偿也不能根据法官自己的好恶随意为之，通常仍然要考虑原告可能的损失或被告可能的获利；还要考虑作品的类型、作品的独创性程度、合理许可使用费、作品的知名度和市场价值、权利人的知名度、作

---

❶ 李扬.著作权法基本原理［M］.北京：知识产权出版社，2019：388.

品使用时间的长短等；以及侵权人的主观过错、侵权方式、时间、范围、后果等。在坚持司法公正公平的原则下，考虑法定赔偿的额度对权利人的补偿功能及对侵权人的一定惩罚和教育功能。例如，在"滚石国际音乐股份有限公司与安阳飞音电脑数码制作有限公司等侵害著作权纠纷案"中，法院认为："原告不能提交因侵权所造成复制品发行减少量、发行该复制品单位利润及被告销售侵权光盘的单位获得数额且该些数额均难以计算，故本案不能适用依权利人的实际损失和侵权人的违法所得这两种赔偿方式来确定赔偿数额，只能适用定额赔偿方式。应在充分考虑涉案作品的类型、侵权行为的情节及侵权范围和持续时间，被控侵权曲目所涉及的合法版权专辑数量，为调查、制止侵权行为发生的合理费用等因素的基础上，酌情确定赔偿数额。"❶

以上三种计算方法，应依顺序适用。此外，所有的赔偿数额均应当包括权利人为制止侵权行为所支付的合理开支如权利人或者委托代理人对侵权行为进行调查、取证的合理费用（如购买侵权作品的费用、公证费、评估费、审计费、交通食宿费、材料打印复印费等）及符合国家有关部门规定的律师费用。

（三）赔礼道歉、消除影响

赔礼道歉、消除影响是我国《民法典》所规定的两种不同的民事责任方式。赔礼道歉，作为民事责任方式的一种，为我国法律所独有。作为民事责任方式之一的赔礼道歉，与一般道义上的赔礼道歉是不同的，是将道义上的责任上升为法律上的责任，是由国家强制力保障实施的。消除影响是指侵权行为给权利人造成不良影响的，法院判令侵权人承担的以一定方式消除该不良影响的民事责任方式。赔礼道歉、消除影响不是TRIPs协定所要求的民事救济方式。❷

著作权人享有的专有权利中包含了人身权利。当侵权行为侵犯了著作权人的人身权利，导致作者的声誉受到损害时，就无法单纯通过经济赔偿

---

❶ 参见长沙市中级人民法院（2009）长中民三初字第0026号民事判决书，湖南省高级人民法院（2010）湘高民法三终字第29号民事判决书。

❷ 张广良. 知识产权侵权民事救济［M］. 北京：法律出版社，2003：206.

挽回对著作权人造成的损害。因此，要求侵权人以适当的方式公开或不公开地向权利人表示歉意。例如，在报刊媒体上发布致歉声明，或者在私下里向权利人表示歉意。也可以要求侵权人因为自己的侵权活动而对权利人造成了不良的影响，采取某些必要的措施，以消除有关的不良影响。

如果侵权行为只侵犯了著作权人的财产权利，而没有侵犯人身权利，侵权人是否应当承担赔礼道歉的民事责任？一般认为，纯粹侵犯财产权利的行为只会造成著作权人经济上的损失，通过判决侵权人承担支付相应损害赔偿金就可以使著作权人获得充分救济，因此不宜要求侵权人承担赔礼道歉的民事责任。❶ 如在"冯某等与江苏三毛集团侵害著作权纠纷案"中，原告为张某的继承人，被告未经许可将"三毛"漫画形象作为商标申请注册和作为企业形象使用，法院认为被告的行为构成侵权，但认为原告继承的仅是著作权中的财产权，故要求被告就其侵权行为登报道歉于法无据。❷

在具体案件中，赔礼道歉和消除影响往往合并在一起适用。一般说来，责令侵权人承担消除影响、赔礼道歉的责任，大多是在侵犯作者人身权的案件中。合并适用的前提是著作权侵权行为侵害了原告的人身权，或者该行为侵害了原告的财产权或造成了不良影响。如在"吴某与上海朵云轩等侵害著作权纠纷案"中，法院认定被告出售假冒原告署名的美术作品行为损害了原告的声誉和其美术作品的出售，构成著作权侵权，故判令被告在《人民日报（海外版）》《光明日报》上载文向原告赔礼道歉、消除影响。❸ 在"李某与红旗出版社侵害著作权纠纷案"中，法院判决"被告红旗出版社就其侵权行为在一家全国发行的报纸上向原告李某赔礼道歉，消除影响，并声明《"大镜头"纪实·共和国相册》等八幅摄影作品的作者是李某"。❹

---

❶ 王迁.知识产权法教程（第七版）[M].北京：中国人民大学出版社，2021：27.
❷ 参见上海第一中级人民法院（1996）沪一中民初（知）字第94号民事判决书，上海市高级人民法院（1997）沪高民终字（知）第48号民事判决书。
❸ 参见上海市第二中级人民法院（1994）沪中民（知）初字第109号民事判决书，上海市高级人民法院（1995）沪高民（知）终字第48号民事判决书。
❹ 参见北京市第二中级人民法院（2000）二中知初字第22号民事判决书。

二、行政责任

行政责任是指著作权主管部门在查处侵权的活动中，依法对侵权人所给予的行政性处罚。❶ 对于侵犯著作权和邻接权的行为者给予行政处罚，也是中国著作权法的一个独特规定。世界上大多数国家的著作权法或版权法中都没有对侵权者给予行政处罚的规定。

（一）我国的著作权行政管理体制

根据我国《著作权法》第 7 条的规定，国家著作权主管部门负责全国的著作权管理工作；县级以上地方主管著作权的部门负责本行政区域的著作权管理工作。

国家著作权主管部门因国家机构改革也历经变化。1985 年，国务院在文化部内设国家版权局，并挂"国家版权局"牌子，主管全国的著作权行政管理工作。在 2008 年中央机构改革中，国家版权局与国家新闻出版总署合署办公，由国家新闻出版总署加挂国家版权局牌子，即由新闻出版总署（国家版权局）负责全国的著作权管理工作。在 2013 年中央机构改革中，新闻出版总署、广电总局的职责整合，组建了国家新闻出版广电总局，加挂国家版权局牌子，即由国家新闻出版广电总局（国家版权局）负责全国的著作权管理工作。在 2018 年中央机构改革中，国家版权局改归中央宣传部管理，中央宣传部加挂新闻出版署（国家版权局）牌子，负责全国的著作权管理工作，各地方也在党委宣传部加挂地方版权局牌子，负责本行政区域的著作权管理工作。

国家版权局主要职责：①拟订国家版权战略纲要和著作权保护管理使用的政策措施并组织实施，承担国家享有著作权作品的管理和使用工作，对作品的著作权登记和法定许可使用进行管理；②承担著作权涉外条约有关事宜，处理涉外及港澳台的著作权关系；③组织查处著作权领域重大及涉外违法违规行为；④组织推进软件正版化工作。各地方的著作权行政案件主要由县级以上地方主管著作权的部门负责查处。

---

❶ 李明德，许超. 著作权法［M］. 北京：法律出版社，2003：253.

(二）可进行行政处罚的侵权行为

有法律规定的侵权行为，同时损害公共利益的，可以由著作权主管部门对侵权人处以行政处罚。由此可见，对著作权侵权行为进行行政处罚需要具备两个条件：第一是法律明确规定的侵权行为；第二就是该侵权行为要同时损害公共利益。如果该侵权行为仅为一般的侵权行为，不损害公共利益者，则只承担民事责任，不承担行政责任。

可进行行政处罚的侵权行为包括以下八方面内容：①未经著作权人许可，复制、发行、表演、放映、广播、汇编、通过信息网络向公众传播其作品的，著作权法另有规定的除外；②出版他人享有专有出版权的图书的；③未经表演者许可，复制、发行录有其表演的录音录像制品，或者通过信息网络向公众传播其表演的，法律另有规定的除外；④未经录音录像制作者许可，复制、发行、通过信息网络向公众传播其制作的录音录像制品的，法律另有规定的除外；⑤未经许可，播放或者复制广播、电视的，法律另有规定的除外；⑥未经著作权人或者与著作权有关的权利人许可，故意避开或者破坏权利人为其作品、录音录像制品等采取的保护著作权或者与著作权有关的权利的技术措施的，法律、行政法规另有规定的除外；⑦未经著作权人或者与著作权有关的权利人许可，故意删除或者改变作品、录音录像制品等的权利管理电子信息的，法律、行政法规另有规定的除外；⑧制作、出售假冒他人署名的作品的。

另外，根据《计算机软件保护条例》规定可以处以行政责任有以下五种情况：①复制或者部分复制著作权人的软件的；②向公众发行、出租、通过信息网络传播著作权人的软件的；③故意避开或者破坏著作权人为保护其软件著作权而采取的技术措施的；④故意删除或者改变软件权利管理电子信息的；⑤转让或者许可他人行使著作权人的软件著作权的。

(三）侵犯著作权的行政责任种类

法律规定的行政责任包括以下内容：①责令停止侵权行为。②没收违法所得。③没收、销毁侵权复制品。④罚款。非法经营额5万元以上的，可以处非法经营额3倍以上5倍以下的罚款；没有非法经营额违法经营额难以计算或者不足5万元的，可以处25万元以下的罚款。⑤没收、无害化销毁主要用于制作侵权复制品的材料、工具、设备等；此种适用于侵权行为损害公共利益。以上行政处罚方式，既可以单独适用也可以合并适用。

当事人对行政处罚不服的，可以自收到行政处罚决定书之日起6个月内向人民法院起诉，期满不起诉又不履行的，著作权主管部门可以申请人民法院执行。

三、刑事责任

对于严重侵犯著作权和邻接权，同时又对社会公共利益造成了严重损害的，或者对社会经济秩序造成了严重危害的，可以追究侵权人的刑事责任。《中华人民共和国刑法》（以下简称《刑法》）关于著作权犯罪和相应的刑事制裁措施，具体的刑事处罚规定体现在《刑法》第217条（"侵犯著作权罪"）和218条（"销售侵权复制品罪"）中，第220条对相关单位侵犯知识产权犯罪作了规定。根据《刑法》第217条的规定，以营利为目的，有下列侵犯著作权情形之一，违法所得数额较大或者有其他严重情节的，处3年以下有期徒刑或者拘役，并处或单处罚金；违法所得数额巨大或者有其他特别严重情节的，处三年以上十年以下有期徒刑，并处罚金：①未经著作权人许可，复制发行、通过信息网络向公众传播其文字作品、音乐、美术、视听作品、计算机软件及法律、行政法规规定的其他作品的；②出版他人享有专有出版权的图书的；③未经录音录像制作者许可，复制发行、通过信息网络向公众传播其制作的录音录像的；④未经表演者许可，复制发行录有其表演的录音录像制品，或者通过信息网络向公众传播其表演的；⑤制作、出售假冒他人署名的美术作品的；⑥未经著作权人或者与著作权有关的权利人许可，故意避开或者破坏权利人为其作品、录音录像制品等采取的保护著作权或者与著作权有关的权利的技术措施的。

《刑法》第218条规定的犯罪行为是，以营利为目的，销售明知是本法第217条规定的侵权复制品，违法所得数额巨大或者有其他严重情节的，处五年以下有期徒刑，并处或者单处罚金。《刑法》第220条针对单位侵犯知识产权犯罪的情形作了具体的规定。根据规定，单位犯有侵犯著作权罪和销售侵权复制品罪的，对单位判处罚金，并对其直接负责任的主管人员和其他直接责任人员，依侵犯著作权罪和销售侵权复制品罪处罚。

2004年11月、2007年4月、2020年9月，为了适应加强知识产权保护的现实需要，最高人民法院和最高人民检察院先后颁布了《关于办理侵犯知识产权刑事案件具体应用法律若干问题的解释》（以下分别简称《2004年刑事司法解释》《2007年刑事司法解释》《2020年刑事司法解释》），明确了刑法相关规定的适用问题。

根据《2004年刑事司法解释》和《2007年刑事司法解释》，实施《刑法》第217条所列侵犯著作权行为之一，违法所得数额在3万元以上的，属于"违法所得数额较大"；非法经营数额在5万元以上的，或者未经著作权人许可，复制发行其文字作品、音乐、电影、电视、录像作品、计算机软件及其他作品（以下简称"相关作品"），复制品数量合计在500张（份）以上的，属于"有其他严重情节"；违法所得数额在15万元以上的，属于"违法所得数额巨大"；非法经营数额在25万元以上的，或者未经著作权人许可，复制发行其"相关作品"，复制品数量合计在2500张（份）以上的，属于"有其他特别严重情节"。

实施《刑法》第218条规定的行为，违法所得数额在10万元以上的，属于"违法所得数额巨大"。而"非法经营数额"则是指行为人在实施侵犯知识产权行为过程中，制造、储存、运输、销售侵权产品的价值。已销售的侵权产品的价值，按照实际销售的价格计算。制造、储存、运输和未销售的侵权产品的价值，按照标价或者已经查清的侵权产品的实际销售平均价格计算。侵权产品没有标价或者无法查清其实际销售价格的，按照被侵权产品的市场中间价格计算。

《2004年刑事司法解释》还针对通过网络传播盗版的行为作出了解释：通过信息网络向公众传播他人"相关作品"的行为，应当视为《刑法》第217规定的"复制发行"；而以刊登收费广告等方式直接或者间接收取费用的情形，属于《刑法》第217条规定的"以营利为目的"。这意味着未经许可免费将享有著作权的电影、音乐作品等以数字化形式置于网络，供公众在线欣赏或下载的网站经营者也可能构成刑事犯罪，只要该网站刊登收费广告，而且作品的点击量达到500次以上。这对于目前横行一时的通过网络非法提供盗版行为将起到遏制作用。

《2020年刑事司法解释》对《刑法》第217条中的"著作权人"作出解释：作品、录音制品上以通常方式署名的自然人、法人或者非法人组织，应当推定为著作权人或者录音制作者，且该作品、录音制品上存在着相应权利，但有相反证明的除外。对于"在涉案作品、录音制品种类众多且权利人分散的案件中，有证据证明涉案复制品系非法出版、复制发行，且出版者、复制发行者不能提供获得著作权人、录音制作者许可的相关证据材料的"，如果不属于"有证据证明权利人放弃权利、涉案作品的著作权或者录音制品的有关权利不受我国著作权法保护、权利保护期限已经届满的"例外情况的，可以认定为《刑法》第217条规定的"未经著作权人许可""未经录音制作者许可"的情形。

第四节　著作权侵权纠纷处理实务

著作权人或邻接权人在自己的权利受到侵犯后，可以通过多种途径解决侵权纠纷，如调解、仲裁、向著作权行政管理机构投诉或向人民法院起诉。

一、解决侵权纠纷的途径

根据中国著作权法的有关规定，在发生侵犯著作权的纠纷以后，权利人可选择数种途径，以解决有关的纠纷并维护自己的权利。

（一）调解

著作权的侵权纠纷可以由各地的著作权主管部门调解，也可以由其他的机构或个人调解。各地著作权主管部门的职责之一就是调解著作权侵权纠纷。

（二）仲裁

仲裁是一种由独立的争端解决机构裁定纠纷的做法，其程序类似于司法程序，但又比司法程序简单快捷。根据仲裁法的相关规定，仲裁采取"一裁终局"的程序，即由专业的仲裁员在充分考虑事实和证据的基础上，一次性做出有关是非的裁定。裁决做出后，当事人就同一纠纷不得再申请仲裁或者向人民法院起诉。即使当事人提起了申诉，仲裁机构或者人民法院也不予受理。对于仲裁机构做出的仲裁决定，当事人必须履行。如果当

事人不服仲裁决定，可以向人民法院起诉。不起诉又不履行仲裁裁决的，另一方当事人可以请求人民法院强制执行。❶

如果当事人在侵权纠纷发生后达成了书面仲裁协议，或者原来签订的著作权合同中有仲裁的条款，可以依据仲裁协议或仲裁条款向仲裁机构申请仲裁。当事人没有书面仲裁协议，也没有在著作权合同中订立仲裁条款的，可以直接向人民法院提起诉讼。

（三）行政救济

在发生《著作权法》第53条所列的8种侵权行为的情况下，著作权主管部门也可以进行查处。根据有关的规定，国家著作权主管部门查处在全国有重大影响的著作权侵权案件，地方著作权主管部门查处本行政区域的侵权行为，对于同时侵犯著作权和危害社会经济秩序的行为，给予行政处罚。著作权主管部门查处有关的侵权行为，可以是主动查处，也可以是应权利人的要求而查处。如著作权人或邻接权人在权利受到侵犯的时候，可向著作权主管部门进行投诉。

（四）诉讼

依照法律规定，即便不经过前述救济途径，当著作权人认为自己的权利受到侵害时，也可以向人民法院提起民事诉讼。人民法院在当事人和其他诉讼参与人均参加的情况下，根据民事诉讼法及相关实体法，就当事人之间的著作权纠纷进行审理。由于该问题内容繁杂，故在下文单独阐述。

二、民事诉讼实务

（一）诉讼管辖的确定

就级别管辖而言，一般情况下，著作权民事纠纷案件由中级以上人民法院管辖。但是各高级人民法院根据本辖区的实际情况，可以确定若干基层人民法院管辖第一审著作权民事纠纷案件。例如，经四川省高级人民法院确认，成都市武侯区人民法院有著作权民事纠纷管辖权。到2012年6月

---

❶ 李明德，许超.著作权法[M].北京：法律出版社，2003：242.

为止,我国已经成立 420 个知识产权庭,其中 129 个基层法院有权管辖有关著作权一审民事纠纷案件。

就地域管辖而言,被告住所地、侵权行为实施地、侵权复制品储藏地或者查封扣押地人民法院都有权管辖。所谓侵权复制品储藏地,是指大量或者经常性储存、隐匿侵权复制品所在地;所谓查封扣押地,是指海关、版权、工商等行政机关依法查封、扣押侵权复制品所在地。当上述地点不一致时,或者有多人共同侵权,且侵权人住所地、侵权行为实施地、侵权复制品储藏地或者查封扣押地不在同一地点时,当事人可以选择其中一个与被告相关的一处地点的人民法院进行起诉。起诉可以针对其中一人,也可以同时针对其中部分或全部被告。一般情况下,在选择诉讼管辖时,应当遵循"方便诉讼"的原则,就是选择离自己的住所或经常居住地近一些的地方法院管辖,可以节约诉讼成本。

根据《信息网络传播权案件解释》相关规定,侵害信息网络传播权的侵权行为地包括实施被诉侵权行为的网络服务器、计算机终端等设备所在地。侵权行为地和被告住所地均难以确定或者在境外的,原告发现侵权内容的计算机终端等设备所在地可以视为侵权行为地。该解释针对网络著作权侵权的特殊情况,将"侵权行为实施地"解释为包括实施被诉侵权行为的网络服务器、计算机终端等设备所在地,以及在难以确定侵权行为地和被告住所地时,可视原告发现侵权内容的计算机终端等设备所在地为侵权行为地。

需要说明的是,2014 年经全国人大常委会批准,在北京、上海、广州分别设立了三个知识产权法院。知识产权法院的成立,对诉讼管辖做出了调整。例如,根据 2014 年 10 月 31 日最高人民法院颁布的《关于北京、上海、广州知识产权法院案件管辖的规定》,知识产权法院将管辖其所在市辖区的计算机软件民事和行政案件及对国务院部门或者县级以上地方人民政府所作的涉及著作权的行政行为提起诉讼的行政案件。北京市、上海市各中级人民法院及广州市中级人民法院不再受理任何知识产权民事和行政案件。广州知识产权法院对广东省内涉及计算机软件著作权民事和行政案件实行跨区域管辖,即全省的此类案件全部归广州知识产权法院管辖,广东省其他中级人民法院和各基层人民法院不再受理此类案件;北京市和上海市内各基层人民法院不再受理涉及计算机软件著作权民事和行政案件。当事人对知识产权法院所在市的基层人民法院作出的第一审著作权民事和行政判决、裁定提起的上诉案件，由知识产权法院审理。

2019年1月，经中央批准，根据全国人民代表大会常务委员会《关于专利等知识产权案件诉讼程序若干问题的决定》和最高人民法院《关于知识产权法庭若干问题的规定》，最高人民法院设立知识产权法庭，并于2019年1月1日挂牌办公。知识产权法庭是最高人民法院派出的常设审判机构，设在北京市，主要审理全国范围内的专利等专业技术性较强的知识产权上诉案件。

（二）诉讼主体资格的确定

依据一般法理，权利人认为自己利益受到损害者，均可以原告身份提起诉讼。但是在著作权法律关系中，如果涉及合作作品、职务作品、许可等情形，则需要仔细分析才能确定诉讼主体资格。

第一，关于合作作品。合作作品的全体作者或相关权利人就合作作品的权属发生纠纷的，任何一位合作作者可以以其他与其有争议的合作作者为被告提起诉讼，请求确认权利归属。原告可以举证证明关于权属的相关约定、其参与创作的相关素材等材料以证明其主张。如果是合作作品受到来自著作权人之外的损害，任何一位合作作者无须其他合作作者授权，更无须取得一致同意都可以提起诉讼，只是诉讼所获得的赔偿等在扣除诉讼相关费用后应当依照合作协议进行分配。没有合作协议的，依照参与创作的比例进行分配，无法确定参与创作比例的，平均分配。由于诉讼也存在败诉风险，因此，在诉讼之前全体合作人就诉讼是否参与，诉讼后果的承担等最好达成一致意见，以防胜诉时权利人都要求分得利益，而败诉后或者所得少于诉讼费用支出时权利人都不愿承担相关费用的情况出现。

第二，关于职务作品。职务作品纠纷可能发生在作者与其单位之间，此时，任何一方可以对方为被告提起诉讼，请求确认作品性质。已经定性的职务作品如果受到来自其他人的侵权损害，应由单位作原告提起诉讼，作者不具有原告资格。

第三，关于许可中的特殊情况。许可由于涉及许可人和被许可人两方面的权利人，因此确定主体资格情况比较复杂。总体的原则：在许可人和被许可人中，只有涉及实质利益损害可能性的人才能作为诉讼主体。例如，在非专有（独家或普通）许可中，由于就许可的权利，许可人与被许可人同时都享有权利，因此许可人与被许可人都可以作为原告；但如果被许可人实施某项行为侵权，而许可人并未实施某项行为，则应以被许可人为被告，相反则应以许可人为被告。在专有（独占）许可中，由于许可人本身并无行使那些被许可权利的权利，不会因侵权行为受到实质利益损害，因此一般不应具有原告主体资格，而由被许可人作为原告起诉。在被许可人单独作被告承担了侵权责任以后，如果是由于许可的权利存在缺陷所致，被许可人可以要求许可人承担相应违约责任。

（三）行为保全

行为保全在英美法中也称临时措施，是指法院在对案件的是非曲直作出最终判决之前，先行采取的保护当事人利益的措施。这种措施在许多情况下对于制止正在或即将实施的侵权行为、保存重要证据、防止损害后果进一步扩大和导致无法弥补的损失是至关重要的。

我国著作权法针对著作权的侵权行为，规定了诉前禁令和诉前保全证据两种临时措施。此外，我国民事诉讼法还规定了诉前财产保全措施。这样，我国著作权法所规定的诉前临时措施就有诉前禁令、诉前证据保全和诉前财产保全三项。❶

1. 诉前禁令

诉前禁令是指著作权人在诉讼开始之前向司法机关申请责令侵权人停止进行侵权行为的司法文件。人民法院是否发布诉前禁令，将对权利人及被控侵权人的利益产生重大的影响。人民法院若不发出诉前禁令，将有可能对权利人的商誉及市场份额等造成难以用金钱弥补的损害；同样，若人民法院发出诉前禁令，被控侵权人因此受到的损害也可能是难以弥补的。这就要求人民法院应依据一定原则及标准决定是否发出诉前禁令，即诉前禁令的适用条件应该有明确的法律规定。❷

我国《著作权法》第 56 条规定：著作权人或者与著作权有关的权利人有证据证明他人正在实施或者即将实施侵犯其权利、妨碍其实现权利的行为，如不及时制止将会使其合法权益受到难以弥补的损害的，可以在起

---

❶ 李明德，许超. 著作权法［M］. 北京：法律出版社，2003：237.
❷ 张广良. 知识产权侵权民事救济［M］. 北京：法律出版社，2003：42.

诉前依法向人民法院申请采取财产保全、责令作出一定行为或者禁止作出一定行为等措施。根据《著作权案件解释》规定，著作权人或者利害关系人可以在起诉前向侵权行为地或者被申请人住所地对著作权侵权案件有管辖权的法院提出临时措施申请。利害关系人包括著作权许可使用合同的被许可人和著作财产权的合法继承人。在著作权许可使用合同的被许可人中，除非另有约定，专有使用许可合同的被许可人可以单独向法院提出申请。如专有使用许可合同约定被许可人只能排除著作权人之外的第三人行使同一权利，则只有在著作权人不申请的情况下，被许可人才可以提出申请。申请人应当递交或提供：①书面申请状，载明当事人的基本情况、申请的具体内容、范围、申请的理由，包括有关行为如不及时制止，将会使申请人的合法利益受到难以弥补的损害的具体说明。②证明被申请人正在实施或者即将实施侵犯著作权的行为的证据。如申请人为利害关系人，还应提交著作权许可使用合同。③相应的担保。如未能提供担保，法院将驳回申请。在确定担保的范围时，法院将考虑责令停止有关行为所涉及的活动的收益，以及在涉及商品的情况下，合理的仓储、保管等费用，以及停止有关行为可能造成的损失等。

对于申请人提出的诉前禁令申请，法院经审查后认为符合法定条件的，应在48小时内作出书面裁定，责令被申请人停止侵犯著作权的行为，而且应当立即开始执行，并在至迟不超过5日的时间内及时通知被申请人。《著作权案件解释》对裁定的时间作出严格规定是因为著作权侵权行为往往会给权利人造成难以弥补的损失，因此法院应尽早对于申请是否符合法定条件进行审查并作出裁定，以便于权利人及时制止侵权行为。

当事人对诉前禁令裁定不服的，可以在收到裁定之日起10日内申请复议一次，复议期间不停止裁定的执行。法院对复议申请应当从以下几方面进行审查：①被申请人正在实施或者即将实施的行为是否侵犯著作权；②不采取有关措施，是否会给申请人的合法权益造成难以弥补的损害；③申请人提供担保的情况；④责令被申请人停止有关行为是否损害社会公共利益。

2. 诉前证据保全

诉前证据保全的目的，是为了保全与被控侵权行为相关的证据，为保护著作权人的权益、制裁侵权行为打下必要的证据基础。与被控侵权行为相关的证据既包括被控侵权行为构成侵权的证据，如其制造、销售被控侵权产品的证据，也包括其对被控侵权行为应承担的民事责任方面的证据，如与被控侵权行为相关的财务账册，以证明被控侵权产品的制造、销售数量及其获利情况。❶

我国《著作权法》第57条规定，为制止侵权行为，在证据可能灭失或者以后难以取得的情况下，著作权人或者邻接权人可以在起诉前向人民法院申请保全证据。根据民事诉讼法相关规定，诉前证据保全的程序参照诉讼财产保全的相关规定。人民法院在接受申请后，必须在48小时内做出裁定。裁定采取保全措施的，应当立即开始执行。人民法院可以责令申请人提供担保，申请人不提供担保的，驳回申请。申请人在人民法院采取措施后15日内不起诉的，人民法院应当解除保全措施。

根据《著作权案件解释》规定，著作权人和邻接权人申请诉前保全证据的，应当向侵权行为地或被申请人所在地的人民法院提起，并递交书面申请书和缴纳相关的费用。申请书应当说明以下情况：当事人及其基本情况；申请保全证据的具体内容、范围、所在地点；请求保全的证据能够证明的客体；申请的理由，包括证据可能灭失或者以后难以取得，而且当事人及其诉讼代理人因客观原因不能自行收集的具体说明。这一点非常重要。因为在著作权诉讼中可以非常容易地销毁侵权证据，尤其是涉及计算机软件、互联网等类型的纠纷；有些证据的取得时机稍纵即逝，如试图取得被控侵权人销售侵权物品如计算机软件、光盘等方面的证据，再如被申请人在互联网上从事盗版行为的证据。然而，这一切并不应该是法院要采取证据保全措施的理由。因为当事人可以自行收集或者是在公证机关的协助下来收集这些证据。

另外，人民法院作出诉前证据保全的裁定，应当限于著作权人或邻接权人申请的范围。申请人申请诉前保全证据可能涉及被申请人财产损失的，人民法院可以责令申请人提供相应的担保。申请人不提供担保的，驳回申请。申请人在人民法院采取证据保全措施后15日内不起诉的，人民法院应当解除证据保全措施。

3. 诉前财产保全

诉前财产保全的目的是避免给申请人的合法权益造成难以弥补的损

---

❶ 张广良.知识产权侵权民事救济[M].北京：法律出版社，2003：53.

害。此处的财产可能涉及两种：一是被控侵权的商品；二是被申请人可以用来承担民事责任的资产。对于被控侵权商品，如申请人不采取诉前财产保全措施，而任之流入市场，有可能给申请人的商誉、市场份额等无形资产造成难以弥补的损害。而对被申请人责任财产的保全，是为了保证法院判决的执行。有些被申请人在得到申请人即将对其提起侵权诉讼的情况下，自知必然败诉，为了逃避法律制裁，在申请人起诉前便处分、转移自己的资产，这样申请人即使胜诉了，判决书中的财产责任部分也难以执行。在此情况下，若不采取诉前财产保全措施，对申请人造成的损害也将是难以弥补的。❶

根据《著作权法》第 49 条，著作权人或邻接权人有证据证明他人正在实施或即将实施侵犯其权利的行为，而且不加以及时制止将会使其合法权益受到难以弥补的损害的，可以在起诉之前向人民法院提出申请，采取财产保全的措施。人民法院采取保全措施的，依据民事诉讼法及 2018 年《最高人民法院关于审查知识产权纠纷行为保全案件适用法律若干问题的规定》的有关规定办理。

根据民事诉讼法的有关规定，在采取诉前保全、诉讼保全措施时，责令利害关系人或者当事人提供担保的，应当书面通知。

利害关系人申请诉前保全的，应当提供担保。申请诉前财产保全的，应当提供相当于请求保全数额的担保；情况特殊的，人民法院可以酌情处理。申请诉前行为保全的，担保的数额由人民法院根据案件的具体情况决定。

在诉讼中，人民法院依申请或者依职权采取保全措施的，应当根据案件的具体情况，决定当事人是否应当提供担保及担保的数额。对申请保全人或者他人提供的担保财产，人民法院应当依法办理查封、扣押、冻结等手续。财产保全采取查封、扣押、冻结或者法律规定的其他方法；人民法院冻结财产后，应当立即通知被冻结财产的人；财产已被查封、冻结的，不得重复查封、冻结。被申请人提供担保的，人民法院应当解除财产保全。申请有错误的，申请人应当赔偿被申请人因财产保全所受的损失。当事人对财产保全的裁定不服的，可以申请复议一次。复议期间不停止裁定的执行。

---

❶ 张广良. 知识产权侵权民事救济 [M]. 北京：法律出版社，2003：56.

（四）举证责任及倒置

在著作权民事侵权诉讼中，举证责任的分配和履行是非常重要的一环，直接关系当事人能否赢得诉讼。由于著作权所具有的特殊性质，相关法律和司法解释在举证问题上也有一些特殊规定。在涉及著作权侵权纠纷时，一般情况下仍然遵循谁主张谁举证的原则，特殊情况下实行举证责任倒置。

当事人提供的涉及著作权的底稿、原件、合法出版物、著作权登记证书、认证机构出具的证明、取得权利的合同等，可以作为证据。当事人自行或者委托他人以定购、现场交易等方式购买侵权复制品而取得的实物、发票等，也可以作为证据。公证人员在未向涉嫌侵权的一方当事人表明身份的情况下，如实对另一方当事人按照前述方式取得的证据和取证过程出具的公证书，应当作为证据使用，但有相反证据的除外。已经出版的出版物（含录音录像制品，下同）上标明了作者等相关权利人信息的，出版物即为证据，由否认者举证证明标明的权利人不是或者不应该是权利人。

由于著作权作为无形财产权的特性，要证明被告未经许可使用作品，只需要证明被告有合理的机会接触自己的作品，同时被告使用的作品与自己的作品之间存在"实质性相似"即可。在原告起诉被告直接侵犯著作权，而且要求被告承担停止侵权民事责任的情况下，由于构成直接侵权无须行为人具有主观过错，原告的举证责任相对而言是很容易履行的。原告只需要证明自己是相关作品的著作权人，以及被告未经许可使用了自己的作品。在要求被告承担赔偿责任的情况下，原告应当证明被告的侵权行为具有主观过错，同时举证证明自己的实际损失的数额或被告因侵权所获得的利润的数额。

某些情况下，也可能发生举证责任倒置，即由被控侵权人证明自己的行为合法，而权利人只需要证明被控侵权人有相关行为即可。根据《著作权法》第52条和《著作权案件解释》第19条的规定，如果原告起诉出版物出版者、制作者、发行者或者出租者侵权，由被告举证证明自己的行为具有合法来源，否则可能败诉。

（五）诉讼时效

根据《著作权案件解释》第27条的规定，侵犯著作权的诉讼时效为三年，自著作权人知道或者应当知道权利受到损害及义务人之日起计算。

权利人超过三年起诉的，如果侵权行为在起诉时仍在持续，在该著作权保护期内，人民法院应当判决被告停止侵权行为，侵权损害赔偿数额应当自权利人向人民法院起诉之日起向前推算三年计算。

该解释主要是针对侵犯无形财产权与有形财产权的情况不同而做出的。因为无形财产权的侵权绝大多数情况下是连续性的侵权，所以如果侵权是连续性的，只要有关的权利仍然在法律保护的期限之内（如作者的有生之年加死后 50 年），著作权人或邻接权人就可以随时提起侵权诉讼，要求侵权人停止侵权，并就诉讼提起之日前三年内的侵权行为要求损害赔偿。❶ 因此，该解释的理由应该是出于持续侵权行为理论。按照该理论，某个侵权行为一直处于持续状态时，相当于每时每刻都在产生新的侵权行为，因此，该行为不可能已过诉讼时效期间。❷

【案例】 北京太合麦田音乐文化发展有限公司与湛江华丽金音影碟有限公司等侵害著作权及邻接权纠纷案

【案情】 2008 年，原告北京太合麦田音乐文化发展有限公司（以下简称"太合麦田公司"）向法院起诉被告湛江华丽金音影碟有限公司（以下简称"华丽金音公司"）、辽宁广播电视音像出版社（以下简称"辽宁音像出版社"）、北京云岗凤培文化艺术中心朱家坟分店（以下简称"云岗凤培中心"）侵犯著作权及邻接权。原告太合麦田公司诉称，其通过分别与词曲作者签订《词曲音乐著作及版权代理合约》依法取得了歌曲《冰菊物语》的词曲著作权，制作了由公司旗下签约艺人李某演唱该歌曲的录音制品，并授权他人出版发行了收录有该首歌曲的 CD 唱片，同时在出版物上载有著作权保护声明。但发现，云岗凤培中心在销售由华丽金音公司复制、辽宁音像出版社出版发行的《冰菊舞》的侵权 VCD 光盘，该光盘中未经许可收录其享有权利的歌曲《冰菊物语》。故认为，华丽金音公司和辽宁音像出版社非法使用其享有著作权及邻接权的歌曲复制、

---

❶ 李明德，许超. 著作权法 [M]. 北京：法律出版社，2003：244.
❷ 李扬. 著作权法基本原理 [M]. 北京：知识产权出版社，2019：379.

出版音像制品，云岗凤培中心进行销售，侵犯了太合麦田公司依法享有的著作权和录音制作者权。华丽金音公司和辽宁音像出版社辩称，涉案歌曲是卡拉OK，由图像、活动字幕、伴奏音乐及原创音乐四部分组成，原告发行的涉案光盘是CD，播放时可以清楚看到两者之间毫无相同之处，不构成复制关系。即使涉及侵权也仅涉及制片者权利而非原告权利。云岗凤培中心未答辩。

法院审理后认为，太合麦田公司依据其与作者张某、张某东的合同，依法取得了歌曲《冰菊物语》的专有使用权及独家代理权。同时，太合麦田公司依据其与表演者李某的合约书，拥有对其制作的录音制品的著作权，即太合麦田公司对其制作的《李某皇后与梦想》CD专辑享有录音制作者权。据此，原告享有的著作权和录音制作者权，均受法律保护。被告华丽金音公司和辽宁音像出版社虽对太合麦田公司享有涉案歌曲的著作权提出了异议，但未提供相应证据，法院不予支持。被告云岗凤培中心经本院合法传唤，无正当理由拒不出庭应诉，视为其放弃了答辩和质证的权利。❶一审后，被告华丽金音公司提起上诉。二审法院经审查认为上诉主张依据不足，原审认定事实清楚，适用法律正确。驳回上诉，维持原判。❷

【评析】 该案既涉及著作权和邻接权的侵权，又涉及程序上的规定。根据我国著作权法的规定，录音制作者使用他人已经合法录制为录音制品的音乐作品制作录音制品，可以不经著作权人许可，但应当按照规定支付报酬；但著作权人声明不许使用的不得使用。该案中，太合麦田公司在涉案CD专辑上明确标注有"本专辑内音乐作品之录音、词曲版权为北京太合麦田音乐文化发展有限公司全权所有，未经许可，禁止任何单位或个人用作翻唱、复制、演出、网络传播及其他商业性用途"字样。尽管被告提出，涉案VCD光盘是卡拉OK光盘，而原告发行的是CD光盘，故两者并不相同而无复制关系，如同法院审查后认定，两个光盘中的涉案歌曲系有同一性，不因被告将其制作为卡拉OK形式而产生根本性差异。根据我国著作权法及司法

---

❶ 参见北京市丰台区人民法院（2008）丰民初字第11203号民事判决书。
❷ 参见北京市第二中级人民法院（2009）二中民终字第3907号民事判决书。

解释的规定，复制品的出版者、制作者应就其出版、制作有合法授权承担举证责任，否则应承担相应的法律责任。另外，依据国务院《音像制品管理条例》的规定，音像复制单位接受委托复制音像制品，应当与委托单位订立复制委托合同，并应验证委托单位的音像制品出版许可证、复制委托书及著作权人的授权书。

思考与讨论

1. 著作权与邻接权相区别的根据是什么？
2. 如何区分合理使用与法定许可？
3. 你对我国著作权法的完善有哪些建议？

延伸阅读

1. 于雯雯. 网络著作权侵权责任研究 [M]. 北京：知识产权出版社，2020.

2. 袁杏桃. 著作权侵权惩罚性赔偿研究 [M]. 北京：知识产权出版社，2019.

3. 张远煌. 侵犯著作权犯罪典型案例评析 [M]. 北京：北京大学出版社，2014.

4. 孟祥娟. 版权侵权认定 [M]. 北京：法律出版社，2001.

5. 何炼红. 论算法时代网络著作权侵权中的通知规则 [J]. 法商研究，2021（4）.

6. 王洪友. 论版权行政执法的公共利益要件：以制度异化为视角 [J]. 中国出版，2020（1）.

7. 谢晶. 论微信公众号"洗稿"作品著作权侵权判定 [J]. 电子知识产权，2019（3）.

8. 朱开鑫. 网络著作权间接侵权规则的制度重构 [J]. 法学家，2019（6）.

9. 吴汉东. 论网络服务提供者的著作权侵权责任 [J]. 中国法学，2011（4）.

第三编
专利法理论与实务

专利权是国家赋予技术方案和外观设计的发明创造者的一种具有一定期限的独占实施权,其目的是使得他们能在专利期限内垄断该技术方案或外观设计获得的利益,从而鼓励发明创造,最终促进科学技术进步和经济社会发展。作为对技术方案和外观设计保护水平最高的一项权利,专利权的获得需要经过严格的专利审查程序。因此,以专利授权为界,专利权的相关法律制度主要包括两个方面的内容:一是专利授权之前,专利的申请、审查等方面的相关内容;二是授权之后,专利的许可、保护等方面的相关内容。

第十章 专利权概述

专利权既具有知识产权的一般属性，又具有其自身的特点。其中最重要的，就是垄断和公开的二重属性。专利权相当于发明创造者以公开其发明创造为对价，向国家交换对其发明创造的垄断权的一个"契约"。该"契约"贯穿专利制度的始终，是专利授权程序中若干法律规定的基础。获取专利权保护必须公开发明创造的全部内容，因此，专利权的保护对于发明创造者来说有利有弊，是否采用专利权进行保护，需要根据实际情况决定。

第一节 专利权的性质

一、垄断与公开的二重属性

"专利"一词译自英文"Patent"，具有"以自专其利"之义，该翻译很好地反映出专利权的"垄断"属性，但并不全面。从专利的英文词源"Letters Patent"（公开证书）可以看出，"Patent"一词自身就包含了两种属性：垄断性和公开性。它既是授予一定期限内垄断权的证书，又公开了其包含的全部技术内容。现代专利制度完整地保留了这一双重属性。一方面，国家通过立法，授予发明创造者在一定期限内禁止他人实施其发明创造的垄断权；另一方面，为获得这一垄断权，发明创造者就必须向公众公开其发明创造的全部内容。

赋予发明创造者以垄断权，意在激励发明创造，从而推动科技和社会的进步。专利权保护的客体主要是技术，而技术对于人类社会的发展具有巨大的推动作用。如电灯、汽车、计算机等发明，使得世界和整个人类的生存方式发生了翻天覆地的变化。而抗生素、疫苗等发明，则拯救了数以亿万计的生命。为了促进人类社会的发展，必须给予发明创造以充分的激励。各国创设专利权的根本目的，正是激励发明创造行为。通过垄断权，发明创造者能够独占市场，从而获取高额利润：一方面得以收回前期投入的经常是巨额的研发成本；另一方面也能受到巨大的激励，燃起对发明创造行为更充分的热忱。如林肯所说："专利制度是给天才之火浇上利益之油。"

由此可见，各国创设专利制度的根本目的，并不是单纯为了保护专利权人，而是为了促进整个人类社会的福祉。因此，在专利领域，任何法律规则的制定和实施，都必须以促进"社会福祉"为根本宗旨。如果专利权人的权利行使可能危害社会公众利益，保护专利权"得不偿失"时，就必须在制度上予以平衡。这是专利权及整个知识产权与物权领域的重要区别所在。所谓"专利保护水平高"的国家，并不是"将专利权人的利益保护得最完善"的国家，而是将专利权人和一般公众之间的利益平衡做得最精确的国家。

专利权的"公开"属性，就是利益平衡的一个具体体现。专利权赋予权利人以独占实施的垄断权。如果社会公众不清楚专利权的权利边界，则很可能在正常的生产、生活过程中误入专利权的保护范围内，造成侵权。这将极大地威胁到社会公众使用技术、设计的安全。因此，专利制度要求专利权人必须公开其受保护的全部内容，以维护社会公众的自由与安全。另外，科技的进步永远是一个"站在巨人的肩膀上"的过程，在后的研发必须依赖在先研发进行。要求发明创造者必须公开其技术方案，也是为了保护科技研发活动能够顺利地不断向前推进。

综上所述，专利权具有垄断、公开的双重属性，垄断性保护的是专利权人的利益，通过保护专利权人的利益来激励创造，促进整个社会的福祉。而公开性则保护的是社会公众的利益，同样是为了促进整个社会的福祉。因此，专利权可以视为发明创造者与国家签订的一项契约，公开其整个发明创造，用来交换国家赋予的一定期限内的垄断权。这一契约贯穿专利法的始终。

二、推动发明创造的应用

如上所述，专利权保护的客体主要是技术，而技术对于人类的生存和发展有着举足轻重的作用。一项重要的技术能否得到及时和广泛的应用，可能会给人类社会带来巨大的影响。如一种特效药物如果无法得到及时的应用，很多病人就可能死去；一种新能源的利用方式如果无法得到充分的实施，地球环境恶化的程度就可能因此加剧。因此，推动发明创造的应用是专利法的立法宗旨之一。但是，专利权自身恰恰是一种阻止技术得到更加广泛应用的权利。专利权人可以依据专利权禁止他人实施自身的技术，从而将专利技术的应用局限在其控制的范围内。因此，专利权"鼓励创新"的宗旨和"推动应用"宗旨在此形成了一对矛盾，因而造就专利领域的另一个利益平衡。

专利法的立法必须同时考虑这两个宗旨，尽可能地协调其间的关系，以求为社会实现最大的福祉。这首先体现在专利保护期上。发明专利的保护期仅有 20 年，实用新型 10 年，外观设计 15 年，均较著作权短得多。这一期限正是为了在保障发明创造者收回成本、得到充分激励的同时，促进发明创造尽快得到广泛应用。❶ 此外，专利法在共有专利的实施、专利侵权责任等方面都有着促进发明创造应用的制度设计。

三、专利权与技术秘密

专利权的垄断性质能够为技术方案提供最强的保护，但并不是保护技术的唯一方式。同时，专利权人还需要根据专利的"契约"支付一些对价。如上所述，一方面，要获得专利权保护，就必须公开全部技术内容；另一方面，专利权的保护具有一定期限，且相对短暂。一旦专利权过期，其保护的内容就会进入公共领域，任何人均可自由使用。因此，技术持有者需要根据实际情况来判断是否采用申请专利的方式来对其技术进行保护。一方面，由于申请专利必须公开全部技术方案，任何人均可根据专利申请书实施，专利权人维护其权利只能通过司法或行政途径，借助国家公权力进行，维权的时间和经济成本均相对较高，因此更适合规模经营、具备较强维权实力的主体。而规模不大、财力较弱的中小经营者，则不一定完全适合依靠专利来保护自身技术。另一方面，专利技术到期后会直接进入公有领域，任何人均可无偿实施，因此更适合技术本身更新换代较快的

---

❶ 尹新天. 专利权的保护 [M]. 北京：知识产权出版社，2005：5.

领域，如 IT 业等。而更新较慢，甚至长期不更新的领域，如药物秘方、烹饪秘方等，则不一定适宜采用专利进行保护。

在不宜采用专利进行保护的情况下，实践中一般采用技术秘密的方式来保护技术方案。技术秘密属于我国《反不正当竞争法》规定的"商业秘密"范畴，应根据《反不正当竞争法》的相关规定进行保护。同时，普遍的做法是将专利和技术秘密保护结合起来，以能够满足专利授权要求的技术方案主体部分申请专利，同时保留若干技术秘密，从而一方面获得专利权的强保护，另一方面也使得竞争对手难以制造出与自身质量等同的产品。

第二节 我国专利制度的发展

我国古代历史上并无专利的概念，直到 19 世纪中期，专利权的相关思想才传入我国。1859 年，太平天国的洪仁玕在《资政新篇》中首先提及了建立专利相关制度。民国时期和中华人民共和国成立之后，先后颁行了多部与技术保护相关的条例和法律。但大多采取的是发明奖励制度，即实施技术的权利归属国家，而对发明人进行物质和精神奖励。

改革开放之后，为适应市场经济的发展和对外招商引资的需求，我国开始了现行专利法的立法工作。1980 年 1 月，中华人民共和国专利局成立。1984 年 3 月 12 日，第六届全国人民代表大会常务委员会第四次会议通过现行《专利法》，自 1985 年 4 月 1 日起施行。该部专利法摒弃了发明奖励制度，采取了国际通行的专利保护制度，并实现了与《巴黎公约》等国际公约和相关国际惯例的接轨，具备了现代专利法的基本框架。1985 年《专利法》的诞生，标志着中国现代专利制度的开始。

《专利法》施行之后，分别在 1992 年、2000 年、2008 年和 2020 年进行了四次修正。现行《专利法》是 2020 年 10 月 17 日由第十三届全国人民代表大会常务委员会第二十二次会议通过的第四次修正案。

值得注意的是，在我国专利法的整个立法历程中，专利法的颁布就与发达国家的要求有着密切关系，而前两次修正也均是迫于发达国家压力及为了加入相关国际组织，不得已提高我国专利保护水平的结果。例如，1992 年修正的目的主要是满足《中华人民共和国政府与美利坚合众国政府关于保护知识产权的谅解备忘录》的要求，提高我国的专利保护水平，如将 1985 年专利法不予保护的饮料、食品、调味品和药品、用化学方法获得的物质等纳入了专利法保护范围；将发明专利的保护期由 15 年增加至 20 年，实用新型和外观设计增加至 10 年等。2000 年修正则是我国为了加入 WTO，出于满足 TRIPs 协定最低要求的目的，修改和调整了部分条款，如将"许诺销售"纳入专利权的效力范围；规定了专利审查的司法终局制；取消 1992 年修正案引入的撤销专利权的程序，将其纳入了无效宣告程序等。

由上述历程可以清晰地看出，对一国而言，并非专利保护水平越高，对于本国越有利。专利保护水平越高，对于专利权人自然越有利。但在我国改革开放之初，科学技术水平发展较低的情况下，在我国申请专利的大部分专利权人并非我国企业或自然人，而是进入或志在进入我国市场的发达国家的企业或自然人。为了更好地保护他们的权利，发达国家迫使我国将专利保护水平提高至与发达国家基本相当的程度。而这一保护水平与当时我国自身的科学技术发展水平是不相适应的，不利于我国的经济发展。

2008 年的第三次修正和 2020 年的第四次修正，则是我国为了适应自身科技发展和社会进步的需求主动进行的专利法修正。这两次修正立足于保护我国自身的相关利益，既体现了国内科技和经济发展对于专利法的诉求，又吸收了国际专利法领域的相关成果。比如，第三次修正根据我国加入的《生物多样性公约》的相关原则，建立了国际首创的遗传资源保护条款；基于 TRIPs 协定赋予各成员的自由选择权，将禁止平行进口改为允许平行进口，均是有利于更好保护我国相关利益的重要举措。第四次修正则顺应我国外观设计领域蓬勃发展的趋势，整体提高了外观设计的保护水平；为促进我国专利技术的转化，建立了国际上目前尚不多见的开放许可制度等。

经过四次修正，我国形成了既具有国际视野又适应中国科技与社会发展现状的较为成熟完备的专利制度。

思考与讨论

1. 专利权与其他知识产权相比,具有哪些独特属性?
2. 如何根据技术持有者和技术自身的特点,选择适合的技术保护方式?
3. 简述我国专利法四次修正的目的和意义。

延伸阅读

1. 尹新天.中国专利法详解(缩编本)[M].北京:知识产权出版社,2012.

2. 赵元果.中国专利法的孕育与诞生[M].北京:知识产权出版社,2003.

3. 郭禾.改革开放后我国专利制度思想观念的嬗变[J].知识产权,2021(6).

4. 吴欣望.对价视角下的专利制度[J].知识产权,2021(3).

5. 陈扬跃,马正平.专利法第四次修改的主要内容与价值取向[J].知识产权.2020(12).

6. 冯晓青.中国70年知识产权制度回顾及理论思考[J].社会科学战线,2019(6).

第十一章　专利权的对象

专利权保护的对象包括发明、实用新型和外观设计，我国专利法将其统称为"发明创造"。其中，发明是对产品、方法或者其改进所提出的新的技术方案；实用新型是对产品的形状、构造或者其结合所提出的适于实用的新的技术方案；外观设计则是针对工业产品的外观所作出的新设计。只有明确我国专利法保护的对象的范围及三种保护对象之间的区别，才能判断一种技术方案或外观设计能否申请专利，适合申请何种专利。

第一节　发明

发明，是指对产品、方法或者其改进所提出的新的技术方案。对于专利法所保护的发明，可以从以下几方面来理解。

一、发明应当是一种技术方案

技术方案是对要解决的技术问题所采取的利用了自然规律的技术特征的集合。❶ 不属于技术方案的创造，不能成为专利法所保护的发明。

（一）利用自然规律

发明必须是利用自然规律完成的。这里的自然规律仅指物理、化学等自然科学方面的规律。因此，下列方面的创造成果均不属于专利法所保护的发明。

（1）未利用自然规律，单纯由人类大脑的智力活动所产生的规则和方法，如比赛规则、速算方法等；

（2）仅利用了经济学规律、心理学规律等非物理化学的规律的创造成

---

❶ 参见《专利审查指南》（2010版）第二部分第一章第2节。

果，如宏观调控的方法、心理测试的方法等；

（3）违背了自然规律的技术方案，如永动机等。

（二）解决技术问题

发明必须是能解决特定技术问题的技术方案。没有解决特定技术问题的科学发现、物理公式等，不属于专利法的保护对象。专利权是一种垄断权，如果对于科学发现等授予专利权，则他人无法再利用该科学发现，对于人类的进步极其不利，因此专利法要求专利权保护的对象必须是解决具体技术问题的具体方案。例如，利用某科学发现（自然规律）解决了特定技术问题的技术方案，即可以受到专利权的保护。

（三）技术特征的集合

技术方案可以体现为技术特征的集合。在专利申请书的权利要求书❶中，一项权利要求就是一个技术方案。该技术方案就是由"技术特征集合"的形式来限定的。如第十四章案例1中的权利要求1❷，是以"测试触头""限流电阻""氖管""手触电极""绝缘外壳""U形导体"等技术特征和其连接关系的技术特征对一种试电笔的技术方案加以限定。专利审查中的新颖性、创造性判断和专利的侵权判断，都是通过对权利要求中各技术特征的逐个比对来进行的。

二、发明应当包含创新

发明与现有技术相比，必须包含一定"新"的东西，在技术上具有一定的进步。但发明并不需要是从零开始的全新技术方案，只要在现有技术的基础上作出一定改进，就可以称之为创新。

---

❶ 权利要求书由一个或多个权利要求组成，为划定专利保护范围的文件，参见本书第十四章第二节。

❷ 一种试电笔，测试触头、限流电阻、氖管和手触电极在绝缘外壳中顺序电连接，其特征是，所述氖管中设置一个U形导体，U形导体的一条侧边固定在氖管内壁上，另一条侧边与氖管一端的电极接触。

三、发明的分类

对产品和方法的改进均可以申请发明。相应地，我国专利法将发明分为产品发明和方法发明。

产品发明可以包括物品的发明、材料的发明等。产品发明取得专利后称为产品专利。方法发明是指把一种物品或物质改变成另一种物品或物质所使用的手段和步骤的发明。所述方法可以是化学方法、机械方法、通信方法及以工艺规定的顺序来描述的方法等。方法发明取得专利后，称为方法专利。根据国际惯例和我国专利法的规定，对于方法专利的保护延及使用该方法直接获得的产品。

除产品发明和方法发明以外，专利权还可以保护用途发明。用途发明是指将已知产品用于新的目的的发明。例如，将某种一直作为化工原料的物质用作治疗疾病的药物，取得了预料不到的技术效果，即可成为一种用途发明。用途发明与产品发明的区别在于，用途发明保护的并非对产品自身的改进，而是新发现的产品用途。我国专利法没有专门规定用途发明这一类别，用途发明可以作为方法发明申请专利。

第二节　实用新型

一、实用新型的定义

实用新型是指对产品的形状、构造或者其结合所提出的适于实用的新的技术方案。

实用新型的保护对象是一些创造性较低，但又具备一定实用价值，能够方便人们生活的"小发明""小创意"。发明专利通常难以对这些"小发明"提供良好的保护。一方面，发明专利对创造性有较高要求，"小发明"的创造性通常较低，不一定能够符合发明专利的创造性要求；另一方面，发明专利需要经过严格的审查才能授权，审查周期通常较为漫长，而"小发明"由于创造性不高，容易替代，因此市场周期通常不长，经过发明的审查程序获得授权时，常常已经丧失市场价值。但这些"小发明"又具有一定的保护必要，因此，各国均为其创设了专门的制度，即"实用新型"制度。

二、实用新型的特征

与发明相比,实用新型主要具有如下特点。

(一)保护对象上

实用新型仅保护对产品的形状、构造或其结合作出的创新。与发明既保护产品也保护方法不同,实用新型仅保护产品。且实用新型仅保护产品形状、构造上的创新,不保护如材料上的创新,也不保护无确定形态的产品。是否是产品形状、构造上的创新,应当以发明点来判定。

需要注意的是,产品的构造除包括机械构造以外,还可以包括线路构造和复合层。也就是说,对电学线路进行创新的电学发明和对渗碳层、氧化层等复合层结构进行创新的化学发明,均可申请实用新型。但如物质的分子结构、组分、金相结构等,则不属于实用新型专利保护的产品的构造。

同时,符合发明和实用新型保护要求的对象,既可以申请发明,也可以申请实用新型,但需要注意二者在保护方式上有差异。

(二)保护方式上

(1)相对于发明,实用新型对于创造性要求较低,适合创造性达不到发明专利要求的简单发明。

(2)相对于发明,实用新型的审查程序较为简单,因此耗时也较短,适合较易被替代、急于投放市场的产品。

(3)相对于发明,实用新型保护期限较短,仅为 10 年,而发明专利的保护期为 20 年。需要较长保护期的技术方案,不适合实用新型保护。

第三节 外观设计

一、外观设计的定义

外观设计是指对产品的整体或者局部的形状、图案或者其结合及色彩与形状、图案的结合所作出的富有美感并适于工业应用的新设计。

外观设计又称为工业设计。与发明和实用新型不同,外观设计专利保护的对象并非技术方案，而是针对产品的外观作出的新设计。我国专利法将发明、实用新型、外观设计合并在一部法律中加以保护，并将其统称为"发明创造"。其中，发明和实用新型属于"发明"，而外观设计属于"创造"。我国专利法中凡是使用"发明创造"一词的地方，均同时指代这三种对象。

二、外观设计的特征

我国专利法保护的外观设计具有如下特征。

（1）外观设计必须以产品作为载体。作为外观设计载体的产品，必须能够通过工业方法批量重复制造。一方面，没有与特定产品相结合的设计，如单纯的美术作品，只能受到著作权的保护，不能作为外观设计受到专利法的保护。另一方面，不能使用工业方法批量重复制造的产品无法作为外观设计的载体。例如，以天然形成的树根作为载体的根雕无法申请外观设计。

（2）外观设计所保护的要素是产品的形状、图案或色彩。其中，单纯的形状和图案可以构成外观设计，但是单一的色彩无法构成外观设计，必须与形状、图案相结合。但由色彩的变化或组合构成的图案则可以得到外观设计的保护。

（3）外观设计保护的是设计的美感，而非实用功能。所谓"美感"，是指外观设计带给人的视觉感受，而并不以是否"足够美"作为外观设计能否授权的判断标准。视觉效果与实用功能相对应，对于一件新产品，如果其创新点在于实用功能，则适合申请发明或实用新型专利；如果其创新点在于视觉效果，则适合申请外观设计专利。如果兼而有之，则可分别申请。

（4）外观设计可以保护针对产品的整体或者局部进行的设计。这是专利法第四次修正新加入的内容。外观设计的载体并不需要是一个完整的产品。针对产品局部，如杯把、袜子后跟等的设计，也可以申请外观设计专利。

第四节 专利权不予保护的对象

专利法除了规定可以受到专利权保护的对象以外，也将一部分对象排除了专利权的保护范围。

一、违反法律、社会公德或者妨害公共利益的发明创造

（一）违反法律

"违反法律"应理解为发明创造的目的是违反法律的，如伪造货币的技术、赌博用具、吸毒器具等。如果发明创造的目的并未违反法律，仅其实施为法律所禁止或限制的，则不属于不授予专利权的对象。例如，枪支可以由军人或民警用于维护国家和社会的安全，仅其非法制造和持有为国家法律禁止，因此关于枪支的发明创造是可以申请专利的。

（二）违反社会公德

如淫秽的外观设计、人与动物交配的方法、克隆人的方法等，因不符合为公众所接受的伦理道德，不能被授予专利权。

（三）妨害公共利益

如能致盗窃者伤残的防盗装置、严重污染环境或浪费资源的生产方法等，不能被授予专利权。但此处的妨碍公共利益需要考虑程度，如仅仅是在产生积极的效果的同时存在某种缺点，如对人体有某种副作用的药物，则不能以"妨碍公共利益"为理由拒绝授权。

（四）对利用遗传资源完成的发明创造的保护

这是我国作为遗传资源大国，为了保护我国对于遗传资源的主权而创设的规定。依赖遗传资源完成的发明创造，申请人应当在专利申请文件中说明该遗传资源的直接来源和原始来源；申请人无法说明原始来源的，应当陈述理由。对违反法律、行政法规的规定获取或者利用遗传资源，并依赖该遗传资源完成的发明创造，不授予专利权。

二、不授予专利权的技术领域

（一）科学发现

科学发现属于人类对于客观世界的认识，并未解决特定的技术问题，不属于技术方案，因此不构成专利法意义上的发明创造，不能被授予专利权。

（二）智力活动的规则和方法

智力活动的规则和方法，如比赛规则、速算方法等，由于没有利用自然规律，不属于技术方案，因而不能被授予专利权。

（三）疾病的诊断和治疗方法

疾病的诊断和治疗与国民健康息息相关，对其授予专利，将对正常的医疗活动产生妨碍，对保障国民健康不利。另外，疾病的诊断和治疗方法是针对特定的患者实施的，无法在工业上重复实施，不具备实用性❶，因此不属于专利法保护的范围。但需要注意的是，诊断和治疗疾病的药物、设备等，均可授予专利权。

（四）动物和植物品种

动物和植物品种是客观存在的，不属于"技术方案"，不能被授予专利权。其中，植物新品种可以通过《植物新品种保护条例》获得保护。值得注意的是，动物和植物品种的生产方法并未被排除在专利权的保护之外，其非生物学的生产方法可以被授予专利权。此外，"动物和植物品种"也未包括微生物，因此，微生物品种可以被授予专利权。

（五）原子核变换方法及用原子核变换方法获得的物质

原子核变换方法及其获得的物质关系到国家安全等方面的重大利益，不宜为企业或私人垄断，因此不能被授予专利权。其中，用原子核变换方法获得的物质主要是指放射性同位素，如铀 235 等。但是，为实施原子核变换方法而制造的设备、仪器及其零部件等，均属于可被授予专利权的客体。

（六）对平面印刷品的图案、色彩或者二者的结合作出的主要起标识作用的设计

此项为专利法第三次修正时加入，主要目的在于区分外观设计与商标。外观设计保护的是设计的"美感"，意在激励对于产品外观视觉效果

---

❶ 参见本书第十三章第三节。

的创新。而商标专用权保护的是商标的"识别功能",意在避免消费者混淆产品的来源。"平面印刷品"主要是指平面包装袋、瓶贴、标贴等二维印刷品。"主要起标识作用"是指设计的功能主要为使得消费者能够识别产品的来源,而非以其美感吸引消费者。该类设计本质上更接近商标标贴,适合获取商标专用权保护。但专利法第三次修正之前,其曾大量充斥外观设计领域,混淆了专利法和商标法的界线。因此,第三次修正对其进行了限制,使得外观设计能够回归其"鼓励产品外观创新"的真正功能。

【案例1】 某省中医药研究所与某省医疗健身品厂侵害实用新型专利权纠纷案

【案情】 原告某省中药研究所享有"中药保健腰带"实用新型专利权。该专利的唯一独立权利要求:"一种中药保健腰带,腰带内放置有中药袋,其特征在于药袋放在腰带内,腰带为两层。内层为透气性较好的细棉布,外层为不透气的纤维布。药袋也分为两层。内层为透气性好的细棉布,外层由两层构成,内层为不透气的纤维布,外层为普通的棉布,药袋内装有经粉碎混匀的蕲艾叶、独活、白芷、细辛、川草乌、杜仲、续断、淫羊藿、补骨脂、肉桂、丁香、花椒、八角茴香、当归、川芎、薄荷脑。"

原告认为被告某省医疗健身品厂生产的"壮腰肾袋"侵犯其"中药保健腰带"实用新型专利权,诉请要求被告停止生产销售并赔偿损失。被告辩称,其生产的"壮腰肾袋"与原告的"中药保健腰带"实用新型专利权利要求书中所述的中药成分不同,药袋的结构和隔热、保温材料也不相同,未侵犯原告专利权。

法院认定,被告产品药袋内的药品除个别成分与原告专利不同外,其余均相同,亦属于治疗腰病的药物;被告药袋的结构除用塑料薄膜替代不透气纤维布作为隔热保温材料以外,其余与原告专利均相同。

法院认为,原告专利的主题为"腰带",类型为实用新型专利。由于无确定形状的产品,如气态、液态、粉末状、颗粒状的物质或材料不能授予实用新型专利,所以本专利中药袋和腰带的结构是主要技术特征,药物的成分并非必要技术特征,只能将药物整体作为一个技术特征对待。被告产品中的药物与专利中的药物仅有细微差别，属于同类治疗效果的药物，具有相同的技术目的和等同的效果，从整体上看，与原告专利中的药物是等同的技术特征。而被告产品与原告专利在结构上的差异，仅仅是用塑料薄膜替代不透气纤维布作为隔热保温材料，是一种本领域普通技术人员显而易见的简单替代。因此，被告的行为构成侵犯原告"中药保健腰带"实用新型专利权的行为。❶

【评析】根据我国专利法，实用新型是指对产品的形状、构造或者其结合所提出的适于实用的新的技术方案。由此可见，实用新型保护的是对于产品的形状、构造或者其结合进行的创新。对于药物成分的创新不属于实用新型保护的对象，不能用于认定被控侵权技术与专利技术在技术特征上的区别，而只能将"腰带内层装有治疗腰病的药物"整体作为一个技术特征来考虑。被控侵权技术在产品的形状、构造或其结合方面与原告专利技术存在的区别，仅仅是用塑料薄膜替代不透气纤维布这一本领域惯有手段的等同替换，故侵犯了原告的专利权。

【案例2】 孙某与专利复审委发明专利申请驳回复审行政纠纷

【案情】孙某提出一项名称为"可以提高安全性和效率的交通管制系统"的发明专利申请，其独立权利要求："一种可以提高安全性和效率的交通管制系统由信号转换程序和相应的设施、交通规则组成，其特征：该产品采用了新的信号灯转换程序软件及相应的信号灯产生和转换控制装置，并有改进后的相关规定和新增加的交通标志与其配套。"该系统包含信号转换程序和相应的设施、交通规则、交通标志、信号灯转换程序软件、信号灯产生和转换装置、相关规定、新增加的交通标志、三色四种灯及三色多种灯等内容。该发明专利申请被专利局予以驳回。随后，孙某

---

❶ 中国专利局专利工作管理部.中国专利纠纷案例选编（第三集）[M].北京：专利文献出版社，1997：67-69.

向专利复审委员会请求了复审,并进行了后续的行政诉讼。专利复审委和法院均维持了专利局的驳回决定。驳回理由为,申请人要求保护的方案不属于专利法所规定的技术方案。①该方案虽然涉及信号灯产生和转换控制装置、交通标志等多个设备,但其仅利用了上述设备的公知性能,并未给这些公知设备本身的性能带来任何改进,也没有给它们的构成和功能带来任何技术上的改变。②该方案所要解决的问题是如何通过人为制定平面交叉路口行车规则来利用现有的设备提高交叉路口放行能力,其本身不构成技术问题。③该方案所采用的手段为利用人为规定的行车规则,其并未利用自然规律,不属于技术手段。④该方案所获得的效果是实现了对于车辆在平面交叉路口中行车的管理,所获得的效果不受自然规律约束,不属于技术效果。❶

【评析】专利法保护的发明必须是一种技术方案,需要利用自然规律,解决技术问题。且自然规律应为物理、化学等方面的规律。因此,专利法保护的发明和通常意义上的"发明"概念存在一定区别。未利用自然规律的新构想属于智力活动的规则和方法,不能获得专利法的保护。该案的"发明"本质上是一种交通规则,属于智力活动的规则和方法,无法授予专利权。

思考与讨论

1. 专利法保护的"发明"应当具备哪些特征?
2. 何种技术方案在我国能够获得实用新型的保护?
3. 如何理解外观设计的"富有美感"?
4. 科学发现为何不能得到专利权的保护?

延伸阅读

1. 张吉豫. 智能时代算法专利适格性的理论证成 [J]. 当代法学,

---

❶ 参见北京市第一中级人民法院(2012)一中知行初字第3623号行政判决书。

2021（3）.

2. 刁舜. 虚拟现实科技对我国外观设计制度的挑战与应对［J］. 电子知识产权，2020（7）.

3. 李宗辉. 论人工智能时代图形用户界面的外观设计专利保护［J］. 电子知识产权，2020（6）.

4. 李青文. 规则与方法：局部外观设计的专利保护路径［J］. 电子知识产权，2020（3）.

5. 梁志文. 论设计保护的功能性原则［J］. 现代法学，2019（3）.

第十二章 专利权的主体

关于专利权的主体,常见的表达有发明人、专利申请人和专利权人。它们之间既存在联系,又互相区别。发明人不一定能成为专利申请人,继而成为专利权人。在职务发明创造的情况下,申请专利的权利属于单位,申请授权后,该单位为专利权人。发明人仅享有署名和获取奖励、报酬等权利。法律也对委托发明、合作发明等情况下的专利权归属作出了规定。

第一节 发明人、申请人与专利权人

一、发明人

在专利法中,发明和实用新型的完成者称为发明人,外观设计的完成者称为设计人。为简明起见,本章统称为"发明人"。发明人是指对发明创造的实质性特点作出创造性贡献的人。在完成发明创造过程中,只负责组织工作的人、为物质技术条件的利用提供方便的人或者从事其他辅助工作(如资料整理、打字、制图等)的人不是发明人。

需要注意的是,智力创造只能由自然人完成,因此发明人只能是自然人,不能是单位。但专利申请人和专利权人均可以是单位。另外,发明创造行为是一种事实行为而非法律行为,因此,不论完成发明创造的人是否具备法律上的行为能力,都可以成为发明人。

二、专利申请人

专利申请人,是指就一项发明创造向专利局申请专利的人。专利的审查需要一个较长的过程,该过程中,提交专利申请的人均以"专利申请人"的身份存在。在此期间,专利申请人对于其专利申请拥有的权利称为

"专利申请权"。专利申请权和专利权一样可以转让。在专利授权之后，专利申请人成为专利权人，专利申请权也转化为专利权。当专利申请权发生转让时，其受让人在专利授权之后成为专利权人。

专利申请人可以是自然人，也可以是单位。在实践中，发明人与专利申请人常常并不一致，申请人可以是发明人本人、发明人中的一部分、发明人的单位、发明人转移其申请专利的权利的受让人、发明人的继承/受赠人等。在职务发明创造的情况下，发明人所在的单位将成为专利申请人。

三、专利权人

一项专利申请授权后，专利申请人成为专利权人。但专利申请人并不均能成为专利权人。一方面，专利申请并不都能获得授权。另一方面，专利申请权可以通过转让、继承、赠予等方式进行流转，在发生流转的情况下，授权后的专利权属于受让/继承/受赠予人。

第二节　职务发明创造

执行本单位的任务或者主要是利用本单位的物质技术条件所完成的发明创造为职务发明创造。职务发明创造申请专利的权利属于该单位；申请被批准后，该单位为专利权人。反之，该发明创造则为非职务发明创造，申请专利的权利属于发明人；申请被批准后，该发明人为专利权人。

一、职务发明创造的要件

（一）执行本单位的任务所完成的发明创造

"本单位"指发明创造完成人所属的单位，包括临时工作单位。

执行本单位的任务所完成的发明创造包括以下三种情况。

（1）在本职工作中作出的发明创造。"本职工作"通常是指在劳动合同书中约定的发明人的岗位职责范围，不是单位的全部业务范围，也不是与其从事专业有关联的一切范围。

（2）履行本单位交付的本职工作之外的任务所作出的发明创造。"本职工作以外的任务"必须是明确、具体的任务，并有证据证明是单位交付的。一般性的号召、要求等不能认定为本单位交付的任务。

（3）退休、调离原单位后或者劳动、人事关系终止后1年内作出的，与其在原单位承担的本职工作或者原单位分配的任务有关的发明创造。发明创造属于复杂的脑力劳动，是一个持续累积的过程。与原单位终止工作关系的人员，在较短时间内，在原单位的本职工作或者原单位交付的任务范围内完成的发明创造，很可能与原单位存在密切联系，甚至是原工作的延续，所以专利法将这种情况纳入职务发明创造的范畴，以防止原单位的利益受到损失。

（二）主要是利用本单位的物质技术条件所完成的发明创造

本单位的物质技术条件是指本单位的资金、设备、零部件、原材料或者不对外公开的技术资料等。

并非所有利用了本单位物质技术条件的发明创造都属于职务发明创造。"主要"利用本单位的物质技术条件，是指对于完成该发明创造，上述物质技术条件是不可缺少、不可代替的前提条件，对形成该发明创造具有实质性的影响。少量地利用或者对发明创造的完成没有实质性帮助地利用，不属于该种情形。

二、可约定权利归属的发明创造

利用本单位的物质技术条件所完成的发明创造，单位与发明人订有合同，对申请专利的权利和专利权的归属作出约定的，从其约定。

对于利用本单位的物质技术条件所完成的发明创造，无论是否为"主要"利用，均可由单位与发明人通过约定确定其专利申请人的归属，可以约定为职务发明创造，也可以约定为非职务发明创造。该约定应当订立书面合同。在无约定的情况下，如系"主要是利用本单位的物质技术条件所完成"的发明创造，则属于职务发明创造，否则属于非职务发明创造。

但执行本单位的任务所完成的发明创造，无论是否存在约定，均属于职务发明创造，申请专利的权利属于发明人的单位。

值得注意的是，依据职务发明创造的相关规定获得申请专利的权利或专利权的单位，为了促进该发明创造的实施和运用，也可以依法处置其申请专利的权利和专利权。因此，单位也可以选择不成为该发明创造的专利权人，如可以将专利权归属于发明人或第三人。但该处置权仅属于单位，并非与发明人约定的结果。

三、发明人的权利

在职务发明创造的情况下，申请专利的权利属于发明人的单位。但是，发明人是直接进行发明创造的主体，专利法也需要对发明人的相关权利进行保护，才能更好地鼓励发明创造活动。发明的权利主要有以下三项。

（1）发明人拥有署名权，专利文件中应写明发明人的姓名。

（2）发明人拥有获得奖励的权利，职务发明创造专利授权后，被授予专利权的单位应当对发明人给予奖励。

（3）发明人拥有获得报酬的权利，职务发明创造专利实施后，被授予专利权的单位应当根据其推广应用的范围和取得的经济效益，对发明人给予合理的报酬。

此外，国家鼓励被授予专利权的单位实行产权激励，采取股权、期权、分红等方式，使发明人合理分享创新收益。

发明人的权利不属于专利权，是发明人单独享有的权利。无论专利权如何移转，发明人的权利均不应受到影响。

第三节　委托或合作发明创造

一、委托或合作发明创造的权属

两个以上单位或者个人合作完成的发明创造、一个单位或者个人接受其他单位或者个人委托所完成的发明创造，除另有协议的以外，申请专利的权利属于完成或者共同完成的单位或者个人；申请被批准后，申请的单位或者个人为专利权人。

在委托与合作发明的情况下，申请专利的权利遵从约定优先原则。如果委托或合作发明的各方当事人在合同中对于权利归属问题作出了明确约定，法律将从其约定。在当事人未就委托或合作发明的权利归属作出约定的情况下，申请专利的权利属于完成或者共同完成的单位或者个人。

其中，在合作开发的情况下，申请专利的权利属于完成发明的当事人共有。当事人一方不同意申请专利的，另一方或者其他各方不得申请专利。当事人一方转让其申请专利的权利的，其他各方享有以同等条件优先受让的权利。当事人一方声明放弃其申请专利的权利的，可以由另一方单独申请或者由其他各方共同申请。申请人取得专利权的，放弃专利申请的一方可以免费实施该专利。在委托开发的情况下，申请专利的权利属于发明创造的完成方，即受托人。委托人可以免费实施该专利。受托人转让申请专利的权利的，委托人享有以同等条件优先受让的权利。

二、专利权共有

因为委托、合作及其他情形，可能出现多人共有一项专利申请权或者专利权的情况。在此情况下，共有人对权利的行使有约定的，从其约定。在没有约定的情况下，原则上行使该专利申请权或者专利权应当取得全体共有人的同意，但存在一种例外：共有人中的任何人均可以单独实施或者以普通许可方式许可他人实施该专利；许可他人实施该专利的，收取的使用费应当在共有人之间分配。这一例外主要是为了贯彻专利法"推动发明创造的应用"的宗旨，促进专利技术的实施，从而促进社会进步。

【案例】 陶某与北京地铁地基工程公司专利权权属纠纷案

【案情】 1983年，陶某从中国人民解放军基建工程兵六支队副总工程师岗位调至北京市城市建设总公司构件厂（以下简称"构件厂"）任厂长。1984年4月16日，陶某根据自己在基建工程兵六支队多年从事地基基建工程施工的经验积累完成了"钻孔压浆成桩法"，并将该技术方案完整汇集在自己几十年来专门记载技术资料的笔记本上。1984年9月，北京科技活动中心大楼地基工程施工遇到困难，委托单位请陶某帮助解决。陶某代表构件厂承接了此项地基施工工程后，在用传统的小桩技术打了五根桩均告失败的情况下，将自己已经构思完成的技术方案，即"钻孔压浆成桩法"向委托单位进行了讲解，委托单位同意使用此方案。1985年1月，构件厂将从河南省某厂购买的Z400型长螺旋钻孔机运至北京科技活动中心大楼施工工地，并于1985年3月根据《工业与民用建筑灌注桩基础设计与施工规程》中关于"施工前必须试成孔，数量不得少于两个"的规定，由构件厂和施工队按陶某的技术方案试打了两根试验桩，经检验完全合格，陶某的技术方案首次应用成功。之后，该技术方案在保密的情况下多次被应用。后由于企业改制，构件厂于1986年10月更名为北京地铁地基工程公司（以下简称"地基公司"），陶某任该公司经理。1986年1月，陶某将"钻孔压浆成桩法"申请了非职务发明专利，并于1988年获得授权。1989年，地基公司向北京市专利局提起行政处理请求，要求确认该专利为职务发明专利。后北京市专利局作出处理决定，确认"钻孔压浆成桩法"发明专利为职务发明，专利权归地基公司所有。陶某不服，提起诉讼。

一审法院认为：陶某提供的"钻孔压浆成桩法"技术方案完成的时间是1984年4月16日，地基公司对此不能提出任何充足的证据加以否定，因而这一发明时间是可信的。陶某本人因长期从事地基施工方面的工作，这对完成该技术方案起了决定性的作用，在"钻孔压浆成桩法"试验过程中，使用了构件厂，即后来的地基公司专门为此购买的设备及必要的材料、人工等。陶某和地基公司对"钻孔压浆成桩法"的完成均起了十分重要的作用。据此，一审法院于1991年12月23日作出判决："钻孔压浆成桩法"的发明专利权归陶某和地基公司共有。❶

二审法院认为：首先，陶某作为构件厂厂长，其本职工作不是从事地基施工方面的技术开发，"钻孔压浆成桩法"不是其在本职工作中完成的发明创造，且该案也无证据显示构件厂曾交付陶某进行"钻孔压浆成桩法"的研究。其次，"钻孔压浆成桩法"技术方案完成时间是1984年4月16日，在此之前，陶某并没有利用

---

❶ 参见北京市中级人民法院（1991）中经字第724号民事判决书。

本单位的物质技术条件进行研究。1985年3月16日和17日在北京科技活动中心工地打的两根试桩,是对"钻孔压浆成桩法"技术方案的实施,而不是技术方案完成前对技术方案的试验。该案中对构件厂物质技术条件的利用仅仅是为了实施"钻孔压浆成桩法"技术,对其完成并未起到作用。因此"钻孔压浆成桩法"发明专利既不是陶某执行本单位的任务所完成的发明创造,也不是利用本单位的物质条件所完成的发明创造,不属于职务发明创造。据此,二审法院于1992年5月8日作出判决,撤销一审法院判决,确定"钻孔压浆成桩法"的发明专利权归陶某所有。❶

【评析】 这起发生较早的案件,较为全面地展现了职务发明创造的判断标准和判断方法。一方面,陶某的职务为厂长,其本职工作不包括技术研发,同时也无证据表明该发明是为了履行本单位交付的任务。因此,该发明不属于"执行本单位的任务"所完成的发明创造。另一方面,该发明并非"主要是利用本单位的物质技术条件"完成,而仅在技术方案完成之后,利用本单位的物质技术条件进行了技术规程要求的试验,该试验属于技术方案的实施。因此,"钻孔压浆成桩法"专利不满足职务发明的各项要件,不属于职务发明。

值得一提的是,该案是我国首例将职务发明还原为非职务发明的案例,是我国知识产权乃至公民权利保护的一个里程碑,因而被收入1994年《中国知识产权保护状况》白皮书中。

思考与讨论

1. 发明人、专利申请人、专利权人有何区别和联系?
2. 何种人可以成为专利法所称的"发明人"?
3. 职务发明创造的要件有哪些?
4. 职务发明创造的发明人有哪些权利?

---

❶ 陶某诉北京市地铁地基工程公司发明专利权属纠纷案[EB/OL].(2019-04-25)[2021-11-02].https://china.findlaw.cn/chanquan/zhuanlifa/famingzhuanli/6223.html.

延伸阅读

1. 程永顺. 专利权权属判例 [M]. 北京：知识产权出版社，2010.
2. 张明. 职务发明人合理分享创新收益的实现路径研究 [J]. 科学学研究，2020（11）.
3. 刁舜. 商业时代下的职务发明制度改革路径研究：基于添附理论的分析与实践 [J]. 商业研究，2019（5）.
4. 管荣齐. 论非实施性专利权主体的权利和行为限制 [J]. 法律科学（西北政法大学学报），2019（3）.
5. 王正中. 论人工智能生成发明创造的权利归属：立足于推动发明创造的应用 [J]. 电子知识产权，2019（2）.

第十三章　授予专利权的实质条件

授予发明和实用新型专利权的实质条件包括新颖性、创造性和实用性。新颖性是指该发明或者实用新型不属于现有技术或抵触申请。创造性是指该发明具有突出的实质性特点和显著进步,该实用新型具有实质性特点和进步。实用性是指该发明或者实用新型能够制造或者使用,并且能够产生积极效果。授予外观设计专利权的实质性条件包括新颖性、创造性和不与在先权利相冲突。专利权的授权实质条件,既是专利审查时判断专利是否能够授权的依据,也是专利无效宣告程序中判断专利是否会被无效的依据。

第一节　新颖性

本章先介绍发明和实用新型的授权实质条件新颖性、创造性和实用性,再介绍外观设计的授权实质条件。

一、新颖性的定义

新颖性是指该发明或者实用新型不属于现有技术,也没有任何单位或者个人就同样的发明或者实用新型在申请日以前向国务院专利行政部门提出过申请,并记载在申请日以后公布的专利申请文件或者公告的专利文件中。

从新颖性的定义可以看出,用来判断一项发明或实用新型的新颖性的材料有两种,一种是"现有技术",另一种即"在申请日以前向国务院专利行政部门提出过申请,并记载在申请日以后公布的专利申请文件或者公告的专利文件中的同样的发明或者实用新型",一般称之为"抵触申请"。

二、现有技术和抵触申请

（一）现有技术

1. 现有技术的定义

现有技术是指申请日以前在国内外为公众所知的技术。可以从三个层面来理解该定义。

（1）现有技术的公开时间应在专利申请日以前。在专利申请日以后公开的技术，不会构成现有技术，不破坏专利的新颖性。例如，一位学者将其研发出的一项新技术在保密状态下先申请了专利，然后再将其作为论文发表，是不会破坏该专利的新颖性的。

（2）现有技术的地域范围为国内外。换言之，世界上所有已经公开的技术，均有可能构成现有技术，破坏专利的新颖性。检索对比文件时，也应对世界范围的专利文献进行检索。

（3）"为公众所知"，是指该技术方案处于公众想知道就能够获知的状态，而不以公众实际知道为要件。例如，一本公共图书馆中从未有人借阅过的书，或者互联网上点击率为0的文章，均能构成专利法意义上的为公众所知。此外还需要注意两方面。一是"为公众所知"应为通过合法途径知晓，通过非法途径知晓不属于专利法意义上的公开；二是"为公众所知"是指该技术方案能够为非特定人获知。所谓特定人，是指对于发明创造负有保密义务，或者按社会观念应当并且能够保密的人。一项发明创造仅为特定人所知晓，不论这种特定人有多少，也不构成专利法意义上的公开。

2. 现有技术的公开方式

现有技术的公开方式分为三种，分别为出版物公开、使用公开和其他公开。

（1）出版物公开。这里的"出版物公开"含义类似于"书面公开"。"出版物"不仅包括公开出版的刊物，还包括各种印刷、打印或手抄的纸件，如专利文献、技术手册、产品目录等，以及各种以光、电、磁或摄影等方法制成的有形载体，如磁盘、光盘、缩微胶片等。但文件上应当载明能够判断公开日的依据。

（2）使用公开。使用公开是指通过使用使得一项技术处于为公众所知的状态。但如构成现有技术的部分属于产品的内部结构，则只有在公众能够通过合法手段获知该内部结构时，方能构成使用公开。例如，在市面上销售的电器，消费者购买之后，有权拆开其外壳，分析其内部结构，故构成使用公开；而安装在街角的变压器，非工作人员无权对其进行拆解，因此在工作人员负有保密义务的情况下，不属于使用公开。

（3）其他公开。主要是指口头公开，如口头交谈、报告、广播或电视等媒介的播放等。

值得注意的是，尽管专利法规定了现有技术的三种公开方式，但在专利审查中，审查员通常主要通过专利检索来判断新颖性、创造性。检索到的用于判断新颖性、创造性的专利文件称为"对比文件"或"对比文献"。而在专利的无效宣告请求程序中，经由上述三种方式公开的技术均可作为判断新颖性、创造性的证据。

（二）抵触申请

抵触申请是指在申请日以前向国务院专利行政部门提出过申请，并记载在申请日以后公布的专利申请文件或者公告的专利文件中的同样的发明或者实用新型。一项专利从申请到公开需要经过一段时间。而只有在专利申请日之前公开的技术才能构成现有技术。如果另一份专利文件是在专利的申请日之前申请，在其申请日之后才被公开，则不会构成现有技术。但是，如果该在先专利文件与所申请的专利系同样的发明或实用新型，则有可能出现二者同时被授予专利权的情况，违背了专利法的禁止重复授权原则。因此，为避免重复授权，专利法将这类专利文件命名为"抵触申请"，也作为破坏专利新颖性的一种情况。

因规定抵触申请的目的是防止重复授权，而由于专利的地域性，向不同国家申请同一专利不会造成重复授权，所以会构成我国专利申请的抵触申请的专利，也应是向我国专利行政部门提出的申请。抵触申请的定义中，"公布"是指发明专利申请在实质审查之前进行的公布，"公告"是指不经过实质审查的实用新型文件在授权的同时进行的公告。如果申请人未从其他渠道公开过其专利技术方案，则该公布或公告是该专利技术方案的首次公开。

因此，在专利审查过程中，不但要检索申请日前公开的文献，还需要补充检索在申请日之前提交申请，申请日之后被公开的专利文献。

三、新颖性的审查

专利新颖性、创造性的判断，均是以一项权利要求为基础进行的。将该权利要求中的技术特征逐一与对比文件对比来进行新颖性、创造性的判断。如果独立权利要求具备新颖性、创造性，则不再考察从属权利要求的新颖性、创造性。如果独立权利要求不具备新颖性、创造性，则根据从属关系，依次考察各从属权利要求的新颖性、创造性。

新颖性的审查适用"单独对比"原则，即在判断新颖性时，仅将权利要求与一份对比文件或对比文件中的一项技术方案进行比较。如果相对于该对比文件，权利要求的技术方案中存在新的技术特征，则具备新颖性，反之则不具备新颖性。而创造性的判断则可能会引证多份对比文件。

四、不丧失新颖性的公开

根据现有技术的定义，在申请日以前被公开的发明创造将丧失新颖性。但某些符合法律规定的特定的公开方式不会对发明创造的新颖性产生影响，专利法上称之为"不丧失新颖性的公开"。

申请专利的发明创造在申请日以前6个月内，有下列情形之一的，不丧失新颖性：①在国家出现紧急状态或者非常情况时，为公共利益目的首次公开的；②在中国政府主办或者承认的国际展览会上首次展出的；③在规定的学术会议或者技术会议上首次发表的；④他人未经申请人同意而泄露其内容的。

这6个月的期限又被称为"新颖性宽限期"。需要注意的是，上述不丧失新颖性的公开，是指专利申请日前6个月内出现的这四种方式的公开不会破坏专利新颖性。如果该发明创造在申请日前被以其他方式公开，则其他公开方式会破坏其新颖性。其中，第②、第③项必须是申请人自身的行为。例如，他人将其独立研发的技术方案在中国政府主办或承认的国际展览会上首次展出，则会破坏专利的新颖性。因此，这一规定仅是一种亡羊补牢的手段，不宜主动适用。

"中国政府承认的国际展览会"是指国际展览会公约规定的在国际展览

局注册或者由其认可的国际展览会。"学术会议或者技术会议"是指国务院有关主管部门或者全国性学术团体组织召开的学术会议或者技术会议。并非任何国际展览会或学术、技术会议均可享受不丧失新颖性的公开。

第二节 创造性

一、创造性的定义

创造性是指与现有技术相比,该发明具有突出的实质性特点和显著的进步,该实用新型具有实质性特点和进步。在专利授权实质条件中,该项是发明和实用新型唯一存在区别的一项。由定义可以看出,发明对于创造性的要求比实用新型要高,这是发明和实用新型的主要区别之一。

如第一节所述,新颖性的判断只进行技术特征的对比,只要求保护的发明或实用新型相对于现有技术存在新的技术特征,即具有新颖性。而创造性的判断则既需要进行技术特征上的对比,又需要进行技术效果上的比较。以发明为例,"突出的实质性特点和显著的进步"两个判断标准中,"突出的实质性特点"是针对所属技术领域的技术人员来说,发明相对于现有技术是非显而易见的,在对技术特征上的区别进行判断的同时,也包括了对于技术效果的判断。而"显著的进步"是指发明与现有技术相比能够产生有益的技术效果,主要是针对技术效果而言。

二、创造性的审查

发明和实用新型的创造性审查大体类似,实用新型在部分要求上有所降低,因此这里以发明专利的创造性审查为例加以介绍,最后讲解实用新型的创造性审查与发明的不同。

（一）对比文件范围

判断专利创造性的对比文件只包括现有技术,不包括抵触申请。抵触申请的规定主要是用来避免相同专利的重复授权问题,故仅用来评价新颖性。创造性判断中现有技术的定义与新颖性判断中的是完全一致的。

(二)对比原则

与新颖性判断的单独对比原则不同,判断创造性时,应将一份或者多份现有技术中的不同技术内容组合在一起进行评价。

(三)判断主体

判断创造性的"突出的实质性特点",需要判断该发明相对于现有技术是否显而易见。显然,不同的判断主体对于是否"显而易见"的判断会完全不同。例如,某领域的专家认为完全是显而易见的改进,初级技术人员可能会认为并不是那么显而易见的。因此,在判断发明是否具有创造性时,必须首先对判断主体进行统一。

根据《专利审查指南》的规定,创造性的判断主体为"所属技术领域的技术人员",也可称为"本领域的技术人员"。[1] 这是一种假设的"人"。一方面,其知晓申请日或者优先权日之前发明所属技术领域所有的普通技术知识,能够获知该领域中所有的现有技术,并且具有应用该日期之前常规实验手段的能力;另一方面,其不具有创造能力。如果所要解决的技术问题能够促使本领域的技术人员在其他技术领域寻找技术手段,他也应具有从该其他技术领域中获知该申请日或优先权日之前的相关现有技术、普通技术知识和常规实验手段的能力。

上述定义可以简单理解为,所属技术领域的技术人员一方面依靠自身的知识储备、专利检索及其他方式,能够获得本领域和(必要时)外领域需要的一切技术知识和常规实验手段;另一方面,不具备创造力,在所属技术领域的技术人员看来相对于现有技术是非显而易见的技术方案,即具有创造性。

(四)创造性判断三步法

判断要求保护的发明相对于现有技术是否显而易见,一般按照三个步

---

[1] 参见《专利审查指南》(2010版)第二部分第四章2.4节。

骤进行，称之为"创造性判断三步法"。❶

第一步，确定最接近的现有技术。最接近的现有技术是指现有技术中与要求保护的发明最密切相关的一个技术方案，它是判断发明是否具有突出的实质性特点的基础。

最接近的现有技术主要包括以下两种：①与要求保护的发明技术领域相同，所要解决的技术问题、技术效果或者用途最接近和/或公开了发明的技术特征最多的现有技术；②虽然与要求保护的发明技术领域不同，但能够实现发明的功能，并且是公开发明的技术特征最多的现有技术。

"公开发明的技术特征最多"是最接近的现有技术最重要的特征，一般应当先考虑技术领域相同或相近的现有技术，再考虑技术领域不同的现有技术。

该步骤事实上是新颖性判断的步骤，通过专利检索，找到一份最接近的现有技术来判断发明是否具有新颖性。如果要求保护的发明与最接近的现有技术相比不具备新的技术特征，则不具有新颖性，无法授予专利权，专利实质审查到此结束。如果具备新的技术特征——下一步中的"区别特征"——则继续进行创造性判断。由此可见，"创造性判断三步法"事实上同时包括了新颖性和创造性判断，依靠这一流程即可完成对新颖性和创造性的全部判断。

第二步，确定发明的区别特征和发明实际解决的技术问题。该步骤分为两部分，分别对要求保护的发明的技术特征和技术效果加以评价。发明的区别特征，即相对于最接近的现有技术，要求保护的发明所具有的一个或多个新的技术特征，体现出二者在技术特征上的区别。发明实际解决的技术问题，则主要是从技术效果上来衡量。相对于最接近的现有技术，上述区别特征实现了何种技术效果，解决了何种技术问题。换言之，通过增加上述区别特征，要求保护的发明实际解决了最接近的现有技术所未解决的何种技术问题。

第三步，判断要求保护的发明对本领域的技术人员来说是否显而易见。该步骤需要确定的是现有技术中是否存在"技术启示"。技术启示是

---

❶ 参见《专利审查指南》（2010版）第二部分第四章第3.2节，该节收录了大量便于理解创造性判断三步法的案例。限于篇幅，本书不再收录相关案例，可以直接查阅《专利审查指南》。

指现有技术中存在的,将上述区别特征应用到最接近的现有技术,以解决其存在的技术问题(发明实际解决的技术问题)的启示。如上所述,本领域的技术人员不具备创造力,如果现有技术中存在这种技术启示,使其不需要通过创造性劳动就能想到将区别特征应用至最接近的现有技术以解决发明实际解决的技术问题,则要求保护的发明对本领域的技术人员来说是显而易见的,不具备创造性。

由此可见,创造性判断的对比文件往往不止一份,最接近的现有技术和技术启示均是判断创造性需要引用的对比文件。

下述三种情况,通常可以认为现有技术中存在技术启示。

(1)所述区别特征为公知常识,如其是本领域中解决该技术问题的惯用手段,或教科书或者工具书等中披露的解决该技术问题的技术手段。

(2)所述区别特征为与最接近的现有技术相关的技术手段,如同一份对比文件其他部分披露的技术手段,该技术手段在该其他部分所起的作用与该区别特征在要求保护的发明中为解决该技术问题所起的作用相同。

(3)所述区别特征为另一份对比文件中披露的相关技术手段,该技术手段在该对比文件中所起的作用与该区别特征在要求保护的发明中为解决该技术问题所起的作用相同。

(五)显著的进步

一般情况下,要求保护的发明如果能够通过创造性判断三步法的判断,即可被认为具有新颖性和创造性。但其中,其区别特征实现的技术效果应满足"显著的进步"的要求。专利法对于"显著的进步"要求并不高,通常具备以下情形之一即可被认为具有显著的进步。

(1)发明与现有技术相比具有更好的技术效果,如质量改善、产量提高、节约能源、防治环境污染等。

(2)发明提供了一种技术构思不同的技术方案,其技术效果能够基本上达到现有技术的水平。

(3)发明代表某种新技术发展趋势。

(4)尽管发明在某些方面有负面效果,但在其他方面具有明显积极的

技术效果。❶

此外，在以下几种情形下，即便无法通过创造性判断三步法，也不应轻易作出发明不具备创造性的结论：发明解决了人们一直渴望解决但始终未能获得成功的技术难题；发明克服了技术偏见；发明取得了预料不到的技术效果；发明因其技术特征而在商业上获得了成功。

（六）实用新型的创造性

实用新型的创造性要求低于发明，在专利审查中，这主要体现在对比文件的领域和对比文件的数量。❷ 对于发明专利而言，不仅要考虑该发明专利所属的技术领域，还要考虑其相近或者相关的技术领域，以及该发明所要解决的技术问题能够促使本领域的技术人员到其中去寻找技术手段的其他技术领域。对于实用新型专利而言，一般着重于考虑该实用新型专利所属的技术领域。但是现有技术中给出明确的启示，如现有技术中有明确的记载，促使本领域的技术人员到相近或者相关的技术领域寻找有关技术手段的，可以考虑其相近或者相关的技术领域。此外，对于发明专利而言，可以引用一项、两项或者多项现有技术评价其创造性。对于实用新型专利而言，一般情况下可以引用一项或者两项现有技术评价其创造性。对于由现有技术通过"简单的叠加"而成的实用新型专利，可以根据情况引用多项现有技术评价其创造性。

第三节 实用性

实用性是指该发明或者实用新型能够制造或者使用，并且能够产生积极效果。实用性的判断是不需要依据对比文件来进行的，故不需要进行专利检索。因此，在专利授权实质条件的审查中，首先审查实用性，其次审查新颖性，最后审查创造性。

实用性的判断需要注意以下几方面。

第一，符合自然规律，具有可实施性。例如，永动机违背了自然规

---

❶ 参见《专利审查指南》（2010版）第二部分第四章3.2节。
❷ 参见《专利审查指南》（2010版）第四部分第六章第4节。

律，不具备实用性，因而不能被授予专利。可实施性并不意味着发明或实用新型已经在产业上实际制造或使用，只要基于对发明或实用新型的客观分析，认定它具备制造或使用的可能性，即可视为具有实用性。

第二，专利权是一种工业产权，因此实用性定义中的"能够制造或者使用"是指能以工业方式批量重复制造或使用，具备产业再现性。例如，南京长江大桥的建造基于当地独特的水文地理条件，无法重复实施，故不具有实用性。又如，外科手术中，以疾病的治疗为目的的手术属于"疾病的诊断和治疗方法"，无法授予专利权；而不以疾病的治疗为目的的手术，如美容手术，因针对特定患者，无法重复实施，不具备实用性而无法授予专利权。因此，整个外科手术领域均无法被授予专利权。

第三，能够产生积极效果。通常，这种积极效果可以表现为提高产品质量、改善工作和生产环境、节约能源、减少环境污染、降低成本等。实用性的判断也并不需要发明创造在申请专利时已经产生了这种积极效果，只要具备产生积极效果的可能性就可以了。

第四节 外观设计的授权实质条件

由于外观设计保护的对象为产品外观的设计，而非技术方案，因此，授权实质条件与发明、实用新型相比具有一定区别。分为新颖性、创造性和不与在先权利相冲突。其中，创造性的定义与发明、实用新型也存在较大区别。

一、新颖性、创造性

（一）判断主体

与发明、实用新型的判断主体"所属技术领域的技术人员"不同，外观设计的判断主体为"一般消费者"。不同种类的产品具有不同的消费者群体，应以某种类外观设计产品的一般消费者作为该类产品外观设计的判断主体。一般消费者对专利申请日之前相同种类或者相近种类产品的外观设计及其常用设计手法具有常识性的了解，对外观设计产品之间在形状、图案及色彩上的区别具有一定的分辨力，但不会注意到产品的形状、图案及色彩的微小变化。

（二）新颖性

外观设计的新颖性是指授予专利权的外观设计应当不属于现有设计，也没有任何单位或者个人就同样的外观设计在申请日以前向国务院专利行政部门提出过申请，并记载在申请日以后公告的专利文件中。现有设计是指申请日以前在国内外为公众所知的设计。外观设计新颖性的含义与发明和实用新型基本一致，仅现有技术被对应替换为现有设计。

不属于现有设计，是指在现有设计中既没有与要求保护的设计相同的外观设计，也没有与其实质相同的外观设计。其中，"相同"是指二者相比，仅属于常用材料的替换，或者仅存在产品功能、内部结构、技术性能或者尺寸的不同，而未导致产品外观设计的变化。"实质相同"是指二者仅存在施以一般注意力不能察觉到的局部的细微差异；仅将某一设计要素整体置换为该类产品的惯常设计的相应设计要素；互为镜像对称等。

和发明、实用新型一样，外观设计的新颖性判断也适用单独对比原则，将要求保护的设计与一项对比设计进行单独对比。

（三）创造性

（1）产品相同或相近。外观设计的创造性判断仅针对承载在相同或相近产品上的外观设计进行。在针对不相同或不相近似的产品做出的外观设计不会破坏外观设计创造性。其中，相近产品是指用途相近的产品。

（2）判断标准和原则。外观设计的创造性是指授予专利权的外观设计与现有设计或者现有设计特征的组合相比，应当具有明显区别。外观设计保护的是视觉感受上的创新，而非技术创新，所以无法以"实质性特点和显著的进步"来衡量。审查员仅判断外观设计与现有设计或其特征的组合相比是否具有明显区别，至于该"明显区别"在视觉感受上是否具有吸引力，则可交由市场来判断。和发明、实用新型一样，外观设计创造性的判断允许将两项或两项以上现有设计或现有设计的特征组合起来对要求保护的设计进行评价。

值得注意的是，外观设计的授权实质条件并未规定"实用性"。但外观设计定义中的"适于工业应用"是指其必须以能够通过工业方法批量重复制造的产品作为载体,隐含了与实用性类似的要求。

三、不得与他人在先取得的权利相冲突

授予专利权的外观设计不得与他人在申请日以前已经取得的合法权利相冲突。合法权利包括商标权、著作权、企业名称权、肖像权、知名商标特有包装或装潢使用权等。所谓相冲突,是指在未经权利人许可的情况下,外观设计使用了在先合法权利的客体,从而导致专利权的实施将会损害在先权利人的相关合法权利或利益。与他人在先取得的权利相冲突的外观设计不能被授予专利权。

外观设计保护的是形状、图案和色彩,而使用现有素材进行设计属于惯常设计方式,因此很容易与他人就这些素材取得的在先权利相冲突。例如,使用他人的美术作品作为外观设计图案,可能会侵犯他人在先的著作权;使用他人的头像作为外观设计的形状,则可能会侵犯他人的肖像权等。因此,专利法就此专门作出了规定。

【案例】 马某与专利复审委发明专利权无效行政纠纷案

【案情】 马某发明的"红外传输出租汽车计价器"获得了发明专利,北京林阳智能研究中心向专利复审委员会申请宣告该发明专利无效。证据中包含一份英国专利文件和一份香港八通公司计价器说明书。二审法院认定:英国专利所公开的是通过有线连接计算机对计价器进行数据传输管理的一种技术,并写明最好采用光波控制方式改进这种有线传输信息的方式。而香港公司计价器说明书所公开的是一种利用红外信号传输进行管理的出租车计价器。红外线是光波的一种。而红外线信号传输装置是公知技术,是由红外接收、发射装置构成的。且利用红外信号代替英国专利技术中的有线输入、输出技术也是公知技术。因此,香港公司的说明书所公开的技术方案对于本领域技术人员存在着技术启示。本领域技术人员不经创造性劳动,

就能够联想到将香港公司的说明书中公开的红外线传输技术用于英国专利技术方案，得到涉案发明。因此，该发明不具有创造性，专利权无效。❶

【评析】 该案涉及发明专利的创造性判断，应当遵循创造性判断三步法。该案中，英国专利构成马某的发明的最接近的现有技术。而马某发明与最接近的现有技术的区别特征是英国专利的传输方式是有线传输，而马某发明的传输方式是红外线传输。该区别特征实际解决的技术问题是对出租车计价器进行数据传输管理。而香港公司计价器说明书披露了该区别特征，并且其在该计价器说明书中所起的作用与该区别特征在要求保护的发明中为解决该技术问题所起的作用相同。因此，马某的专利不具有创造性，专利权无效。

思考与讨论

1. 什么是抵触申请？
2. 如何理解专利法意义上的"公开"？
3. 如何判断发明专利的创造性？
4. 外观设计的实质授权条件有哪些？

延伸阅读

1. 石必胜. 专利权有效性司法判断 [M]. 北京：知识产权出版社，2016.
2. 刘俊士. 专利创造性分析原理 [M]. 北京：知识产权出版社，2012.
3. 国家知识产权局专利复审委员会. 专利复审委员会案例诠释：现有技术与新颖性 [M]. 北京：知识产权出版社，2004.
4. 黎华献. 专利实用性要件之适用标准的反思与重构 [J]. 清华法学，

---

❶ 参见北京市高级人民法院（1998）高知终字第29号行政判决书。

2020（6）．

5. 刘友华，李新凤．人工智能生成的技术方案的创造性判断标准研究［J］．知识产权，2019（11）．

6. 吴汉东．人工智能生成发明的专利法之问［J］．当代法学，2019（4）．

第十四章 专利申请实务

与著作权不同,专利权并非完成即取得,而是需要经过严格的申请审查程序才能授权。围绕专利申请建立起一整套流程和规定,这也是专利代理师的工作重点。本章介绍了专利申请实务的各方面内容,包括专利申请程序、专利申请文件和复审无效程序三部分。对于专利申请程序的"早期公开、延迟审查"制度,专利申请文件撰写的基本要求,复审无效程序的流程等,均进行了详细介绍,旨在为专利申请实务工作提供一个简明扼要的指南。

第一节 专利申请程序

一、专利申请的相关规定

(一)禁止重复授权原则

禁止重复授权原则,即同样的发明创造只能授予一项专利权。这是专利权与著作权的一个不同之处。在著作权领域,只要符合独创性要求,即便是两件完全相同的作品,也可分别拥有独立的著作权。但即便是两项各自独立完成的同样的发明创造,也只能授予一项专利权。专利权是禁止他人实施专利技术的权利,若同样的发明创造的专利权被授予两个主体,就会造成互相禁止实施的局面。且第三人想要实施该专利技术就需要经过所有专利权人同意并缴纳费用,将在市场中产生混乱。

(二)先申请原则

在禁止重复授权原则下,当同样的发明创造被提交了两项或两项以上的专利申请时,就需要判断谁能获得专利权。世界范围内对此存在两种不同的处理方式。美国长期实行的是"先发明原则",将专利权授予最先发明该项技术的人。❶ 而除美国以外的大部分国家实行的是"先申请原则",将专利权授予最先提交专利申请的人。

两种方式,各有优劣。先发明制度的优点是对于发明人较为公平,缺点:一方面,举证较为困难,需要在发明过程中保留大量的中间文件,一旦发生纠纷,需要消耗大量的诉讼成本;另一方面,容易导致发明人怠于申请专利,使得技术无法及早得到公开,且容易造成重复研究。先申请制度的优点是举证简单,判断容易,且能够促使发明人及早申请专利、公开技术方案,从而加速科技进步。先申请制度的缺点:一方面,对于先发明人可能会不公平;另一方面,可能使得申请人为了尽早提交申请以防被他人抢先,将大量技术尚不成熟、市场前景尚不明了的发明创造提交专利申请,从而极大地加重专利审查员的负担。

因此,实行先申请制度的国家都会同时通过相关的制度设计发挥先申请制度的优点,规避先申请制度的缺点。

我国专利法采用了先申请原则,规定两个以上的申请人分别就同样的发明创造申请专利的,专利权授予最先申请的人。我国对于申请时间先后的判断是以日为单位的。两个以上的申请人同日分别就同样的发明创造申请专利的,应当在收到国务院专利行政部门的通知后自行协商确定申请人。申请人期满不答复的,其申请被视为撤回;协商不成,或者经申请人陈述意见或进行修改后仍不符合规定的,两件申请均予以驳回。

（三）申请日

国务院专利行政部门收到专利申请文件之日为申请日。如果申请文件是邮寄的,则以寄出的邮戳日为申请日。这主要是为了便利外地的申请人能够即时取得申请日。需要注意的是,"邮寄"是指通过邮局的传统邮寄方式,不包括快递。快递的申请文件,仍以收到日作为申请日。通过专利电子申请系统提交专利申请文件,则不需要考虑这一问题。

对于实行先申请制度的国家,申请日是专利法中最重要的一个日期。

---

❶ 2011 年 9 月 14 日由奥巴马总统签署的《美国发明法案》对美国专利法进行了重要修改,对"先发明原则"进行了一定调整,但并未采用"先申请原则",而是建立了一种"发明人先申请原则"(First Inventor to File)。

申请日的重要性主要体现在以下几点：

（1）同样的发明创造，专利权授予申请日在先者。

（2）申请日是用于新颖性、创造性判断的现有技术公开时间的界限，申请日以后公开的技术，不再破坏专利的新颖性、创造性。同时，申请日也是抵触申请的申请日的界线，在申请日以前申请，申请日以后公开的专利文件才可能构成抵触申请。

（3）申请日是专利审查程序中所有期限的起算日。

（4）申请日是专利期限起算日。

（四）优先权

优先权是指专利申请人就其发明创造首次提出专利申请后，在法定期限内又就相同主题的发明创造提出专利申请的，其在后申请以在先申请的申请日作为其申请日。该首次申请日称为优先权日。值得注意的是，该首次申请应为世界范围内的第一次申请，且只要是被正式受理并获得了申请日的专利申请均可作为要求优先权的基础，与其随后的法律状态无关，不管该专利是否被授权，均可成立优先权。

优先权分为外国优先权和本国优先权。外国优先权，即申请人自发明或者实用新型在外国第一次提出专利申请之日起12个月内，或者自外观设计在外国第一次提出专利申请之日起6个月内，又在中国就相同主题提出专利申请的，可以享有优先权。享有外国优先权的前提是该外国和中国同是《巴黎公约》成员国，或存在相关协议或互相承认优先权。由于绝大部分国家均是《巴黎公约》成员国，因此一般情况下均可成立外国优先权。外国优先权要解决的就是同一发明创造在不同国家分别提出申请的问题。本国优先权是指申请人自发明或者实用新型在中国第一次提出专利申请之日起12个月内，或者自外观设计在中国第一次提出专利申请之日起6个月内，又向国务院专利行政部门就相同主题提出专利申请的，可以享有优先权。

值得注意的是，优先权对于申请日的提前具有绝对性，即在成立优先权的情况下，可以直接将优先权日视为申请日，因此，在优先权日和实际申请日之间公开的任何技术或提交的抵触申请，均不会破坏专利申请的新颖性、创造性。这与新颖性宽限期的相关规定存在较大区别。专利审查程序中各期限的起算日有优先权日的,也均提前至优先权日。我国《专利法》所称的申请日,除专利期限的起算日以外,有优先权的,均指优先权日。

(五)单一性

单一性是指一件专利申请的内容只能包括一项发明创造,不能将两项或两项以上的发明创造作为一项专利申请提出。这主要是出于方便审查和检索,以及保障专利审查费用的目的。但单一性原则存在一定例外:属于一个总的发明构思的两项以上的发明或者实用新型,可以作为一件申请提出。这里,"属于一个总的发明构思"的发明或实用新型,应当在技术上相互关联,包含一个或多个相同或相应的特定技术特征。其中,特定技术特征是指每一项发明或实用新型作为整体考虑,对现有技术作出贡献的技术特征。

二、专利审查程序

(一)发明专利审查程序

发明专利的审查程序采取了"早期公开、延迟审查"制度,即在受理和初步审查之后,先公布申请文件,然后再应申请人的请求进行实质审查。由该制度可以看出,申请人要想专利授权,就必须先公开全部技术方案,然后才能请求实质审查,进而获得授权。这是专利权的"以垄断换公开"的契约在审查程序上的具体体现。专利审查程序中,申请人可以在被授予专利权之前随时撤回其专利申请。

发明专利审查程序包括以下步骤。

(1)受理。在专利申请文件满足基本要求的情况下,国务院专利行政部门即可受理专利申请,以收到专利文件之日作为申请日,并确定唯一的专利申请号。该专利申请号将贯穿专利申请的始终,并在专利授权后加上"ZL"前缀,成为专利号。

(2)初步审查。初步审查主要审查专利申请是否符合专利法规定的形式要求及是否存在明显的实质性缺陷,如是否明显不属于专利保护范围,是否明显违反法律、社会公德或者妨害公共利益等。此外,还会审查是否已经缴纳费用。

（3）公布。经初步审查认为符合专利法相关要求的申请，自申请日起满18个月予以公布，并可以根据申请人的请求提前公开。专利申请的公布对于申请人有着重要的意义。如果申请人未通过其他渠道自行公开其技术方案，则在公布程序之前，技术方案一直处于秘密状态。如果申请人撤回申请，仍然可以以技术秘密的形式保护其技术方案。而一旦专利申请被公布，则不可能再以技术秘密的形式加以保护。需要注意的是，由于我国实行先申请制度，为了能够抢先提交申请，申请人往往会在对技术的研发前景、市场价值等考虑均不够成熟的情况下，先行提交专利申请。因此，申请人在提交申请后，往往需要一段时间继续考虑是否将审查程序进行下去。此外，专利申请的公布意味着社会公众能够获知其技术方案，从而停止重复研发，并可作为后续研发的参考。

因此，专利法规定了18个月期限作为专利申请人的考虑期。考虑期限太短，不利于保护申请人的利益，考虑期限太长，不利于保护社会公众的利益，18个月是权衡双方利益的结果。而如果申请人业已考虑成熟，希望提前公布专利申请以尽快获得授权，这与社会公众的利益是一致的，因此专利法也规定专利申请可以应申请人请求提前公开。

值得注意的是，发明专利申请公布后至专利授予前，申请人并未获得专利权，但技术已经为公众所知，能够被任何人实施。这对保护专利申请人的权利是不利的。因此，专利法就公布后、授权前的专利申请规定了"临时保护"制度，在专利授权后，申请人可以要求在该段时间实施其发明的单位或者个人支付适当的费用，该费用可以参照有关专利许可使用费合理确定。❶

（4）实质审查。自申请日起3年内，国务院专利行政部门可以根据申请人随时提出的请求对其申请进行实质审查。申请人无正当理由逾期不请求实质审查的，该申请即视为被撤回。请求实质审查需要缴纳实质审查费，该费用高于专利申请费❷。由此可见，发明专利的审查程序中，申请人

---

❶ 参见《最高人民法院关于审理侵犯专利权纠纷案件应用法律若干问题的解释（二）》第18条。

❷ 根据国家知识产权局2019年11月22日发布的《专利收费、集成电路布图设计收费标准》的规定，发明专利申请费为900元，实质审查费为2500元。

需要主动提交两次请求，缴纳两次费用，才可能获得授权。

该规定主要是为了规避先申请制度的缺陷，减轻实质审查员的审查负担。申请人提交专利申请后，如经过考虑，认为并无继续进行审查，获得授权的必要，则不必再提出实质审查请求和缴纳相应费用，那么该专利就不会进入实质审查程序。通过这一制度设计，专利法在保留了先申请制度优势的同时，成功规避了其加重审查负担的缺陷。与公布阶段一样，3 年的期限是专利法给申请人提供的"考虑期"，也同样是平衡申请人和社会公众利益的结果。一项已经被公布的专利申请如果未提出实质审查请求，则将失去授权可能，进入公有领域，任何人均可自由使用其技术。因此，与公布阶段一样，该期限过短不利于保护申请人的利益，过长则社会公众迟迟无法使用已被申请人放弃的技术。两相权衡，定为 3 年。申请人只要考虑成熟，可以随时提交实质审查请求。

实质审查通常以通过专利审查员下达审查意见通知书和专利申请人提交意见陈述书的书面方式进行，常需要经过一轮至数轮，因此耗时也较为漫长。实质审查过程中，专利申请人可以主动或应审查意见通知书的要求对申请文件进行修改，但修改的时机和范围应符合法律的相关规定，并不得超出原说明书和权利要求书记载的范围（实用新型和外观设计申请文件的修改同样需要满足修改不得超范围的要求）。

（5）授权与公告。发明专利申请经形式审查和实质审查均未发现驳回理由的，由国务院专利行政部门作出授予发明专利权的决定，发给发明专利证书，同时予以登记和公告。发明专利权自公告之日起生效。

此外，先申请原则不利于保护先发明人的缺陷也可以依据"先用权"得到一定弥补。在专利申请日前已经制造相同产品、使用相同方法或者已经作好制造、使用的必要准备，并且仅在原有范围内继续制造、使用的，不视为侵犯专利权。由此可见，专利法通过一系列的制度设计，既发挥了先申请制度的优势，又有效地规避了其带来的问题；既保护了专利权人的利益，又维护了社会公众利益，促进了科学技术的发展。

（二）实用新型和外观设计专利审查程序

实用新型和外观设计的审查程序包括受理、初步审查、授权三个步骤。相比发明专利程序，没有专门的公布程序，也没有实质审查程序。受理、初步审查和授权三个步骤则与发明专利审查程序基本相同。为满足"以垄断换公开"的契约，实用新型和外观设计会在授权的同时对专利申请文件进行公告。

由于不进行实质审查，也没有发明专利审查程序在公布和实质审查阶段前设置的"考虑期"，故实用新型和外观设计的审查耗时较短，通常能在一年之内授权（或驳回），但同时专利的稳定性也较差。之所以如此设置，是因为当专利权人起诉他人侵权（或请求管理专利工作的部门处理）时，被控侵权方常常会发起无效宣告请求程序，请求认定涉案专利无效。实用新型和外观设计的实质审查将在无效宣告请求程序中进行，如果专利被宣告无效，则无法认定他人侵权。如果实用新型和外观设计的专利权人希望了解其专利是否稳定，则可以请求国务院专利行政部门作出专利权评价报告，该评价报告所评价的内容与实质审查基本一致。专利侵权纠纷涉及实用新型专利或者外观设计专利的，人民法院或者管理专利工作的部门也可以要求专利权人或者利害关系人出具专利权评价报告作为审理、处理专利侵权纠纷的证据；专利权人、利害关系人或者被控侵权人也可以主动出具专利权评价报告。

第二节 专利申请文件

专利法的各项手续均应以书面形式办理。专利申请也应提交正式的书面文件，即专利申请书。由于保护对象不同，发明、实用新型和外观设计的专利申请书具有不同的形式。本节将先介绍发明和实用新型的申请文件，再介绍外观设计的申请文件。

一、发明与实用新型专利申请文件

发明或者实用新型的专利申请书应当包括以下几部分：请求书、权利要求书、说明书、说明书附图和说明书摘要。几份文件具有不同的功能，其中，请求书用于记载发明名称、申请人、发明人等著录项目，权利要求书用于划定专利的保护范围，说明书用于公开全部技术内容，必要时，应当有附图。摘要用于简要说明技术要点。

专利申请书中，权利要求书和说明书是最重要的两份文件，也是"以垄断换公开"的契约在专利申请文件上的体现。权利要求书划定的是"垄断"的范围，专利权人在何种范围内享有独占实施权，可以禁止他人实施。而说明书则是满足"公开"的要求。为了保证契约的公平，专利法还对垄断和公开分别提出了相应要求。一方面，"权利要求书应当以说明书为依据"，这是指说明书中没有公开的内容，不能写入权利要求，获得专利权的保护。专利申请人公开了多大范围，就只能要求保护多大范围。另一方面，说明书对技术方案的说明应该清楚、完整到本领域技术人员"能够实现"的程度，这是对于公开程度的要求，必须将技术方案公开到让本领域技术人员根据说明书就能够实现，才能换取相应的垄断权保护。上述两方面的要求一般被称为专利授权的形式要件，与新颖性、创造性等实质要件相对应。在专利申请实务中，因为形式要件不符合规定而被驳回或无效的专利比比皆是。因此，要维护发明创造者的权利，必须高度重视专利申请书的撰写。

（一）请求书

发明、实用新型专利申请的请求书在正式公布或公告的专利文本中，位于扉页的上半页。其功能是记载专利申请相关的著录项目信息，如发明/实用新型的名称、申请人相关信息、发明人姓名、专利代理机构名称、专利代理师姓名、优先权信息等。

（二）权利要求书

1. 权利要求的功能和特征

权利要求书的功能是划定专利的保护范围。权利要求书包含一项或多项权利要求。每一项权利要求均通过多个技术特征限定了一个技术方案，并以这种方式来界定专利的保护范围。如果一种产品或方法覆盖了一项权利要求中的全部技术特征，则落入该权利要求划定的保护范围内。如果未覆盖该项权利要求中的一个或多个技术特征，或有一个或多个技术特征不相同也不等同，则未落入该权利要求划定的保护范围。落入权利要求书中任意一项权利要求划定的保护范围内，即构成专利侵权。

由于权利要求书的功能是划定专利保护范围，因此其划定的边界必须清晰，如此才能区分专利权人所有的部分和公众所有的部分，保护双方的利益。这体现在以下两方面。①权利要求的主题名称应当能够清楚地表明该权利要求的类型是产品权利要求还是方法权利要求。不允许采用模糊不清的主题名称，如"一种……技术"。❶ 这是因为产品专利和方法专利在权利保护范围上是不一样的。②每项权利要求所确定的保护范围应当清楚。一般情况下，权利要求中的用词应当理解为相关技术领域通常具有的含义。权利要求中不得出现"例如""最好是""尤其是""必要时"等类似用语。在一般情况下，权利要求中不得使用"约""接近""等""或类似物"等类似的用语。这些用语均会导致权利边界不清晰。

权利要求书是划定专利保护范围的文件，并不承担解释说明技术方案的功能，因此只能记载用于划定权利保护范围的技术特征，不得对原因、理由等作不必要的描述，也不得使用商业性宣传用语。说明书及附图可以用于解释权利要求的内容。

2. 独立权利要求和从属权利要求

权利要求分为独立权利要求和从属权利要求。

（1）独立权利要求。独立权利要求应当从整体上反映发明或者实用新型的技术方案，记载解决技术问题的必要技术特征。必要技术特征是指发明或者实用新型为解决其技术问题所不可缺少的技术特征，其总和足以构成发明或者实用新型的技术方案，使之区别于背景技术中所述的其他技术方案。

权利要求的保护范围是由技术特征限定的，而覆盖该权利要求全部技术特征的产品或方法会落入其保护范围内。因此，权利要求记载的技术特征越少，保护范围越大。为了保障覆盖最大的保护范围，维护申请人的权利，独立权利要求应当在保障技术方案完整性和新颖性、创造性的情况下，写入尽量少的技术特征。即只写入必要技术特征，非必要技术特征可以写入后续的从属权利要求中。

一般情况下，独立权利要求应当包括前序部分和特征部分，通常以"其特征在于"或者类似的用语为界（参见本章案例的权利要求1）。"其特征在于"之前的部分属于前序部分，应写明该发明或者实用新型的主题

---

❶ 本章案例为一份不包含请求书的专利申请授权文本，本节关于权利要求书、说明书及附图、摘要的介绍均可参照该专利文本理解。

名称和其与最接近的现有技术共有的必要技术特征。从主题名称上可以看出该权利要求是产品权利要求还是方法权利要求。"其特征在于"之后的部分属于特征部分，应写明该发明或者实用新型区别于最接近的现有技术的区别特征。该分段式写法能够让审查员和公众清晰地看出发明或实用新型的"创新点"。如果审查员经过专利检索重新确定了最接近的现有技术，则会要求申请人修改"其特征在于"位置重新划分前序部分和特征部分的界线。需要注意的是，一项权利要求中由前序部分和特征部分共同组成了一个完整的技术方案，不能仅包括发明或实用新型的"创新点"。发明或者实用新型的性质不适于用上述方式撰写的，也可以采用其他适合的形式进行撰写。

（2）从属权利要求。从属权利要求通过引用在先权利要求并增加附加技术特征的方式，对技术方案作出进一步限定。所引用的权利要求既可以是独立权利要求，也可以是从属权利要求。所增加的附加技术特征可以是对所引用的权利要求的技术特征作进一步限定的技术特征，也可以是添加的其他技术特征。由于从属权利要求在其引用的权利要求基础上增加了技术特征，故其保护范围小于所引用的权利要求。

由此可见，在一组独立权利要求及其从属权利要求中，独立权利要求的技术特征最少，保护范围最大，而被控侵权的产品或方法只要落入任一项权利要求的保护范围即可构成侵权。因此，在专利侵权纠纷中，只要被控侵权的产品或方法落入独立权利要求的保护范围，侵权即告成立，不必再比对从属权利要求。从属权利要求一般有两个功能。一方面，在专利的申请或无效审查中，如果独立权利要求因为缺乏新颖性、创造性而被删除，则专利保护范围可以基于从属权利要求重新确定。如果该专利文件未撰写从属权利要求，则专利只能被直接驳回或被全部无效。因此，在专利申请书的撰写中，除了独立权利要求，一般需要撰写保护范围依次缩小的一系列从属权利要求来最大限度地规避被驳回或无效的风险。另一方面，为了最大限度地保护申请人利益，独立权利要求一般应当在满足法律规定的情况下，要求尽可能大的保护范围。专利申请人可以把其实际实施的方案写入从属权利要求，以方便进行侵权判断。

从属权利要求应当包括引用部分和限定部分。其中，引用部分应当写明所引用的权利要求的编号及其主题名称；限定部分应当写明对所引用的技术方案加以进一步限定的技术特征,即附加技术特征。引用部分指代的是被引用权利要求的全部技术特征,也即,从属权利要求是由被引用的权利要求的全部技术特征和附加技术特征共同构成的一个技术方案(参见本章案例的权利要求 2-3)。

3. 权利要求书的主要格式规范

每一项权利要求只允许在其结尾处使用句号。

权利要求书有多项权利要求的,应当用阿拉伯数字进行编号。

权利要求中使用的科技术语应当与说明书中使用的科技术语一致。权利要求中可以有化学式或者数学式,但是不得有插图。除绝对必要外,权利要求中不得使用"如说明书……部分所述"或者"如图……所示"等类似用语。

权利要求的撰写方式通常包括开放式和封闭式两种。其中,开放式的权利要求宜采用"包含""包括""主要由……组成"的表达方式,表示除了该权利要求中写明的要素,还可以包括其他要素;封闭式的权利要求宜采用"由……组成"的表达方式,表示不含有除权利要求写明部分以外的其他要素。

(三)说明书及附图

与以一项或多项权利要求的形式存在的权利要求书不同,说明书通常是一份完整的技术文件,详细地说明了整个技术方案的构成及其实现的技术效果。说明书的功能有两个:一是满足"公开"的要求,对要求保护的技术方案作出清楚、完整的说明,以所属技术领域的技术人员能够实现为准;二是用于解释权利要求的内容。附图是说明书的组成部分,在一些领域,必须借助附图才能对技术方案作出清楚、完整、使得本领域技术人员能够实现的说明。

1. 说明书的撰写形式

说明书应当按照下述方式和顺序撰写,并在每一部分前面写明标题,除非该发明或者实用新型的性质用其他方式或者顺序撰写能够节约说明书的篇幅并使他人能够准确理解其发明或者实用新型。

(1)发明或者实用新型的名称。该名称应当与请求书和独立权利要求的主题名称相对应,不超过 25 个字。特殊情况允许 40 个字。

（2）技术领域。写明要求保护的技术方案所属的技术领域；可以用"尤其是……"作大小两个范围限定。所限定的技术领域不宜过大，一般应为技术方案所述或直接应用的领域。

（3）背景技术。写明对发明或者实用新型的理解、检索、审查有用的背景技术；有可能地引证反映这些背景技术的文件；在此基础上指出背景技术的缺陷，以体现本发明或实用新型实际解决的技术问题。

（4）发明或者实用新型内容。该部分一般包括技术问题、技术方案、技术效果三部分。技术问题可以与背景技术指出的现有技术缺陷相呼应。技术方案部分按照行业惯例，通常可以直接拷贝权利要求书，以最低限度地满足权利要求书以说明书为依据的要求。但需要注意对文字进行调整，删除"根据权利要求 X 所述""其特征在于"等专利要求的特定用语。"根据权利要求 X 所述"可改为"优选地""进一步地"等表述。技术效果部分应详细说明发明或实用新型相对于现有技术所实现的有益效果，其是创造性判断的重要依据。

（5）附图说明。说明书有附图的，对各幅附图作简略说明；没有附图的，可以不包括该部分。

（6）具体实施方式。该部分是对要求保护的技术方案和技术效果的具体说明，也是说明书"公开"和"解释"功能的主要载体，应注意必须满足"权利要求书以说明书为依据"和"能够实现"的授权形式要件。尤其需要注意的是，由于申请文件的修改不得超出原说明书和权利要求书记载的范围，一旦说明书的公开不满足"能够实现"的要求，则几乎无法通过修改专利文件加以弥补。具体实施方式部分通常由一个或多个优选实施例组成，有附图的，应对照附图进行说明，并标明附图标记。

说明书应当用词规范、语句清楚，并不得使用"如权利要求……所述的……"一类的引用语，也不得使用商业性宣传用语。

2. 说明书附图

附图是说明书的组成部分。附图的作用在于用图形补充说明书文字部分的描述，使人能够直观地、形象化地理解发明或者实用新型的每个技术特征和整体技术方案。对于机械和电学技术领域中的专利申请，说明书附图的作用尤其明显。对发明专利申请，用文字足以清楚、完整地描述其技术方案的，可以没有附图。实用新型专利申请的说明书必须有附图。

说明书附图应遵循如下格式规范：

说明书具体实施方式中的每个实施例一般应至少对应一幅附图，也可以就一个实施例给出多幅附图，如其他不同视图、立体图、局部放大图、使用方式示意图等。

附图总数在两幅以上的，应当以"图1""图2"等标记附图的名称。只有一幅图时不必编号。

附图应使用阿拉伯数字作为附图标记来标明各技术特征，并与说明书文字部分一一对应。说明书文字部分应将附图标记置于各技术特征之后。权利要求书或摘要中如需使用附图标记须加括号。附图中不得出现说明书文字部分未提及的标记。同一实施例使用多幅附图时，各幅附图中表示同一技术特征的附图标记应当一致（不同实施例中则可以不同）。

附图中除一些必不可少的词语如"水""蒸""开""关""A—A剖面"等，不得出现文字。但如附图包括流程图、框图等，允许在框中出现文字或符号。

（三）说明书摘要

摘要是说明书记载内容的概述，目的是方便他人快速了解发明或实用新型的内容。摘要对于专利检索有着重要的意义。摘要的内容不属于发明或者实用新型原始记载的内容，不能作为修改说明书或者权利要求书的根据，也不能用来解释专利权的保护范围。

摘要应当写明发明或者实用新型的名称和所属技术领域，并清楚地反映所要解决的技术问题、解决该问题的技术方案的要点及主要用途，其中以技术方案为主；有附图的专利申请应当在说明书附图中指定一幅最能反映技术方案的主要技术特征的附图作为摘要附图；摘要文字部分不得超过300个字（含标点），并且不得使用商业性宣传用语。

二、外观设计专利申请文件

外观设计的专利申请书应当包括如下几部分：请求书、外观设计的图片或者照片和对该外观设计的简要说明。由于外观设计的保护对象是对产品外观的设计，由形状、图案及色彩构成，因此既无法使用权利要求书来限定专利保护范围，也无法使用以文字为主体的说明书来公开该设计方案。因此，外观设计申请文件的主体部分为"外观设计的图片或照片"，该部分既承载了限定专利保护范围的功能，也承载了公开专利内容的功能。这自然会带来很多弊端，但目前并无更好的解决方式。需要注意的是，简要说明的唯一功能是用于解释图片或者照片所表示的外观设计，不能与权利要求书或说明书相对应。

（一）请求书

外观设计的请求书与发明和实用新型请求书的要求、格式基本一致。不同的是，外观设计的请求书必须指出使用外观设计的产品名称，该产品名称应当与外观设计图片或者照片中表示的内容相符合。

（二）外观设计的图片或照片

外观设计专利权的保护范围以表示在图片或者照片中的该产品的外观设计为准。申请人提交的有关图片或者照片应当清楚地显示要求专利保护的产品的外观设计。

就立体产品的外观设计而言，产品设计要点涉及六个面的，应当提交六面正投影视图；产品设计要点仅涉及一个或几个面的，应当至少提交所涉及面的正投影视图和立体图，并应当在简要说明中写明省略视图的原因。就平面产品的外观设计而言，产品设计要点涉及一个面的，可以仅提交该面正投影视图；产品设计要点涉及两个面的，应当提交两面正投影视图。必要时，申请人还应当提交该外观设计产品的展开图、剖视图、剖面图、放大图及变化状态图。此外，申请人可以提交参考图，参考图通常用于表明使用外观设计的产品的用途、使用方法或者使用场所等。色彩包括黑白灰系列和彩色系列。对于简要说明中声明请求保护色彩的外观设计专利申请，图片的颜色应当着色牢固、不易褪色。

（三）简要说明

简要说明可以用于解释图片或者照片所表示的该产品的外观设计。简要说明应包括下列内容。

（1）外观设计产品的名称。简要说明中的产品名称应当与请求书中的产品名称一致。

（2）外观设计产品的用途。简要说明中应当写明有助于确定产品类别的用途。对于具有多种用途的产品，简要说明应当写明所述产品的多种用途。

（3）外观设计的设计要点。设计要点是指与现有设计相区别的产品的形状、图案及其结合，或者色彩与形状、图案的结合，或者部位。对设计要点的描述应当简明扼要。

（4）指定一幅最能表明设计要点的图片或者照片。指定的图片或者照片用于出版专利公报。

简要说明不得使用商业性宣传用语，也不能用来说明产品的性能和内部结构。

第三节　复审无效程序

一、复审程序

如果专利申请未通过审查被驳回，申请人仍然拥有一次补救机会，即向国务院专利行政部门请求复审。❶ 复审中专利申请人可以在允许的范围内修改专利申请文件。复审程序包括两个阶段，第一个阶段是行政程序，专利申请人对驳回专利申请的决定不服的，可以自收到通知之日起 3 个月内向国务院专利行政部门请求复审。如果申请人对复审决定仍然不服，则可进入第二个阶段的司法程序，自收到通知之日起 3 个月内以国务院专利行政部门为被告向人民法院提起行政诉讼。

（一）启动复审程序的条件

（1）专利申请被驳回。

（2）复审请求人应为被驳回申请的申请人。

（3）在收到专利局作出的驳回决定之日起 3 个月内提出。

（4）复审请求人应当提交复审请求书，说明理由，必要时还应当附具有关证据。复审请求书应当符合规定的格式。

---

❶ 专利法第四次修正前，复审和无效宣告请求的审查机关为专利复审委员会。由于国家机构改革，第四次修正已将相关表述统一为"国务院专利行政部门"。

（二）复审程序

（1）形式审查。国务院专利行政部门在收到复审请求书后，首先进行形式审查，以决定是否受理。

（2）前置审查。国务院专利行政部门应当将经形式审查合格的复审请求书连同案卷一并转交作出驳回决定的原审查部门进行前置审查。前者审查意见分为下列三种类型：①复审请求成立，同意撤销驳回决定；②复审请求人提交的申请文件修改文本克服了申请中存在的缺陷，同意在修改文本的基础上撤销驳回决定；③复审请求人陈述的意见和提交的申请文件修改文本不足以使驳回决定被撤销，因而坚持驳回决定。

（3）合议审查。若前置审查程序的意见认为复审请求人陈述的意见和提交的申请文件修改文本不足以使驳回决定被撤销而坚持驳回决定的，国务院专利行政部门应成立合议组，对复审请求进行合议审查。在复审程序中，合议组一般仅针对驳回决定所依据的理由和证据进行审查。

（4）复审决定。复审决定分为下列三种类型：①复审请求不成立，维持驳回决定；②复审请求成立，撤销驳回决定；③专利申请文件经复审请求人修改，克服了驳回决定所指出的缺陷，在修改文本的基础上撤销驳回决定。

二、无效宣告请求程序

自国务院专利行政部门公告授予专利权之日起，任何单位或者个人认为该专利权的授予不符合专利法相关规定的，可以请求国务院专利行政部门宣告该专利权无效。和复审程序一样，无效宣告请求程序也包括两个阶段，第一个阶段是行政程序，请求无效的主体可以是任何单位或者个人，受理机关是国务院专利行政部门。值得注意的是，和复审程序不同，无效程序中涉及了双方当事人，无效宣告请求人和专利权人。任何一方对无效宣告审查决定不服的，同样可以启动第二阶段的司法程序，自收到通知之日起3个月内以国务院专利行政部门为被告向人民法院提起行政诉讼。人民法院应当通知无效宣告请求程序的对方当事人作为第三人参加诉讼。

由于专利审查涉及的事项庞大复杂,且审查员通常仅能依靠专利检索来判断新颖性、创造性,所以已经授权的专利也存在并不符合专利法相关规定的可能,因此专利法设置了无效宣告请求程序。虽然任何单位或个人均可提出无效宣告请求,但无效宣告请求程序通常是在请求人被专利权人起诉侵权(或请求管理专利工作的部门处理)时,作为对抗专利权人的手段发起。此外,实用新型和外观设计的专利申请不经过实质审查,所以被控侵权方以无效宣告请求程序对抗专利权人就显得尤为重要。

在无效宣告程序中,国务院专利行政部门通常仅针对当事人提出的无效宣告请求的范围、理由和提交的证据进行审查,而不针对专利有效性进行全面审查。国务院专利行政部门在某些情况下可以依职权进行审查。

(一)启动无效宣告程序的条件

(1)专利申请已被公告授权。

(2)提交符合规定的无效宣告请求书和必要的证据或证明文件。

(3)缴纳规定的无效宣告请求费。

(二)无效宣告程序

无效宣告程序的行政审查可分为形式审查、合议审理和无效决定三个阶段。

(1)形式审查。形式审查主要审查无效宣告请求书是否符合规定格式,如不符合,国务院专利行政部门应当通知请求人在指定期限内补正。期满未补正的,该无效宣告请求视为未提出。

(2)合议审理。国务院专利行政部门组成合议组对无效宣告请求进行审理。审理方式可以包括书面审查和口头审理。一般情况下合议组均会通知双方当事人,或根据当事人要求进行口头审理。口头审理类似于法院开庭,由双方当面提出事实、理由和证据等,并可进行质证和辩论。

在无效宣告请求的审查过程中,发明或者实用新型专利的专利权人可以修改其权利要求书,但是不得扩大原专利的保护范围,也不得修改专利说明书和附图。外观设计专利的专利权人不得修改其专利文件。

(3)无效决定。无效宣告请求审查决定分为下列三种类型:①宣告专利权全部无效;②宣告专利权部分无效;③维持专利权有效。

无效宣告请求人或专利权人对无效宣告审查决定不服的，可以自收到通知之日起 3 个月内以国务院专利行政部门为被告向法院提起行政诉讼。法院应当通知无效宣告请求程序的对方当事人作为第三人参加诉讼。

（三）无效宣告的法律效力

宣告无效的专利权视为自始即不存在。但宣告专利权无效的决定对在宣告专利权无效前人民法院作出并已执行的专利侵权的判决、调解书，已经履行或者强制执行的专利侵权纠纷处理决定，以及已经履行的专利实施许可合同和专利权转让合同，不具有追溯力。但是因专利权人的恶意给他人造成的损失，应当给予赔偿。不返还专利侵权赔偿金、专利使用费、专利权转让费，明显违反公平原则的，应当全部或者部分返还。

【案例】 CN201220651976 号专利申请授权文本

权利要求书

1. 一种试电笔，测试触头、限流电阻、氖管和手触电极在绝缘外壳中顺序电连接，其特征是，所述氖管中设置一个 U 形导体，U 形导体的一条侧边固定在氖管内壁上，另一条侧边与氖管一端的电极接触。

2. 根据权利要求 1 所述的一种试电笔，其特征是，与氖管电极接触的 U 形导体侧边下方设置一个绝缘支点，绝缘支点与该侧边形成杠杆结构。

3. 根据权利要求 2 所述的一种试电笔，其特征是，与氖管电极接触的 U 形导体侧边以绝缘支点作为分界线分为接电极段和 U 形口段，接电极段的长度小于 U 形口段的长度。

说明书

一种试电笔

技术领域

本实用新型涉及一种指示电压存在的试电装置，尤其是用于特殊工作环境（户外或强光照射）下便于识别电压存在的试电笔。

背景技术

目前，公知的试电笔构造是由测试触头、限流电阻、氖管、金属弹簧和手触电极串联而成。将测试触头与被测物接触，人手接触手触电极，当被测物相对大地具有较高电压时，氖管启辉，表示被测物带电。但是，当在户外或者强光照射下工作时，一般试电笔氖管发出的光不容易识别，给检测造成困难，容易造成错误判断。

发明内容

为了克服现有试电笔在户外或者强光照射的工作环境下测试带电显示不易被人识别的缺点，本实用新型提供一种试电笔，该试电笔不仅能在通常情况下测出被测物是否带电，而且带电显示的方式便于在户外或者强光照射下被识别。

本实用新型解决其技术问题所采用的技术方案：一种试电笔，测试触头、限流电阻、氖管和手触电极在绝缘外壳中顺序电连接，所述氖管中设置一个U形导体，U形导体的一条侧边固定在氖管内壁上，另一条侧边与氖管一端的电极接触。

为了提高U形导体得失电交替的灵敏度和稳定性，本实用新型还具有以下技术特征。

进一步地，与氖管电极接触的U形导体侧边下方设置一个绝缘支点，绝缘支点与该侧边形成杠杆结构。

进一步地，与氖管电极接触的U形导体侧边以绝缘支点作为分界线分为接电极段和U形口段，接电极段的长度小于U形口段的长度。

当人手接触手触电极、测试触头接触带电体时，氖管中的U形导体得电发光，此时由于光能转化成热能，使U形导体受热膨胀产生变形，在绝缘支点的杠杆作用，U形导体的侧边与氖管一端的电极断开，从而使U形导体失电，氖管灯灭，灯灭后热能释放，温度降低，使U形导体恢复至原始位置，和氖管一端的电极重新导通，U形导体得电氖管发光，U形导体与电极交替导通、断开，重复得电和失电，使氖管灯重复亮灭而产生闪烁的状态，便于在户外或强光照射下清晰地识别被测物体是否带电。

本实用新型的有益效果是，通过在试电笔的氖管中设置U形导体和绝缘支点,由于U形导体热胀冷缩的形变和绝缘支点的杠杆作用,在被测物体带电时可使氖管交替得电与失电,使其闪烁,从而在户外或者强光照射下工作时,能够方便地识别出被测物体是否带电。

附图说明

下面结合附图和实施例对本实用新型进一步说明。

图1是本实用新型的纵剖面结构示意图。

图2是本实用新型试电笔中氖管的结构示意图。

图中1.测试触头,2.绝缘外壳,3.弹簧,4.限流电阻,5.氖管,6.弹簧,7.手触电极,8.电极,9.U形导体,9a.接电极段,9b.U形口段,10.绝缘支点,11.电极,12.后盖。

具体实施方式

如图1所示,测试触头1在绝缘外壳2一端伸入其中空腔,与弹簧3的一端接触,弹簧3另一端与限流电阻4的一端相接触,限流电阻4的另一端与氖管5的一端相接触,氖管5的另一端与弹簧6的一端接触,弹簧6的另一端与后盖11上的手触电极7电连接,弹簧压力保证各元件间可靠电连接。结合图2所示,氖管5中设置一个U形导体9,U形导体9的一条侧边固定在氖管5的内壁上,另一条侧边与氖管5一端的电极8接触;为了提高U形导体9交替得失电的灵敏度和稳定性,与氖管5的电极8接触的U形导体9侧边下方设置一个绝缘支点10,绝缘支点10固定安装在氖管5的内壁上,绝缘支点10与该侧边形成杠杆结构;绝缘支点10将与氖管电极接触的U形导体9侧边分为接电极段9a和U形口段9b,接电极段9a的长度小于U形口段9b的长度。

工作过程:当人手接触手触电极7且测试触头1与带电体相接触时,氖管5两端的电极8和电极11得电,U形导体9和电极8相接触,U形导体9得电,从而使氖管5发光,此时光能转化成热能,使U形导体9受热产生形变,在绝缘支点10的杠杆作用下,U形导体9的接电极段9a和电极8断开,U形导体9失电,从而使氖管5熄灭。氖管5熄灭后热能消失,U形导体9恢复至原始位置,和氖管5一端的电极8重新导通,U形导体9得电氖管5发光,U形导体9与电极8交替导通、断开,重复得电和失电,使氖管灯重复亮灭而产生闪烁的状态,便于在户外或强光照射下清晰地识别被测物体是否带电。

说明书附图

图1

图2

说明书摘要

本实用新型公开一种试电笔,测试触头、限流电阻、氖管和手触电极在绝缘外壳中顺序电连接,所述氖管中设置一个U形导体,U形导体的一条侧边固定在氖管内壁上,另一条侧边与氖管一端的电极接触,与氖管电极接触的U形导体侧边下方设置一个绝缘支点,绝缘支点与该侧边形成杠杆结构;本实用新型通过在试电笔的氖管中设置U形导体和绝缘支点,由于U形导体热胀冷缩的形变和绝缘支点的杠杆作用,在被测物体带电时可使氖管交替得电与失电,使其闪烁,从而在户外或者强光照射下工作时,能够方便地识别出被测物体是否带电。❶

---

❶ 资料来源:国家知识产权局"专利检索及分析"数据库,http://www.pss-system.gov.cn/sipopublicsearch/portal/index.shtml。

思考与讨论

1. 请比较优先权和新颖性宽限期的异同。
2. 先申请原则和先发明原则各有何种利弊？我国专利法是如何在采用先申请原则的同时规避其弊端的？
3. "早期公开，延迟审查"制度有哪些环节？
4. 权利要求书和说明书的功能分别是什么？是如何实现的？
5. 专利权的授权形式条件有哪些？
6. 外观设计的专利申请文件包括哪些？各有何种功能？

延伸阅读

1. 北京三聚阳光知识产权代理有限公司，北京易聚律师事务所.专利确权攻守之道：专利无效及行政诉讼案例精解［M］.北京：知识产权出版社，2020.
2. 黄敏.发明专利申请文件的审查与撰写要点［M］.北京：知识产权出版社，2015.
3. 吴观乐.发明和实用新型专利申请文件：撰写案例剖析［M］.北京：知识产权出版社，2011.
4. 张浩然.专利无效决定溯及力制度检讨与重构：基于最高人民法院适用《专利法》第47条案例群的分析［J］.法律适用，2020（18）.
5. 唐代盛.非正常专利申请行为法律规制现状、反思与重构［J］.科技进步与对策，2019（22）.

第十五章　专利权及其管理

专利权是一种垄断权，是专利权人禁止他人实施其专利技术的权利。专利权的垄断性使得专利权人能够通过市场支配地位获取较高利润，从而起到激励创新的作用，但同时，这一属性也使得专利权的行使很容易危害公共利益。因此，专利法需要与反垄断法配合实施，同时，专利法中也规定了若干对于专利权的限制。专利权人通过自己实施或许可他人实施并收取许可使用费的方式来实现其专利的价值。许可他人实施是通过专利实施许可合同的方式实现的。除专利实施许可外，专利权管理的内容还包括专利转让、专利出质、专利出资等。

第一节　专利权

一、专利权的定义

专利权，是指发明和实用新型专利被授予后，除另有规定的以外，任何单位或者个人未经专利权人许可，都不得实施其专利，即不得为生产经营目的制造、使用、许诺销售、销售、进口其专利产品，或者使用其专利方法及使用、许诺销售、销售、进口依照该专利方法直接获得的产品。外观设计专利权被授予后，任何单位或者个人未经专利权人许可，都不得实施其专利，即不得为生产经营目的制造、许诺销售、销售、进口其外观设计专利产品。

本节先介绍发明和实用新型的专利权，再介绍外观设计的专利权。

二、发明和实用新型的专利权

发明和实用新型专利权的定义可以从以下几个层次来理解。专利权定义中的"另有规定"，即专利法中所规定的专利权的限制；而"任何单位或者个人未经专利权人许可,都不得实施其专利"隐含的意思即任何单位或者个人想要实施其专利,应当请求专利权人的许可。而既不属于专利权的限制,也未得到专利权人许可的情况下,实施专利即会构成侵权。由此可见,和侵犯著作权的"传播"行为不同,侵犯专利权的行为是"实施"。专利法对于专利"实施"行为有着详细的定义,即"不得为生产经营目的制造、使用、许诺销售、销售、进口其专利产品,或者使用其专利方法及使用、许诺销售、销售、进口依照该专利方法直接获得的产品"。以下将详细介绍专利的实施行为。

(一)为生产经营目的

只有为生产经营目的而实施专利的行为才会构成侵权,如为了个人服用而依照某专利配方制作中药汤剂则不属于"为生产经营活动",不侵犯专利权。但这里需要注意"为生产经营目的"和"为营利目的"的区别。"生产经营"并不以营利作为要件。例如,学校、慈善组织等,虽未营利,但属于"生产经营"中的"经营",为其经营目的未经许可实施专利同样会构成侵权。

(二)实施行为的特点

1. 穷举性质

对于产品专利而言,实施行为一共分为五种:制造、使用、许诺销售、销售、进口。而对于方法专利而言,使用该专利方法,以及使用、许诺销售、销售、进口依照该专利方法直接获得的产品均构成侵权。

值得注意的是,专利法对上述侵权行为的规定是穷举性质的。即只有实施上述行为会构成专利侵权,实施这以外的行为均不会构成专利的直接侵权。例如,将落入他人权利要求保护范围内的技术方案申请专利,并不会构成侵权。又如,帮助他人根据专利文件设计侵权产品,也不会构成专利的直接侵权,而可能由于该帮助他人实施侵权的行为构成民法典规定的间接侵权。❶

---

❶ 参见《民法典》第 1168～1169 条。

2. 无过错责任

专利侵权是无过错责任，即只要未经许可实施了上述专利侵权行为，无论是否存在过错，均会构成侵权。但是，为生产经营目的使用、许诺销售或者销售不知道是未经专利权人许可而制造并售出的专利侵权产品，能证明该产品合法来源的，不承担赔偿责任。需要注意的是，此时侵权者仍需要承担停止侵权的责任，由此造成的损失，可以向制造或进口该侵权产品的侵权方进行追偿。

3. 方法专利的延伸保护

为了更充分地保护方法专利，专利权对方法专利的保护除了禁止使用该专利法，还延伸至了禁止使用、许诺销售、销售、进口依照该专利方法直接获得的产品。专利方法可以包括制造方法、作业方法、使用方法等，其中制造方法将直接获得相应产品。不保护依照制造方法直接获得的产品，意味着即便专利权人禁止他人使用其专利方法，也无法控制在此之前已经在市场上流通的产品，不利于保护专利权人的利益。

对于方法专利的保护举证较为困难。比如，制造方法通常应用在被控侵权人的生产线上，专利权人很难取得证据。因此，专利法就新产品的制造方法规定了举证责任的倒置，由制造同样产品的单位或者个人应当提供其产品制造方法不同于专利方法的证明。

（三）实施行为的性质

对于产品专利而言，实施行为一共分为五种：制造、使用、许诺销售、销售、进口。而由于方法专利的延伸保护，使用该专利方法，以及使用、许诺销售、销售、进口依照该专利方法直接获得的产品均构成侵权。需要注意的是，对于依照专利方法直接获得的产品而言，对该专利方法的"使用"行为，即是对该产品的"制造"行为。因此，对于依照专利方法直接获得的产品而言，实施行为同样是制造、使用、许诺销售、销售、进口五种。

这五种行为中，使用行为一般分为三种形式：使用该产品的功能；利用该产品作为手段来制造其他产品；将该产品作为零件、部件来制造其他产品。其中，后两种行为与制造行为具有密切的关系，因此专利权将使用行为也纳入了其禁止范围。许诺销售行为则是对相关国际条约中 offering for sale

一词的翻译，指以做广告、在商店橱窗中陈列或者在展销会上展出等方式作出销售商品的意思表示。而专利权禁止进口行为的目的主要是为了方便海关对侵权产品进行查获，从源头上杜绝该产品进入本国市场进行销售。

由上述论述可以看出，在专利权禁止的五种实施行为中，制造和使用两种行为本质上都在禁止制造行为。而许诺销售、销售、进口三种行为，本质上都在禁止销售行为。换言之，专利权是国家赋予专利权人的一种禁止他人制造、销售其拥有专利的产品的权利，换言之，即阻止同类产品进入市场的权利。由此可见，专利权是一种非常典型的"垄断权"。赋予专利权人这一垄断权是为了激励其创新，最终促进科技和社会的发展。但同时，这一垄断权对公众利益也带来了巨大的威胁。所以，一方面，专利法需要与反垄断法配合实施，专利权人的合法垄断不受反垄断法约束，但如果专利权人滥用其专利权排除、限制竞争，则将受到反垄断法的规制。❶另一方面，专利法自身也规定了许多对于专利权行使的限制。

三、外观设计的专利权

外观设计专利权是指任何单位或者个人未经专利权人许可都不得实施其专利，即不得为生产经营目的制造、许诺销售、销售、进口其外观设计专利产品。除不涉及方法专利以外，该定义与发明和实用新型专利权的主要区别是外观设计的实施行为中没有"使用"，这是因为外观设计的使用与制造关联不大，故没有必要加以禁止。

四、专利权的期限和年费

专利权具有时间性。专利权人仅在一定期限内享有对其技术方案或外观设计的独占实施权，一旦期限终止，则该技术方案或外观设计进入公有领域，任何人均可以自由实施。发明专利权的期限为20年，实用新型专利权的期限为10年，外观设计专利权的期限为15年，均自申请日起计算。需要注意的是，专利权期限的起算日为专利的实际申请日，不因该专利申

---

❶ 参见《中华人民共和国反垄断法》第55条。

请享受优先权而提前至优先权日。这是为了保护专利期限不因享受优先权而缩短。

专利权人在专利期限内维持专利权需要缴纳专利年费。专利权人应当自被授予专利权的当年开始缴纳年费。专利年费的金额是逐年递增的。❶没有按照规定缴纳年费的，专利权将在期限届满前终止。之所以如此规定，是为了督促专利权人尽早放弃无法为其带来充分利益的专利，使之成为社会公共财产，从而推动发明创造的应用，促进社会发展。除不再缴纳年费以外，专利权人也可以书面声明放弃其专利权。

第二节　专利权的限制

为了防止专利权的垄断性威胁社会公众利益，专利法对专利权的行使进行了多方面的限制，主要分为不视为侵犯专利权的数种情形和强制许可。强制许可将在第三节"专利实施许可"中介绍。本节主要介绍不视为侵犯专利权的情形。

一、权利穷竭

权利穷竭，又名专利权用尽，是指专利产品或者依照专利方法直接获得的产品，由专利权人或者经其许可的单位、个人售出后，使用、许诺销售、销售、进口该产品的，专利产品或者依照专利方法直接获得的产品。由专利权人或者经其许可的单位、个人售出后，使用、许诺销售、销售、进口该产品的，不视为侵犯专利权。需要注意的是，权利穷竭的前提是该产品首次合法售出，非法售出不产生权利穷竭的效果。该规定主要是为了在产品首次合法售出后的就切断专利权人对产品的控制，以保护产品在市场上的自由流通。

---

❶ 根据国家知识产权局2019年11月22日发布的《专利收费、集成电路布图设计收费标准》的规定，发明专利的年费缴纳标准为：1~3年每年900元，4~6年每年1200元，7~9年每年2000元，10~12年每年4000元，13~15年每年6000元，16~20年每年8000元；实用新型和外观设计专利的年费缴纳标准为：1~3年每年600元，4~5年每年900元，6~8年每年1200元，9~10年每年2000元。

二、先用权

先用权，即在专利申请日前已经制造相同产品、使用相同方法或者已经作好制造、使用的必要准备，并且仅在原有范围内继续制造、使用的，不视为侵犯专利权。这主要是为了保护在完成发明创造后，并未申请专利，而采用技术秘密进行保护的主体。但由于专利权具有更强的保护水平，因此仅在原有范围内继续制造产品、使用方法的，才不会侵犯专利权。

三、临时过境

临时通过中国领陆、领水、领空的外国运输工具，依照其所属国同中国签订的协议或者共同参加的国际条约，或者依照互惠原则，为运输工具自身需要而在其装置和设备中使用有关专利的，不视为侵犯专利权。这是为了使得运输工具在各国间的来往不受专利权人控制，保障各国间的交通自由。

四、为科学研究和实验目的使用

专为科学研究和实验而使用有关专利的，不视为侵犯专利权。这是为了保障技术的研发自由。值得注意的是，在他人专利基础上增加技术特征而研发出的新的技术方案，虽然其实施可能构成专利侵权，但是将其申请专利的行为不会构成专利侵权。因此，可以将其自由申请为新的专利，该类专利被称为"从属专利"。要实施该从属专利，需要经过在先专利权人的许可，或与其进行交叉许可。在先专利权人拒绝许可的，在后专利权人还可以依法申请强制许可。

五、为提供药品、医疗器械行政审批的使用

为提供行政审批所需要的信息，制造、使用、进口专利药品或者专利医疗器械的，以及专门为其制造、进口专利药品或者专利医疗器械的，不视为

侵犯专利权。由于与人类生命健康密切相关，药品、医疗器械在投放市场之前，必须经过严格而漫长的行政审批。如果在一项专利权过期后，其他企业才能制造、使用、进口该药品或医疗器械以供行政审批，将使得因不必缴纳专利许可使用费而价格低廉的药品或医疗器械的上市时间大大推迟，极不利于保障国民的身体健康。故我国根据相关国际条约的规定，允许为了行政审批，在专利期限内制造、使用、进口该专利药品或者专利医疗器械。

第三节　专利权的管理

一、专利实施许可

专利权是国家为了鼓励创新而赋予专利权人的一种独占实施权。专利权不会直接给专利权人带来利益。专利权人必须通过实施其专利，才能借助专利权赋予其的市场垄断地位获得可观的利益。专利的实施有两种方式，分别为自行实施和许可他人实施。专利权人将其专利权许可给他人实施，就可以收取专利许可使用费，由此方式获得利益。在实践中，有多方面的因素促使专利权人许可他人实施其专利：第一，研发一项技术与实施一项技术需要的条件完全不一样，有能力研发出一项技术的人，未必有能力实施。专利实施许可即是研发者与实施者之间的桥梁。第二，专利权人自身产能和经营范围往往有限，为在专利期限内实现利益最大化，往往需要将专利许可给他人实施。第三，现代社会，各企业在科技上的竞争往往白热化，同一产品的相关专利往往由多家企业获得，任何一家企业要生产出一件完整的产品，都必须与其他企业之间进行交叉许可。第四，专利侵权的侵权人如果需要继续生产该产品或使用该方法，则只能向专利权人请求实施许可。专利实施许可既是专利权人获取自身利益的重要手段，也是推动发明创造得到广泛应用的重要手段。

二、专利实施许可合同

专利实施许可一般通过专利实施许可合同进行。任何单位或者个人实施他人专利的，应当与专利权人订立实施许可合同，向专利权人支付专利使用费。专利实施许可合同作为一类合同，规定在民法典第二分编"典型合同"中，具体属于第二十章"技术合同"中的技术许可合同。因此，该合同的签订应当遵循民法典的相关规定，本书不再赘述，仅介绍一些专利实施许可合同应当约定的特殊事项。

（一）专利实施许可的方式

专利实施许可合同双方应当约定实施许可的方式主要包括以下几类。

（1）独占许可。在约定的时间和地域范围内，专利权人只许可一个被许可人实施其专利，而且专利权人自己也不得实施该专利。

（2）排他许可，也称独家许可。在约定的时间和地域范围内，专利权人只许可一个被许可人实施其专利，但专利权人自己有权实施该专利。

（3）普通许可。在约定的时间和地域范围内，专利权人在许可某人实施其专利的同时保留许可第三人实施该专利的权利。

（4）分许可。被许可人依照与专利权人的约定，许可第三人实施同一专利。分许可必须在基本许可合同中约定，在基本许可中未约定的情况下，被许可人无权对任何单位或者个人进行分许可。

（5）交叉许可。两个专利权人相互许可对方实施自己的专利。

（6）专利池（Patent Pool）许可，又称专利联盟许可。两个或两个以上的专利权人将彼此交叉许可的专利共同置于一个专利池中，各方使用该专利池中的专利均互免许可费，并可将该专利池整体向第三方许可。

（二）专利实施许可的范围

在专利实施许可合同中，双方应当就以下许可范围进行约定：地域范围、时间范围、数量范围、实施方式范围、产品范围等。合同遵循意思自治原则，未就许可范围及其他相关事项作出合理约定，从而损害自身利益，将由合同签订者自己承担责任。

三、专利实施的特别许可

除了签订专利实施许可合同，我国专利法还规定了专利实施的一些特别许可方式，主要有开放许可和强制许可。

（一）开放许可

改革开放以来，经过数十年的发展，我国的专利申请量和授权量均已达到可观水平。但是我国专利的转化率仍然偏低，大量的专利申请授权后便被束之高阁，并未转化为实际的产品，从而一方面使得专利权人无法获取鼓励其创新的相应利益；另一方面也不利于推动发明创造的应用。为解决这一问题，《专利法》第四次修正时，设立了专利的开放许可制度。

专利权人自愿以书面方式向国务院专利行政部门声明愿意许可任何单位或者个人实施其专利，并明确许可使用费支付方式、标准的，由国务院专利行政部门予以公告，实行开放许可。就实用新型、外观设计专利提出开放许可声明的，应当提供专利权评价报告。任何单位或者个人有意愿实施开放许可的专利的，以书面方式通知专利权人，并依照公告的许可使用费支付方式、标准支付许可使用费后，即获得专利实施许可。实行开放许可的专利权人可以与被许可人就许可使用费进行协商后给予普通许可，但不得就该专利给予独占或者排他许可。当事人就实施开放许可发生纠纷的，由当事人协商解决；不愿协商或者协商不成的，可以请求国务院专利行政部门进行调解，也可以向人民法院起诉。

为鼓励专利权人实施开放许可，在开放许可实施期间，国家将对专利年费给予相应减免。同时，专利权人享有随时撤回开放许可声明的自由，需要撤回开放许可声明的，应当以书面方式提出，并由国务院专利行政部门予以公告。开放许可声明被公告撤回的，不影响在先给予的开放许可的效力。

（二）强制许可

在法律规定的特定情况下，经具备条件的单位或个人申请，或由国家相关部门决定，可以给予实施专利的强制许可。强制许可可以不经专利权人同意，但应向专利权人支付合理的使用费，或者依照中华人民共和国参加的有关国际条约的规定处理使用费问题。强制许可的对象仅包括发明和实用新型，不包括外观设计。强制许可主要是为了推动技术的应用或维护公共利益，对于外观设计并不存在这方面需求。取得实施强制许可的单位或者个人不享有独占的实施权，并且无权允许他人实施。

强制许可分为两类，经被许可方申请的强制许可和国家为公共利益主动发动的强制许可。

1. 经被许可方申请的强制许可

该类强制许可必须经具备实施条件的单位或者个人向国务院专利行政部门申请才能给予。

（1）不实施或未充分实施专利的强制许可。专利权人自专利权被授予之日起满三年，且自提出专利申请之日起满四年，无正当理由未实施或者未充分实施其专利的，国务院专利行政部门根据具备实施条件的单位或者个人的申请，可以给予实施发明专利或者实用新型专利的强制许可。

（2）作为垄断救济的强制许可。专利权人行使专利权的行为被依法认定为垄断行为，为消除或者减少该行为对竞争产生的不利影响的，国务院专利行政部门根据具备实施条件的单位或者个人的申请，可以给予实施发明专利或者实用新型专利的强制许可。

（3）从属专利的强制许可。一项取得专利权的发明或者实用新型比前已经取得专利权的发明或者实用新型具有显著经济意义的重大技术进步，其实施又有赖于前一发明或者实用新型的实施的，国务院专利行政部门根据后一专利权人的申请，可以给予实施前一发明或者实用新型的强制许可。在依照前款规定给予实施强制许可的情形下，国务院专利行政部门根据前一专利权人的申请，也可以给予实施后一发明或者实用新型的强制许可。

上述后一专利为从属专利，其取得强制许可的条件是较之其所从属的专利具有显著经济意义的重大技术进步。而为公平起见，在从属专利的专利人取得强制许可的情况下，在先专利的权利人也可以请求对该从属专利的强制许可，即形成强制的交叉许可。

2. 为公共利益的强制许可

该类强制许可由国务院专利行政部门根据公共利益的需要主动发动。

（1）基于公共利益的国内强制许可。在国家出现紧急状态或者非常情况时，或者为了公共利益的目的，国务院专利行政部门可以给予实施发明专利或者实用新型专利的强制许可。其中，"公共利益"的条件应与紧急状态或者非常情况相当，不宜随意启用该程序。

（2）基于公共健康的出口强制许可。为了公共健康目的，对取得专利权的药品，国务院专利行政部门可以给予制造并将其出口到符合中华人民共和国参加的有关国际条约规定的国家或者地区的强制许可。该许可的"公共健康"并非我国的公共健康，而是指药品出口国的公共健康。这主要是因为许多贫困国家疾病肆虐，但缺乏制药能力，我国可以制造并向其出售相关药品。但是如果制药厂商正常支付这些药品的专利许可使用费，药品售价将会超出这些国家公众的购买力。因此，根据相关国际条约，我国专利法规定了这一强制许可。

四、其他专利权管理事务

专利权管理的内容还包括专利转让、专利出质、专利出资等。

专利申请权和专利权可以转让。转让专利申请权或者专利权的，当事人应当订立书面合同，并向国务院专利行政部门登记，由国务院专利行政部门予以公告。专利申请权或者专利权的转让自登记之日起生效。专利申请权是指专利申请人对于申请后授权前的专利申请拥有的权利。专利授权后，专利申请权即成为专利权。

根据民法典规定，专利权等知识产权中的财产权可以出质。根据《专利权质押登记办法》的规定，以专利权出质的，由出质人和质权人共同向国家知识产权局办理质押登记，专利权质权自登记时设立。

根据公司法规定，股东可以用专利权等可以用货币估价并可以依法转让的非货币财产作价出资。

此外，专利权也可以继承。

【案例】 苏某与北京某科技有限公司发明专利实施许可合同纠纷案

【案情】 1999年9月20日，苏某、马某从曼博瑞公司取得名称为"医用试液的浓缩装置"的实用新型专利，后又将专利权人变更为苏某。1999年7月24日，苏某、马某在取得"医用试液的浓缩装置"专利权前与北京某科技有限公司（以下简称"某公司"）订立《专利实施许可合同书》，许可该公司实施前述专利。合同约定许可方将"医用试液的浓缩装置"实用新型专利许可被许可方使用，被许可方享有排他实施许可和分许可权。许可方将"医用试液的浓缩装置"的全部相关资证转移至被许可方名下,将全部技术文件移交被许可方。

1999年9月3日,某公司作为甲方,苏某、马某作为乙方,马某某作为丙方签订《合作及借款协议书》,约定:乙方和丙方在本协议书签字生效后90日内,保证将原专利权人曼博瑞公司"医用试液的浓缩装置"实用新型专利所拥有的全部技术资料、生产工艺文件交付甲方,将所有有关生产、销售资证转换至甲方名下。乙方除第5条之外,其他约定如期全部顺利达成后,甲、乙双方签订的《专利实施许可合同》正式、有条件生效。该协议第5条约定:乙方在国家知识产权局接受变更著录后,于180日内未能取得或最终丧失被公认的"医用试液的浓缩装置"实用新型专利的唯一专利权人资格,而给甲方造成的一切损失,承担全部责任。

1999年9月11日,某公司与苏某、马某订立《补充合同》,约定双方与马某某所签的《合作及借款协议书》中除第5条以外各条款均如期全部顺利达成后,《专利实施许可合同书》生效。

法院认定,原告苏某主张其已将生效条件规定的相关材料于1999年9月20日移交给原告,但未能提交相应证据,因此对于该事实不予认定。判决本案合同约定的生效条件尚未成就,合同并未生效。❶

【评析】专利实施许可合同属于技术合同的一种,因此,除专利法的相关规定外,合同的签订、执行和纠纷解决,均依照民法典的相关规定进行。在该案中,专利实施许可合同是附生效条件的合同,以《补充合同》的形式在专利实施许可合同之上增加了生效条件。因此,必须在生效条件成立时,专利实施许可合同才能生效。在原告未能提供相关证据的情况下,合同只能认定为尚未生效。

---

❶ 参见北京市第一中级人民法院(2000)一中知初字第105号民事判决书,北京市高级人民法院(2001)高知终字第6号民事判决书。

思考与讨论

1. 专利权规定的实施行为有哪些特点？
2. 如何理解专利权的性质？
3. 专利实施许可的方式有哪些？
4. 什么是开放许可制度？
5. 我国专利法对从属专利有哪些保护政策？

延伸阅读

1. 范晓波，张慧霞，蔡婧萌．美国专利许可经典案例选析［M］．北京：知识产权出版社，2019．

2. 马碧玉．专利权交易法律制度研究［M］．北京：中国社会科学出版社，2017．

3. 邱永青．专利许可合同法律问题研究［M］．北京：法律出版社，2010．

4. 吴汉东．专利间接侵权的国际立法动向与中国制度选择［J］．现代法学，2020（2）．

5. 罗莉．我国《专利法》修改草案中开放许可制度设计之完善［J］．政治与法律，2019（5）．

6. 张扬欢．责任规则视角下的专利开放许可制度［J］．清华法学，2019（5）．

第十六章 专利保护实务

在不存在其他免责事由的情况下，未经专利权人许可实施其专利，即构成专利侵权。专利保护主要指专利权人对于专利侵权的应对。专利侵权的判定一般由两个步骤组成，根据专利申请文件确定专利的保护范围和判断被控侵权产品／方法是否落入专利保护范围。本章介绍了相同和等同侵权的判定方式及与专利侵权的其他相关原则，同时也介绍了专利侵权纠纷的解决方式。

第一节 专利侵权的判定

一、发明和实用新型的侵权判定

判定一项产品或方法（以下简称"被控侵权技术"）是否对发明或实用新型构成侵权，应当将被控侵权技术与专利技术进行比对，确定前者是否落入了后者的保护范围。值得注意的是，被控侵权技术一般是已经制造出来的具体产品，或已经实际实施的具体方法；而与之比对的专利技术，则是书面的专利申请文件。因此，在二者之间进行比对，需要经过两个步骤，根据专利申请文件确定专利的保护范围和判断被控侵权产品／方法是否落入专利保护范围

（一）确定专利保护范围

发明或实用新型专利权的保护范围以其权利要求的内容为准，说明书及附图可以用于解释权利要求的内容。一份权利要求书包含一项或多项权利要求。每一项权利要求均限定了一个保护范围。被控侵权技术落入任何一项权利要求的保护范围，即构成侵权。而在权利要求书中，独立权利要求从整体上反映发明或者实用新型专利的技术方案，仅记载解决技术问题的必要技术特征。而从属权利要求在其所从属的权利要求之上依次添加技

术特征，保护范围依次缩小。由此可见，在专利的权利要求书中，独立权利要求记载的特征最少，保护范围最大。只要被控侵权技术落入独立权利要求的保护范围，即构成侵权。如果被控侵权技术未落入独立要求的保护范围，则也不会落入任何从属权利要求的保护范围。因此，通常情况下，只需要考虑独立权利要求的保护范围。

因为权利要求仅记载了划定专利权范围的各个技术特征，所以对技术方案及各个技术特征具体含义的理解，需要结合说明书及附图进行。但说明书和附图仅用于解释权利要求，不对专利权的范围起限定作用。

如果专利权人认为独立权利要求可能会被宣告无效，也可以选择较为稳定的从属权利要求提起侵权诉讼。法院将依据权利人主张的权利要求对被控技术是否侵权进行判断。

（二）对比被控侵权技术

1. 全面覆盖原则

判断被控侵权技术是否侵权，遵循的是全面覆盖原则。被控侵权技术方案包含与权利要求记载的全部技术特征相同或者等同的技术特征的，应当认定其落入专利权的保护范围。被诉侵权技术方案的技术特征与权利要求记载的全部技术特征相比，缺少一个以上的技术特征，或者有一个以上技术特征不相同也不等同的，应当认定其没有落入专利权的保护范围。

由此可见，将被控侵权技术与权利要求进行对比的方式，是"逐个特征对比"。即使将权利要求记载的技术特征逐一与被控侵权技术对比，如被控侵权技术包含了权利要求中的全部技术特征，也构成侵权。

2. 等同侵权原则

在实践中，侵权者极少采用和专利权利要求完全相同的技术方案，而通常会对一个或多个技术特征进行改动，从而在保留专利技术方案的实质特征的情况下，逃避专利侵权的指控。因此，如果要求被控侵权技术与权利要求中的技术特征完全相同，则很难让权利人的利益得到充分保护。因此，专利法规定了等同侵权原则。

等同侵权原则是通过等同特征的认定来实现的。等同特征是指与权利要求记载的技术特征以基本相同的手段实现基本相同的功能，达到基本相同的效果（Performs substantially the same function, in substantially the same way, to obtain substantially the same result），并且本领域的普通技术人员无须经过创造性劳动就能够联想到的特征。在遵循逐个特征对比原则，将权利要求记载的技术特征与被控侵权技术进行逐一对比时，如果权利要求记载的每一个技术特征都能在被控侵权技术中找到与其相同或等同的技术特征，则侵权成立。如果权利要求中记载的技术特征有一个以上未包含在被控侵权技术中，或有一个以上在被控侵权技术中既找不到相同特征，又找不到等同特征，则侵权不成立。

需要注意的是，上述"功能—方式—效果"（Function-Way-Result）判定方式不是针对技术方案整体的，而只针对单个技术特征。即便被控侵权技术的整体方案与权利要求的技术方案以基本相同的手段，实现基本相同的功能，达到了基本相同的效果，只要逐个特征对比显示被控侵权技术未落入权利要求范围，就不会构成侵权。换言之，等同原则的边界是被控侵权技术必须"全面覆盖"权利要求中的每一个技术特征，即对于权利要求记载的每一个技术特征，被控侵权技术中都存在其相同或等同的特征。若未覆盖全部技术特征，则等同侵权不成立。该原则称为"全部技术特征"原则。这是为了在防止他人采用非实质性变化绕开专利保护范围的同时，保持专利权边界的相对清晰，以保护公众使用技术的自由。

（三）与专利侵权判定相关的其他原则

1. 捐献原则

对于仅在说明书或者附图中描述而在权利要求中未记载的技术方案，权利人在专利侵权纠纷中将其纳入专利权保护范围的，无法得到支持。即仅在说明书或者附图中描述而未记载在权利要求中的技术方案，视为捐献给了社会。这里的"纳入专利权保护范围"，常见的是通过等同原则纳入专利保护范围。而当该部分技术内容已被"捐献"时，是无法对其适用等同原则的。这是因为，如果允许对该部分技术内容适用等同原则，很容易使得专利申请人在撰写专利申请文件时，仅在权利要求中要求一个相对较窄的保护范围，以求顺利通过审查，而将大量技术内容置于说明书中，待到发生侵权纠纷时再适用等同原则将其纳入保护范围。这将打破专利申请人和公众之间的利益平衡，威胁到社会公众的利益。

由此可见，在撰写专利申请书时，最好使得权利要求书和说明书的内容相对保持一致。将说明书中未记载的技术内容写入权利要求书,将导致权利要求书未以说明书为依据的问题,而将权利要求书中未记载的技术内容写入说明书,则可能导致捐献原则在侵权判定中的适用。确系仅需要公开不需要保护的内容,可以只写入说明书。

2. 禁止反悔原则

专利申请人、专利权人在专利授权或者无效宣告程序中,通过对权利要求、说明书的修改或者意见陈述而放弃的技术方案,权利人在专利侵权纠纷中又将其纳入专利权保护范围的,无法得到支持。与捐献原则一样,被禁止反悔原则排除至专利保护范围以外的技术内容,无法适用等同原则重新纳入专利保护范围。这是为了防止专利申请人为了获取更多利益,在权利要求书中"漫天要价",无限制地扩大其要求保护的范围,从而严重加重专利审查员的负担,甚至可能导致审查员难以进行充分检索而无法将专利保护范围限定至符合法律规定的范围,从而严重威胁到公众利益。

由此可见,在撰写专利申请书时,为了维护申请人的利益,可以在其实际作出的发明或实用新型之上一定程度扩大保护范围,但不宜超出专利法允许的范围过度扩大,以免应审查员要求放弃相关范围后,在侵权判定中导致禁止反悔原则的适用。

3. 现有技术抗辩

在专利侵权纠纷中,被控侵权人有证据证明其实施的技术或者设计属于现有技术或者现有设计的,不构成侵犯专利权。注意该抗辩对于外观设计也是适用的。

如果被控侵权人的技术属于现有技术,则属于公知领域,自然不可能侵犯任何人的专利权。如果根据侵权判断原则该技术确实构成侵权,则一般情况下该专利权应该是无效的,被控侵权人可以对该专利权提起无效宣告请求。但是,无效宣告请求程序所需要的时间、经济等成本均较高,不利于被控侵权人维护自身权利。因此,专利法规定了现有技术抗辩。在专利侵权纠纷中,只要被控侵权人的现有技术抗辩成立,则可以直接被认定为不侵权,不必依赖于无效宣告请求程序的结果。但是,该不侵权认定不会影响专利权的有效性。只有通过无效宣告请求程序才能宣告一项专利无效,但被认定为成立的现有技术抗辩可以作为无效程序的相关证据。

二、外观设计的侵权判定

外观设计专利权的保护范围以表示在图片或者照片中的该产品的外观设计为准，简要说明可以用于解释图片或者照片所表示的该产品的外观设计。

对于外观设计的侵权判定包括以下几方面。

（一）产品类别的判定

由于外观设计是设计要素与产品相结合的产物，因此在进行侵权判定时，首先要确定被控侵权产品与外观设计所指定的产品是否属于同类产品。在与外观设计专利产品相同或相近似种类的产品上，采用与授权外观设计相同或者近似的外观设计的，应当认定被控侵权设计落入外观设计专利权的保护范围。二者不属于同类产品，一般不构成侵权。

（二）侵权判定方式

外观设计的侵权判定，应当以外观设计专利产品的一般消费者的知识水平和认知能力来判断外观设计是否相同或近似。其判定方式是将被控侵权产品与外观设计专利的图片或照片中所示的产品外观设计进行比较。如果两者的形状、图案或者其结合及色彩与形状、图案的结合相同或近似，则构成侵权。

（三）侵权判定原则

认定外观设计是否相同或者近似时，应当根据授权外观设计、被控侵权设计的设计特征，以及外观设计的整体视觉效果进行综合判断。对于主要由技术功能决定的设计特征及对整体视觉效果不产生影响的产品的材料、内部结构等特征，应当不予考虑。

第二节 专利纠纷的解决

一、专利侵权纠纷

(一) 解决途径

专利侵权纠纷的解决途径有以下三种。

(1) 自行协商。发生专利侵权纠纷的，可以由当事人协商解决。

(2) 行政途径。专利权人或者利害关系人可以请求管理专利工作的部门进行处理。管理专利工作的部门仅拥有两项权限，责令停止侵权和就侵犯专利权的赔偿数额进行调解。当事人不服或调解不成的，均可向人民法院起诉。

(3) 司法途径。解决专利侵权纠纷的主要途径是由专利权人或者利害关系人向人民法院起诉，即专利侵权诉讼。

(二) 侵权责任

专利侵权诉讼为民事诉讼，被控侵权人仅承担民事责任。而管理专利工作的部门在处理专利侵权纠纷时，也并无进行罚款、没收等行政处罚的权限。换言之，专利侵权需要承担的侵权责任仅有民事责任，没有刑事责任和行政责任。这和著作权、商标权等存在较大区别。这是专利权"推动发明创造的应用"的宗旨决定的。专利权的侵权，虽然侵犯了专利权人的利益，但对于社会公众而言，实质上是推动了发明创造的应用，并未侵犯，甚至某种意义上有利于公共利益，因此只需承担平等主体之间的民事责任，无须承担行政和刑事责任。

专利侵权人承担的民事责任主要为停止侵权和赔偿损失。赔偿数额主要依据以下方式确定。

(1) 按照权利人因被侵权所受到的实际损失或者侵权人因侵权所获得的利益确定。

(2) 权利人的损失或者侵权人获得的利益难以确定的，参照该专利许可使用费的倍数合理确定。

(3) 对故意侵犯专利权、情节严重的，可以在按照上述方法确定数额的一倍以上五倍以下确定赔偿数额，即可以给予惩罚性赔偿。

（4）权利人的损失、侵权人获得的利益和专利许可使用费均难以确定的，可以根据专利权的类型、侵权行为的性质和情节等因素，确定给予三万元以上五百万元以下的赔偿。

（5）赔偿数额还应当包括权利人为制止侵权行为所支付的合理开支。

专利侵权人可以在承担了民事责任的同时，向专利权人请求专利实施许可，如获得许可，则可继续实施该专利。

（三）司法管辖

专利纠纷第一审案件，由各省、自治区、直辖市人民政府所在地的中级人民法院和最高人民法院指定的中级人民法院管辖。最高人民法院根据实际情况，可以指定基层人民法院管辖第一审专利纠纷案件。因专利纠纷案件一般涉及技术特征对比等，判断较为复杂，且标的额常常也较大，故主要由中级人民法院作为一审管辖。成立了知识产权法院的市，由知识产权法院管辖。

当事人对发明专利、实用新型专利提起上诉的，由最高人民法院管辖。外观设计的上诉则由一审法院的上一级法院管辖。

（四）诉前措施

诉前措施分为诉前临时措施和诉前财产保全。诉前临时措施是指专利权人或者利害关系人有证据证明他人正在实施或者即将实施侵犯专利权、妨碍其实现权利的行为，如不及时制止将会使其合法权益受到难以弥补的损害的，可以在起诉前依法向人民法院申请采取财产保全、责令作出一定行为或者禁止作出一定行为的措施。诉前财产保全是指为了制止专利侵权行为，在证据可能灭失或者以后难以取得的情况下，专利权人或者利害关系人可以在起诉前依法向人民法院申请保全证据。

（五）诉讼时效

侵犯专利权的诉讼时效为三年，自专利权人或者利害关系人知道或者应当知道权利受到损害及义务人之日起计算。权利人超过三年起诉的，如果侵权行为在起诉时仍在继续，在该项专利权有效期内，人民法院应当判决被告停止侵权行为。侵权损害赔偿数额应当自权利人向人民法院起诉之日起向前推算三年计算。

二、假冒专利

除专利侵权以外，专利纠纷还包括假冒专利的情形。假冒专利是指以未被授予专利权的技术或者设计冒充是专利技术或专利设计，使公众混淆的行为。专利侵权和假冒专利的区别是，专利侵权是未经专利权人许可实施其专利技术或设计，实施对象是专利技术或设计本身。而假冒专利实施则是非专利技术，而以之冒充专利技术。由此可见，假冒专利不但对于专利权人的利益，而且对于公共利益也具有较大危害。因此，假冒专利可能承担的责任包括民事责任、行政责任和刑事责任。

专利权终止前依法在专利产品、依照专利方法直接获得的产品或者其包装上标注专利标识，在专利权终止后许诺销售、销售该产品的，不属于假冒专利行为。销售不知道是假冒专利的产品，并且能够证明该产品合法来源的，由管理专利工作的部门责令停止销售，但免除罚款的处罚。

【案例1】 许某与某拉链厂等侵害实用新型专利权纠纷案

【案情】 2000年8月18日，原告许某向国家知识产权局申请"拉链切断不脱线花边机"实用新型专利，2001年6月9日获得授权，专利号为ZL00237965.1，并于同年7月8日予以授权公告。该专利技术产品的发明，成功地解决了在拉链生产中几十年来长期存在的拉链剪切时出现的脱线、打刀、粘刀等技术问题，为原告带来了良好的经济效益。某拉链厂未经原告许可，生产销售与原告专利技术相同的产品，原告主张其行为违反了《专利法》的规定，应当承担相应的侵权责任。

被告辩称，其生产销售的"不散口花边剪断机"是被告公司自行设计的产品，产品的技术与原告专利技术不同，被告的行为不构成侵权。

对双方争议的被告生产销售的"不散口花边剪断机"是否与原告专利技术不同的问题，原告请求保护ZL00237965.1号专利独立权利要求：一种拉链切断花边机，是由机架、模架等组成，其特征是在机架上，固连有面板、立柱、托板，在托板上固连有汽缸，活塞杆通过固定螺母连接法兰，压盖使法兰与模架连接；模架的活动板的下方固连有冲刀架、冲刀，在活动板侧面固连有安全防护罩；模架下底板与面板固连，其上方固连有压板座，压板座的侧面有触头开关，导向件，上方固连有冲压板。原告专利的发明特点：以汽缸为动力源，模架作为传动装置，冲刀和下面的冲压板为切断装置。本实用新型无须加热，切断后的拉链不脱线，花边整齐、美观，在生产中不会产生粘刀、打刀，生产效率高，设备寿命长。依据被告确认的涉嫌侵权"不散口花边剪断机"产品与原告专利权利要求书对比，双方当事人在法庭上确认了被告产品包括面板、立柱、托板，托板上连接汽缸，通过活塞杆连接法兰，法兰与模架连接，模架的活动板的下方连接有冲刀架、冲刀，模架下底板与面板连接，上方连接有压板座，并由触头开关、导向件、冲压板等机件构成。法院认为，被告产品的结构部件除了没有"在活动板侧面固连有安全防护罩"，其余结构与原告专利权利要求书相同。被告产品技术表现在以汽缸为动力源，模架作为传动装置，冲刀和下面的冲压板为切断装置，与原告专利技术相同。被告产品缺少"安全防护罩"特征，并没有解决该机械使用时的安全问题。应当认定被告生产销售的"不散口花边剪断机"与原告ZL00237965.1号专利技术等同，落入原告专利保护范围。❶

【评析】 该案属于俗称"变劣发明"情况，即被控侵权技术故意省略专利权利要求书中的某些技术特征，导致该技术方案较之专利技术发生劣化，但因此也不会全面覆盖权利要求中的所有技术特征，从而达到"绕开"专利技术的目的。关于变劣发明应当如何处理，司法实践上曾出现过较大争议，如该案认定变劣发明落入原告专利保护范围。

但是，专利权的保护范围同时涉及权利人和社会公众两方面利益。如果适用等同原则过严，导致保护范围过窄，将不利于维护专利权人的利益和鼓励创新。如果适用等同原则过宽，导致保护范围过

---

❶ 参见广东省深圳市中级人民法院（2002）深中法知产初字第111号民事判决书。

大,则将严重危害社会公众使用技术的安全性。因此,最高人民法院《关于审理侵犯专利权纠纷案件应用法律若干问题的解释》第7条第二款中借鉴美国最高法院所确立的"全部技术特征"原则,规定变劣发明不属于适用等同原则的范畴,不应被纳入专利保护范围。

事实上,换个角度,可以认为通过省略技术特征来绕开专利技术的保护范围是公众的自由,正是公众遵守专利法,主动避免侵犯他人权利的一种体现。法律应保护公众实施不属于专利保护范围的公有领域技术的自由。需要注意的是,"提高专利保护水平"绝不仅是"提高对于专利权人的保护水平",而是明确专利权的界线,从而一方面保护专利权人的利益,另一方面保护公众使用发明创造的自由。

【案例2】 Warner Jenkinson 案

【案情】 本案的双方 Hilton Davis 化工公司与 Warner Jenkinson 公司皆为食品、药物及化妆品染剂红色40号及黄色6号的制造业者。染剂的制造过程中很重要的一个步骤,是将染剂纯化到能够符合国家标准的程度。Hilton Davis 发明了一种利用"超渗透过滤法"(ultrafiltration)改良纯化的方法,并申请了专利。该专利唯一的权利要求:"一种染料提纯方法,其特征在于通过一层薄膜在大约为200～400psig 的流体静压和6.0～9.0的pH值条件下进行超滤,使杂质和染料相分离,该薄膜的网孔直径为5～15埃,杂质的分子直径小于所述薄膜的网孔,因而能够通过该薄膜,使染料保留在浓缩液中,在分离之后通过蒸发从所述浓缩液中获得所需染料。"该申请中原本并未限定pH值,在专利审批的过程中,审查员引用了另一份美国专利作为对比文献,该对比文献披露了类似的超滤提纯方法,而采用的pH值为9.0以上,最好为11.0～13.0。为了避开现有技术,申请人在审查过程中修改了原来的权利要求,加入了pH值为6.0～9.0的限定条件。

Warner Jenkinson 采用了与专利技术相似的技术。经过调查,法院认定,被控侵权技术所采用的薄膜网孔为5～15埃,压力范围为 200～500psig，但其 pH 值为 5。

美国联邦上诉法院认为，被控侵权方法与权利要求在 pH 值上的区别是非实质性的。对 pH 值的限定主要是为了防止对薄膜的损害，并保证最后获得的染料是中性的。因此，认定采用 5.0pH 值进行超滤符合"以基本上相同的方式，实现基本上相同的功能，以达到基本上相同的效果"，认定侵权成立。

美国最高法院则认为："包含在权利要求中的每一个技术特征对于确定专利权保护范围来说都是重要（Deemed Material）的，因此等同原则应当针对权利要求中的各个技术特征，而不是针对发明作为一个整体。必须强调的是，在适用等同原则时，即使对单个的技术特征，也不允许将保护范围扩大到这样的程度，使得实质上是在忽略记载在权利要求书中的该技术特征。"从而认定，在申请人通过修改放弃了 6.0pH 值以下的范围的情况下，不能因为技术方案整体等同，而将 5.0pH 值纳入保护范围，从而推翻了联邦上诉法院的判决，确认 Warner Jenkinson 不构成侵权。❶

【评析】 该案是美国专利侵权领域极为重要的一案。在该案判决中，美国最高法院推翻了此前由 Hughes 案确立的"整体等同原则"，重新确立了"全部技术特征原则"。该原则为包括我国在内的各国专利立法中广泛借鉴。在 Hughes 案中，美国联邦巡回上诉法院在 NASA 使用的卫星缺少专利技术中的两项特征（因为技术进步导致的计算机体积缩小，使得原先位于地面的计算机能够被安装在卫星上，从而取消了相关的信号发送和接收装置）的情况下，以"整体等同原则"判决 NASA 构成对于 Hughes 公司的侵权，即认为二者的技术方案在整体上构成"以基本相同的手段，实现基本相同的功能，达到基本相同的效果"。而所缺少的两项技术特征，只是技术进步产生的自然换代。该判决看似公允，但其作出之后，美国认定侵权成立的案件比率从 30% 飙升至 80%。由于代理专利权人太容易获胜，一些律师甚至只收取胜诉酬金。"整体等同原则"看似合理，但其使得法院可以自由解

---

❶ See Hilton Davis Chemical Co. v. Warner-Jenkinson Co., Inc., 35 USPQ 2d 1641.

释专利权的边界，从而使得专利保护范围得到任意扩大，极不利于保护公众使用技术的安全。在该案中，联邦巡回上诉法院维持了此前"整体等同原则"的立场，而最高法院则最终推翻了这一原则，确立了"全部技术特征原则"。

值得注意的是，该案同时包含了"禁止反悔原则"的适用。专利权人在专利审查中，通过修改专利文件，放弃了此前包含在权利要求中的小于6.0的pH值范围。根据禁止反悔原则，即便专利权人主张等同原则将该范围纳入专利保护范围，也无法获得支持。因此，在撰写和修改专利申请文件时，除了考虑相关授权条件，也必须将可能对于专利侵权诉讼产生的影响考虑进来。

思考与讨论

1. 如何判断发明和实用新型专利的保护范围？
2. 如何理解等同原则？如何理解"全部技术特征"原则？
3. 在专利侵权诉讼中，被控侵权人可以主张哪些抗辩？
4. 专利侵权和假冒专利有何不同？

延伸阅读

1. 闫文军. 专利权的保护范围 [M]. 北京：法律出版社，2018.
2. 张玲，张丽霞，向波. 发明专利侵权诉讼实务问题研究 [M]. 北京：人民出版社，2014.
3. 北京市第一中级人民法院知识产权庭. 侵犯专利权抗辩事由 [M]. 北京：知识产权出版社，2011.
4. 李雨峰，陈聪. 扩大型再颁专利的制度逻辑及启示 [J]. 现代法学，2019（2）.
5. 黄丽君. 二元体制下的权利要求保护范围 [J]. 法学杂志，2019（1）.

第四编
商标法理论与实务

　　商标在市场交易活动中起着识别商品和服务来源的重要作用，并与企业的商誉紧密联系。商标法以保障商标权人的权益、促进提高商品质量、维护商标信誉、保障消费者的利益、促进社会主义市场经济发展为目的，是调整商标注册、使用、利用、保护和管理的法律关系的知识产权法律制度，在社会主义市场经济法律体系中有着举足轻重的地位。本编围绕我国商标法内容，较为系统地阐释了商标法的基本概念、基本理论、商标权的对象、商标权人、商标权的取得、商标的管理、商标权的法律保护实务等内容。

第十七章 商标权的对象

商标作为一种标识，其基本功能就是区分商品或服务的来源，以其所标识的商品或服务和消费者之间建立联系。因此，构成商标的元素或元素组合必须具有显著性，易于识别。由于商标的构成元素涉及公共资源的利用，综合诚实信用、公序良俗等诸方面的考虑，只有符合法律规定条件的相应标志才能作为商标使用。同时，在我国享有法律完全保护的商标权，须将商标按照法定程序注册为前提。

第一节 商标的概念和特征

一、商标的概念

商标是国际上通用的法律用语，其称谓源于英文"Trademark"的含义，为商业标记，抑或称"Brand"，故日常生活中经常被称为"牌子"，是被生产经营者使用在商品或者服务上的一种标记。

基于法律的相关规定，商标可以定义：商标是指用于商品或者服务上的，由文字、图形、字母、数字、三维标志、颜色组合和声音，或者上述要素组合构成的具有显著性的可感知的标志。因此，商标是由法定的要素构成，且必须具有显著性，以利于识别的标志，主要用于区别不同企业间商品或服务来源。

商标是一种商业标识，广泛用于商品、商品包装、广告或者服务设施方面，以利于消费者将一定的商品或者服务与其提供者联系起来。其本质功能在于将同类商品或服务的提供者区别开来，便于消费者识别，避免市场混淆。商标与一般的标识是不同的，具体表现在以下几方面：①商标的所有人或使用人是基于商业目的而使用商标；②商标是用来识别商品或服务来源，以避免市场混淆；③商标承载着商品生产经营者的商誉；④商标具备法定的构成要素，须具备显著特征。

二、商标的特征

商标作为一种商业标识，区别于其他商业标识，具有如下特征。

（一）商标是可感知的法定符号

商标应该是人的视觉、听觉感官所能够感知到的符号。有些国家法律甚至规定气味也可以作为商标注册，如美国、澳大利亚、马来西亚。但我国商标法中并未列入气味可以作为注册商标构成要素，实务中，嗅觉、全息图像等标识在我国尚不能注册。因此，作为商标符号具有法律规定性。

（二）商标具有依附性

商标的依附性体现在对商品或服务的从属关系上。商标在市场交易中区别着商品或服务的来源，商标立法上更强调商标须与特定的商品和服务相联系。因此，商标必须依赖于商品或服务。这种依附关系使得商品生产者、经营者、服务项目提供者依靠商标宣传推广商品和服务，树立自己的信誉，从事生产经营活动，而消费者则通过商标选择其提供的商品或者服务。这样既提高了商品和服务的信誉，也提升了商标的价值。

（三）商标具有显著性

商标的显著性体现为独特而易识别。一方面是商标自身的显著性，即商标的构成要素包括文字、图形、字母、数字、三维标志、颜色组合和声音，以及上述要素的组合，只要有明显的特点，别具一格，并且与相同或类似商品的注册商标不混同，使消费者通过商标便可选购商品或者选择服务。另一方面，即使标识本身不具有显著性，还可以随着商标长期的连续使用，使消费者对其标识的商品或服务有了肯定的认识，建立起了联系，能够将其所标识的商品或服务与其他商品或服务区别开来，而获得显著性。

第二节　商标的种类

实践中，可以按照一定的标准对商标进行种类划分，以按照不同的内容和措施进行管理。

一、商品商标和服务商标

按照商标的使用对象不同，可以分为商品商标和服务商标。

商品商标是指专门在商品上使用，以识别商品来源的商标，通常是生产经营者在其生产的工业品或农林牧副渔产品等商品上所使用的商标。例如，使用在家电产品上的"海尔"商标，使用在汽车产品上的"红旗"商标，使用在食品上的"伊利"商标等。

服务商标是指提供服务的经营者在其向社会公众提供的服务项目上所使用的区别标志，如交通运输、银行保险、餐饮娱乐、通信、电视台、房地产等单位使用的标志。

二、普通商标、集体商标和证明商标

根据商标权人与使用人的关系和商标所起的作用，可以分为普通商标、集体商标和证明商标。

普通商标指自然人、法人或者非法人组织用于自己生产、经营的商品或者在自己提供的服务中使用的商标。

集体商标是指以团体、协会或者非法人组织名义注册，供该组织成员在商事活动中使用，以表明使用者在该组织中的成员资格的标志。例如，哈尔滨市红肠食品产业协会注册了"哈尔滨红肠"为集体商标，广东省佛山陶瓷协会注册了"佛山陶瓷"为集体商标，其他诸如"重庆火锅""五常大米""金华火腿""郫县豆瓣"等都是集体商标。

证明商标是由对某种商品或者服务具有监督能力的组织所注册并控制，而由该组织以外的单位或者个人使用在其商品或者服务，用以证明该商品或者服务的原产地、原料、制造方法、质量或者其他特定品质的标志。证明商标有两种类型：一是原产地证明商标，用以证明商品或服务本

身出自某原产地,如法国"香槟"酒、中国的"烟台苹果""安溪铁观音"等;二是品质证明商标,用以证明商品或服务具有某种特定的品质,如国际上通行的"纯羊毛"标志用以表明羊毛制品的品质;我国的"绿色食品""有机食品"标志用以证明食品类产品所达到的品质等。

三、视觉商标、听觉商标、味觉商标、触觉商标

根据商标构成要素作用于人们的感知器官带来的认识不同,商标可以分为视觉商标、听觉商标、味觉商标和触觉商标。

(一)视觉商标

视觉商标是指商标构成要素为可视性的文字、图形、颜色、三维标志及其组合的商标。视觉商标又可分为平面商标、立体商标和动态商标。

1. 平面商标

平面商标是指构成商标的要素均呈现于水平面上的标志。平面商标是商品或服务中常见的商标标志形式,通常以文字、图形、颜色的平面形式表现,又可细分为文字商标、图形商标、颜色商标、组合商标。

文字商标是指只用文字、字母、数字等构成的商标,如"Lenovo"(电脑)、"王老吉"(凉茶)、"五粮液"(酒)、"999"(感冒药)等。将文字注册商标,往往取其特有的含义或者读音上口易记。我国文字注册商标以汉字为主,出口商标还可以使用外国文字。

图形商标是指用事物图形、几何图形、抽象图形或者符号、记号组成的形象化商标,如用名胜古迹、山川河流、亭台楼阁、几何图形等图形绘制而成的商标。它要求特征显著,形象生动、给人印象深刻。实践中,图形商标常常有多种称谓,不便于呼叫。注册申请人通常会用一个名称来固定其称谓,方便使用。例如,有企业将一幅瀑布山水画注册为商标,冠以"黄果树"的称谓。

颜色商标是指由颜色或者颜色组合构成的商标。这种商标可以是颜色与文字、图形的组合,也可以是由多种色彩构成的组合,还可以是单一标志性的色彩。例如,美国迪尔公司在其生产的农用机械上使用的绿色和黄色的颜色组合商标;1995年3月28日,美国高等法院在Qualites公司诉

Jaeobson 公司一案的判决中，对单一色构成的商标进行司法保护。我国商标法虽然规定了颜色可以注册商标，但商标注册实务中必须是两种以上颜色的组合才可以构成颜色商标。

组合商标是指由文字图形或者记号组合而成的一个商标。它要求文字、图形、记号组合协调，图、文一致。其特点：图文并茂、相互融合；既表意，又表形；易引起消费者的注意，且便于呼叫，如"长虹"（电视机）、"华为"（手机）等。

2. 立体商标

立体商标通常指三维标志，是指以特定的长、宽、高空间形态表现出的标志。生产经营活动中，立体商标有三种使用形式：一是与商品或服务分离的使用，如浙江绍兴的吃茴香豆"孔乙己"形象的酒店商标；二是使用在商品的包装上，直接体现为商品的包装装潢，具有专门的识别性，如"可口可乐"饮料以富有特色的曲线饮料瓶子外形为商标；三是直接用于商品的自身，体现为商品的形状，如"好时"巧克力的外形。

3. 动态商标

相对于静止状态的商标，动态商标是指通过视频呈现的一系列特定的动作或运动状态的表现为识别标志。目前，美国、英国、日本、欧盟和我国台湾地区等已经有较为成熟动态商标注册实践。

（二）听觉商标

听觉商标是指构成要素为声音的商标。声音商标申请注册时，既可以是音乐性质的声音，如简短的乐曲；也可以是非音乐性质的声音，如自然界、人或动物的声音；还可以是音乐性质与非音乐性质兼有的声音构成。音乐性质的声音申请注册商标时，应当以五线谱或简谱加以描述，并附加文字说明；非音乐性质的声音应是某种特别的声音，并能以文字准确、客观描述和理解。声音商标需使用时具有显著性，便于消费者识别。

（三）味觉商标

味觉商标也称气味商标，是指以某种特殊的气味为构成要素的商标。

(四)触觉商标

触觉商标是指通过质地平整光洁程度区别商品或服务的商标标志。国外一些企业在名片、信封、公司简介、包装袋乃至前厅接待桌面、员工服装上使用特殊的材料,以达到与众不同的效果。❶

目前,我国商标申请注册实务中尚不允许味觉商标和触觉商标的注册。

四、注册商标和未注册商标

根据商标是否按照法定程序向商标注册部门注册,可以将商标分为注册商标和未注册商标。

注册商标是指向国家商标注册部门提出申请,并经核准注册的商标。注册商标使用时应标明注册标记"注册商标"或"注""®"。我国商标法规定只有将商标注册才享有排他性的商标专有权,并受商标法的全面保护。

未注册商标是未向国家商标注册部门申请注册的商标。未注册商标在使用时不得加注册标记。未注册商标的使用人不享有排他性的商标专用权,未注册商标享受法律保护的条件有限,仅在他人以不正当竞争手段抢注已经使用并有一定影响的商标时才受法律保护。

第三节 商标使用和注册的限制

商标的使用和注册须具有合法性,也就是必须符合法律规定的条件。这些条件主要是围绕商标的识别功能和社会公益性方面考量设定。世界各国和地区立法中普遍体现了商标法定的规则,我国商标法也规定了禁止作为商标使用的标志和申请商标注册的限制条件。一是一些特定的标志不能作为商标使用;二是申请注册的商标必须符合显著性的基本条件;三是申请注册的商标不得侵害他人的在先权利。

---

❶ 国家工商行政管理总局.商标注册与管理[M].北京:中国工商出版社,2012:80.

一、商标使用上的禁止性标志

由于我国实行的是商标自愿注册原则，除个别类商品的商标必须是强制注册外，允许商标使用人自由决定是否申请注册。未经注册的商标也可以使用，但不能转让，也不享有专用权。另外，基于一些标志的内容的特殊性所涉及的社会影响，某些标志不得作为商标使用，更不允许被注册。即使申请注册审查时由于忽视被通过，但是一经发现，商标行政主管机关可以随时予以撤销，且不受时效的限制。

（一）禁止与特定官方或国际组织标志相同或近似的标志

特定的官方和国际组织的标志如果用于商标上，有失严肃性和应有的尊重，而且也容易误导或者欺骗消费者，使消费者容易产生所标志的商品是经该官方或组织批准或认可生产销售的，同时有损市场公平竞争的秩序。我国《商标法》第10条第一款第（一）项至（五）项规定，下列特定的官方标志不得作为商标使用。

（1）同中华人民共和国的国家名称、国旗、国徽、国歌、军旗、军徽、军歌、勋章等相同或者近似的，以及同中央国家机关的名称、标志、所在地特定地点的名称或者标志性建筑物的名称、图形相同的。

（2）同外国的国家名称、国旗、国徽、军旗等相同或者近似的，但经该国政府同意的除外。

（3）同政府间国际组织的名称、旗帜、徽记等相同或者近似的，但经该组织同意或者不易误导公众的除外。

（4）与表明实施控制、予以保证的官方标志、检验印记相同或者近似的，但经授权的除外。

（5）同"红十字""红新月"的名称、标志相同或者近似的。"红十字"和"红新月"标志是世界最大救援组织国际红十字和红新月运动的专有标志。根据《日内瓦公约》的规定，该专有标志只能由该组织用于人道医疗救护活动中。2007年，该组织又正式启用一新标志"红水晶"，因此，"红水晶"标志也不得作为商标使用。

（二）禁止有违公序良俗的标志

诚实信用、遵守公序良俗是民事法律制度基本原则内容的体现，有违公共秩序和善良风俗的标志不得作为商标使用。这类标志主要包括如下几种。

1. 欺骗性标志

欺骗性标志是我国《商标法》第10条第一款第（七）项规定的，带有欺骗性、容易使公众对商品的质量等特点或者产地产生误认的标志。这是指商标对其指定使用商品或服务的质量等特点或者产地作了超过其固有程度或与事实不符的表示，易使公众对商品或者服务的质量等特点或者产地产生错误的认识。例如，将"国酒"商标用于酒类商品上，很容易使消费者误解该品牌酒是国宴或国礼用酒，这样就产生了欺骗效果。还有中国企业将"极品"用于矿泉水的商标，易产生夸大产品质量的作用，容易使消费者对其矿泉水质量做出错误判断。

商标自身功能具有广告宣传的作用。对于商标一般性的表现商品或服务的质量并不存在违法问题。例如，用"冰露"作为饮用水的商标，商家想以此形容该饮用水的质量特点，但消费者理解这是一种比喻，并不会产生饮用水就是用冰水制作的认识。有些标志或者其构成要素虽有夸大的成分，但根据日常生活经验或者相关公众的通常认识等不足以引人误解的，不能认定为带有欺骗性的标志。例如，针对失眠者使用的床垫，使用了"睡宝"商标，消费者也明白这只是商家的一种广告宣传，有利于睡眠，并非有治疗的奇效。

2. 带有民族歧视性的标志

禁止商标含有民族歧视性是我国《商标法》第10条第一款第（六）项的规定。具体指商标的文字、图形或者其他构成要素与特定民族的名称或形象相同或者近似，含有丑化、贬低或者其他不平等对待的内容。根据《商标审查审理指南》（2021），对某一标志是否带有民族歧视性，具体化为"有害于民族、种族尊严或者感情的"，判定时应综合考虑该标志的构成及其指定商品服务。有些与民族或种族有关的文字图形等，其本身可能不会伤害民族、种族感情，但如果使用在某些特定商品或者服务上，也可能产生伤害民族、种族感情的后果，应予以驳回。例如，将"印第安人"

标志注册在抽水马桶上，显然向印第安族人传达出不友好的信息。但有明确其他含义或者不会产生民族歧视性的除外，如将"印第安人"标志用在服装类商品上。

3. 有害于社会主义道德风尚的标志

我国《商标法》第10条第一款第（八）项规定的"有害于社会主义道德风尚"，是指损害我国人民共同生活及其行为的准则、规范及在一定时期内社会上流行的良好风气和习惯。例如，有人将"六合彩"申请注册商标，因该文字商标的含义与一种赌博方式相同，所以在我国不能作为商标使用和注册。

4. 其他不良影响的标志

其他不良影响标志是指有害于社会主义道德风尚以外的其他标志，是指标志的构成要素对国家政治、经济、文化、宗教、民族等社会公共利益和公共秩序产生消极、负面的影响。在认定时，应结合具体情况进行判断，考虑国家体制、社会背景、政治背景、历史背景、文化传统、民族风俗、宗教政策、特定的公众人物等因素，并考虑标志的构成要素及其指定使用的商品和服务，是否会产生消极、负面影响的可能性。

例如，有企业曾申请将"鬼吹灯"注册为商标。因所申请的文字标志被法院认定具有宣扬封建迷信的含义，整体格调不高，对我国社会主流文化价值会产生消极负面的影响，作为商标使用会给社会造成不良影响。❶另外，把社会上发生的重大事件的名称作为商标使用或注册，有违公共秩序，也会对整个社会造成负面影响，如将"911""文革"等标志作为商标等均具有不良影响。再如，将"梵净山"标志用于夜总会的服务商标，则因可能对佛教信徒的宗教信仰、宗教感情造成伤害，从而具有不良社会影响。❷

（三）禁止使用特定的地名

地名不得作为商标是国际上许多国家立法的通行做法，我国也作出了

---

❶ 参见北京知识产权法院（2019）京知行初字第14875号行政判决书，北京市高级人民法院（2020）京行终3843号行政判决书。

❷ 参见北京市第一中级人民法院（2010）一中知行初字第430号行政判决书。

相同的规定。《商标法》第 10 条第二款明确了县级以上行政区划的地名或者公众知晓的外国地名，不得作为商标。将地名作为商标有可能导致两种不良的后果：一是地名所在地区有可能盛产某种特产，如果一家企业被允许使用该地名作为商标，则会限制本地区其他企业使用该地名，以及妨碍其他经营者描述产品产地的信息，这样无异于授予了一个企业不合理的垄断权，不利于市场公平竞争；二是如果商品或服务不是来自地名所指示的地区，该地名商标还会具有欺骗性，导致消费者产生商品产地或质量上的误认。即使商标指示的商品确实来自该地区，由于该地名直接说明了商品的产地，该标志也缺乏固有显著性。

但是，当地名本身的词汇具有其他明确、公知的含义，该含义强于作为地名的含义时，不会误导公众，则可以允许以该地名作为商标使用和注册。例如，"凤凰"既是一个县名，又是民间传说中的神鸟，是百鸟之王，还寓意着吉祥如意，将其注册为商标并不会剥夺对手合理的竞争机会或具有欺骗效果。

另外，我国《商标法》还规定了禁止地名作为商标的某些例外。一是地名作为集体商标、证明商标组成部分的可以注册；二是已经注册的使用地名的商标继续有效。

二、作为商标注册的标志限制

商标的识别功能决定了商标应具备一定的显著性。由于缺乏显著性，一般情况下有些标识作为商标注册是受到限制的。我国商标法以分类的方式，对商标申请注册的标识作出了限制性规定。

（一）通用标志

通用标志包括本商品的通用名称、图形和型号。例如，一些表述种类的词汇"苹果""桌子""飞机""面包"，以及它们的图形、型号等，由于这些通用标志与所指代的商品之间有着最为紧密的联系，而无法起到识别商品来源的作用，显著性最差，因而不能作为商标注册。比如，一个草莓种植农场，如果在其生产的草莓包装箱上印上"草莓"两个汉字作为标记，对草莓这类产品而言就不具有显著性，因为这个标记不能说明该农场出产的草莓与其他企业生产的草莓有什么区别，消费者无法从这两个汉字上区分该草莓是指这个商品名称还是指商品的生产者。同样，简单地将一些字母或数字组合作为商品名称，也不能起到区分商品或服务来源的作用，而使消费者认为这种组合标志代表商品的型号。实践中，就曾有汽车制造企业奥迪公司将"A3""A4""R8"等字母数字组合申请商标被驳回的案例。

（二）描述性标志

描述性标志是仅直接表示商品的质量、主要原料、功能、用途、重量、数量及其他特点的文字和图形。这类标志是对商品的上述特点直接进行了描述，而不能使消费者区分该商品的来源，从而缺乏显著性。例如，用火焰图形表示打火机的标志，该图形直接描绘了打火机的用途，消费者看到这个图形马上想到的是打火机就是用来打火用的，而不会将该标志与打火机的生产者联系起来。可见，描述性标志与所代表的商标之间的联系也过于密切，一般在最初使用时往往使消费者无法对商品或服务的来源做出识别。在司法实践中，有些商品生产者将直接描述商品技术特征、制作和加工方式的名称作为商品标志，使得消费者不易区分商品的来源，而在申请商标时被驳回。例如，有企业在葡萄酒、黄酒等酒类产品上标有"手酿"，使消费者误认为该商品是手工酿造而成，从而导致在酒类产品上注册"手酿"商标的申请被驳回。[1]

但是，上述标志经过使用取得显著特征，并便于识别的，可以作为商标注册，如"田七"（牙膏）等商标。

（三）三维标志

我国商标法允许将三维标志注册为商标，但是以三维标志申请注册商标的，仅由商品自身的性质产生的形状、为获得技术效果而需要的商品形状或者使商品具有实质性价值的形状，不得注册。例如，如果将一个鞋子的形状作为鞋子这类商品的商标，消费者只会认为是鞋子这类商品自身的特征，而不会将其当作区别商品来源的标识。曾经有企业将一个笔帽的形状申请注册商标，而要用于笔帽类商品上。而这种笔帽形状却是笔帽类商

---

[1] 参见北京市第一中级人民法院（2011）一中知行初字第1830号行政判决书。

品固有功能和用途实现所常用的形状，因此，它无法起到识别商品来源的作用。而且从市场公平竞争的角度看，如果允许其注册为商标来说明自己的产品，势必会排除其他企业生产，这有失公平，对社会生产也不利。

三、不得损害他人的在先权利

商标注册申请人在申请商标注册前，如果涉及他人已有的知识产权或者其他民事权利的标志被注册申请人用来申请商标，则会影响他人合法使用自己的标识，从而损害他人的在先权利。例如，非法利用他人的一件雕塑作品作为商标，创作者的著作权即为在先权利。还有非法使用一些名人的姓名、企业的商号作为商标，他人的姓名权、商号即为在先权利。商标主要是用于商业上的活动，这种使用可能会侵犯他人的在先权利。因此，我国商标法明确规定了几种禁止侵害他人在先权利注册商标的行为。

（一）禁止以不正当手段抢注他人已有一定影响的未注册商标

申请商标注册不得以不正当手段抢先注册他人已经使用并有一定影响的商标。在我国，商标权的取得还须通过注册来获得，但商标是否注册又采取的是自愿原则。有些商家未将商标注册而直接使用，经过一段较长时间的生产经营上的投入，商标已在一定的地域范围内形成一定的社会影响，积累了一定的商业信誉。此时，商标具有了较高的价值，往往会遭到他人的抢注。这种抢注行为具有明显的恶意，有违市场经济的诚实信用原则，也破坏公平竞争的市场秩序，所以法律要对此加以禁止。

需明确的是，对于虽然已经在先使用的商标，但尚未产生一定社会影响的商标被他人抢注的行为法律并不制止。因为没影响力的商标本身在市场上的价值也不大，他人不会有抢注的动机。即使被他人抢注，由于该商标没有什么影响力，并不为公众所熟知，在市场上消费者也不会对商标所标识的商品或服务来源产生混淆。所以，法律禁止抢注的是"他人已有一定影响的未注册商标"。

（二）申请注册的商标不得与他人注册的商标混同

商标混同是指申请注册的商标与他人在相同或类似商品或服务上已注

册的或初步审定的商标相同或近似。合法注册的商标产生相应的商标专用权，商标专用权具有排斥他人使用的特性，商标混同会产生两个相互冲突的商标权，导致消费者的混淆。

商标相同是指两个商标在视觉上基本无差异，包括文字的读音、书写、含义均相同，图形商标在视觉上基本没有差别。如果将相同的商标使用在同一种或者类似商品或服务上，则容易使相关公众对商品或者服务的来源产生误认。

商标近似是指使用在同一种商品或者类似商品上的商标的文字的字形、读音、含义或者图形的构图及颜色，或者其各要素组合后的整体结构相似，或者其立体形状、颜色组合近似，易使相关公众对商品的来源产生误认或者认为其来源与原告注册商标的商品有特定的联系。例如，"3506"与"三五零六""脉动"与"脉劫"等。一般情况下，商标所使用的文字、图形或者其组合在读音、含义或者整体结构的其中一个方面易使相关公众产生误认，即可判定近似商标。

（三）申请注册的商标不得与他人驰名商标相同或者近似

不得注册与他人驰名商标相同或相近的商标是国际上的通行做法，我国商标法依照有关国际公约也在第13条中进行了专门规定。具体分为三种情况：一是驰名商标的持有人可以在相关权利受到侵害时，适用商标法的有关规定进行保护；二是复制、模仿或者翻译他人未在中国注册的驰名商标，用于相同或者类似商品上申请注册，容易导致混淆的，该商标申请不予注册并禁止使用；三是复制、模仿或者翻译他人已经在中国注册的驰名商标，用于不相同或者不相类似商品上申请注册，容易误导公众，致使该驰名商标注册人的利益可能受到损害的，该商标申请不予注册并禁止使用。

（四）不得侵犯他人的其他在先权利

他人的其他在先权利是指在申请人提出商标注册申请前，他人依法取得或依法享有的著作权、外观设计专利权、企业名称权、肖像权、姓名权、域名权等权利。发生冲突的客观原因是以上权利的客体与商标的构成要素部分或者全部重合，一旦商标使用就可能侵犯他人的在先权利。依据我国商标法的规定，注册商标侵犯他人在先权利的，属于不当注册，有关当事人可以申请撤销。

【案例1】"中国劲酒"商标申请注册纠纷案

【案情】 2005年10月20日，劲牌有限公司向商标局❶申请在第33类果酒（含酒精）、开胃酒、蒸馏饮料、葡萄酒、酒（饮料）、米酒、含酒精液体、酒精饮料（啤酒除外）、黄酒、食用酒精等商品上注册第4953206号"中国劲酒"商标（以下简称"申请商标"）。2008年2月26日，商标局以申请商标内含我国国名，不得作为商标使用，不宜注册，驳回申请商标的注册申请。

劲牌有限公司不服该驳回决定，向商标评审委员会❷申请复审认为：申请商标中的主体"劲"是劲牌有限公司已经注册的商标，具有很高的知名度，已经被认定为驰名商标。申请商标中的"中国"与"劲"字的字体、表现形式均不相同，"中国"在申请商标中仅仅起到表示申请人所属国的作用。根据《商标审查及审理标准》，申请商标不在禁止注册的范围之列，请求商标评审委员会给予申请商标初步审定。2008年11月24日，商标评审委员会作出商评字[2008]第28028号决定认为：申请商标中的"中国"为我国国家名称，属于《商标法》第10条第1款第（一）项明确规定不得作为商标使用的标志，依法应予驳回。劲牌有限公司不服该决定，向法院提起行政诉讼。

一审法院认为：申请商标为"中国劲酒"文字及方章图形共同构成的组合商标，其中文字"劲"字体为行书体，与其他3字字体不同，字型苍劲有力，明显突出于方章左侧，且明显大于其他3字，是申请商标的显著识别部分。方章图案中的"中国酒"3

---

❶ 在2018年11月15日之前发生的案例中所称的"商标局"，均指原国家工商行政管理总局商标局，而非现国家知识产权局商标局。

❷ 在2018年11月15日之前发生的案例中所称的"商标评审委员会"，均指原国家工商行政管理总局设立的商标评审委员会。

字,字体明显有别于"劲"字,虽然包含有中国国名,但该国名部分更容易使消费者理解为商标申请人的所属国。商标评审委员会仅以申请商标中的"中国"为我国国家名称为由,即认定申请商标属于《商标法》第10条第1款第(一)项规定的不得作为商标使用的标志,主要证据不足。

商标评审委员会不服一审判决,提起上诉。

二审法院认为:《商标法》第10条第1款第(一)项规定表明,在一般情况下禁止将与我国国名相同或者近似的标志作为商标使用,但申请商标所含我国国名与其他具备显著特征的标志相互独立,国名仅起表示申请人所属国作用的除外。一审法院的判决应予维持。

最高人民法院再审认为:商标是用以区别不同生产经营者所提供的商品或者服务的标志。《商标法》第10条第1款第(一)项规定所称同中华人民共和国的国家名称相同或者近似,是指该标志作为整体同我国国家名称相同或者近似。如果该标志含有与我国国家名称相同或者近似的文字,且其与其他要素相结合,作为一个整体已不再与我国国家名称构成相同或者近似的,则不宜认定为同我国国家名称相同或者近似的标志。本案中,申请商标可清晰识别为"中国""劲""酒"三部分,虽然其中含有我国国家名称"中国",但其整体上并未与我国国家名称相同或者近似,因此申请商标并未构成同中华人民共和国国家名称相同或者近似的标志,商标评审委员会关于申请商标属于《商标法》第10条第1款第(一)项规定的同我国国家名称相近似的标志,据此驳回申请商标的注册申请不妥,予以纠正。但是,国家名称是国家的象征,如果允许随意将其作为商标的组成要素予以注册并作商业使用,将导致国家名称的滥用,损害国家尊严,也可能对社会公共利益和公共秩序产生其他消极、负面影响。因此,对于上述含有与我国国家名称相同或者近似的文字的标志,虽然对其注册申请不宜根据《商标法》第10条第1款第(一)项进行审查,但并不意味着属于可以注册使用的商标,而仍应当根据《商标法》其他相关规定予以审查。例如,此类标志若具有不良影响,仍可以按照《商标法》相关规定认定为不得使用和注册

的商标。❶

【评析】 该案认定的分歧在于法律适用。该案争议的焦点在于对《商标法》第 10 条第 1 款第（一）项的规定"同中华人民共和国的国家名称相同或者近似的标志不得作为商标使用"适用上的解释。商标评审委员会的裁定表明其观点是"只要商标中含有与国家名称相同或者近似的标志均不得作为商标使用"。法院的共同观点则集中反映为"此处所称同中华人民共和国的国家名称相同或者近似，是指该标志作为整体同我国国家名称相同或者近似。如果该标志含有与我国国家名称相同或者近似的文字，且其与其他要素相结合，作为一个整体已不再与我国国家名称构成相同或者近似的，则不宜认定为同中华人民共和国国家名称相同或者近似的标志"。所以法院认为商标评审委员会适用法律不当。但是，无论是商标评审委员会还是法院也都认为争议的申请商标不宜作为商标使用。那么又应该适用《商标法》的哪条规定呢？根据最高人民法院的判决，认为可以考虑适用《商标法》第 10 条第 1 款第（八）项中有关"有害于社会主义道德风尚或者有其他不良影响的"的规定的解释适用，商标评审委员会可以基于此条对申请商标予以审查。

【案例 2】 QQ"滴滴滴滴嘀嘀"声音申请商标注册行政纠纷案

【案情】2014 年 5 月 4 日，腾讯公司向商标局提出第 14502527 号"嘀嘀嘀嘀嘀嘀"（声音商标）商标（以下简称"申请商标"）的注册申请，指定使用在第 38 类"电视播放；新闻社；信息传送；电话会议服务；提供在线论坛；计算机辅助信息和图像传送；提供互联网聊天室；在线贺卡传送；数字文件传送；电子邮件（截止）"服务上。

商标局于 2015 年 8 月 11 日以申请的商标缺乏显著性为由，作出商标驳回通知，不予注册的决定。腾讯公司不服，于法定期限内向商

---

❶ 参见最高人民法院（2010）行提字第 4 号行政判决书。

标评审委员会提出复审申请。2016 年 4 月 18 日，经审理，商标评审委员会认为：申请商标为"嘀嘀嘀嘀嘀嘀"声音，该声音较为简单，缺乏独创性，指定使用在电视播放、信息传送等服务项目上缺乏商标应有的显著特征，难以起到区分服务来源的作用，属于《商标法》第 11 条第 1 款第（三）项所指的情形。腾讯公司提交的证据虽能证明其 QQ 软件享有知名度，但申请商标的声音仅为软件包含的标识某一功能的声音，在案证据不能证明申请商标经使用已起到区别服务来源的作用。商标评审委员会遂作出商标驳回复审决定。

腾讯公司不服，向法院提起行政诉讼。一审法院认为，诉争商标由腾讯公司进行了长期、大量的使用，诉争商标作为 QQ 软件默认的新消息传来时的提示音与 QQ 软件之间形成了可相互指代的关系，诉争商标的声音在即时通信领域建立了较高的知名度，与 QQ 软件、腾讯公司之间建立了稳定的对应关系，在指定使用的信息传送服务项目上起到了标识服务来源的功能。被诉决定认定其不具备显著性缺乏事实及法律依据。据此，一审法院判决撤销被诉决定。

商标评审委员会不服，提起上诉。二审法院认为，由于诉争商标仅由单一而重复的"嘀"音构成，相关公众通常情况下不易将其作为区分商品或者服务来源的标志加以识别，诉争商标属于缺乏显著特征的标志。特定的标志本身在特定的商品或者服务上可能缺乏商标注册所需的显著特征，但是当其经过使用而能够发挥识别作用时，则可以根据《商标法》第 11 条第 2 款的规定予以核准注册。本案中，腾讯公司提供的证据能够证明诉争商标"嘀嘀嘀嘀嘀嘀"声音通过在 QQ 即时通信软件上的长期持续使用，具备了识别服务来源的作用。诉争商标在与 QQ 即时通信软件相关的信息传送等服务上具备显著特征，可以在上述服务项目上予以初步审定。但是，诉争商标并未在电视播放等服务上实际使用，不构成经过使用方取得显著特征的情形。据此，二审法院在纠正一审判决相关错误的基础上，对其结论予以维持。❶

---

❶ 参见北京市高级人民法院（2018）京行终 3673 号行政判决书。

【评析】 该案是我国法院审理的首例声音商标案件。2013年《商标法》修改时，删除了商标构成要素必须属于"可视性标志"的原有要求，拓宽了商标类型的范畴。在商标注册申请的审查过程中，无论具体商标标志由何种要素构成，只要其符合《商标法》第8条的规定，均应当采用相同的审查标准予以同等对待，除非商标法有特殊规定，否则，不应对声音商标及今后可能出现的其他新类型商标作出特殊对待。某一本身不具有显著特征、不能作为商标注册的标志，是否能够通过长期使用获得显著特征，从而起到区分商品来源的作用，除了要看主张权利的一方当事人的使用证据，还要看整个市场上主张权利的一方当事人通过自己单独的长期使用行为，建立起其与该标志之间的唯一的、稳定的对应关系，从而使该标志具有区分商品和服务来源的识别作用。该案中，一、二审法院对声音商标显著特征审查标准及通过使用获得显著特征的认定进行了有益的探索。二审判决明确指出，对于通过使用而取得显著特征的商标的审查，必须遵循"商品和服务项目特定化"的审查原则，避免显著特征使用取得认定过程中的泛化处理和以偏概全。这一规则的明确为新类型商标的注册审查提供了宝贵的经验。

思考与讨论

1. 如何理解商标的概念？商标有什么特征？
2. 什么是集体商标和证明商标？两者之间有何区别？
3. 哪些缺乏显著性的标志不能作为商标注册？
4. 怎样理解"有害于社会主义道德风尚及其他不良影响"？
5. 申请商标注册不得损害他人的哪些在先权利？

延伸阅读

1. 世界知识产权组织. 知识产权指南[M]. 北京：知识产权出版社，2012.
2. 田龙. 商品包装类立体商标的显著性判断[J]. 中华商标，2021(2).

3. 詹爱岚，沈建娅. 商标注册"不良影响"条款的规制目的与判定标准：基于中欧立法及司法实践的比较［J］. 电子知识产权，2020（5）.

4. 张今，卢结华. 商标法中地域性名称的司法认定：商标、地理标志、特有名称与通用名称之辨析［J］. 法学杂志，2019（2）.

5. 赵雨潇. 单一颜色商标保护研究：兼评美国联邦巡回上诉法院 Louboutin v. YSL 案［J］. 知识产权法研究，2013（2）.

第十八章　商标权人

在我国，商标权的获得需要通过特定的法律程序申请注册，商标注册申请人往往就是被授予商标权的人。商标权人享有商标专用权，未注册但实际使用商标，使用人没有商标专用权，或者说没有商标权，但是作为该商标使用人，对使用的商标仍享有民法意义上的权利。而且在商标申请过程中，有时涉及多个当事人都与申请注册的商标有某些关系和权利，需要明确申请人。学理上对商标权主体不同类型的划分，便于我们厘清相应的商标权法律关系。在明确商标权具体内容的同时，对于权利不被乱用，必须对影响商标使用的行为加以限制。本章主要内容有商标权的归属、商标权主体、商标权人的权利及限制、商标权人的基本义务和未注册商标使用人的相关权利。

第一节　商标权的归属

一、商标设计人

商标设计人是商标标志的创作者。许多生产经营者为使自己的商标标识具有某种特定的含义和特色，常常由专业设计人员给予创作设计，这类商标标志可以看作作品，存在着著作权问题。在这些标志被申请注册为相应的商标前，涉及其中的著作权和相应的商标权归属常常是需要首先解决的问题。

（一）商标委托设计时的权利归属

在进行商标标识委托设计时，委托人和受托人之间实际上构成了委托作品创作合同，双方当事人应当就商标标识所涉及的著作权和商标权问题做出明确的约定，可以根据著作权法的相关规定厘清著作权与商标权的问题。当委托人和受托人在合同中约定所委托设计的商标标识的著作权归委托人所有，或归受托人所有时，委托人在约定的使用范围内享有使用作品的权利；双方没有约定使用作品范围的，可以根据委托人委托设计创作商标标志的合同目的范围内，免费在作为商标标识方面使用该作品。这样委托人和受托人之间就可以通过下面的方法对权利归属做出安排。

（1）按照法律规定解决权利归属。如果双方对委托作品的著作权归属没有约定，或者约定不明确，则所创作的商标标志的著作权依据我国著作权法就会属于商标标志的创作者，以后在用该商标标志申请注册商标或作为未注册商标来使用时，委托人都须获得商标标志著作权人的许可，并支付著作权许可费。

（2）一次性解决权利归属。在商标标志委托设计的合同中，双方可以通过约定委托人在支付一定数量设计费的情况下拥有该商标标识的著作权。这样，委托人就可以在更广的范围内依法使用该商标标志，包括用该商标标志作为商标。

（3）相关权利的分别归属。对于商标权利人或者使用人来说，主要目的是通过拥有该商标标志来标识商品或者服务的权利，即拥有作为商标使用的权利，并不一定要拥有商标标志原件的所有权及商标标识的著作权。所以委托人和被委托人之间也可以约定商标标志的著作权属于商标标志的设计人，但委托人被许可免费地、独占地在其要标识的商品或者服务上作为商标来使用，包括在与商标使用有关的活动中使用。这样，虽然相应商标标志的原件所有权和著作权不属于委托人，但委托人可以用它作为商标使用，这并不影响委托人成为商标权利人，而且委托人还可以减少商标设计费的支出。

（二）商标职务设计时的权利归属

商标标志作为设计作品是设计人由职务行为创作出的，属于普通职务作品，该商标标志的著作权归设计创作者，单位则有权在业务范围内优先使用该标识；对于特殊职务作品，设计创作者只享有署名权，著作权的其他权利由作者所在单位享有。作为职务设计的商标标志，单位可以将该标志用于所标识的商品或服务上，也可以将该标识作为商标申请注册而成为商标权人。

二、商标注册申请人

商标注册的申请人是指向商标注册机构提出商标注册申请的人。在商标注册申请被商标注册部门核准注册后，商标注册的申请人就成为该注册商标的商标权人。

（一）商标注册申请的主体

自然人、法人或者非法人组织均可以作为商标注册申请的主体。这些主体对其商品或者服务所使用的商标都可以自愿申请注册。但是在实践中，结合中国国情又针对两种情况作了一些补充性规定：一是根据《中共中央、国务院关于严禁党政机关和党政干部经商、办企业的决定》（1984年12月3日），党政机关和党政干部不具备商标申请主体资格。二是自然人作为申请主体的资格条件。2007年公布的《自然人办理商标注册申请注意事项》对国内自然人申请商标注册进一步进行了明确规定。该注意事项规定国内自然人以自然人名义办理商标注册、转让等申请事宜，应限于个体工商户、农村承包经营户和其他依法获准从事经营活动的自然人，且其提出商标注册申请的商品和服务范围，应以其在营业执照或有关登记文件核准的经营范围为限，或者以其自营的农副产品为限。[1]

商标注册申请人可以是两个以上的自然人、法人或者非法人组织。多个主体共同申请注册同一商标的，共同享有和行使该商标专用权。对于非共同申请人的两个或者两个以上的申请人，依照申请在先的原则，在同一种商品或者类似商品上，分别以相同或者近似的商标在同一天申请注册的，各申请人应当自收到国家知识产权局商标局（以下简称"商标局"）[2]通知之日起30日内提交其申请注册前在先使用该商标的证据。同日使用或者均未使用的，各申请人可以自收到商标局通知之日起30日内自行协

---

[1] 国家工商行政管理总局.商标注册与管理［M］.北京：中国工商出版社，2012：88.
[2] 现行商标法规定"国务院工商行政管理部门商标局主管全国商标注册和管理的工作"，根据2018年11月15日《中央编办关于国家知识产权局所属事业单位机构编制的批复》（中央编办复字〔2018〕114号）规定，原国家工商行政管理总局商标局、商标评审委、商标审查协作中心被整合为国家知识产权局商标局，作为国家知识产权局所属事业单位，本书统一称为"国家知识产权局商标局"。

商，并将书面协议报送商标局；不愿协商或者协商不成的，商标局通知各申请人以抽签的方式确定一个申请人，驳回其他人的注册申请。商标局已经通知但申请人未参加抽签的，视为放弃申请，则由未参加抽签的申请人作为商标申请人。

（二）商标注册申请的方式

商标注册申请手续可以由申请人直接办理，也可以委托依法设立的商标代理机构代理申请。但对于外国人实行强制委托代理，即外国人或者外国企业在中国申请商标注册和办理其他商标事宜的，应当委托依法设立的商标代理机构办理。这种规定是国际上的通行做法，既方便商标注册管理机关与申请人之间的联系，也有利于外国申请人及时办理有关事项。

如果商标注册申请被商标注册部门驳回或者商标注册的申请人撤回其商标注册申请，则商标注册的申请人就不能成为商标权人。

第二节　商标权主体

一、商标权主体的概念

商标权主体是指依法享有商标专用权的人。自然人、法人或者非法人组织在生产经营活动中对其商品或者服务需要取得商标专用权的，应当向商标局申请商标注册。对于未注册的商标，虽然商标法并未禁止使用，但使用人并不享有商标权，也就不能成为商标权的主体。因此，只有依照法定程序注册商标才能取得商标专用权，所以商标权主体是依法注册的商标所有人，包括申请商标注册并经商标注册部门依法核准取得商标权的人和经合法转让而取得商标权的人。

二、商标权主体的分类

（一）原始主体和继受主体

根据商标权取得方式的不同，可将商标权的主体分为原始主体和继受主体。

1. 原始主体

商标权的原始主体是指商标权人取得商标权是最初直接注册取得，而不是基于他人已存在的商标权转让等方式取得。商标权的原始主体也就是商标注册人。

在申请注册的商标被核准之后，该注册申请人就成了该注册商标的商标权人，即为商标权的原始主体。对于共同将同一商标申请为注册商标的，在被核准注册后，该商标的共同申请人成为商标权的共有原始主体。

对于在中国没有经常居所或者营业所的外国人或外国企业，如果要成为我国商标法所规定的商标权主体，必须具备一定的条件，即应当按其所属国和中华人民共和国签订的协议或者共同参加的国际条约办理，或者按对等原则办理。若外国人或外国企业的所属国和我国没有签订与商标有关的协议，没有共同参与商标有关的国际条约，也不办理中国人或中国企业的商标注册事宜，那么，该外国人或外国企业就不能成为我国商标权的主体。

2. 继受主体

商标权的继受主体是指基于他人已存在的权利而产生的商标权，非最初直接取得商标权的商标权人。商标权的继受包括两种途径：一是商标权的转让，即根据转让合同，受让人有偿或无偿取得出让人之商标权；二是转移，即商标权因转让以外的其他事由发生的转移，包括继承人根据继承程序继承被继承人的商标权和法人因兼并、合并、破产等原因发生的商标权转移。

通过继受方式取得商标专用权也必须依照法定的转让或转移注册商标的法定程序办理相关手续。

（二）个体主体、共有主体和集体主体

根据商标申请和使用主体的不同，可以将商标权的主体分为个体主体、共有主体和集体主体。

个体主体是指商标的注册申请人是一个自然人、法人或者非法人组织，在商标被核准登记注册后，该自然人、法人或非法人组织享有和行使商标专用权，则商标权也就是个体主体。通常情况下的商标权人都是个体主体。

共有主体是指两个或者两个以上的自然人、法人或者非法人组织共同申请注册一个商标，而成为商标专用权的共同享有和行使的商标权人。共有人对商标的权利由共有人共同约定。商标权的共有，意味着权利人对商标权的共同享有、使用和处分。需要注意的是，共有主体在共同行使商标专用权时，在使用商标标识问题上，不是指共同商标权人共同生产或者经营同一商品并使用同一商标，共有商标权的各个独立民事主体一定是独立从事生产经营活动，而不是共同从事生产经营活动，所以共同使用该注册商标是指共同商标权人同时在自己独立的生产经营活动中使用同一个商标，或者说是独立地行使注册商标的权利。

集体主体是指商标权的主体是一个集体，通常是指团体、协会或者非法人组织。对于由集体主体享有商标权的商标，凡是具有该集体组织成员资格的民事主体都可以使用该商标。由集体享有商标专用权的商标主要是集体商标和证明商标。实务中，商标权主体是集体的，不得转让，不得质押。

第三节　商标权及其限制

一、商标权

商标权是商标法赋予注册商标所有人所享有的法定权利，也是商标法所保护的核心内容。按照我国商标法的规定，商标权人能行使的权利包括专用权、禁止权、许可使用权与转让权。

（一）商标专用权

商标专用权亦称专有使用权，是指商标权人在商标注册核定使用的商品或服务上使用核准注册商标的权利。经商标局核准注册的注册商标，商标注册人享有商标专用权，受法律保护。

专用权是商标权的核心内容，是最基本的权利，其他商标权都是派生于专用权。商标专用权是商标权人对其注册商标享有独占性使用的权利，即具有排他性，意味着他人未经商标权人的许可不得在特定范围内使用注册商标。但是，注册商标的专用权，以核准注册的商标和核定使用的商品为限。这是从商标和商品或服务两方面对专用权的行使效力范围作出了限定，即只能是以核准注册的商标的标志为准，以核定使用的商品或服务为限。这也是法律对专用权的保护范围，注册商标所有人只有在法定的范围内享有法律保护的专用权，超出核定的商标或服务范围或者改变核准注册的商标形态的使用行为，法律均不予保护。这也是认定他人行为是否构成对商标专用权侵害的标准。

（二）商标禁止权

商标禁止权是指任何人未经商标权人许可不能在相同或类似商品上使用与其注册商标相同或近似的商标，否则即构成侵权。禁止权是基于专用权而由法律赋予，以保障专用权的实现为目的而设立的。使用权解决的是商标权人的权利范围，以利于支配使用其注册商标的问题，禁止权解决的是约束其他人行为，禁止非法使用商标权人的注册商标的问题。禁止权的效力范围及于"同种商品"和"类似商品"，"相同商标"和"类似商标"。可见，其效力范围宽于专用权的范围，这也是商标法基于商标的识别功能和区别功能防止混淆，保护消费者利益的考虑。

（三）商标许可使用权

商标许可使用权是指商标权人许可他人使用其注册商标的权利。商标权人不仅可以自己依法使用注册商标，也可以依法许可他人使用其注册商标。许可他人使用注册商标不同于商标转让，并不会产生注册商标的所有权的转让，只是对商标使用权的转移，而且一般也不会排斥商标权人自己使用，是商标使用权的部分转移，属于不完全转移。但是，如果许可他人独占使用注册商标，则将排斥商标权人的使用。

商标权具有与物的所有权一样的收益权能，商标权人可以通过许可他人使用获得收益。在经济活动中，许可他人使用注册商标是商标贸易的一种方式，也是许可证贸易的一种重要形式。不过，在商标许可使用过程中，为维护消费者的合法权益，许可他人使用注册商标，商标权人还负有监督被许可人保证使用其注册商标的商品质量的责任。

（四）商标转让权

商标转让权是指商标权人依法将其注册商标所有权转移给他人所有的权利。商标权是一种无体财产权，具有价值和使用价值的财产属性，可以成为转让的标的。转让注册商标是商标权人对自己财产的处分，也是处分商标权的一种方式。

注册商标权转让需要履行特定的程序。转让注册商标经核准后，予以公告。受让人自公告之日起享有商标专用权。商标权的转让是在符合法律规定的程序前提下，产生了权利主体变更的法律后果。

二、商标权的限制

商标权的价值在于商标的使用，而商标使用的实质意义是用于区别商品来源，因此商标权的保护是围绕商标的使用进行的。特别是对于商标权人超出商标使用的范围，扩张地行使禁止权则会与他人的合法权益和公众利益发生冲突，基于对商标权人的利益和公众利益的平衡，防止权利滥用，法律对商标权人的禁止权行使会做出必要的约束。

对商标权的限制是指商标权不能禁止他人正当使用权利人的注册商标，他人的行为也不作为侵害商标权的行为。对商标权的限制主要涉及下面三种情形：一是注册商标中含有的本商品的通用名称、图形、型号，或者直接表示商品的质量、主要原料、功能、用途、重量、数量及其他特点，或者含有的地名；二是三维标志注册商标中含有的商品自身的性质产生的形状、为获得技术效果而需有的商品形状或者使商品具有实质性价值的形状；三是商标注册人申请商标注册前，他人已经在同一种商品或者类似商品上先于商标注册人使用与注册商标相同或者近似并有一定影响的商标。对于第三种情形，注册商标专用权人无权禁止该使用人在原使用范围内继续使用该商标，但可以要求其附加适当区别标识。

上述规定的正当使用，是指他人在生产经营活动中以善意、正当的方式使用商标权人注册商标中包含的法律规定可以使用的要素的行为。一般学理上将其概括为叙述性使用、指示性使用和在先使用权等。实践中对商标正当使用的条件一般从四个方面考虑：①使用出于善意；②不是作为商标使用；③使用只是为了说明或描述自己的商品或服务；④使用不会造成相关公众的混淆、误认。

第四节　商标权人的基本义务

一、正确使用注册商标

注册商标与注册人的名称、地址、所标识的商品或服务类别等经营信息有着密切联系，其关联着商标注册人专有使用注册商标的权利范围，是商标注册的重要事项，也是商标行政管理的主要内容。商标权人通过将商标用于商品、商品包装或者容器及商品交易文书上，或者将商标用于广告宣传、展览及其他商业活动中，以便于公众识别商品来源。因此，商标权人在使用商标时应严格按照在商标局核准注册时登记的内容使用，不得有下列行为。

（1）不得擅自改变核准的商标。自行改变注册商标的标志并将改变后的商标仍按注册商标使用，是被法律所禁止的行为。如需要改变注册商标标志的，应当重新提出注册申请。

（2）不得自行改变注册商标的注册人名义、地址或者其他注册事项。商标注册人的名义、地址发生变更有可能造成商标注册部门与商标注册人的联系中断，影响有关文件和信息的传达。如果商标注册人以自行变更后的名义向商标局提出与注册商标相近似的商标注册申请，则会被商标局以与在先注册的商标相同或近似为由驳回，不利于商标注册人获得新的商标权。另外，在发现他人侵犯商标权行为时，商标注册人以变更后的名义主张权利，则可能因不具有权利主体资格而不能得到保护。因此，商标注册人的名义、地址发生变更的，必须及时到商标局办理变更手续。商标注册人在使用注册商标的过程中，自行改变注册商标、注册人名义、地址或者其他注册事项的，由地方市场监督管理部门责令限期改正，期满不改正的，由商标局撤销其注册商标。

二、商标注册后应连续使用

商标只有通过使用才能发挥其识别商品或服务来源的功能，使相关公众认识到商标与其指定的商品或服务之间的联系，也才能提高消费者对商标的认知度。另外，商标注册后而不使用也是对公共资源的占用和浪费，还会影响他人的合法使用。注册商标没有正当理由连续三年不使用的，任何单位或者个人可以向商标局申请撤销该注册商标。可见，我国法律上将商标使用作为维持商标注册的条件，也是商标注册人的法定义务。

商标注册人对注册商标要实际使用，否则将丧失注册商标。维持注册商标的"使用"应当是真实的、善意的和具有一定商业规模的使用，仅仅为了应付使用的义务而进行的象征性使用，则不符合法律的要求。例如，德国、法国和英国等许多国家的判例均认为仅仅在报纸、广播电视或互联网上做广告而没有实际销售商品的，一般不构成"使用"。《最高人民法院关于审理商标授权确权行政案件若干问题的规定》（2020年12月23日修正）也规定：没有实际使用注册商标，仅有转让或者许可行为；或者仅是公布商标注册信息、声明享有注册商标专用权的，不认定为商标使用。因此，对注册商标的实际使用应当是与指定的商品或服务密切相结合，符合法律规定使用的范围和方式，并持续地使用而形成一定的规模，有利于相关公众识别商品或服务来源。

三、法定须注册商标的商品应在注册后销售

我国商标法在规定商标自愿注册的同时，还明确了法律、行政法规规定必须使用注册商标的商品必须申请商标注册，未经核准注册的，不得在市场销售。这是强制性的规定，违反此项义务将承担相应的法律责任。例如，我国《烟草专卖法》规定了卷烟、雪茄烟和有包装的烟丝必须申请商标注册，未经核准商标注册的，不得销售。

四、保证使用商标的商品质量

出于对消费者权益的保障，我国商标法对商标权人在使用商标和许可他人使用商标活动中，规定了商标权人负责商品质量的义务。商标使用人应当对其使用商标的商品质量负责；在注册商标许可他人使用时，许可人应当监督被许可人使用其商标的商品质量。

五、履行相关的法定手续

商标权人在办理有关商标申请注册、转移注册、续展注册等事项时，应按照法律、法规规定的程序进行，并缴纳相应的费用；在进行商标内容变更或注销时，商标权人应向商标局提出书面申请；转让注册商标时，商标注册人对其在同一种商品上注册的近似的商标，或者在类似商品上注册的相同或者近似的商标，应当一并转让。而且转让人和受让人应签订转让协议，并共同向商标局办理申请手续；许可他人使用其注册商标的，许可人应当在许可合同有效期内向商标局备案并报送备案材料；以注册商标专用权出质的，出质人与质权人应当签订书面质权合同，并共同向商标局提出质权登记申请，由商标局公告。

第五节 未注册商标使用人的相关权利

一、商标未注册的原因及其保护的条件

市场经济活动中，有不少未注册而使用的商标。通常，商标权的取得是以商标注册为前提条件的，商标注册制度是商标公示的体现，能最大限度地明确商标权利归属和权利范围。对于未注册商标，一般法律上并不赋予使用人商标权。法律上保护商标权，实际目的在于保护商标在市场上与标识的商品或服务及生产者之间的联系，维护良好的市场秩序。而商标给所有人带来的权益，也是依赖于商标与所标识的商品或服务在市场上的联系。这种联系因附加了具有市场价值的商誉，正是商标所有人的利益所在。对于未注册的有一定市场影响力的商标和驰名商标，考虑到使用人在经营中对商标的长期投入，该商标已与使用人的商誉紧密联系，如果仅仅因为未取得注册而使该商标所有人丧失已取得的利益，则是不公平的。因此，法律对其使用人的相关利益作出了例外保护的规定。也就是说，对于有一定影响力的商标和驰名商标，商标使用人的相关权利并不以是否注册为条件。

二、使用人的先使用权

先使用权是指在他人注册某商标前，该商标已经被使用人所使用，使用人可以在原有的范围内继续使用，而不受他人注册商标专用权的禁止。我国《商标法》第32条规定，申请商标注册不得以不正当手段抢先注册他人已经使用并有一定影响的商标。同时，《商标法》在第59条中进一步规定了，商标注册人申请商标注册前，他人已经在同一种商品或者类似商品上先于商标注册人使用与注册商标相同或者近似并有一定影响的商标的，注册商标专用权人无权禁止该使用人在原使用范围内继续使用该商标，但可以要求其附加适当区别标识。有一定影响的商标是指在一定范围内为相关公众所知，具有一定知名度，但尚未达到驰名商标的程度的商标。

三、使用人的禁止权

未注册商标的所有人享有一定的禁止权。对于驰名商标而言，所有人有权禁止他人通过复制、模仿或者翻译未在中国注册的驰名商标的方式，就相同或者类似商品上申请注册和使用该驰名商标。对于有一定影响的商标，该商标使用人有权禁止他人以不正当手段抢先注册。对于普通商标而言，有两种情况：一是被代理人或被代表人有权禁止代理人或者代表人在未经授权的情况下，将被代理人或者被代表人的商标以自己的名义进行注册；二是申请人与他人具有代理、合同、业务往来关系或者其他关系而明知他人商标存在，而就同一种商品或者类似商品申请注册的商标与该他人在先使用的未注册商标相同或者近似的，该他人有权禁止。

上述禁止权可以通过商标异议或者商标撤销程序禁止注册，还可以通过民事诉讼或者请求行政查处的途径禁止使用。

【案例1】"男士"牙刷商标侵权纠纷案

【案情】 原告广东雪洁日化用品有限公司于2012年12月21日经商标局核准，获得"男士"第7763084号商标专用权。该商标核定使用商品为第21类,包括牙刷、电动牙刷等。2015年6月2日,原告申请公证处进行证据保全,在被告广州市人人乐商业有限公司大石购物广场公证购买"纳爱斯男士牙刷"一个。公证显示,牙刷系被告纳爱斯公司生产,在牙刷外包装上印有纳爱斯公司的商标,但同时牙刷上也印有"男士牙刷"字样,而且"男士"字体比"牙刷"要大。在包装上还印有"专为男士设计的灵活刷头,方便清洁口腔各个部位""纳爱斯男士牙刷"等字样。故原告请求法院判令被告停止侵权行为并连带赔偿10万元。

一审法院认为:被控侵权产品上使用的"男士牙刷"由"男士"和"牙刷"组成,其中能够体现在某一范围内约定俗成,被普遍使用的牙刷商品名称是"牙刷",而不是"男士"。"男士"本身含义指男性,具有指示该产品适用消费者群体的作用,其并不能单独作为指示牙刷商品的通用名称;同理,"男士牙刷"也不能成为商品的通用名称。而且,被控侵权产品包装上使用的"男士"字体畸大,"牙刷"字体畸小,在整个标识中,"男士"明显突出使用,处于显著位置,会吸引消费者的注意力,客观上产生识别商品来源的作用,属于商标性使用。被告突出使用"男士"文字,已经超出正当使用的范畴,不能认定为正当使用。最终认定被告构成侵权。被告不服判决提出上诉。

二审法院审理后认为:被告在被诉侵权产品外包装上将自有 Crice 注册商标和 纳爱斯 商标与"男士"字样并列一行,且两商标的字体远大于"男士"字体,表明被告在突出使用自己的商标。被告在被诉侵权产品包装上有"专为男士设计"字样,说明被告在自己商品上使用"男士"标识是用于描述自己牙刷商品的消费对象。原告的"男士"商标是以通用文字构成,并非臆造词,有自身的本来含义,并在公共领域被公众广泛自由使用。原告的商标未经长期使用而具有较大的知名度,而被告纳爱斯公司的 Crice 商标和 纳爱斯 商标注册使用时间更长,在2005年被商标评审委员会认定为驰名商标,市场知名度要远大于"男士",无法认定纳爱斯公司在被诉侵权产品上使用"男士"标识有攀附的故意,在被诉侵权产品上使用"男士"标识不容易造成相关公众混淆和误认。因此,被告在被诉产品上使用"男士牙刷"标识是直接描述商品的消费对象,不具有区分商品来源的作用,属于正当使用,不构成侵权。故判决撤销一审判决,驳回原告的诉讼请求。❶

【评析】 在认定侵犯注册商标专用权的行为时,一个基本判断是被诉侵权标识的使用必须是商标性的使用,也就是体现商标的识别功能。他人以不具有区分商品或服务来源作用进行的描述性使用,不属于商标性使用。而且注册商标中含有公共领域中的描述性信息的,无权禁止他人对注册商标中所包含的描述性信息进行正当使用。该案中,尽管"男士牙刷"不属于通用名称,但"男士"标识直接描述商品的服务对象,不具有区分商品来源的作用,同时考虑到被告纳爱斯公司在被诉产品上突出使用自己的注册商标,且知名度很高,无须攀附他人商标的知名度,在被诉侵权商品中使用"男士"作为消费对象指示,可属于正当使用,不构成对商标专用权的侵犯。

【案例2】 出口牙刷贴附宝洁公司"Oral-B"标识不侵权案

【案情】 原告金福公司于1999年3月24日注册成立,经营范围为金属材料、化工原料、百货等批发、零售;自营和代理各类商品和技术的进出口业务。

被告宝洁公司是一家世界知名的日化企业。2000年11月7日,宝洁公司从吉列加拿大公司口腔-B研究所受让"Oral-B"商标(注册号1290627),核定使用商品第21类的牙刷。2009年,宝洁公司又续展商标至2019年7月6日。2009年,宝洁公司注册了"VITALIZER"商标(注册号4773679),核定使用商品第21类的牙刷、牙线等。2010年11月24日,宝洁公司向我国海关总署申请对"Oral-B"注册商标进行知识产权保护备案。

2013年4月20日,金福公司向上海海关报关出口牙刷等。

---

❶ 参见广州知识产权法院(2015)粤73民终249号民事判决书。

报关单显示，运抵国为美国，品名为牙刷。2013年5月23日，上海海关以涉嫌侵犯宝洁公司"Oral-B"商标专用权将金福公司出口美国的牙刷予以扣留。后原告以确认不侵害商标权为由诉至法院。

一审法院认为：原告出口的牙刷包装系由 TELLA-TECH 公司来样要求印刷，即印有"FAMILY wellness™"商标，亦印有"COMPARETO Oral-B"或"COMPARETO Oral-B Glide" "COMPARETO Oral-BVITALIZER"。原告按约将其加工生产的牙刷出口销售至美国。宝洁公司美国总部在给上海海关的文件中承认：该票货物的境外收货人确实为美国的 TELLA-TECH 公司，原告系根据其委托生产并出口该批牙刷产品；按照美国相关法律，销售商在自己的产品上使用"COMPARETO-……"等字样并不违反美国禁止性法律规定。由此可见，原告出口的商品性质应为涉外贴牌加工商品。而就本案而言，首先，涉案产品上贴附"COMPARETO Oral-B"的行为形式上虽由国内加工方实施，但实质上真正的使用者为境外委托方。其次，由于涉案牙刷被海关扣留时尚处于出口环节，即尚未面对商品的消费者。同时，涉案的牙刷均销往美国，无证据证明牙刷在我国境内还存在销售的事实，故"COMPARETO Oral-B"不可能在国内市场发挥识别功能。最后，商标权的地域性特点决定了涉案牙刷是否会因贴附"COMPARETO Oral-B"商标而在美国境内造成消费者对其商品来源产生混淆或误认，非我国商标法所能规制。被告的贴牌加工出口行为并非我国商标法意义上的商标使用行为，因此本院确认原告出口的商品上"COMPARETO Oral-B"不侵犯被告在我国注册的 Oral-B 商标专用权。同时，在此情况下，按中国商标法讨论牙刷包装上"COMPARETO Oral-B"是否突出使用"Oral-B"或"VITALIZER"商标已无意义。

二审法院认为：首先，根据宝洁公司向海关发出的《关于撤回海关保护的申请书》的记载，涉案牙刷上贴附被控侵权标识的行为虽在我国境内实施，并由金福公司报关出口，但系金福公司接受美国 T★ 公司的委托所为，该商品真正的使用者为境外委托方。其次,涉案牙刷被海关扣留时处于出口环节,尚未面对商品消费者,且该些牙刷均销往我国境外,宝洁公司无证据证明其在我国境内进入流通领域的事实,故被控侵权标识不可能在国内市场发挥识别功能。最后,商标权的地域性特点决定了涉案牙刷是否会因贴附被控侵权标识而在美国境内造成消费者对其商品来源产生混淆或误认,非我国商标法所能规制。因此,金福公司出口贴附被控侵权标识的牙刷的行为并非我国商标法意义上的商标使用行为。宝洁公司关于金福公司构成商标侵权的主张,于法无据,本院不予支持。❶

【评析】 该案中"COMPARETO Oral-B"与原告注册的"Oral-B"商标相同,与原告注册的商品一致,故判定被告的行为是否构成商标侵权的前提为被告是否实施了"使用商标"行为,即被告出口商品上的"COMPARETO Oral-B"是否属于商标法意义上的商标使用。而商标作为一种用于商品上或者服务中的特定标识,消费者通过这种标识,识别或者确认该商品、服务的生产经营者和服务提供者。识别商品来源的功能是商标的基本功能、首要功能。只有当商品进入流通领域后,消费者才能凭借商标来区分不同商品的提供者。因此,对"使用商标"行为的判定应以能否起到识别功能为依据,即如果能够起到指示来源的作用,则构成商标性使用;反之则不属于商标性使用。

思考与讨论

1. 对商标注册申请的主体有什么要求?
2. 商标注册申请的方式有哪些?
3. 商标权的原始主体和继受主体有什么特点?
4. 商标权人能行使的权利包括哪些?
5. 谈谈对商标权限制的具体内容。
6. 商标权人有哪些基本义务?

---

❶ 参见上海市第一中级人民法院(2014)沪一中民五(知)终字第242号民事判决书。

延伸阅读

1. 孔祥俊. 商标法适用的基本问题 [M]. 北京：中国法制出版社，2014.

2. 王太平. 我国普通未注册商标与注册商标冲突之处理 [J]. 知识产权，2020（6）.

3. 郭东科. 商标权滥用的司法规制演变与发展 [J]. 中华商标，2020（1）.

4. 冯晓青，刁佳星. 抢注未注册商标的司法认定研究 [J]. 中国社会科学文摘，2018（7）.

第十九章　商标权的取得与维持

商标权的取得是指商标所有人就商标在特定的商品或服务上的使用而取得专用权的条件和方法。根据国际上各个国家商标立法采取的商标权取得方式的不同，商标权的取得方式可分为使用取得和注册取得。为了便于商标注册秩序的管理和减少商标注册中的矛盾，在受理商标注册过程中，需要遵循一定的原则来确定商标注册申请的受理。考虑到法律规定的禁止作为注册商标的标志，因此，对商标注册申请应在注册程序中对一些形式条件和实质条件予以审理后核准。对于属于公共资源的商标，为了促进资源的利用效益，法律上还规定了注册商标使用的期限、续展和终止条件。

第一节　商标权的取得方式

法理上根据商标权的源出性的不同，将商标权的取得分为原始取得和继受取得两种方式。原始取得是指商标权的首次取得；继受取得是指商标权首次取得后，商标权的转让或继承。对于生产经营者而言，首次取得商标专用权的时间尤为重要，这意味着其可以依法在先地排斥他人在相同或类似商品上使用相同或近似商标。因此，我们在此只涉及商标权的原始取得。根据国际上关于商标权取得制度的不同规定，商标权的原始取得方式又分为使用取得和注册取得。

一、通过使用取得商标权

通过使用取得商标权是指商标权是基于使用的事实而产生的，即使商标没有经过注册，但只要其已经在商业活动中被用于识别某种商品或服务，商标使用者也能取得商标权。其特点是按照商标使用的先后确定商标权的归属，先使用的受保护，后使用的不受保护。

世界上最初保护商标的法律是以使用为基础的，并按照使用先后作为商标权取得的直接依据。历史上，还曾将使用获得商标权作为商标权产生的唯一依据。1857年，法国颁布了世界首部商标法——《以使用原则和不审查原则为内容的商标法律》，其中明确实际使用与商标注册都是商标权产生的根据。但同样的商标，先使用的优于先申请的，申请注册只起个宣告作用。英美法系国家是通过"假冒之诉"体现出商标先使用而获得商标上的权利的。特别是在美国，法律上禁止把一个商人的商品假冒成另一个商人的商品出售。一旦提起假冒之诉，其前提条件是原告必须证明自己已通过商标的使用而获得一定的商誉，使用人有主观上的恶意。

在以商标使用获得商标权的国家，对于商标的"使用"是有限制条件的，即必须是在商业上的实际使用，而不是象征性地使用。商业上的实际使用是指经营者将商标标识于商品上并投放市场，或者将商标用于交易活动、广告宣传等方面，使商标和消费者发生接触，使商标发挥识别商品来源的功能。

通过使用取得商标权制度的目的是确保商标与商品的生产与销售相统一，体现了商标功能的要求。但是该制度以使用商标的事实作为获得商标权的依据，商标权的权利范围受到空间地域的限制。当他人也要使用同一个商标时，该商标已被先使用的信息有时是很难获知的，而且一旦发生商标纠纷，确定在先使用人的难度也很大，往往解决争议的成本较高。因此，目前除了美国、菲律宾等少数国家仍在采用通过使用取得商标权制度，大多数国家都不再单纯采用该制度。

需要特别指出的是，在实行注册取得商标权制度的国家，仍然有条件地保留着通过使用获得商标权的方式，这就是对于在商业中使用但尚未注册的驰名商标进行特殊保护。根据《巴黎公约》的规定，缔约国应当依职权或依有关当事人的请求，对于受公约保护的权利人所有的驰名商标，如果他人的商标是对该驰名商标的复制、模仿或翻译，用于相同或类似商品，易于产生混淆的，拒绝或取消注册，并禁止使用。我国立法上也作出了相同的规定（如我国《商标法》第13条）。

二、通过注册取得商标权

在大多数实行商标注册制度的国家，商标权必须是通过申请注册核准程序而取得。在注册制下，注册是取得商标权的必经法律程序，未经注册不能产生商标权。在我国商标法的相关规定中，明确体现了只有经法定程序注册的商标才享有法律保护，而对于未注册的商标一般不能得到法律保护。

通过注册取得商标权的特点在于对商标权的归属是按照申请注册商标的先后顺序进行确定。商标注册制度的最大优点在于通过商标注册的方式体现出对商标的公示，使商标的权利归属一目了然，使其他人准备使用或申请商标注册时便于查询和判断是否会同别人的商标权发生冲突。另外，在经营者进行商标权转让、许可使用、质押等经济活动时，商标注册的公示作用也是确保交易安全的重要手段。通过商标注册的方式，其公示作用产生的权利推定无疑为市场交易提供了安全、简便的保障。因此，现代国际上绝大多数国家已采用通过注册取得商标权制度来代替通过使用取得商标权制度。

但是，在实践中通过注册取得商标权也暴露出一些问题，突出表现在引发了大量的"商标抢注"纠纷。这是因为在商标注册制度中，有一个"申请在先"原则，即确定商标权的归属是审定和公告申请在先的商标。这样势必会造成有人利用注册程序进行拖延、阻碍竞争对手注册，进而损害先使用人的利益的不当竞争；还有的人恶意抢先注册他人在先使用的有一定影响力的商标，然后再以高价让真正的使用人回购回去，这样对在先使用人极为不公平。另外，也有人利用该制度注册了大量的商标却并不用于生产经营，而是专门作为一种买卖的交易资源待价而沽，结果使得大量商标注册后处于闲置状态，这也是社会资源的浪费。

为了弥补商标注册制度的不足，许多国家都对抢注商标行为进行了法律规制。例如，在法国，恶意抢注商标行为往往会被法院判为无效；德国的商标法将注册和使用均规定为取得商标保护资格的途径。我国商标法也对商标抢注行为作出了禁止性规定。

第二节　商标注册的原则

一、自愿注册原则

自愿注册原则是指商标使用人是否愿意将商标注册完全由自己决定，法律不作强制性要求。遵循自愿注册原则是目前国际上商标注册的一种惯例。

商标是生产经营者建立自己的商誉，增强市场竞争力的手段，商标使用人根据经营战略上的考虑，以自己的意愿来决定是否申请商标注册。商标权是一种民事权利，商标自愿注册体现了民事权利私权性的本质要求，商标使用人是否想取得或者放弃商标权利，都是其行使民事权利的一种方式，他人不得非法干涉，行政权力也不能对此做出约束。注册商标享有专用权，受到法律的强制性保护。在不违背法律禁止性规定的前提下，不注册商标也可以使用，但使用人不享有法律保护下排斥他人使用的商标专用权，也不得与他人的注册商标相冲突。

但是，在我国，有些商品必须使用注册商标方可销售。例如，《烟草专卖法》规定，对于烟草制品必须使用注册商标方可销售。这是因为此类商品的使用直接关系到公众的健康和生命安全，国家通过对商标的强制性注册和管理便于进行监控，以确保商品的质量。

二、先申请原则

先申请原则也称申请在先原则，是指当两个或两个以上的申请人在同一种或类似的商品或服务上以相同或近似的商标申请注册时，先提出申请的申请人才有可能获得商标注册。先申请原则是解决注册取得商标权制度中，当发生两个以上商标注册申请人就同一个商标先后提出申请时，应当由谁取得商标权的问题。为此，我国商标法律制度对可能发生的商标注册申请冲突的具体情形进行了规定。

（一）在先提出申请的情形

两个商标注册申请不在同一天的，商标局初步审定并公告申请在先的商标，驳回其他人的申请。此情形是指发生冲突的两个商标注册申请人未在同一天提出，即使是在先使用该商标标志的申请人，由于在后提出注册商标申请，也不能再取得该商标申请的专用权。

（二）同日提出申请的情形

两个商标注册申请是在同一天的，各申请人应当自收到商标局通知之日起 30 日内提交其申请注册前在先使用该商标的证据。依据申请人提交的证据，商标局初步审定并公告使用在先的商标，驳回其他人的申请。也就是说，只要有证据证明商标使用在先，即使是在同一日提出商标申请，也可以取得商标专用权。

（三）同日使用或者均未使用的情形

两个商标注册申请在同一天且各申请人同日使用或者均未使用的，各申请人可以自收到商标局通知之日起 30 日内自行协商，并将书面协议报送商标局；不愿协商或者协商不成的，商标局通知各申请人以抽签的方式确定一个申请人，驳回其他人的注册申请。商标局已经通知但申请人未参加抽签的，视为放弃申请，商标局应当书面通知未参加抽签的申请人。

上述情形中，需要注意的是，在我国申请时间的判断是以"日"为标准，而不是以"时"来判断。如果两个申请人在同一天先后提出申请，则视为同日申请；通过邮政或快递投寄方式提交的申请书，则申请日以商标局收到的日期为准；以数据电文方式提交的，以进入商标局电子系统的日期为准。

三、优先权原则

我国商标法具体规定了外国首次申请优先权和国际展览会优先权两种。

（一）外国首次申请优先权

外国首次申请优先权是指商标注册申请人自其商标在外国第一次提出商标注册申请之日起 6 个月内，又在中国就相同商品以同一商标提出商标注册申请的，依照该国同中国签订的协议或者共同参加的国际条约，或者按照相互承认优先权的原则，可以享有优先权。

优先权并不自动享有。申请人要求优先权的，应当在提出商标注册申请的时候提出书面声明，并且在3个月内提交第一次提出的商标注册申请文件的副本；未提出书面声明或者逾期未提交商标注册申请文件副本的，视为未要求优先权。另外，申请人提交的第一次提出商标注册申请文件的副本，应当经受理该申请的商标主管机关证明，并注明申请日期和申请号。

（二）国际展览会优先权

国际展览会优先权是指商标在中国政府主办的或者承认的国际展览会展出的商品上首次使用的，自该商品展出之日起6个月内，该商标的注册申请人可以享有优先权。

同样，申请人要求优先权的，应当在提出商标注册申请的时候提出书面声明，并且在三个月内提交展出其商品的展览会名称、在展出商品上使用该商标的证据、展出日期等证明文件；未提出书面声明或者逾期未提交证明文件的，视为未要求优先权。

第三节 商标注册申请的审查和核准

一、商标注册申请文件

申请人申请商标注册时，应当向商标局提交商标注册申请书、商标图样、附送有关证明文件并缴纳申请规费。

（一）商标注册申请书

申请人应当就每一件商标注册申请向商标局提交《商标注册申请书》一份。《商标注册申请书》是一种表格式文件，由商标局统一制作。申请人须认真填写列明的当事人的基本情况和各项内容，最后加盖申请人的戳章或数字印章。具体要求如下。

（1）申请书应当使用中文填写。

（2）商标注册申请人的名义与所提交的证明文件应当一致。法人申请注册商标，申请人名称应与营业执照及印章完全一致；自然人申请注册商标，申请人的名义应与身份证等有关证件所登记的姓名相一致。

（3）商标的名称应当与商标图样一致，申请人在一份申请中只能填写一件商标，即在一份申请书上不能申请两个或以上的商标。但可以通过一份申请就多个类别的商品申请注册同一商标。

（4）申请注册集体商标、证明商标的，应当在申请书中予以声明。

（5）表中的商品或者服务项目名称应当按照商标局公布的商品和服务分类表中的类别号、名称填写；商品或者服务项目名称未列入商品和服务分类表的，应当附送对该商品或者服务的说明。

（6）商标注册申请等有关文件以纸质方式提出的，应当打字或者印刷。目前，商标法也允许申请书以电子方式提交。

（7）申请书上填写的地址，应当是申请人实际的详细地址。

（8）共同申请注册同一商标或者办理其他共有商标事宜的，应当在申请书中指定一个代表人。

申请书中最重要的内容是填报使用商标的商品或服务的类别、名称。我国现在采用的是《商标注册用商品和服务国际分类表》（尼斯分类）。目前，尼斯分类共有45类，包括34类商品和11类服务。正确填报商品名称、服务项目是注册申请工作的重要一步，它有助于注册进程的顺利进行，保证申请人及时获得注册。此外，它还决定了日后商标权的保护范围。

（二）商标图样

提交《商标注册申请书》时，还应该提供商标图样1份，具体要求如下。

（1）以颜色组合或者着色图样申请商标注册的，应当提交着色图样，并提交黑白稿1份；不指定颜色的，应当提交黑白图样。

（2）商标图样应当清晰，便于粘贴，用光洁耐用的纸张印制或者用照片代替，长和宽应当不大于10厘米，不小于5厘米。

（3）以三维标志申请商标注册的，应当在申请书中予以声明，说明商标的使用方式，并提交能够确定三维形状的图样，提交的商标图样应当至少包含三面视图。

（4）以颜色组合申请商标注册的，应当在申请书中予以声明，说明商标的使用方式。

（5）以声音标志申请商标注册的，应当在申请书中予以声明，提交符合要求的声音样本,对申请注册的声音商标进行描述,说明商标的使用方式。对声音商标进行描述,应当以五线谱或者简谱对申请用作商标的声音加以描述并附加文字说明;无法以五线谱或者简谱描述的,应当以文字加以描述;商标描述与声音样本应当一致。

(6)商标为外文或者包含外文的,应当说明含义。

(三)证明文件

申请人在申请商标注册时应同时提交以下证明文件。

(1)申请人主体资格证明文件复印件1份。申请人是自然人的提交身份证明;申请人是法人的提交营业执照副本或登记机关颁发的证件。

(2)直接办理的,应提交经办人员身份证明的复印件1份。委托商标代理组织的,还应提交《商标代理委托书》1份。

(3)国家规定必须使用注册商标的商品(如烟草制品)及一些特殊行业的商标注册申请所需的证明文件。

(4)用人物肖像作为商标申请注册的,申请人必须提供经公证机关公证的肖像权人的授权书。

(5)国内的报纸、杂志申请商标注册的,应当提交新闻出版主管部门发给的全国统一刊号的报刊登记证。

(6)办理集体商标和证明商标注册申请还应提交集体商标、证明商标的申请人主体资格证明和商标使用管理规则,以及其他必要的证明等。

(7)申请人要求优先权的,应当提交经有关国家主管机关予以证明优先权的证明文件。

须注意的是,依照商标法及其实施条例的规定,提交的各种证件、证明文件和证据材料是外文的,应当附送中文译文;未附送的,视为未提交该证件、证明文件或者证据材料。

二、商标注册申请的审查

商标注册审查是指国家商标局根据商标法及其实施条例的规定,对商标注册申请是否具备注册条件进行的审查。经审查符合商标法有关规定的,由商标局初步审定,予以公告。

目前，世界各国对申请注册的商标是否进行审查及如何审查，大致可分为两种做法：一种是实行审查原则，即既进行形式审查，也进行实质审查，大多数国家采用这种做法；另一种是实行不审查原则，即只进行形式审查，不进行实质审查。我国采用审查原则，对申请注册的商标须进行形式审查和实质审查。

（一）形式审查

形式审查又称书面审查，是对申请商标注册的形式要件进行审查，主要审查提交的申请文件是否齐备、申请书的填写是否属实、准确、规范、有关手续是否完备。形式审查的具体内容如下。

（1）申请人资格。申请人应当属于法律所规定的允许注册的自然人、法人或非法人组织。如果申请人是外国人或外国企业，还必须符合商标法所规定的特别要求。

（2）外国申请人委托的代理人是否是我国依法设立的商标代理组织。国内申请人委托代理人的，其委托书是否符合要求。

（3）申请商标是否符合分类申请原则。

（4）申请书填写内容是否符合规定，包括申请人的名义与印章、营业执照是否一致；申请人的地址是否准确；申请人指定的商品或服务填写是否规范、具体，分类是否准确。

（5）商标及商标图样的规格、打印、印刷等是否符合要求。

（6）所有申请文件是否以中文准备。

（7）应交送的证明文件是否完备，申请规费是否缴纳等。

在形式审查中，如果发现问题，将依情况分别处理：申请手续不齐备、未按照规定填写申请文件或者未缴纳费用的，商标局则不予受理，应当书面通知申请人并说明理由。申请手续基本齐备或者申请文件基本符合规定，但是需要补正的，商标局通知申请人予以补正，限其自收到通知之日起30日内，按照指定内容补正并交回商标局。在规定期限内补正并交回商标局的，保留申请日期；期满未补正的或者不按照要求进行补正的，商标局不予受理并书面通知申请人。如果商标注册申请人或者注册人发现商标申请文件或者注册文件有明显错误的，可以申请更正。商标局依法在其职权范围内作出更正，并通知当事人。

通过形式审查的申请，即予以受理，并确定申请日，编写申请号，发给《受理通知书》。

（二）实质审查

实质审查是对申请的商标标志是否具备法定注册条件的审查。申请注册的商标能否初步审定并予以公告取决于是否通过了实质审查。商标局对受理的商标注册申请，进行实质审查时主要集中在以下几方面：①商标标志是否符合法定的构成要素，且具有显著性特征，便于识别；②商标标志是否违背商标法的禁用条款；③申请的商标是否与他人在同一种商品或类似商品上已注册或初步审定的商标相同或近似；④申请注册的商标是否与商标局撤销、注销不满一年的注册商标相同或者近似。

另外，当申请人所申请注册的商标与他人在先权利相冲突，或者属于不正当抢注他人已经使用并有一定影响的商标，他人提出异议时，商标局也应对此进行审查。

经过实质审查，商标局对三种情况予以分别处理：①对符合规定或者在部分指定商品上使用商标的注册申请符合规定的，予以初步审定，并予以公告；②对不符合规定或者在部分指定商品上使用商标的注册申请不符合规定的，予以驳回或者驳回在部分指定商品上使用商标的注册申请，书面通知申请人并说明理由；③对商标注册申请内容需要说明或者修正的，可以要求申请人自收到商标局通知之日起 15 日内作出说明或者修正。申请人未做出说明或者修正的，不影响商标局做出审查决定。

三、商标注册申请的初步审定及公告

商标局对申请注册的商标经过形式审查和实质审查后，认为符合商标法有关规定的，即予以初步审定并在其官方刊物《商标公告》上公布，程序上称为"初步审定公告"。初步审定公告的内容包含商标、初步审定号、申请日期、指定使用的商品或者类别、申请人名称及地址、商标代理人名称等信息。

初步审定公告并不意味着申请注册的商标正式核准注册，此时，该商标申请人还未取得商标专用权。对于初步审定的商标，自公告之日起 3 个

月内,在先权利人、利害关系人认为违反了商标法的相关规定,侵害了自己的民事权利,或者任何人认为违反商标法中禁止性规定,损害了公告利益的,都可以向商标局提出异议。

因此,初步审定公告通过公开相关信息,便于相关权利人维护自身权益、防止商标局核准注册的商标侵犯自己合法权利,以避免和减少商标注册后可能发生的争议,也有利于社会公众依法对商标注册工作进行监督,维护商标注册管理秩序。

四、商标异议及复审

(一)商标异议

商标异议是指对初步审定公告的商标有违反商标法相关规定的,提出反对注册的意见,要求商标局不予核准该商标注册的行为。

对初步审定公告的商标,在先权利人和利害关系人认为商标注册存在《商标法》第13条、第15条、第16条、第30条、第31条和第32条规定的情形的,可以向商标局提出异议;或者任何人认为商标注册违反了《商标法》第4条、第10条、第11条、第12条和第19条第四款规定的情形的,也可以向商标局提出异议。异议期为自公告之日起3个月内。异议不是每一个商标注册申请必经的程序,但任何一个商标注册申请都要在初步审定公告之后经过3个月的异议期,才能获准注册。

异议人必须在异议期内以书面形式提出异议申请书、相关证明和证据材料一式两份。商标局收到异议书后,将异议书副本送达商标申请人,即被异议人,并要求其在限定的期限内答辩。被异议人在限期内未答辩的,异议裁定照常进行。商标局对双方陈述的理由和事实,经调查核实后,自公告期满之日起12个月内做出是否准予注册的决定,并书面通知异议人和被异议人。有特殊情况需要延长的,经国家知识产权局批准后,可以延长6个月。如果商标局做出准予注册决定的,发给注册申请人商标注册证,并予公告。异议人不服的，可以依法向国家知识产权局❶请求宣告该注册商标无效。

（二）商标复审

商标复审是指国家知识产权局根据当事人的请求，对不服商标局的处理决定依法进行审议核定的程序。

如果商标局做出不予注册决定，被异议人不服的，可以自收到通知之日起15日内向国家知识产权局申请复审。国家知识产权局应当自收到申请之日起12个月内做出复审决定，并书面通知异议人和被异议人。有特殊情况需要延长的，经国务院市场监督管理部门批准，可以延长6个月。若国家知识产权局也做出不予注册的复审决定，被异议人不服的，可以自收到通知之日起30日内向人民法院提起行政诉讼。诉讼中，国家知识产权局为被告，异议人作为第三人参加诉讼。被异议人在法定期限内，如果对商标局做出的不予注册的决定没有申请复审，则该决定发生法律效力；如果对国家知识产权局做出的复审决定不向法院起诉的，则该复审决定就产生法律效力。

五、核准注册

对于初步审定的商标，公告期届满而无人对于初步审定的商标提出异议，或者在公告期内提出异议，而商标局经审查，认为异议不成立的，商标局将予以核准注册。

商标局将核准注册的商标和核准使用的商品编号后，登记在《商标注册簿》上，作为商标核准注册的原始凭证由商标局保存。此外，商标局还应向商标注册人颁发《商标注册证》作为取得商标专用权的证明，并在《商标公告》上进行公告。商标注册申请人取得商标专用权的时间自初步审定公告3个月期满之日起计算。

---

❶ 在现行《商标法》中，负责处理商标争议事宜的机构规定为"商标评审委员会"，国家机构改革以后，原商标评审委员会的商标评审职能由"国家知识产权局"内设处室行使，为保持与实际情况一致，本书将法律规定中的"商标评审委员会"统一改称为"国家知识产权局"。

第四节 注册商标的期限、续展和终止

一、注册商标的期限

注册商标的期限也称注册商标的有效期,是指注册商标所有人享有商标权受法律保护的期限。只有经过注册的商标才能获得商标权,所以注册商标的期限即为商标权的期限。世界各国几乎都对商标专用权的期限作了时间上的规定,但各国规定的方式和期限长短不一。美国、意大利、西班牙等国规定为20年;也有国家规定为15年,如叙利亚;多数国家规定为10年,如日本、法国、丹麦、瑞士等。在我国,注册商标的有效期为10年,自核准注册之日起计算。

二、注册商标的续展

注册商标的续展是指通过法定程序延长注册商标的有效期限的法律,也是商标权的延续。在有效期内,注册商标所有人享有排他性权利,有效期届满,注册商标所有人的权利即告终止。但是通过续展可使商标权继续维持,因此注册商标续展制度的作用在于使商标注册人有期限的商标权延续下去,而不是获得新的商标权。注册商标有效期满,所有人需要继续使用的可以申请续展注册,经核准后,继续享有商标权。续展注册可以在每次到期后,无次数限制地续展下去,从而使商标权成为一种相对的永久权。

我国商标法在规定注册商标的有效期限为10年的同时,也规定了注册商标有效期限届满,商标注册人需要继续使用的可以申请续展注册。续展注册应当依法履行必要程序。根据商标法的规定,商标注册人应当在注册商标有效期届满前12个月内按照规定办理续展手续;在此期间未能办理的,可以给予6个月的宽展期。商标法规定宽展期的目的在于给予商标注册人充分的时间办理续展注册手续。宽展期满未办理续展手续的,则该注册商标的法律效力在有效期限届满时自动终止,商标局对该注册商标予以注销。续展注册经核准后,予以公告。

注册商标续展的程序比商标注册申请简单,商标注册人只要在规定的期限内提出续展申请,并缴纳费用,基本上都可以获准续展注册,商标局

不再进行实质审查。每次续展注册的有效期为10年，自该商标上一届有效期满次日起计算。

三、注册商标的终止

注册商标的终止也称商标权的消灭，是指注册商标因法定事由的发生导致注册商标所有权人丧失其享有的商标专用权。注册商标终止的原因主要有撤销和注销两种情况。

（一）注册商标被撤销

注册商标被撤销是因商标注册人违反商标法使用和管理的规定，或者未履行相应的法定义务，而导致注册商标被商标局依法撤销的行政法律责任后果。注册商标被撤销还意味着商标注册人的商标专用权归于消灭。

撤销注册商标的程序启动，可由商标局主动行使行政监督权引起，也可由权利人向商标局提出申请进而启动行政监管引起。撤销事由具体有以下几种情形。

1. 违反法律的方式使用注册商标

商标法规定的具体违法行为：①自行改变注册商标的；②自行改变注册商标的注册人名义、地址或者其他注册事项的；③自行转让注册商标的。我国对注册商标实行的是申请核准制，具有公信力，对于改变注册商标、注册人的名义、地址等注册事项，法律有严格的申请程序，而擅自改变是对法律制度的违反，破坏注册商标的公信力，易造成注册商标管理秩序上的混乱。另外，这些违反法律的使用行为也容易导致消费者对商品来源产生识别上的困难，极易引起混淆和质量误认，损害消费者权益，破坏商品交易秩序，因此，商标局可撤销该注册商标。

2. 商标成为商品的通用名称

注册商标成为其核定使用的商品的通用名称的，任何单位或者个人可以向商标局申请撤销该注册商标。一个标志能被允许注册成商标的首要条件是必须具有显著性，这也是商标的识别功能所要求的。在经济活动中，有许多商标经过使用逐渐成为此类商品的通用名称，显著性发生了退化，注册商标也就会丧失识别商品和服务来源的功能。例如，原本是商标的"阿司匹林"

成为感冒药的通用名称、商标"优盘"成为一类电子存储器的通用名称等。如果注册商标的显著性退化就无法发挥商标的识别功能，就没有必要维持注册商标专用权了，否则会影响他人对商品通用名称的正当使用。

3. 连续不使用注册商标

注册商标没有正当理由连续三年不使用，则任何单位或者个人可以向商标局申请撤销该注册商标。对商标局撤销注册商标的决定，注册人不服的，可以自收到通知之日起15日内向国家知识产权局申请复审。国家知识产权局应当自收到申请之日起9个月内做出决定。有特殊情况需要延长的，经国务院市场监督管理部门批准，可以延长3个月。注册人对国家知识产权局的决定不服的，可以自收到通知之日起30日内向人民法院起诉。法定期限届满，注册人对商标局做出的撤销注册商标的决定不申请复审或者对国家知识产权局做出的复审决定不向人民法院起诉的，撤销注册商标的决定、复审决定生效。

（二）注册商标被注销

注册商标被注销是基于商标权人自愿放弃或者注册商标期满未续展等原因，由商标局依职权对事实予以确认，并终止其注册商标，从而使商标专用权归于消灭。注册商标在下列情形下注销。

1. 申请注销

商标权是民事权利，权利人可以自由放弃。商标注册人自愿放弃商标权，可以向商标局提出注销商标的申请。商标注册人申请注销其注册商标或者注销其商标在部分指定商品上的注册的，应当向商标局提交商标注销申请书，并交回原《商标注册证》。该注册商标专用权或者该注册商标专用权在该部分指定商品上的效力自商标局收到其注销申请之日起终止。商标注册人申请注销其注册商标的，原《商标注册证》作废，商标局予以公告；商标注册人申请注销其商标在部分指定商品上的注册的，商标局重新核发《商标注册证》，并予以公告。

2. 过期注销

注册商标有效期届满，且已过宽展期，而商标所有人未提出续展申请，或续展申请未被核准，被依法驳回的，商标局注销其注册商标，并予以公告。

撤销和注销注册商标都会导致注册商标的终止和商标权的消灭，但是二者的法律意义却大不相同。撤销大多是由于商标注册人违反了法律的规定而招致的法律后果，是商标主管部门对其的行政惩罚手段或强制行政手段；而注销则是由于法律规定的条件发生或商标注册人自愿放弃商标权而导致的结果，并无行政惩罚或强制行政手段的含义。

第五节　注册商标的无效

一、注册商标无效的含义

注册商标无效是指已经注册的商标因存在法律有关禁止注册、侵害他人在先权利或者以不正当手段取得商标注册等情形，被发现后，由商标局或国家知识产权局宣告该商标无效，使商标专用权归于无效。注册商标无效是对商标权在形成之初就具有权利方面的瑕疵却没有被发现而设计的一种补正制度。出于行政成本和工作效率方面的原因，国家知识产权局在核准注册审查时不可能事无巨细、面面俱到，从而避免不当注册的出现。但是，基于公平、公正的价值理念，法律赋予利害关系人和行政机关事后的补正机制，而设立注册商标无效制度。

我国现行《商标法》在第五章专门规定了注册商标的无效宣告制度。对注册商标的无效宣告主要有两种情况：一是商标局依职权主动宣告；二是其他单位或者个人可以请求国家知识产权局宣告。注册商标一旦被宣告无效成立，则商标权也无效，且自始无效。注册商标的无效宣告程序和商标法规定的其他商标争议解决程序一起构成了商标注册质量的保证体系，对于减少注册商标权利的冲突，确保注册商标专用权的效力，保护消费者利益，维护商标专用权受让人的利益方面有着重要的意义。

二、注册商标无效的原因

（一）违反了法律的一般禁止性或限制性规定

法律对商标标识的构成有专门的规定，禁止和限制一些文字、图形或标志成为商标的组成内容，这既是商标注册申请时需实质审查的主要内容，也是在商标注册后，如果发现注册商标违反了法律的禁用或限用条款，而将导致注册商标无效的主要原因。已经注册的商标，违反《商标法》第 4 条、第 10 条、第 11 条、第 12 条和第 19 条第四款规定的，由商标局宣告该注册商标无效；其他单位或者个人可以请求国家知识产权局宣告该注册商标无效。

商标中含有不得作为商标使用的标志、形状具体包括以下三种情形。

一是《商标法》第 10 条列举的九类标志不得作为商标注册并使用，包括以下内容：①同中华人民共和国的国家名称、国旗、国徽、国歌、军旗、军徽、军歌、勋章等相同或者近似的，以及同中央国家机关的名称、标志、所在地特定地点的名称或者标志性建筑物的名称、图形相同的；②同外国的国家名称、国旗、国徽、军旗等相同或者近似的，但经该国政府同意的除外；③同政府间国际组织的名称、旗帜、徽记等相同或者近似的，但经该组织同意或者不易误导公众的除外；④与表明实施控制、予以保证的官方标志、检验印记相同或者近似的，但经授权的除外；⑤同"红十字""红新月"的名称、标志相同或者近似的；⑥带有民族歧视性的；⑦带有欺骗性，容易使公众对商品的质量等特点或者产地产生误认的；⑧有害于社会主义道德风尚或者有其他不良影响的；⑨县级以上行政区划的地名或者公众知晓的外国地名（特殊情况除外）。

二是使用《商标法》第 11 条禁止作为注册标志的商标，包括以下内容：①仅有本商品的通用名称、图形、型号的；②仅直接表示商品的质量、主要原料、功能、用途、重量、数量及其他特点的；③其他缺乏显著特征的。需要注意的是，上述三类所列标志经过使用取得显著特征，并便于识别的，可以作为商标注册。

三是使用《商标法》第 12 条禁止注册形状的商标，即以三维标志申请注册商标的，仅由商品自身的性质产生的形状、为获得技术效果而需有的商品形状或者使商品具有实质性价值的形状。

（二）以不正当手段取得的商标注册

以欺骗手段或者其他不正当手段取得商标注册的，可以宣告该注册商标无效。具体包括两种情形：第一，以欺骗手段取得商标注册，即申请人采取虚构、隐瞒事实真相，或者伪造申请书及有关文件等方式，取得商标注册；第二，以其他不正当手段取得商标注册，即申请人采取欺骗方式以外的其他不正当方法，如通过给经办人好处等方式，取得商标注册。

（三）损害了他人的合法权益

损害他人的合法权益，也是导致注册商标被宣告无效的重要原因。申请商标注册不得损害他人现有的在先权利，也不得以不正当手段抢先注册他人已经使用并有一定影响的商标。这一法律规定包含两种情形：一是对他人在先权利的损害；二是对他人已经使用但未注册的商标权益的损害。

1. 损害他人的在先权利

关于他人的在先权利，一般是指商标注册前，他人已有的知识产权和民事权利。根据《最高人民法院关于审理商标授权确权行政案件若干问题的意见》的规定，对于商标法已有特别规定的在先权利，按照商标法的特别规定予以保护；商标法虽无特别规定，但根据民法典和其他法律的规定属于应予保护的合法权益的，应当根据该概括性规定给予保护。因此，对于他人的在先权利范围包括但不仅限于著作权、外观设计专利权、商号权、原产地名称权，以及姓名权、肖像权等其他私法中规定的权益。

2. 损害他人已经使用但未注册的商标权益

他人已经使用但未注册的商标，包含他人先使用的商标和有一定影响力的商标。例如，知名商标、驰名商标和地理标志等。根据《商标法》第13条、第15条、第16条、第30条的规定，禁止他人以下列形式对未注册商标使用人的权益进行损害：①复制、模仿或者翻译他人未在中国注册的驰名商标在相同或者类似商品上注册，容易导致混淆的；②就不相同或者不相类似商品申请注册的商标是复制、模仿或者翻译他人已经在中国注册的驰名商标，误导公众，致使该驰名商标注册人的利益可能受到损害的；③未经授权，代理人或者代表人以自己的名义将被代理人或者被代表人的商标进行注册的；④申请人与该他人具有合同、业务往来关系或者其他关系而明知该他人商标存在，就同一种商品或者类似商品申请注册的商标与他人在先使用的未注册商标相同或者近似的；⑤商标中有商品的地理标志，而该商品并非来源于该标志所标示的地区，误导公众的，但是已经善意取得注册的继续有效；⑥同他人在同一种商品或者类似商品上已经注册的或者初步审定的商标相同或者近似的。

三、注册商标宣告无效的程序

已经注册的商标，具备宣告无效的条件的，因启动主体的不同，宣告注册商标无效的程序也有所区别：一种是商标局依职权宣告注册商标无效；另一种是其他单位或者个人，以及在先权利人或者利害关系人请求国家知识产权局宣告注册商标无效。其中，商标局和国家知识产权局是宣告注册商标无效的主体。

（一）商标局宣告注册商标无效的程序

1. 程序启动的依据

对于违反法律规定的禁止性、限制性条款或者是以欺骗手段或者其他不正当手段取得注册的商标，即使在无任何个人或者单位请求的情况下，商标局也可以依职权主动启动宣告该注册商标无效的程序。这一点不同于对注册商标发生争议而宣告无效：一是对于已经核准注册的商标，商标局不得以与先注册商标相混淆为由宣告核准的注册商标无效；二是即使是在争议期内，受理注册商标争议申请的也是国家知识产权局，而不是商标局。

2. 宣告程序

商标局宣告注册商标无效的程序如下：①决定并通知。商标局做出宣告注册商标无效的决定并书面通知当事人。②复审。当事人对商标局的决定不服的，可以自收到通知之日起 15 日内向国家知识产权局申请复审；国家知识产权局应当自收到申请之日起 9 个月内做出决定，并书面通知当事人。如有特殊情况，需要延长复审期限的，经国务院市场监督管理部门批准，可以延长 3 个月。③行政诉讼。当事人对国家知识产权局的决定不服的，可以自收到通知之日起 30 日内向人民法院起诉。

法定期限届满，当事人对商标局宣告注册商标无效的决定不申请复审或者对国家知识产权局的复审决定不向人民法院起诉的，商标局的决定或者国家知识产权局的复审决定生效。

（二）国家知识产权局宣告注册商标无效的程序

1. 程序启动的依据

与商标局可以依职权主动启动注册商标的无效宣告程序不同，国家知识产权局只能是被动地启动宣告注册商标无效程序，即只有在个人或者单位向国家知识产权局提出请求时，才能启动宣告无效程序。

国家知识产权局宣告注册商标无效的范围既涉及违反一般禁止性、限制性条款或以不正当手段取得注册的注册商标，也包括损害他人合法权益的注册商标。具体的法律依据体现在《商标法》的第 4 条、第 10 条、第 11 条、第 12 条、第 13 条、第 15 条、第 16 条、第 19 条、第 30 条、第 31 条和第 32 条中。

2. 宣告程序

根据请求主体的不同，宣告程序分为两种情况。

（1）其他单位或者个人请求国家知识产权局宣告注册商标无效的程序。其他单位或者个人应当向国家知识产权局提出申请；国家知识产权局收到申请后，应当书面通知有关当事人，并限期提出答辩；国家知识产权局应当自收到申请之日起 9 个月内做出维持注册商标或者宣告注册商标无效的裁定，并书面通知当事人。如有特殊情况需要延长期限的，经国务院市场监督管理部门批准，可以延长 3 个月；当事人对国家知识产权局的裁定不服的，可以自收到通知之日起 30 日内向人民法院起诉；人民法院在受理起诉后，应当通知商标裁定程序的对方当事人作为第三人参加诉讼。

（2）在先权利人或者利害关系人请求国家知识产权局宣告注册商标无效的程序。国家知识产权局收到宣告注册商标无效的申请后，应当书面通知有关当事人，并限期提出答辩。国家知识产权局应当自收到申请之日起 12 个月内做出维持注册商标或者宣告注册商标无效的裁定，并书面通知当事人。有特殊情况需要延长的，经国务院市场监督管理部门批准，可以延长 6 个月。当事人对国家知识产权局的裁定不服的，可以自收到通知之日起 30 日内向人民法院起诉。人民法院应当通知商标裁定程序的对方当事人作为第三人参加诉讼。

需要注意的是，在先权利人或者利害关系人请求国家知识产权局宣告注册商标无效，须自商标注册之日起 5 年内提出，超过 5 年已经核准的商标即具有不可争议性。但对恶意注册的，驰名商标所有人不受 5 年的时间限制。

法定期限届满，当事人对国家知识产权局的维持注册商标或者宣告注册商标无效的裁定不向人民法院起诉的，国家知识产权局的裁定生效。

四、注册商标宣告无效的后果

宣告无效的注册商标，由商标局予以公告，并产生"该注册商标专用权视为自始即不存在"的法律后果。所谓自始即不存在，是指从一开始就没有存在过。也就是说，注册商标被宣告无效后，其商标专用权在法律上被视为从来就不曾存在过。这是注册商标的宣告无效与被撤销之间的一个重要区别。被撤销的注册商标，其商标专用权自商标局公告之日起终止，在商标局公告之前，商标专用权是一直存在的。而注册商标宣告无效，其商标专用权在法律上被认为从来没有存在过。换言之，宣告注册商标无效，就是从开始注册时就无效，即在法律上不承认该注册商标专用权的存在或者曾经存在。

宣告注册商标无效的决定或者裁定，对宣告无效前人民法院做出并已执行的商标侵权案件的判决、裁定、调解书和市场监督管理部门做出并已执行的商标侵权案件的处理决定及已经履行的商标转让或者使用许可合同不具有追溯力。但是，因商标注册人的恶意给他人造成的损失，应当给予赔偿。不返还商标侵权赔偿金、商标转让费、商标使用费，明显是违反公平原则的，应当全部或者部分返还。

【案例1】 "摩卡 MOCCA"商标构成商品通用名称撤销复审行政纠纷

【案情】 诉争商标系第 9199914 号"摩卡 MOCCA 及图 "商标，瑞昶公司于 2011 年 3 月 11 日向商标局提出注册申请，并于 2012 年 5 月 21 日被核准注册，核定使用在第 30 类"咖啡、可可制品、咖啡调味香料（调味品）、加奶咖啡饮料、含牛奶的巧克力饮料、做咖啡代用品的植物制剂、巧克力酱、茶饮料、糖"商品上。

2015年9月30日，慧能泰丰公司依据《商标法》第49条的规定，以诉争商标已成为核定商品上的通用名称为由，向商标局提出撤销申请。商标局经审理后，于2017年1月6日作出慧能泰丰公司的撤销理由不能成立，诉争商标不予撤销。

慧能泰丰公司不服上述决定，于2017年2月24日向商标评审委员会申请复审。

2018年2月2日，商标评审委员会认定：慧能泰丰公司提交的证据不足以证明诉争商标在注册之后演变成为核定使用商品领域的通用名称。另根据瑞昶公司提交的证据可以证明，诉争商标核准注册之后，经瑞昶公司长期广泛宣传和规范使用，获得了较高的知名度和影响力，可以使一般公众将其与瑞昶公司所提供的咖啡等商品联系起来，并未演变为该商品领域的通用名称。为制止他人对"摩卡MOCCA""摩卡咖啡"的不当使用行为，瑞昶公司积极采取措施维护商标权利及其与诉争商标在核定商品上形成的对应关系。综上，慧能泰丰公司所提撤销理由不能成立，决定诉争商标予以维持。慧能泰丰公司不服该决定，将商标评审委员会诉至法院。

一审法院经过审理认为，诉争商标已成为咖啡类商品的通用名称，故应在其核定使用的"咖啡、咖啡调味香料（调味品）、加奶咖啡饮料、做咖啡代用品的植物制剂"商品上予以撤销。

二审法院认为，诉争商标为组合商标，由中文"摩卡"及英文"MOCCA"组成，其中汉字部分的两点及英文部分的"O"由咖啡豆图案代替。在案证据表明，"摩卡"系红海岸边的一个港口，早在十六到十七世纪曾是全世界最大的咖啡贸易中心。在诉争商标申请日之前，"摩卡"即与咖啡商品存在特定关联。"摩卡"并非由瑞昶公司独创或臆造的词汇。

从消费者的认知情况来看，"摩卡"已经被各地消费者普遍认知为一种咖啡口味。

从同业经营者的使用情况来看，多个知名品牌连锁咖啡店均提供摩卡口味咖啡，另有不少商家销售摩卡咖啡专用设备。"摩卡"已经广泛被其他同业经营者作为商品名称使用。

从媒体介绍和报道来看，相关书籍、报纸期刊、网络媒体中有大量关于"摩卡""摩卡咖啡"的介绍文章，时间跨度从早于诉争商标申请日二十多年的1990年到慧能泰丰公司提出撤销申请之时的2015年，文章大都介绍到"摩卡"是一种咖啡口味或一个咖啡品种。媒体的介绍和报道一方面是对消费者认知状况和同行业者经营状况的反映；另一方面会进一步推动和强化社会公众的认知。

从词典的收录情况来看，除传统词典外，百度词典、必应词典、有道词典等多个网络词典都提到"摩卡"是一种巧克力、咖啡和牛奶混合成的饮料。

商评委及瑞昶公司均主张诉争商标经过其长期使用具有较高知名度，已与瑞昶公司其形成一一对应关系，并未成为咖啡商品的通用名称，但在案证据仅能证明瑞昶公司有实际使用"摩卡MOCCA"商标的行为，不足以证明诉争商标已与瑞昶公司建立唯一对应关系。同时，注册商标成为其核定使用商品的通用名称而被撤销，也不以商标权人的主观过错为前提。故原审法院认定"摩卡"已成为咖啡类商品上约定俗成的通用名称，并无不当。二审法院最后驳回上诉，维持原判。❶

【评析】 商品的通用名称是在某一范围内被相关公众普遍使用的某一种类商品的名称，包括规范的商品名称、约定俗成的商品名称及商品的简称。其本质特征体现了商品的自然属性，为同行业的经营者、消费者所公知共用。商品通用名称应具有广泛性、规范性的特征。就通用名称的广泛性而言，其应该是某一行业所共用的，仅为某一区域所使用的名称，不具有广泛性；就规范性而言，其应该符合一定的标准，反映一类商品与另一类商品之间的根本区别，即应指代明确。该案法院审理很好地围绕广泛性、规范性进行分析认定。该案还给我们提供了具体的审理思路：诉争商标是否属于商品通用名称，应当从商标标志整体上进行审查，且应当认定通用名称指向的具体商品。对与该商品类似的商

---

❶ 参见北京市高级人民法院（2020）京行终2540号行政判决书。

品不予考虑。当事人主张诉争商标成为商品通用名称的，可以提交字典、工具书、国家或者行业标准、相关行业组织的证明、市场调查报告、市场上的宣传使用证据、其他主体在同种商品上使用该商标标志的证据等予以证明。

【案例2】"摑足"商标无效复审行政纠纷案

【案情】2011年12月8日，自然人缑某、任某申请了豆腐制品上的第10280516号"摑足"商标，于2013年2月14日核准注册，核定使用商品为腌制菌块、腐乳、豆腐、豆腐制品、腐竹。后该商标经核准被转让予济南某餐饮公司。

2019年1月，青岛某公司对该商标提出无效宣告请求。

2020年3月9日，国家知识产权局作出"摑足"商标无效宣告请求裁定书，裁定诉争商标无效。该裁定认为：一方面，争议商标中的"摑"字，意为"用手掌打、打巴掌"，含暴力倾向……另一方面，"摑足"与"中国国家足球队"的简称"国足"在文字构成、整体外观、读音等方面高度相近，结合我国当前足球事业的发展现状、相关公众对中国国家足球队的关注及申请人提交的相关媒体报道，相关公众易将"摑足"与"国足"相联系……将争议商标使用在臭豆腐等商品上，易对我国的社会公共利益和公共秩序产生一定程度消极的、负面的不良影响。

济南某餐饮公司不服，于是向北京知识产权法院提起行政诉讼。

一审中，北京知识产权法院认为，诉争商标显著识别部分为"摑足"，一方面，"摑"字，意为"用手掌打、打巴掌"，且诉争商标整体亦未经使用而形成第二含义；另一方面，从"摑"字的设计外观看，部首"扌"经艺术化处理，不明显，文字部分突出显示为"國"字部分，诉争商标读音亦同"国足"。同时，在案证据亦表明，部分公众已将"摑足"与"国足"相联系。原告将诉争商标主要使用在臭豆腐等商品上，存在贬损、讽刺"国足"的倾向，易产生消极的、负面的不良影响。一审驳回原告诉

讼请求。原告不服提起上诉，北京市高级人民法院以与一审相同的理由驳回上诉，维持原判。❶

【评析】 该案认定"捯足"商标无效涉及《商标法》第 10 条第一款第（八）项：有关"有害于社会主义道德风尚或者有其他不良影响的"的规定。适用该规定，主要围绕该规定的内容予以解释适用。首先该规定具有以下两个特点：①《商标法》第 10 条作为"绝对禁止"条款，对属于其中任一情形的标志，不仅不能作为商标注册，更不能在生产经营活动中作为商标使用，且任何人可以不受期限限制地请求宣告违反此规定的注册商标无效。②"有其他不良影响"的涵盖范围较广，没有明确的边界与定义。理论上，认为该规定是兜底性规定，是除了"有害于社会主义道德风尚"以外的"不良影响"，含义解释上应以"社会主义道德风尚"的解释为基础，即围绕是否符合"我国人们共同生活及其行为的准则、规范及在一定时期内社会上流行的良好风气和习惯"予以解释。我国《商标审查审理指南》第一部分第 9 条第（十一）项中认定，"其他不良影响"是指商标的文字、图形或者其他构成要素对我国政治、经济、文化、宗教、民族等社会公共利益和公共秩序产生消极的、负面的影响。因此，具体实务判定也应结合上述几个方面进行分析。该案也给企业注册使用商标提了个醒：个性化的商标名称使用时，一定要考虑是否具有"不良影响"，否则有很大的法律风险。

思考与讨论

1. 简述商标先申请原则的内容。
2. 如何确定商标申请的优先权？
3. 商标注册申请文件有哪些？
4. 简述商标注册申请的审查内容。

---

❶ 参见北京知识产权法院（2020）京 73 行初 4708 号行政判决书，北京市高级人民法院（2021）京行终 631 号行政判决书。

5. 注册商标续展有些什么要求？

6. 注册商标被撤销的事由有哪些？

7. 注册商标无效的原因有哪些？

8. 简述商标局宣告注册商标无效的程序。

延伸阅读

1. 张锐. 商标实务指南（第三版）[M]. 北京：法律出版社，2020.

2. 王莲峰. 新《商标法》第四条的适用研究[J]. 政法论丛，2020(1).

3. 孙柱永. 商标法第三十二条的构成要件及适用：评北京银谷艺术馆有限公司诉商标评审委员会、山东百年巨匠艺术馆有限公司商标权无效宣告请求行政纠纷案[J]. 中华商标，2019（3）.

4. 冯晓青，刘欢欢. 效率与公平视角下的商标注册制度研究：兼评我国商标法第四次修改[J]. 知识产权，2019（1）.

5. 刘文远. 从"移植"到"内生"的演变：近代中国商标权取得原则的确定及调整[J]. 知识产权，2015（4）.

第二十章　商标管理

商标管理形式上体现为对注册商标的使用，是权利人行使商标权的方式。商标权的利用既是商标权人利用自己的注册商标获得经济利益回报的重要手段，也是商标法律制度中的一项重要制度，是民事权利的体现。权利人除了可以在自己的商品或服务上使用注册商标，也可以将注册商标许可他人使用，或者将商标权转让给他人，还可以将商标权进行质押。商标的利用是商标法律实务的重要内容。本章主要介绍了商标权人实际使用商标，通过商标的许可、转让与移转和质押等方式对商标的利用。

第一节　商标使用

一、商标使用的含义

商标的使用，是指为彰显商标功能而将商标用于实际的商业活动中的行为。

商标的使用方式多种多样，既可以附着在商品、商品包装或者容器上直接使用，也可以在产品说明书、广告宣传、展览及其他商业活动中间接使用；既可以自己使用，也可以许可他人使用。

商标法律制度的立法目的在于对商标附着的商誉的保护，商誉能为生产经营者带来利益，而商誉只有通过商标的实际使用发挥其识别功能才能得以积累。如果一个注册商标从不投入使用，就无法起到识别商品的生产经营者的作用，消费者也就不可能将商品与相应的生产经营者联系起来，商誉的凝聚也就无从谈起。在生产经营活动中，他人往往会为了利用商标所凝集的商誉而要获得商标权人的商标的使用许可，商标权人也能通过行使商标许可权而获得相关利益。在他人对商标实施侵权行为时，也是因为看到了商标所凝集的商誉而为之，商标权人也会以商标所附着的商誉利益而积极地主张自己的权利。可见，实际上商标权来源于对商标的使用，离开了商标的实际使用，商标注册也将失去实际意义。这也是商标法律制度保护商标权的意义所在。国际上商标权立法，也通行将注册商标的使用情况与对其保护的强度相关联，通常都规定在注册人不使用注册商标达到一定期限后，该注册商标将可能被撤销。

二、法律意义上的商标使用行为

商标的使用必须符合法律上的要求，商标法要求对商标使用是实际使用，即要求使用到具体的商业活动中。但是在商标实务中，在商标维权和商标维持两种情形下，对于商标使用又有不同的判断要求。

（一）商标维权方面的商标使用

法律上对他人未经商标注册人的许可，在同一种或者类似商品上使用与商标注册人注册商标相同或近似的商标，容易导致混淆的使用行为明确为构成对商标专用权的侵犯。只有被控侵权行为是法律意义上的商标使用行为时，才构成侵犯商标权的行为。维权方面的商标使用包含了三方面的特征：使用行为能够表明商品或服务的来源；使用方式能够使消费者对商品或服务的提供者做出区分；商标必须是商业性的实际使用。因此，符合上述使用的行为才属于商标性的使用，判断侵权行为必须是属于上述法律意义上的商标使用。

（二）商标维持注册的商标使用

为了确保商标通过使用发挥其识别商品或服务的功能，注册商标没有正当理由连续三年不使用的，任何单位或者个人可以向商标局申请撤销该注册商标。因此，要维持商标注册的持续状态，商标注册人必须要按照法律规定使用商标。维持商标注册"使用"也应是商业性的使用，但与构成商标侵权的"使用"在范围上是有区别的。维持商标注册的"使用"，应当是公开的、真实的、合法的和具有一定商业规模的使用商标来标示商品的来源，以便使消费者能够据此区分提供商品的不同市场主体。仅仅在企业内部使用商标，或者为了应付使用的义务而进行的象征性使用都不能满足法律的要求。在德国、法国和英国等许多国家的判例中，在判断是否进行商标真实"使用"时，不仅着重考虑使用是否为了创设或维持相关商品或市场的份额，而且还考虑是否能够发挥商标识别来源的作用。对于仅仅在报纸、广播电视或互联网上做广告而没有实际销售商品的，一般不构成"使用"。我国在司法实践中，《最高人民法院关于审理商标授权确权行政案件若干问题的规定》中也有相似的规定。另根据《商标审查审理指南》（2021）规定，以下情形不视为商标法意义上的商标使用：（1）商标注册信息的公布或者商标注册人关于对其注册商标享有专用权的声明；（2）未在公开的商业领域使用；（3）改变了注册商标主要部分和显著特征的使用；（4）仅有转让或许可行为而没有实际使用；（5）仅以维持商标注册为目的的象征性使用。

第二节　商标使用许可

一、商标使用许可的含义

商标的使用许可是指注册商标的使用许可，即商标注册人或其授权人通过签订商标使用许可合同，将其注册商标在一定的范围、期限内，以约定的支付报酬和使用方式许可他人使用的行为。其中，商标注册人是许可人，获得商标使用权的人为被许可人。注册商标的使用许可是商标权人并不丧失注册商标专用权，被许可人获得的只是注册商标的使用权。

商标权人能够通过商标许可获取利益，一方面可以通过商标许可获取资金收益；另一方面还可以通过商标许可扩大商标知晓度、忠诚度等品牌价值。对企业来说，商标许可他人使用不仅能够发挥商标的资产价值，还能实现资源的优化配置。另外，对于被许可方也极为有利，可以通过使用许可的方式减少市场投资风险，在较短的时间里用较少投资获得较高收益。

二、商标使用许可的形式和种类

（一）商标使用许可的形式

现行商标法规定："商标注册人可以通过签订商标使用许可合同，许可他人使用其注册商标。许可人应当将其商标使用许可报商标局备案，由商标局公告。商标使用许可未经备案不得对抗善意第三人。""商标使用许可备案"说明对商标许可使用并非一定是以书面许可合同的方式进行，在商标局备案也无须提交商标使用许可合同，而是提交商标使用许可备案申请。此乃登记对抗主义，即商标注册人许可他人使用其注册商标，须向商标局申请备案，备案产生公示的法律效果。未经备案的，不影响许可行为的效力，但不足以对抗善意的第三人。

（二）商标使用许可的种类

我国商标法和商标法实施条例没有明确规定商标使用许可的类型，只是《最高人民法院关于审理商标民事纠纷案件适用法律若干问题的解释》（以下简称《商标案件解释》）对商标使用许可的类型及在发生侵权时不同类型商标使用许可中被许可人的诉权问题作了规定。根据被许可人享有的使用权的排他程度，商标的使用许可可以分为独占使用许可、排他使用许可和普通使用许可。

1. 独占使用许可

独占使用许可是指商标注册人仅许可一个被许可人在约定的时间和地域范围内使用其注册商标，同时商标注册人承诺自己及其他人均不得使用该注册商标。独占使用许可使得被许可人在约定的时间和地域范围内取代商标注册人的法律地位，对注册商标进行垄断使用，他人不能以相同的方式使用该注册商标，此时被许可人相当于"准商标权人"，可以对侵权人单独起诉或申请法院采取诉前措施。

2. 排他使用许可

排他使用许可是指商标注册人在约定的时间和地域范围内，仅许可一个被许可人以约定的方式使用其注册商标，商标注册人自己可以在该地域使用该注册商标，但是不得另行许可任何第三人在该地域使用该注册商标。排他使用许可的特点是商标注册人和被许可人都拥有对许可使用商标的使用权，仅仅排除的是商标注册人和被许可人以外的第三人对该注册商标的使用。因此，当第三人侵权时，被许可人可以和商标注册人一起共同起诉或申请法院采取诉前措施，在商标注册人不起诉的情况下，被许可人也可以自行提起诉讼或申请法院采取诉前措施。

3. 普通使用许可

普通使用许可是指商标注册人允许被许可人在约定的时间、地域范围内以约定的方式使用其注册商标。同时，商标注册人自己可以使用该注册商标，也可以再许可他人在同意的范围内使用注册商标。普通使用许可中，商标注册人允许多个被许可人使用注册商标，各个被许可人之间的注册商标使用权并不具有排他性。如果遇到其他人未被许可使用而擅自使用的侵权行为时，被许可人在没有商标注册人授权的情况下是不能单独起诉的，只能由许可人对侵权行为起诉或申请法院采取诉前措施。

从以上三种商标的使用许可方式特点上看被许可人获得的使用权的排他程度，独占使用许可最强，其次是排他使用许可，再次是普通使用许可。排他程度的强弱决定了被许可人所获得的竞争优势的大小。在三种许可类型中，独占使用许可中被许可人获得的竞争优势相对较大，普通使用许可中被许可人获得的竞争优势相对较小。因此，独占使用许可的被许可人通常需要支付较高的商标使用费，普通使用许可的被许可人支付的商标使用费也最少。在被许可人选择商标使用许可类型时，应当充分考虑自身的经济实力，以及许可的注册商标的潜在市场价值和许可人使用该注册商标的商品经营状况，来确定对自己较为有利的商标使用许可类型。

需强调的是，与专利权、著作权的许可类型不同，商标权的许可使用没有法律强制使用的情形。这是因为商标一方面是用来识别出处、区分来源的标志，使用的商标差异越明显，区别效果越好；另一方面，商标往往与生产经营者的商誉联系在一起，体现了社会对商品或服务评价的美誉度，特别是与消费者的利益有密切联系。如果强制性地让某个商标被他人使用，反而可能有损相关的公共利益。

三、商标使用许可双方的权利和义务

（一）保证许可使用商标的商品质量

商标的价值在于附着其上的商誉。商誉的形成是商标所有人经过长期的资金投入和经营管理，并基于市场消费者的认可的结果。许可他人使用商标意味着把商标声誉寄附于被许可人的行为及其提供的商品之上，并与消费者的利益密切相关。《商标法》第43条第一款规定："许可人应当监督

被许可人使用其注册商标的商品质量。被许可人应当保证使用该注册商标的商品质量。"可见，在商标使用许可过程中，对商品质量的监督和保证是一项法定义务。这就要求许可人与被许可人在商标使用许可时，应明确约定商品质量保证的内容，在使用许可合同中制定质量控制条款；同时，许可人还应在商标使用过程中实际监督被许可人生产的产品质量，以防被许可人的商品质量低劣，损害消费者的利益，造成许可人商誉的降低。

（二）在商品上标明被许可人名称及产品产地

《商标法》第43条第二款规定："经许可使用他人注册商标的，必须在使用该注册商标的商品上标明被许可人的名称和商品产地。"这项规定是被许可人的强制性法律义务，主要是基于对商品质量保证的考虑。这项规定一方面维护消费者的权益，使其了解所购商品的真实产地和生产者，保障消费者的知情权；另一方面便于市场监督管理部门对市场上商标使用许可进行监督和管理。对于违反商标法此项规定的，市场监督管理部门可以予以处罚，责令限期改正；逾期不改正的，责令停止销售，拒不停止销售的，处10万元以下的罚款。

（三）对商标使用许可进行备案

根据《商标法》第43条第三款的规定，许可人应当将其商标使用许可报商标局备案。这是商标注册人在进行商标使用许可时，法律要求的一项强制性义务。

商标使用许可备案的目的，对于当事人无论是从主动还是被动两方面都有积极的作用。主动方面的作用：一是便于及时发现并由许可双方纠正许可行为中存在的瑕疵，如超出商标有效期限和核准注册范围，则该商标不能被许可使用；二是通过公示商标许可的信息，包括许可范围及被许可人信息，从而赋予被许可人对抗第三人的效力，同时也有助于被许可人避免因商标注册人随意处分注册商标或重复许可他人使用而带来的损失。被动方面的作用在于市场监督管理部门可以方便地监督被许可人的商标使用行为，对侵权假冒行为及时查处，以保护商标注册人、被许可人利益。

第三节　商标的转让和移转

一、商标的转让

（一）商标转让的概念

商标的转让是指商标注册人将其所有的注册商标依照法定程序转让给他人所有，其实质是商标专用权的转让。商标转让以后，受让人成为新的商标权人，原商标权人不再拥有注册商标所有权。

商标的转让是要式行为，即转让人和受让人之间必须签订书面商标转让合同。对此，《商标法》第42条有明确的规定："转让注册商标的，转让人和受让人应当签订转让协议……"

商标的转让与变更商标注册人的名义是不同的：①变更商标注册人的名义是单方法律行为，只须商标注册人向商标局提出申请变更名称；商标的转让是双方法律行为，即由商标注册人和受让人经过协商，达成一致，并共同向商标局提出申请。②变更商标注册人的名义仅是注册人的名称发生改变，注册人的权利主体地位保持不变；商标的转让则使商标权主体发生了更替，受让人取代商标注册人成为新的商标权人。

商标的转让一般有两种方式：一种是与商标注册人的企业或商誉一起转让；另一种是商标脱离企业和商誉而单独转让。

（二）商标转让的限制

为防止市场混淆，保护消费者的利益，商标法对商标的转让作了一些限制性的规定。

（1）在同一种商品上注册的近似的商标，或者在类似商品上注册的相同或者近似的商标，不得分割转让，应当一并转让。未一并转让的，由商标局通知限期改正；期满未改正的，视为放弃转让该注册商标的申请。强制性规定注册商标一并转让，是考虑到分割转让会出现同一商标在相同或类似商品上有两个主体在使用的情况，这样势必造成不同出处产品的混淆，无法实现区别商品或服务来源的目的。

（2）禁止转让容易导致混淆或者有其他不良影响的商标。对容易导致混淆或者有其他不良影响的商标转让，商标局不予核准。容易导致混淆的商标转让，易损害消费者权益和破坏市场经济秩序；禁止具有不良影响的商标转让，是符合民法的公序良俗原则要求。

（3）受让人应当保证使用受让注册商标的商品质量。立法上的规定是出于保障消费者合法权益。

（三）商标转让的核准

注册商标转让的实质是商标专用权发生变动，在实行注册取得商标权的国家，对注册商标转让要求与商标申请注册一样，须履行法定手续，按照程序进行。根据法律规定，转让注册商标的，转让人和受让人应当签订转让协议，并共同向商标局提交申请书，办理申请手续。转让注册商标经核准后，予以公告。受让人自公告之日起享有商标专用权。

二、商标的移转

商标的移转是指注册商标因转让以外的其他事由引起的商标权主体的变更。

与商标的转让基于当事人意思表示不同，商标的移转主要是基于法律的直接规定。主要有两种情形：一是自然人的继承行为发生。作为商标权人的自然人死亡，其继承人依据继承法的有关规定继承其商标权。二是公司、企业间发生的合并、兼并行为。公司、企业进行合并、兼并的，根据相关法律规定包括商标权在内的所有财产及债权债务统统由合并后的公司企业承受。

注册商标的移转也受到一并移转的限制。《商标法实施条例》第32条规定："注册商标专用权移转的，注册商标专用权人在同一种或者类似商品上注册的相同或者近似的商标，应当一并移转；未一并移转的，由商标局通知其限期改正；期满未改正的，视为放弃该移转注册商标的申请，商标局应当书面通知申请人。"

商标的移转也需要办理法定手续。当引起商标移转的事由发生后，接受注册商标专用权的当事人应当凭有关证明文件或者法律文书到商标局提交申请书，并办理注册商标专用权移转手续。商标移转申请经核准的，予以公告。接受该注册商标专用权移转的当事人自公告之日起享有商标专用权。

第四节　商标权的质押

一、商标权质押的含义

商标权质押是指商标注册人将自己的商标专用权作为债务履行的担保，当债务人不履行债务时，债权人有权依据法律规定，以该商标权折价或以拍卖、变卖该商标权的价款优先受偿。

商标专用权是一种财产权，可以像其他财产一样作为出质的标的。《民法典》第440条规定："债务人或者第三人有权处分的下列权利可以出质……（五）可以转让的注册商标专用权、专利权、著作权等知识产权中的财产权……"商标专用权成为可以质押的权利范围，商标专用权质权是法律在依法可以转让的注册商标权上设立的一种担保物权。企业将商标专用权进行质押，可以发挥商标权的财产功能，有利于缓解企业融资难，以获得更多的生产经营资金。目前，商标权质押贷款也是银行业金融创新的举措，同时促进商标权商品化，有利于生产力的提升。

二、商标权质押的条件

并非所有的商标权都可以质押。根据民法典的相关规定，商标权质押前提条件是"依法可以转让的商标专用权"，也就要求可以出质的注册商标专用权要求是"债务人或者第三人有权处分"的商标权。因此，在商标权质押时，应注意如下一些问题。

（1）应当以有效的注册商标上的商标专用权进行质押。如果注册商标已经被注销、被撤销，则商标注册人丧失了商标专用权，该商标权不能予以出质。

（2）没有"限制转让"的情形存在。对于尚在人民法院依法查封期内的商标，人民法院限制该商标转让、许可使用或质押，不能办理质押。

（3）商标注册人在出质商标权时，对符合"一并转让"条件的商标应当一并办理质押。根据国家知识产权局《注册商标专用权质押登记程序规定》规定，办理注册商标专用权质权登记，出质人应当将在相同或者类似商品或服务上注册的相同或者近似商标一并办理质权登记，以此保证质押商标可以依法转让,从而使质权人在债务人不履行债务时可以将质押权利及时、顺利地变现。

三、商标权质押的程序

(一)质押合同

商标权质押合同应当采用书面形式订立合同,这是《民法典》第427条明确规定的。商标权质押合同也是办理商标权质押登记的前提条件。商标专用权质押合同一般包括以下主要内容:①出质人、质权人的名称(姓名)、地址;②被担保的债权种类、数额;③债务人履行债务的期限;④出质注册商标的清单(列明注册商标的注册号、类别及专用期);⑤担保的范围;⑥当事人约定的与该质押商标有关的其他事项。根据《民法典》第444条规定,商标专用权质权自办理出质登记时设立。

(二)质押登记的申请和受理

1. 申请方式

以注册商标专用权出质的,质权登记申请应由质权人和出质人共同提出。质权人和出质人可以直接向国家知识产权局申请,也可以委托国家认可的具备商标代理资格的组织代理办理。但在中国没有经常居所或营业所的外国人或外国企业应当委托代理组织代理办理,不能直接办理。由于质押申请是须由双方办理的,因此委托代理时双方可以各自委托代理组织,也可以委托同一代理组织。但质押登记申请必须由质权人和出质人共同提出、共同办理。

2. 申请的受理

申请注册商标专用权质权登记,当事人应提交下列文件:①申请人签字或者盖章的《商标专用权质权登记申请书》;②主合同和注册商标专用权质权合同;③申请人签署的承诺书;④委托商标代理机构办理的,应当提交商标代理委托书。

上述文件为外文的,应当同时提交其中文译文。中文译文应当由翻译单位和翻译人员签字盖章确认。

国家知识产权局收到申请人的注册商标专用权质权登记申请书后,主要围绕提交的上述文件，对以下内容进行审查：①申请登记书件是否齐备；②质押合同条款是否齐备；③出质人在相同或类似商品或服务上注册的相同或者近似商标是否一并申请办理质权登记；④是否存在不予登记的情形。

对于有下列情形之一的，国家知识产权局不予登记：①出质人名称与国家知识产权局档案所记载的名称不一致，且不能提供相关证明证实其为注册商标权利人的；②合同的签订违反法律法规强制性规定的；③注册商标专用权已经被撤销、被注销或者有效期满未续展的；④注册商标专用权已被人民法院查封、冻结的；⑤其他不符合出质条件的。

不予登记的，国家知识产权局应当通知当事人，并说明理由。

对于质权登记申请不符合要求的，国家知识产权局应当通知申请人，并允许其在30日内补正。逾期不补正或者补正不符合要求的，视为其放弃该质权登记申请，国家知识产权局应通知申请人。

申请登记书件齐备、符合规定的，国家知识产权局予以受理。质权自登记之日起设立。国家知识产权局自登记之日起2个工作日内向双方当事人发放《商标专用权质权登记证》。

质权登记申请不符合要求的，国家知识产权局应当通知申请人，并允许其在30日内补正。逾期不补正或者补正不符合要求的，视为其放弃该质权登记申请，商标局应书面通知申请人。申请登记书件齐备、符合规定的，国家知识产权局予以受理。受理日期即为登记日期。国家知识产权局自登记之日起5个工作日内向双方当事人发放《商标专用权质权登记证》。

（三）质押登记的撤销

质权登记后，国家知识产权局依职权或经任何人举报，发现有下列情形之一的，应当撤销登记：①发现有属于不予登记所列情形之一的；②质权合同无效或者被撤销；③出质的注册商标因法定程序丧失专用权的；④提交虚假证明文件或者以其他欺骗手段取得商标专用权质权登记的。

（四）质押登记的变更、延期和注销

在商标专用权质押期间，质押登记事项，如质权人或出质人的名称（姓名）等发生更改的，以及质权合同担保的主债权数额变更的，当事人应当依法在国家知识产权局申请办理变更登记、补充登记或重新登记。申请变更登记或补充登记，应当提交变更的证明和登记机关发给的《商标专用权质押登记证》。

因被担保的主合同履行期限延长、主债权未能按期实现等原因需要延长质权登记期限的，质权人和出质人双方应当在质权登记期限到期前，持相关文件在国家知识产权局申请办理延期登记。

办理质权登记事项变更申请或者质权登记期限延期申请后，由国家知识产权局在2个工作日内重新核发《商标专用权质权登记证》。

如果被担保的债务已经履行完毕，或者经协商解除债务担保合同的，出质人应及时督促质权人共同到国家知识产权局办理质权登记注销手续。质权登记期限届满后，该质权登记自动失效。

【案例】 懒鳄公司与卡帝乐公司等商标使用许可合同纠纷案

【案情】 上海懒鳄文化用品有限公司（以下简称"懒鳄公司"）与被告卡帝乐鳄鱼私人有限公司（以下简称"卡帝乐公司"）签订《授权协议》，约定卡帝乐公司将其享有专用权的"卡帝乐鳄鱼"商标授权懒鳄公司使用，懒鳄公司使用商标时应提供样品。在此期间双方还就增加销售渠道、提高许可使用费等达成补充约定。后双方合作产生纠纷，卡帝乐公司向懒鳄公司寄送《终止函》，称因懒鳄公司未预先告知产品详情，未提供样品即径行生产销售，构成违约，故通知其终止授权协议。懒鳄公司则认为，卡帝乐公司因自身业务调整，在未行催告的情况下，恶意解约，《终止函》应属无效。现《授权协议》自然届满，但由于卡帝乐公司以协议提前解除为由多次向相关部门投诉，致懒鳄公司库存产品无法销售，故诉至法院，要求确认《终止函》无效，并赔偿其经济损失122余万元等。

审理中，卡帝乐公司提出，除《终止函》载明的情形外，懒鳄公司还存在未按约定使用授权商标、超范围授权第三方生产等违约行为。

法院经审理认为，虽然授权协议中明确了懒鳄公司在生产、销售之前提供样品的义务，但相关事实证明，卡帝乐公司先前就曾经知悉懒鳄公司未提供样品即生产销售的行为,却从未提出异议或给予警告;相反,合同期间还进一步扩大了对懒鳄公司的授权范围,这表明了卡帝乐公司具有继续履行协议的意愿。卡帝乐公司对于被授权方先前不提供样品的行为不予追究,可以被推定为其默许了被授权方的做法。现卡帝乐公司未经催告而径行发出《终止函》,损害了被授权方对于合同的合理期待,有违诚信履约之原则,故法院确认《终止函》无效。关于懒鳄公司库存损失部分的责任承担问题,一方面卡帝乐公司擅自解除合同致懒鳄公司无法继续履行协议,发生库存损失;另一方面懒鳄公司亦存在拆分或变化商标标识形态的使用情况,上述不规范使用商标的情形本身也是违约,导致了回购库存或延展期继续销售的可能性受阻,库存产品的价值受损。法院考虑到卡帝乐公司作为商标许可人亦负有商品质量监督责任,商标授权协议中有关标识的图样和文字表述存在混乱不一致,卡帝乐公司有权查检许可商标的实际使用情况,但从未提出相关要求,法院认定其对懒鳄公司不当使用商标行为亦应承担一定责任。综合考量商标许可合同的履行状况、双方过错程度等,酌定双方各自承担50%的责任,故判决确认《终止函》无效,卡帝乐公司赔偿懒鳄公司经济损失40万元。❶

【评析】 商标许可使用是商标专用权人实现商标价值,以轻资产方式扩张市场占有率的主要方式。作为许可关系的双方均有诚信履约的义务。诚信履约不仅仅体现在严格按照合同条款履行,也体现在一方对于违约行为不追究之后。如果想要重新严格要求时,必须提前通知对方,让对方知晓改正。商标许可合同签订后,许可人应当监督被许可人使用其注册商标的商品质量及商标使用状况,明确具体授权商标的核定使用类别和标识图样,避免引发歧义。许可人可通过样品提供或抽检方式及时发现问题,被许可人则应当保证使用该注册商标的商品质量,并规范使用商标标识,不得擅自改变或拆分标识,扩大使用类别,以避免发生合同履行争议。

---

❶ 参见上海市普陀区人民法院(2018)沪0107民初12824号民事判决书。

思考与讨论

1. 简述商标权使用的含义。
2. 商标权许可使用的类型有哪些?
3. 商标权转让的限制内容是什么?
4. 简述商标权质押的概念与办理程序。

延伸阅读

1. 吕炳斌. 商标侵权中"商标性使用"的地位与认定 [J]. 法学家, 2020（2）.

2. 黄汇. 商标使用地域性原理的理解立场及适用逻辑 [J]. 中国法学, 2019（5）.

3. 黄汇, 谢申文. 论被许可人增值商标的法益保护路径: 以"王老吉"商标争议案为研究客体 [J]. 政治与法律, 2013（10）.

4. 王莲峰. 商标许可合同使用者利益之保护: 王老吉与加多宝商标利益纷争之思考 [J]. 社会科学, 2013（4）.

5. 尚清峰. 商标权质押设定制度探析 [J]. 知识产权, 2010（5）.

第二十一章　商标权的法律保护

商标权保护制度是整个商标法律制度的核心。商标法的功能能否在市场经济秩序当中充分地发挥，关键在于对商标权的有效保护。本章以商标法规定的侵犯商标权行为和驰名商标的专门保护为中心展开，对商标侵权行为的判断和法律责任进行了说明解释，并对商标实务中涉及要解决的诉讼主体、诉讼时效、财产保全和证据保全程序等问题进行了程序方面的介绍。

第一节　侵害商标权的行为

一、商标专用权的范围和商标权的保护范围

商标专用权由注册产生。注册商标专用权的范围以核准注册的商标和核定使用的商品为限。也就是说，商标专用权的权利人只能在核定使用的商品或服务上使用核准注册的商标。

我国商标法的立法目的不仅在于保护商标专用权，而且还要维护商标信誉，以保障消费者和生产、经营者的利益。为了防止对消费者的欺骗和对商标权人商业利益与信誉的损害，商标权人有权禁止他人以可能导致混淆的方式在相同商品上使用近似商标、在类似商品上使用相同商标和在类似商品上使用近似商标。由此可见，商标权的保护范围与商标专用权的范围是不同的，商标权的保护范围超出了商标专用权的行使范围，将对商标权的保护扩大到了类似商品或近似商标。即并非只有未经权利人许可在与核定使用商品相同的商品上，使用与核准注册的商标相同的商标才构成直接侵权。他人以可能导致混淆的方式，在相同商品上使用近似商标、在类似商品上使用相同商标和在类似商品上使用近似商标的，还构成间接侵权。立法上的这样规定，也是国际上的通行做法。

二、侵害商标权行为的界定

侵害商标权行为是指违反法律的规定,在相同或者类似商品或者服务上未经商标权人的同意擅自使用与注册商标相同或者近似的标志,引起消费者产生混淆,损害商标权人合法权益的行为。

根据我国《商标法》第57条和《商标法实施条例》第75条、第76条及相关司法解释的规定,具体的商标侵权行为有以下几种。

(一)未经商标注册人的许可,在同一种商品或类似商品上使用与其注册商标相同或者近似的商标

这类行为也称使用侵权,其本质是在市场交易中产生商标混淆,法理上也称为商标混淆行为。该行为是市场上数量最多、最常见的商标侵权行为,其利用他人的注册商标或者与他人注册商标相近似的商标混淆视听牟取非法利益,损害消费者及商标权人利益,也属于一种不正当竞争行为。具体包括四种情况:①未经许可,在同一种商品上使用与注册商标相同的商标;②未经许可,在类似商品上使用与注册商标相同的商标;③未经许可,在同一种商品使用与注册商标近似的商标;④未经许可,在类似商品上使用与注册商标近似的商标。

1. 相关术语的含义

《商标案件解释》第9条和第11条对商标相同、商标近似、类似商品、类似服务等术语作了详细解释,关于商标相同、商标近似,前文有述,此处不再重复。所谓类似商品,是指在功能、用途、生产部门、销售渠道、消费客体等方面相同,或者相关公众一般认为其存在特定联系、容易造成混淆的商品。所谓类似服务,是指在服务的目的、内容、方式、客体等方面相同,或者相关公众一般认为存在特定联系、容易造成混淆的服务。所谓商品与服务类似,是指商品和服务之间存在特定联系,容易使相关公众混淆。

2. 商标相同或近似的认定原则

根据《商标案件解释》第10条规定,认定商标相同或者近似按照以下原则进行:①以相关公众的一般注意力为标准;②既要进行对商标的整体比对,又要进行对商标主要部分的比对。比对应当在比对客体隔离的状态下分别进行;③判断商标是否近似,应当考虑请求保护注册商标的显著性和知名度。

3. 商品或者服务类似的认定

根据《商标案件解释》的第 12 条规定，在认定商品或者服务是否类似时，应当以相关公众对商品或者服务的一般认识综合判断；《商标注册用商品和服务国际分类表》《类似商品和服务区分表》可以作为判断类似商品或者服务的参考。

（二）销售侵犯他人注册商标专用权的商品

该种侵权行为常常发生于流通领域，也称销售侵权。对于此种行为的责任归属上，各国立法上通行采取无过错责任原则。也就是说，法律上并不强调侵权人的主观过错，即不要求销售者明知其销售的商品为侵权商品。只要销售侵犯商标专用权商品的行为成立，都应当以侵权行为加以禁止和处罚。但考虑到现实中确有部分销售者并不知道其销售的商品为侵权商品，并且能够提供商品的来源，这样就可以找到侵权商品的提供者承担责任，免除善意销售者的赔偿责任是合理的。因此，我国《商标法》第 64 条第二款又规定："销售不知道是侵犯注册商标专用权的商品，能证明该商品是自己合法取得并说明提供者的，不承担赔偿责任。"但这种规定只是免除销售者的赔偿责任，不否定销售行为本身的违法性。

（三）伪造、擅自制造他人注册商标标识或者销售伪造、擅自制造的注册商标标识

该行为属于商标标识侵权。商标标识是附着于商品之上的物质载体，用于识别区分的标识，其形式多种多样。在商标管理实践中，市场商标侵权和假冒的主要源头是商标印制。商标印制的范围很广，凡依法登记从事印刷、印染、制版、刻字、织字、晒蚀、印铁、铸模、冲压、烫花、贴花、电脑制版、激光照排、塑料薄膜印制、印制铁罐、织唛、铭牌制作等制作商标标识的行为，都属于商标印制的范畴。由于使用包装的商品越来越多，将商标使用在商品标签、包装上等情况也越来越普遍，非法印制注册商标的情况也日益猖獗，严重地损害了市场商标管理秩序和商标权人权益。为此，国务院 2001 年 8 月 2 日制定的《印刷业管理条例》增加了对注册商标标识印刷的管理规定，相应地加大了对违法行为的处理力度。

"伪造他人注册商标标识"是指未经商标专用权人许可，直接采用种

种手段制造其注册商标标识，而用于自己生产的相同商品或类似商品上的假冒行为。

"擅自制造他人注册商标标识"是指虽有商标权人的授权或委托，但印制人超出授权或委托的范围，私自印制商标权人的注册商标标识数量较大的。

"销售伪造、擅自制造的注册商标标识"是指将属于伪造、擅自制造的他人注册商标标识，投入流通领域销售，进行交易。

（四）未经商标注册人同意，更换其注册商标并将该更换商标的商品又投入市场

该行为又被称为"反向假冒"。这种行为是商标更换侵权，侵权人是在商标注册人未同意的情况下，将其注册商标更换成他人的商标并将该更换商标的商品又投入市场的行为。一般假冒商标行为是未经商标注册人许可，在自己的商品上使用他人的注册商标，且往往是知名商标，借以达到推销自己商品的目的，即所谓的"傍名牌"。"反向假冒"则与之相反，是未经商标注册人许可，将他人的商品上的商标替换成自己的商标。通常这种情况，往往是他人的商品有较高的质量品质，而商标知名度不高。"反向假冒"行为是借他人商品的优良品质树立自己的品牌，阻却他人的商品和他人注册商标的联系，影响消费者对他人商品和注册商标之间的联系，从而影响他人注册商标在市场中的价值和竞争地位。更换他人商标行为的实质是妨碍商标识别功能的实现。

此行为构成侵权的要件有三个：一是行为人未经商标权人同意而擅自更换其商品上的商标；二是更换商标的行为发生在商品流通环节，商品还未到达消费者手中；三是行为人更换商标的目的是使更换商标后的商品再进入市场流通。

（五）故意为侵犯他人商标专用权行为提供便利条件，帮助他人实施侵犯商标专用权行为

这种行为属于对注册商标的间接侵权。商标侵权往往不是孤立进行的，市场上的制假售假活动随着经济的发展也发展成专业分工，形成产、供、销一条龙的网络。其中仓储、运输、邮寄、印制等就是为整个侵权活动服务的重要环节。权利人在追究直接侵权者责任的时候，有时会遇到无法查清楚，

即使查清楚也费时、费力,而且很难得到及时、充分的补偿。而这些为制假售假提供便利条件的行为,也造成了侵害商标权人利益的后果,因而应该与直接侵害商标权的行为共同承担侵权责任。为了加强对商标权的保护,许多国家的商标法规定,引诱他人实施直接侵权行为,或在知晓他人准备或正在实施直接侵权行为时提供实质性帮助,构成间接侵权。❶

《商标法实施条例》将"提供便利条件"明确为"为侵犯他人商标专用权提供仓储、运输、邮寄、印制、隐匿、经营场所、网络商品交易平台等条件"。

(六)将他人注册商标、未注册的驰名商标作为企业名称中的字号使用,误导公众

对于这类行为,由于我国《反不正当竞争法》早已明确作为不正当竞争行为来加以规制,所以,为了与之衔接,2013年我国修改《商标法》时增加了一条规定:"将他人注册商标、未注册的驰名商标作为企业名称中的字号使用,误导公众,构成不正当竞争行为的,依照《反不正当竞争法》处理。"

在市场经济中,许多企业出于扩大商誉、提升品牌价值方面的考虑,常常将企业字号和自己的注册商标名称取相同字义,使得公众见到其商标就会马上与其企业和生产的产品联系起来。由于企业名称登记制度和商标登记制度法律性质和登记要求的不同,特别是两者的登记备案机关不同,商标的登记备案机关是国家商标局,企业名称的登记备案机关是各级工商行政部门,因此不可避免地会出现商标和企业名称、字号相同或近似。如果将与他人注册商标或未注册的驰名商标作为自己企业名称中的字号来使用,易使公众误认为该企业就是商标注册人的企业,也是该商标标识产品的生产者。一些不法企业就是以这种方式欺骗公众,损害消费者利益的。因此,这种行为是法律要进行规制的行为。

(七)其他损害行为

其他损害行为是指在上述行为之外给商标注册人造成损害的行为。我国商标法对商标侵权行为采取列举式的方法,但随着市场经济的不断发

---

❶ 王迁.知识产权法教程(第七版)[M].北京:中国人民大学出版社,2021:633.

展，会不断出现新的商标侵权形式，无法准确加以预测，需要在今后通过行政法规或司法解释的形式加以补充，所以商标法作出上述规定，属于兜底条款。根据现行的商标法实施条例和《商标案件解释》的相关规定，目前给注册商标专用权造成其他损害的行为有以下几种。

1. 将他人的注册商标作为非商标标识使用

在同一种商品或者类似商品上将与他人注册商标相同或者近似的标识作为商品名称或者商品装潢使用，误导公众的，属于侵犯他人注册商标专用权的行为。当消费者对某个商标及其标识的商品熟悉后，如果该商标标识被侵权人当作商品装潢使用，则会使消费者误认为该装潢所包装的商品即为自己熟悉的商品；如果将他人注册商标相同的文字当作商品名称使用，久而久之也会使消费者将该商标当作商品名称加以称呼，从而逐渐淡化他人的注册商标，如"优盘"被当作一种电子数据存储器的名称、Jeep被当作越野小汽车的名称等，都是商标淡化的先例。上述行为无论是造成消费者的混淆还是他人注册商标的淡化，实质都是行为人想利用他人注册商标的声誉进行不正当竞争，从而使商标权人的利益受到损害。

2. 将他人注册商标注册为域名

互联网时代，随着电子商务的发展，将注册商标中的文字作为域名注册使用是商标权人常见的经营策略。但将他人的注册商标注册成自己的域名，则很容易造成相关公众误认为该域名网站是注册商标权人的网站而点击进入进行交易活动，从而受骗。此类行为既损害消费者的利益，也会损害商标注册人的商誉和商标专用权。为此，《商标案件解释》第1条第（三）项作出规定，将与他人注册商标相同或者相近似的文字注册为域名，并且通过该域名进行相关商品交易的电子商务，容易使相关公众产生误认的属于给他人注册商标专用权造成其他损害的行为。

第二节　驰名商标的法律保护

一、驰名商标的含义及特点

驰名商标是指在某一个国家或地区之内，商标所有人经过长期的投入使用，在市场上享有较高声誉并为相关领域公众所熟知的商标。

与普通商标相比，驰名商标有如下特点。

（1）驰名商标在市场上长期投入使用。一个商标之所以驰名，与其在市场上的长期使用是分不开的。将商标投入使用是使相关公众建立商标和其标识的商品之间联系和评价的前提，持续一定时间的使用商标，才能为公众所知晓，这是商标达到驰名的先决条件。商标的驰名往往要经过一个较长的时间使用才能达到众所周知、闻名一定区域的程度。对商标的财力投入则是商标驰名的决定因素，财力上的投入，一方面使商标所标识的商品或服务的质量达到优良、稳定和高品质的程度。另一方面，只有增加广告宣传的投入，通过广告宣传的效应，才能使商标和其标识的商品或服务影响力达到较为广泛知晓的程度。

（2）驰名商标须为相关领域公众所熟知。为相关领域公众所熟知是商标驰名的广度标准。如果某商标只是被少数人知晓，则不能称其为驰名商标。相关领域公众，一般指行业内有关人员和消费者，包括与使用商标所标示的某类商品或者服务有关的消费者，生产前述商品或者提供服务的其他经营者及经销渠道中所涉及的销售者和相关人员等。只有上述人员才对驰名商标有信息方面的需求或者利益上的联系，被这类人群所熟知足矣，不包括领域外的人。

（3）驰名商标在市场上享有较高的声誉。"驰名"即好名声在外，驰名商标意味着可靠的商品质量和良好的企业声誉。商标的驰名虽然与广告的宣传助推有很大的关系，但更主要的应该还是由于驰名商标所标识的商品或服务的质量优良、稳定或高档次的品位赢得了公众的赞誉，久而久之，该驰名商标就成了所标识商品的质量或品位的标志物，使用其标识商标的消费者往往还借此表明和彰显自己的身份和地位，从而使得驰名商标为所有人凝集了很高的商誉。这种凝集很高商誉的驰名商标在商标交易活动中，如商标许可、商标转让时，也能给商标所有人带来丰厚的回报。

（4）驰名商标是在一国或地区内驰名。商品的流通都是先从一个小范围的市场开始，逐渐扩大到一个地区或国家，甚至跨国走向全球市场，商标的影响力也是伴随着商品的流通而扩展的。但是由于受商标权地域性特点的影响，在一国通过注册或在先使用取得的商标权不能当然地在其他国家受到承认和保护。商标即使在其他国家的相关公众中已经非常驰名，但只要其没有在该国进行使用或注册，就无法受到该国商标法的保护，这就可能导致在该国发生对未注册和使用的外国驰名商标进行擅自使用和抢注的情况。全球贸易的发展，促使必须对他国商标权予以尊重和保护，《巴黎公约》率先规定要求各成员国对未在该国注册的驰名商标在相同或类似商品上提供保护。TRIPs协定中又对驰名商标的国际保护推进了一步，将已注册驰名商标适用于服务，保护范围有条件地扩大到非类似商品或服务。

驰名商标并非特定的商标种类，而是在商品经济发展过程中，随市场活动而形成的一种事实状态。在一国的商标制度建立前，一些长期使用的商标就已经驰名，商标的驰名与商标是否注册是没有直接关系的，只要未注册的商标经过实际使用，一样可以达到驰名的程度。但是，在实行商标注册制的国家，按照注册的基本原理，商标获得商标法保护的前提是进行注册。因此，即使经过长期使用已经驰名的商标，只要没有进行注册，那么驰名商标的所有者就无权通过商标法阻止他人在相同或类似商品或服务上使用自己的商标。一旦他人将驰名商标抢先注册，抢注者不劳而获地使用已经凝集了丰厚价值的商标，已经为驰名商标投入大量人力财力的人反而无法继续使用驰名商标。这是极为不公平的，也会助长违背诚实信用的恶意抢注行为，扰乱市场秩序。2001年以前，我国每年都发生多起恶意抢注未注册驰名商标进行高价兜售的案件，当时商标法中未有保护驰名商标的规定。2001年和2013年我国对《商标法》进行修正时，增加并完善了对驰名商标保护规定，2014年7月3日，国家工商行政管理总局发布《驰名商标认定和保护规定》（第66号令）进一步细化了对驰名商标的保护措施。

二、驰名商标的认定

（一）驰名商标的认定机关及认定方式

在我国，有权认定驰名商标的机关是商标局或市场监督管理部门及人民法院。认定机关主要是通过商标异议案件、商标在使用过程中的侵权纠纷案件、商标争议案件及商标侵权诉讼案件的受理，在审理案件过程中对驰名商标进行认定。我国《商标法》第14条明确了由商标局、市场监督管理部门和人民法院三个机关在各自的案件中认定驰名商标。主要是根据当事人的请求，作为处理涉及商标案件需要认定的事实进行，即个案认定。但是不管哪个机关认定，都须有当事人的请求为前提，当事人未主张的，商标主管机关和人民法院不予主动认定，即被动保护。"个案认定，被动保护"是已经被国际上普遍采用的驰名商标保护方式。

个案中认定的结果只对本案有效，此后再发生商标侵权纠纷时，曾作为驰名商标受保护的记录可作为重新认定的参考，执法机关应根据该商标当时的状况和案件的具体情况作出判断。❶ 并且，个案中作出的驰名商标认定结论不能用于商业活动中，不能作为市场宣传、促销的手段，也不能将行政机关和司法机关作出认定的材料作为市场竞争的工具。为此，《商标法》规定，生产、经营者不得将"驰名商标"字样用于商品、商品包装或者容器上，或者用于广告宣传、展览及其他商业活动中。违反规定的，由地方市场监督管理部门责令改正，处十万元罚款。

（二）驰名商标的认定的标准

认定驰名商标，应当考虑下列因素：①相关公众对该商标的知晓程度；②该商标使用的持续时间；③该商标的任何宣传工作的持续时间、程度和地理范围；④该商标作为驰名商标受保护的记录；⑤该商标驰名的其他因素。

以下材料可以作为证明商标驰名的证据材料：①证明相关公众对该商标知晓程度的材料。②证明该商标使用持续时间的材料，如该商标使用、注册的历史和范围的材料。该商标为未注册商标的，应当提供证明其使用持续时间不少于五年的材料。该商标为注册商标的，应当提供证明其注册时间不少于三年或者持续使用时间不少于五年的材料。③证明该商标的任何宣传工作的持续时间、程度和地理范围的材料，如近三年广告宣传和促销活动的方式、地域范围、宣传媒体的种类及广告投放量等材料。④证明该商标曾在中国或者其他国家和地区作为驰名商标受保护的材料。⑤证明该商标驰名的其他证据材料，如使用该商标的主要商品在近三年的销售收入、市场占有率、净利润、纳税额、销售区域等材料。

所称"三年""五年"，是指被提出异议的商标注册申请日期、被提出无效宣告请求的商标注册申请日期之前的三年、五年，以及在查处商标违法案件中提出驰名商标保护请求日期之前的三年、五年。

但是，上述因素只是用来帮助主管机关确定商标是否为驰名商标的指

---

❶ 吴汉东.知识产权法学（第七版）[M].北京：北京大学出版社，2019：277.

导方针，在认定驰名商标时，应当综合考虑上述各项因素，但不以该商标必须满足该条规定的全部因素为前提。在每一个案件中，还必须考虑其具体的特殊情况。

三、驰名商标的特殊保护

驰名商标保护制度的价值在于特殊保护，即超越注册原则给予扩大保护。有关国际公约和经济发达国家立法都对驰名商标提供了超过普通商标的特殊保护。将驰名商标的保护范围扩大到驰名的服务商标及将禁止权扩大到了不类似的商品或服务上。我国商标法也明确地规定了对驰名商标提供特殊保护。

（一）放宽了驰名商标注册的显著性条件

缺乏显著特征的标志，依法不能注册为商标，但经过使用取得显著特征并便于识别的，可以作为商标注册，缺乏固有显著特征的驰名商标可以注册。

（二）对未注册的驰名商标予以保护

《商标法》第 13 条规定了对未注册驰名商标的保护制度，《商标案件若干解释》第 2 条进一步将"复制、模仿、翻译他人未在中国注册的驰名商标的主要部分在相同或者类似商品上作为商标使用，容易导致混淆的"行为界定为对驰名商标的侵权行为。这意味着驰名商标虽然没注册，但是可以依靠"驰名"来获得保护，而不同于普通商标。

此外，驰名商标还可依《商标法》第 32 条规定禁止他人抢注。

（三）扩大了驰名商标的保护范围

已注册驰名商标权利人有权阻止他人在不相同或不相类似商品上使用相同或近似的驰名商标，以免导致消费者发生混淆的可能。这就超出了一般禁止"同类混淆"的保护范围，而扩大到了"跨类混淆"。

（四）特别期限的排他权

对恶意注册驰名商标的行为请求撤销不受争议期限限制。对于已经注册的商标，违反《商标法》第 13 条第二款和第三款、第 15 条、第 16 条第一款、第 30 条、第 31 条、第 32 条规定的，自商标注册之日起五年内，在先权利人或者利害关系人可以请求国家知识产权局宣告该注册商标无效。对恶意注册的，驰名商标所有人不受五年的时间限制。该规定使恶意抢注人无法依靠争议期限的限制而将他人驰名商标纳为己有，赋予了驰名商标比普通商标更强的保护。

第三节 侵犯商标权的法律责任

一、商标侵权案件的处理机关

商标权属于民事权利，具有私权性质。一般发生侵权纠纷时，当事人可以自行通过协商解决，不愿协商或者协商不成的，商标权人或者利害关系人可以向人民法院起诉。但是，在我国的商标权法律保护机制中，设立了不同于一般的私权保护，法律对商标权保护作出了特别规定，除了人民法院，当事人也可以请求市场监督管理部门处理，市场监督管理部门还可以依职权直接查处。这是我国知识产权保护的特色。

因此，对于商标侵权行为，我国采取双轨制处理，即通过司法与行政两条途径均可以处理，从而增加了商标纠纷的解决途径和方法，扩大了当事人的选择空间，增强了商标侵权行为的惩处力度。

二、侵权行为的法律责任

法律责任是侵权行为人对于违反法律的行为应当承担的法律后果。法律责任具有确定性和强制性的特点。我国《商标法》第 57 条规定了侵犯商标专用权的行为，第 60 条和第 61 条规定了行为人应承担的法律后果，这些法律责任的内容涵盖了民事责任、行政责任和刑事责任。

（一）民事责任

根据民法典及商标法的相关规定，侵犯注册商标专用权行为的民事责任主要有停止侵害、排除妨碍、赔偿损失、消除影响。在实践中，停止侵害、赔偿损失和消除影响是侵权人应承担的主要责任类型。

1. 停止侵害

此项请求权基于商标专用权的排他性而产生，只要有侵权行为存在，无论是否造成商标权人的实际损失，商标权人均有权直接要求侵权人或诉请法院或请求市场监督管理部门责令侵权人立即停止侵权行为。

直接要求侵权人停止侵害，是主动行使权利的表现，通常是采用当面递交或邮寄侵权警告函的形式进行。这也是更为常用、便捷的方式。但是权利人不得滥用权利，滥发侵权警告函。

通过法院请求侵权人停止侵害，是商标权人在起诉侵权人前或诉讼过程中请求法院裁定或判令被告停止侵害。法院做出的决定具有司法强制性。

商标权人通过市场监督管理部门要求侵权人停止侵害，是商标权人向市场监督管理部门进行投诉，由市场监督管理部门发出禁止令，责令侵权人停止侵害。通常要伴随着相应的行政措施才能保证停止侵害商标权的行为奏效，商标法赋予市场监督管理部门有权采取的行政措施主要有没收、销毁侵权商品和用于侵权行为的工具；罚款；停止销售。

2. 赔偿损失

侵权行为与赔偿损失之间具有因果性，如果侵权行为给商标权人造成了财产损失，权利人可以请求依法给予赔偿。这是侵权人承担民事责任的主要方式。

《商标法》第63条对赔偿数额的认定作出了具体的规定：侵犯商标专用权的赔偿数额，按照权利人因被侵权所受到的实际损失确定；实际损失难以确定的，可以按照侵权人因侵权所获得的利益确定；权利人的损失或者侵权人获得的利益难以确定的，参照该商标许可使用费的倍数合理确定。对恶意侵犯商标专用权，情节严重的，可以在按照上述方法确定数额的一倍以上5倍以下确定赔偿数额。赔偿数额应当包括权利人为制止侵权行为所支付的合理开支。……权利人因被侵权所受到的实际损失、侵权人因侵权所获得的利益、注册商标许可使用费难以确定的，由人民法院根据侵权行为的情节判决给予500万元以下的赔偿。

另外，该条规定还对于由侵权人掌握，权利人举证困难的证据，作出了减轻权利人举证责任，而分配给侵权人举证责任的规定：人民法院为确定赔偿数额，在权利人已经尽力举证，而与侵权行为相关的账簿、资料主要由侵权人掌握的情况下，可以责令侵权人提供与侵权行为相关的账簿、资料；侵权人不提供或者提供虚假的账簿、资料的，人民法院可以参考权利人的主张和提供的证据判定赔偿数额，从而避免了权利人因无法获取相关证据导致难以确定赔偿数额的情况。

人民法院在确定赔偿数额时，一般考虑侵权行为的性质、期间、后果，商标的声誉，商标使用许可费的数额，商标使用许可的种类、时间、范围及制止侵权行为的合理开支等因素综合确定。制止侵权行为所支付的合理开支，包括权利人或者委托代理人对侵权行为进行调查、取证的合理费用。同时，符合国家有关部门规定的律师费用也可计算在赔偿范围内。法院适用法定赔偿额时可以依权利人的请求或依职权进行。

3. 消除影响

如果侵权人的行为给商标权人造成了商誉下降等非财产损失，商标权人还可以通过法院判令侵权人采取一定的措施和方式消除该不良影响。消除影响主要是在侵权行为影响的范围内，以公开的方式，在影响力较大的媒体上发布声明，并公开道歉以消除不良影响。如果侵权人拒不执行，法院可采取将判决主要内容和有关情况，通过登报等方式公之于众，费用由侵权人承担。

（二）行政责任

在我国，对于侵犯商标专用权的行为，地方各级市场监督管理部门有权依法查处，商标权人或其他利害关系人也可以请求县级以上的市场监督管理部门处理。市场监督管理部门处理商标侵权案件时，认定侵权行为成立的，责令立即停止侵权行为，没收、销毁侵权商品和主要用于制造侵权商品、伪造注册商标标识的工具。违法经营额5万元以上的，可以处违法经营额5倍以下的罚款，没有违法经营额或者违法经营额不足5万元的，可以处25万元以下的罚款。对五年内实施两次以上商标侵权行为或者有其他严重情节的，应当从重处罚。销售不知道是侵犯注册商标专用权的商品，能证明该商品是自己合法取得并说明提供者的，由市场监督管理部门责令停止销售。

（三）刑事责任

为了加强打击侵害商标权行为的力度，保护商标权人的合法利益，我国商标法和刑法中都规定了侵权行为人应当承担的刑事责任，形成了民事责任与刑事处罚相辅相成的救济制度。

《商标法》第67条规定:"未经商标注册人许可,在同一种商品上使用与其注册商标相同的商标,构成犯罪的,除赔偿被侵权人的损失外,依法追究刑事责任。伪造、擅自制造他人注册商标标识或者销售伪造、擅自制造的注册商标标识,构成犯罪的,除赔偿被侵权人的损失外,依法追究刑事责任。销售明知是假冒注册商标的商品,构成犯罪的,除赔偿被侵权人的损失外,依法追究刑事责任。"该条明确了侵犯商标权构成犯罪的类型。

与之相对应,《刑法》第213条至第215条规定了三种侵犯商标权的犯罪及其刑事责任。

(1)假冒注册商标罪。未经注册商标所有人许可,在同一种商品、服务上使用与其注册商标相同的商标,情节严重的,处三年以下有期徒刑,并处或者单处罚金;情节特别严重的,处三年以上十年以下有期徒刑,并处罚金。

(2)销售假冒注册商标的商品罪。销售明知是假冒注册商标的商品,违法所得数额较大或者有其他严重情节的,处三年以下有期徒刑,并处或者单处罚金;违法所得数额巨大或者有其他特别严重情节的,处三年以上十年以下有期徒刑,并处罚金。

(3)非法制造、销售非法制造的注册商标标识罪。伪造、擅自制造他人注册商标标识或者销售伪造、擅自制造的注册商标标识,情节严重的,处三年以下有期徒刑,并处或者是单处罚金;情节特别严重的,处三年以上十年以下有期徒刑,并处罚金。

侵犯他人商标权,有大量的案件都是单位是侵权人。对于这种情况,我国刑法实行的双罚制,即既对单位进行处罚,也对相关责任人予以处罚。对于单位犯上述三种罪行的,对单位判处罚金,并对直接负责的主管人员和其他直接责任人员依照三条罪的规定追究刑事责任。

第四节 商标侵权纠纷的解决及诉讼实务

一、侵权纠纷的解决途径

解决纠纷的途径有和解、调解、仲裁和诉讼。和解是当事人自行协商解决之间的争议。这里所说的调解是指诉讼、仲裁程序以外的由第三人主持的调解。协商和调解都是当事人以自治的方式解决争议的方法，这两种方法成本比较低。

仲裁是仲裁机构根据当事人的申请，通过仲裁程序依法作出裁决，以解决当事人纠纷的活动。当事人将争议提交仲裁，必须根据仲裁协议。仲裁协议是仲裁机构受理的依据，也是排除诉讼管辖的依据。有了仲裁协议，当事人不能到法院提起诉讼。裁决实行一裁终局，一方不履行仲裁裁决的，对方当事人可以请求法院根据仲裁裁决强制执行。仲裁裁决尽管不是国家裁判行为，但同法院的终审判决一样有效。与司法和行政保护相比，仲裁具有一裁终局、快捷便利、无地域性和管辖权限制等优势，可以提高纠纷解决效率，打破地方保护主义。

目前，我国现行法律规定知识产权争议仅涉及知识产权合同纠纷可以仲裁，对知识产权侵权纠纷及涉及知识产权效力的纠纷是否具有可仲裁性既没有明确肯定，也没有明确否定。实务中，对涉及著作权侵权纠纷可以约定仲裁，但对于专利权和商标权的侵权纠纷案则不适用仲裁审理。这也是由于商标权和专利权的取得是需要通过行政机关的特别授予程序。

因侵犯商标专用权引起纠纷的，由当事人协商解决；不愿协商或者协商不成的，商标注册人或者利害关系人可以向人民法院起诉，也可以请求市场监督管理部门处理。对侵犯商标专用权的赔偿数额的争议，当事人可以请求进行处理的市场监督管理部门调解。可见，商标法对商标权纠纷的解决方式明确了协商、调解和诉讼三种途径。

二、侵犯商标权诉讼

(一) 诉讼主体

一般民事诉讼的主体是指因民事权利义务发生争议，以自己的名义进行诉讼，要求法院行使民事裁决而参与诉讼的当事人。一般仅指原告和被告。

1. 原告

根据商标法的规定，在侵犯商标专用权诉讼中的原告包括商标注册人或者利害关系人。在我国，由于商标权的取得是通过行政注册程序而授予的，所以商标注册人即商标专用权人，在自己的商标专用权受到侵害时，可以作为原告提出诉讼。根据商标专用权原始取得和继受取得的原理，商标注册人还包括商标受让人和商标继承人。对于共有商标，共有人应作为共同原告提起诉讼；商标受让人，在转让注册商标公告之日起可以作为原告起诉。

利害关系人主要是指注册商标使用许可合同中的被许可人、注册商标财产权利的合法继承人等。独占使用许可合同的被许可人可以单独对使用许可期限和地域内的商标侵权行为提起诉讼，无须商标注册人同意。排他使用许可合同的被许可人可以和商标注册人共同起诉，也可以在商标注册人不起诉的情况下，自行提起诉讼。普通使用许可合同的被许可人经商标注册人明确授权，也可以就许可使用期限和地域内的商标侵权行为作为原告提起诉讼。

2. 被告

原告提起民事诉讼必须有明确的被告。如果被告不明确，法院将不予受理。实践中，因涉及商标侵权的行为方不止一个，商标侵权案件的被告可能为多个，如侵权产品的生产厂家、销售商等。诉讼实践中通常列为共同被告，要求被告承担连带责任。另外，实践中可能涉及共同被告的情况还有联合出品方、监制方、母公司和子公司等。

（二）诉讼管辖

1. 级别管辖

一般商标民事纠纷案件的一审法院，由中级以上人民法院及最高人民法院指定的基层人民法院管辖，实践中，按照案件标的额确定管辖法院。

涉及对驰名商标保护的民事案件，由省、自治区人民政府所在地市、计划单列市、直辖市辖区中级人民法院及最高人民法院指定的其他中级人民法院管辖。

2. 地域管辖

商标侵权民事诉讼的管辖地域，包括被告住所地、侵权行为实施地、侵权商品的储藏地和查封扣押地。上述地域内的人民法院为商标侵权案件的管辖法院。

因侵犯注册商标专用权行为提起的民事诉讼，由侵权行为的实施地、侵权商品的储藏地或者查封扣押地、被告住所地人民法院管辖。其中，侵权商品的储藏地，是指大量或者经常性储存、隐匿侵权商品所在地；查封扣押地，是指海关、工商等行政机关依法查封、扣押侵权商品所在地。

对涉及不同侵权行为实施地的多个被告提起的共同诉讼，可以选择其中一个被告的侵权行为实施地人民法院管辖；仅对其中某一被告提起的诉讼，该被告侵权行为实施地的人民法院有管辖权。

（三）诉讼时效

侵犯注册商标专用权的诉讼时效为三年，自商标注册人或者利害权利人知道或者应当知道权利受到损害及义务人之日起计算。商标注册人或者利害关系人超过三年起诉的，如果侵权行为在起诉时仍在持续，在该注册商标专用权有效期限内，人民法院应当判决被告停止侵权行为，侵权损害赔偿数额应当自权利人向人民法院起诉之日起向前推算三年计算。

（四）诉前财产保全

1. 注册商标财产保全的依据

商标注册人或者利害关系人有证据证明他人正在实施或者即将实施侵犯其注册商标专用权的行为。如不及时制止，将会使其合法权益受到难以弥补的损害的，可以依法在起诉前向人民法院申请采取责令停止有关行为和财产保全的措施。根据《民事诉讼法》的规定，申请人提起诉前财产保全的申请，必须提供与被保全财产相应的担保。申请人不提供担保的，人民法院应当裁定驳回申请。

2. 财产保全的管辖

诉前财产保全的申请应当向被保全财产所在地的人民法院提出。被保全财产所在地的人民法院与对此案有管辖权的法院可能是同一个法院，也可能不是同一个法院。在采取诉前财产保全措施后，商标注册人或者利害关系人既可以向有管辖权的人民法院起诉，也可以向实施诉前财产保全的人民法院起诉。

3. 财产保全的内容

注册商标专用权属于无形财产，因此对其采取保全措施的内容要相对复杂于有形财产的保全。根据最高人民法院《关于人民法院对注册商标权进行财产保全的解释》，注册商标权财产保全的内容主要包括商标转让、变更、注销、质押等事项，即限制权利人不能行使商标转让、变更、注销、质押等权利，但商标权人仍然可以在核准的范围内使用。

4. 保全的方式

法院根据民事诉讼法的有关规定采取财产保全措施时，需要对注册商标权进行保全的，应当向国家商标局发出协助执行通知书，载明要求商标局协助保全的注册商标名称、注册人、注册证号码、保全期限及协助执行保全的内容，包括禁止转让、注销商标、变更注册事项和办理商标权质押登记等事项。

人民法院对已经进行保全的注册商标权，不得重复进行保全。法院在向商标局发出协助执行通知中应明确具体地提出要求保全的商标相关信息，以便于判断不同法院对同一注册商标进行保全是否属于重复查封。

5. 保全的期限

注册商标的保全期限一次不得超过6个月，自商标局收到协助执行通知之日起计算。如果仍然需要对该商标继续采取保全措施的，法院应当在保全期限届满前向商标局重新发出协助执行通知书，要求继续保全，否则，视为自动解除对该商标的财产保全。

6. 财产保全措施的解除

根据《民事诉讼法》的规定，申请人在法院采取诉前财产保全措施后30日内不起诉的，人民法院应当解除保全。被申请人提供了担保，人民法院应当解除保全。

（五）侵权证据的保全

1. 适用情形

根据《商标法》第66条的规定，为制止侵权行为，在证据可能灭失或者以后难以取得的情况下，商标注册人或者利害关系人可以在起诉前向人民法院申请保全证据。

2. 申请人

诉前证据保全的申请人有商标注册人和利害关系人。利害关系人包括商标使用许可合同的被许可人、注册商标财产权的合法继承人。在注册商标使用许可合同被许可人中，独占使用许可合同的被许可人可以单独向人民法院提出申请；排他使用许可合同的被许可人在商标注册人不申请的情况下，可以提出申请。

3. 管辖法院

诉前保全证据的申请应当向侵权行为地或者被申请人住所地有管辖权的人民法院提出。侵权行为地包括侵权商品生产地；侵权商品销售地；侵权商品展览、展销地；侵权商品广告发布地。

4. 申请的受理

当事人提出的复议申请必须符合法定的要求。人民法院对当事人提出的复议申请应当从以下方面进行审查：①被申请人正在实施或者即将实施的行为是否侵犯注册商标专用权；②不采取有关措施，是否会给申请人合法权益造成难以弥补的损害；③申请人提供担保的情况；④责令被申请人停止有关行为是否损害社会公共利益。对符合上述条件的，法院予以受理，不符合条件的不予受理。

人民法院接到商标注册人或者利害关系人的诉前证据保全申请后，必须在48小时内进行审查，并以裁定的方式作出。人民法院一旦作出裁定进行保全，立即开始执行。

5. 证据保全措施的解除

申请人在人民法院采取保全措施后30日内不起诉的，人民法院应当解除保全措施。申请人不起诉或者申请错误造成被申请人损失的，被申请人可以向有管辖权的人民法院起诉请求申请人赔偿，也可以在商标注册人或者利害关系人提起的侵犯注册商标专用权的诉讼中提出损害赔偿请求，人民法院可以一并处理。

【案例1】 诺基亚公司与无锡金悦科技有限公司侵害商标专用权纠纷案

【案情】 2010年6月12日，上海洋山海关查验发现无锡金悦科技有限公司以一般贸易方式向海关申报出口埃及液晶电视壳及其组件若干套，该批液晶电视壳的前壳下端中间部位以印刷方式标有一个"NOKIA EGYPT"标识。上海海关认为上述商品涉嫌侵犯诺基亚公司在海关总署备案的知识产权，向诺基亚公司发出《确认知识产权侵权状况通知书》。诺基亚公司遂向上海海关提交《扣留侵权嫌疑货物申请书》，认为上述货物均为假冒产品，侵犯了其对第1541929号"NOKIA"注册商标享有的专用权。上海海关扣留了上述货物。2010 年 9 月 28 日，上海海关作出《侵权嫌疑货物知识产权状况认定通知书》，认为不能认定上述货物是侵犯诺基亚公司的"NOKIA"商标专用权。诺基亚公司遂诉至上海市浦东新区人民法院，请求判定无锡金悦科技有限公司构成侵害其注册商标专用权。

法院经审理认为：原告对第 357902 号" NOKIA "注册商标享有的专用权受法律保护。注册商标专用权受法律保护。未经商标注册人许可，在同一商品或者类似商品上使用与其注册商标相同或者近似的商标，构成对注册商标专用权的侵犯。本案中，被告在生产并申报出口埃及的液晶电视壳上使用"NOKIA EGYPT"标识。在视觉效果上看，其中"NOKIA"占商标整体面积的比例大于 75%，显然突出使用的是"NOKIA"而非"EGYPT"，极易造成公众混淆，属于近似商标。被告生产并申报出口的液晶电视壳与原告商标核定使用的商品系相同商品，易使相关公众对被告商品的来源产生误认，构成侵害原告注册商标专用权，应当依法承担停止侵权、赔偿损失等民事责任。据此，法院判决被告立即停止对原告享有的"NOKIA"注册商标专用权的侵害，赔偿原告经济损失 12 万元。❶

【评析】 商标近似的认定是商标侵权判定的核心问题，其中组合商标的近似认定是商标近似认定的焦点与难点。因组合商标由几部分组成，故对组合商标的近似判定需进行要部比对。要部比对又称为商标主要部分的观察比较，是指将商标中发挥主要识别作用的部分抽出来进行重点比较和对照，是对商标整体比对的补充。要部比对中"要部"的选择一般需重点关注组合商标中面积较大部分、位置显著部分、文字部分、臆造部分、具有知名度部分等，并从该各个部分或其组合产生的识别性出发，进行近似性判定。该案较好诠释了"要部"选择的角度和规则，具有较好的示例作用。该案中，原告使用在手机等通信工具上的"NOKIA"商标被认定为中国驰名商标，具有较高的知名度，故

---

❶ 参见上海市浦东新区人民法院（2010）浦民三（知）初字第 670 号民事判决书。

就原告、被告组合商标或标识而言,其中的"NOKIA"给相关公众的印象更为深刻,应当作为要部进行比对。当然,在组合商标的近似认定中,关于"要部"的选择应当结合个案而定,可以但不限于适用以上四种规则,该四种规则之间也不具有排他适用的关系。如图文组合商标中的要部选择,通常以文字作为商标近似比对的要部,但绝不排除将图形作为要部,在图形系较大面积部分或者处于比较显著位置或者具有知名度等情形下,无疑应当将图形作为要部进行比对。

【案例2】 黛尔吉奥品牌有限公司与肖某等侵害商标专用权纠纷案

【案情】 2009年,原告黛尔吉奥品牌有限公司发现被告常州碧爽生物科技有限公司、无锡永如生物美容品有限公司在其共同生产、销售的"汉之韵润肤橄榄油"等产品上,未经授权使用了"JOHNNTE WALKER"文字及与"行走的绅士(右)"商标图形极为近似的"向左的绅士"图形。被告肖某在其经营的杂货店销售了"汉之韵润肤橄榄油"。原告认为其商标在中国境内是为相关公众广为知晓的驰名商标。被告的上述行为侵犯了其驰名商标享有的合法权利,遂向法院提起诉讼。

法院认为被告碧爽公司、永如公司在其生产、销售的涉案商品上使用"JOHNNTE WALKER"文字的行为,属于《商标法》第13条第二款规定的侵权行为。被告碧爽公司、永如公司应当就此承担停止侵害、赔偿损失的民事责任。此外,被告肖某作为零售行业的经营者,其也应当知道"JOHNNTE WALKER"商标具有较高的知名度,但其没有尽到合理的注意义务,对外销售侵权商品,故应当承担赔偿原告经济损失的民事责任。

【评析】 该案中涉案商品与原告商标核定使用商品之间属于不相同或不相类似商品,因此被告是否构成侵权,首先要判断原告商标是否属于驰名商标。如果认定驰名商标成立,且被告行为属于误导公众,致使该驰名商标注册人的利益可能受到损害的,则被告的行为构成商标侵权。根据《商标法》第 14 条、《驰名商标司法解释》第 4 条、第 5 条的规定，该案中应当根据使用商标的商品的市场份额、销售区域、利税等、商标的持续使用时间、宣传或者促销活动的方式、持续时间、程度、资金投入和地域范围、商标曾被作为驰名商标受保护的记录、享有的市场声誉及可以证明该商标已属驰名的其他事实。

思考与讨论

1. 简述商标侵权行为的表现形式。
2. 如何认定驰名商标？
3. 对驰名商标有哪些特殊保护措施？
4. 侵犯商标权行为应承担哪些法律责任？

延伸阅读

1. 徐俊，叶明鑫．商标惩罚性赔偿法律适用要件的类型化研究［J］．知识产权，2021（4）．

2. 王莲峰，曾涛．国际视角下我国未注册驰名商标保护制度的完善［J］．知识产权，2021（3）．

3. 田晓玲．我国商业标识法律保护制度的协调与完善［J］．现代法学，2020（4）．

4. 巫霁．论进口假冒商品行为的司法认定和法律责任：评析勃贝雷公司诉北京尚品百姿电子商务有限公司等侵害商标权及不正当竞争纠纷案［J］．电子知识产权，2019（1）．

5. 王太平．商标侵权的判断标准：相似性与混淆可能性之关系［J］．法学研究，2014（6）．

第五编
其他知识产权理论与实务

除前面几编涉及的著作权、专利权、商标权以外,随着人类创造性智力成果的不断发展,地理标志权、商业秘密权、集成电路布图设计权、植物新品种权等知识产权越来越受到人们的关注,相关纠纷也越来越多。对这些知识产权的基本概念、权利内容、利用与法律保护问题的研究,逐渐成为知识产权理论与实务研究必不可少的内容。

第二十二章 地理标志权

地理标志是指标示某商品来源于某地区,该商品的特定质量、信誉或者其他特征,主要由该地区的自然因素或者人文因素所决定的标志。地理标志权则是指法人或者非法人组织依法对地理标志所享有的权利,其具有永久性、集体性和不可转让性三个法律特征。地理标志具有经济价值,能为权利人带来经济利益,因此,我国从地理标志的商标法保护、地理标志的专门立法保护和地理标志的其他法律保护三方面对其进行了全面保护。本章的理论知识是对地理标志进行正确认定的前提,同时也能有效解决地理标志侵权纠纷。

第一节 地理标志与地理标志权概述

一、地理标志的概念与特征

地理标志是现代知识产权制度的重要组成部分,是TRIPs协定所确定的七大类知识产权之一。TRIPs协定将地理标志定义为"识别一种原产于一成员方境内或境内某一区域或某一地区的商品的标志,而该商品特定的质量、声誉或其他特性主要归因于它的地理来源"。也就是说,地理标志是特定产品来源的标志。它可以是国家名称及不会引起误认的行政区划名称或地区、地域名称。

地理标志是指标示某商品来源于某地区,该商品的特定质量、信誉或者其他特征,主要由该地区的自然因素或者人文因素所决定的标志。因此,地理标志主要用于鉴别某一产品的产地,是该产品的产地标志,其一般由该产品产地的"地理名称+产品"的名称组成,如"涪陵+榨菜"。地理标志产品往往具有良好的声誉,深受广大消费者的喜爱,因此对地理标志予以保护,对保护标志所有人的利益、维护市场秩序具有重要作用。

地理标志具有如下特征。

第一，地理标志的地理名称具有真实性。地理标志代表的地域必须是一个真实的地名，可以是一个地区或者一个国家，但必须是真实存在的，不能虚构。

第二，地理标志是一种指示性标记。一个标志要作为地理标志发挥作用，必须能够识别产品源自特定产地，即地理标志所标示的产品的生产者应该位于该地理名称所指示的特定区域。

第三，地理标志所标示的商品为驰名的地方特产，该商品由于受到当地特殊自然条件或人文条件的影响而具有独特的品质、信誉或其他特征。

第四，地理标志的价值在于它与商品特定的质量、信誉或者其他特征相关联。地理标志的经济意义就在于它指向一定的产品，即地理标志上凝聚着某种或者某些商品特定的质量、信誉或者其他特征。

第五，地理标志的使用人是该产地利用相同的自然条件、采用相同传统工艺的生产经营者。❶

二、地理标志与相关概念的比较

（一）地理标志与原产地名称

根据《巴黎公约》和《保护原产地名称及其国际注册里斯本协定》对原产地名称的规定，原产地名称定义如下："原产地名称是指一个国家、地区或地方的地理名称，用于指示一项产品来源于该地，其质量或特征完全或主要取决于地理环境，包括自然和人为因素。"

地理标志是 TRIPs 协定所使用的概念，由于 TRIPs 协定的巨大影响，目前大多数国家都采用地理标志的概念。但从地理标志和原产地名称的定义来看，二者的含义基本相同，系同义语。

（二）地理标志与货源标记

货源标记在《巴黎公约》中被译为"产地标记"，它是指用名称、标记或符号组成表明一种商品来源于某个国家、地区或地方的标记。

---

❶ 吴汉东.知识产权法学（第七版）[M].北京：北京大学出版社，2019：415.

地理标志和货源标记都是用来表明商品来源的标记，都使用在商品的容器和包装上，都有识别商品来源的功能。虽然二者含义相近，但又有明显的区别。货源标记作为产品来源识别标志，目的在于说明某类商品来源的统一性，如"MADE IN CHINA"。地理标志除证明产源地外，实际上成为一种商品质量的证明标志，只有产地赋予其出产产品突出的质量和信誉，地理名称才能成为一种地理标志。此外，货源标记涉及的区域较大，往往泛指一个国家或地区，但地理标志往往指某一较小而具体的地区或是某一确切地域。

（三）地理标志与商标

地理标志与商标都属于知识产权保护的客体，二者都具有区别商品来源的功能，都是表示商品来源的专用标记，以便于消费者识别。但二者也有明显不同，主要表现：①两者构成要素不同，商标仅直接表示商品的产地、原料、功能、用途等特点的标志，不能作为商标注册；而地理标志恰恰相反，其构成要素是直接以地理名称来说明产品的地理来源，以表示该商品的特定质量、信誉或者其他特征。②功能不同。商标表示商品或服务来源于"人"，即生产经营者或服务提供者；而地理标志表明来源于"地"，即商品的来源地。③权利内容不同。商标可以许可他人使用，也可以转让；而地理标志不能转让，也不可以许可特定区域之外的其他经营者使用。④权利的保护期限不同。商标有特定的保护期限，期限届满之后，如果不再续展就会被终止商标权；而地理标志则没有保护期限，只要生产于该地的某商品的特定品质存在，地理标志就可以一直使用下去。

三、地理标志权的概念与法律特征

地理标志权是指法人或者非法人组织依法对地理标志所享有的权利。

地理标志权作为一种新型知识产权，具有知识产权的一般性特征，但同时又呈现出了其自身的独特性特点。其法律特征主要表现在以下几方面。

（1）永久性。地理标志权不受时间限制，是一种永久性的财产权。这一特征与一般的知识产权的时间性特点不同，在知识产权领域里是非常特殊的。

（2）集体性。地理标志权是归产地内的经营者集体共有的一种权利。

只要是该地理区域内符合条件的生产经营者，都应有权使用该地理标志，也就是说，该地理标志的使用权主要针对产地内所有符合该产品特质的企业和个人，而禁止使用的客体为产地外的企业、个人，以及虽在产地内但其产品不符合特定质量要求的企业和个人。同时，在盗用、假冒地理标志或侵权行为发生时，任一权利人均可提起诉讼。

（3）不可转让性。使用地理标志的产品都与自然因素或人文因素密切相关，这一属性决定了使用这一标记的任何生产经营者都不得转让或许可使用该地理标志，否则会引起商品来源的混淆，进而损害消费者利益、扰乱市场经济秩序、破坏地理标志原本的功能和作用，也就丧失了地理标志保护应有的意义。

第二节 地理标志的法律保护

作为一种无形财产，地理标志可以带来无法比拟的经济利益。加强地理标志的保护，不仅是我国遵守TRIPs协定、履行WTO成员义务的要求，更是维护我国国家利益的需要，对于我国发展经济特别是解决"三农"问题，具有重要意义。

一、地理标志的商标法保护

我国通过商标法及其实施条例及《集体商标、证明商标注册和管理办法》等法律文件初步建立了对地理标志保护的商标法体系，即将地理标志注册为集体商标或者证明商标来予以保护。

国家工商行政管理局于1994年发布了《集体商标、证明商标注册和管理办法》，根据该办法的相关规定，可以看出其明确了可将地理标志注册为证明商标而受到保护，从1995年3月1日起正式受理注册申请。

2001年《商标法》第二次修正时明确将地理标志纳入保护范围。现行《商标法》第16条规定："商标中有商品的地理标志，而该商品并非来源于该标志所标示的地区，误导公众的，不予注册并禁止使用；但是，已经善意取得注册的继续有效。前款所称地理标志，是指标示某商品来源于某地区，该商品的特定质量、信誉或者其他特征，主要由该地区的自然因素或者人文因素所决定的标志。"《商标法实施条例》则明确规定地理标志可以依照商标法和实施条例的规定，作为证明商标或者集体商标申请注册。当地理标志注册为证明商标或集体商标后，可与普通商标一样受商标法所赋予的商标权的保护。

在国家工商行政管理局2003年颁布的《集体商标、证明商标注册和管理办法》中，也对地理标志申请证明商标和集体商标的条件、申请部门、使用管理等作出了详尽的规定。

二、地理标志的专门立法保护

国家质量监督检验检疫总局于2005年通过的《地理标志产品保护规定》是在国家质量技术监督局1999年颁布的《原产地域产品保护规定》的基础上制定的。该规定所称地理标志产品，是指"产自特定地域，所具有的质量、声誉或其他特性本质上取决于该产地的自然因素和人文因素，经审核批准以地理名称进行命名的产品"。地理标志产品包括：①来自本地区的种植、养殖产品。②原材料全部来自本地区或部分来自其他地区，并在本地区按照特定工艺生产和加工的产品。该规定明确了地理标志产品的申请受理、审核批准、地理标志专用标志注册登记和监督管理等相关内容。

国家出入境检验检疫局于2001年发布了《原产地标记管理规定》和《原产地标记管理规定实施办法》，对原产地标记的申请、评审、注册等认证和管理工作作了规定。

为规范农产品地理标志的使用，2007年由农业部制定了《农产品地理标志管理办法》，后于2019年由农业农村部进行了修改，删除了第九条第二项。该办法所称的农产品地理标志是指标示农产品来源于特定地域，产品品质和相关特征主要取决于自然生态环境和历史人文因素，并以地域名称冠名的特有农产品标志。国家对农产品地理标志实行登记制度，经登记的农产品地理标志受法律保护。

三、地理标志的其他法律保护

经营者不得实施足以引人误认为是他人商品或者与他人存在特定联系

的混淆行为，否则构成不正当竞争。对此我们可以理解为，对他人地理标志实施假冒、仿冒等行为并足以使公众发生误认的，属于该条规定的不正当竞争行为。根据《消费者权益保护法》第 56 条的相关规定，经营者不得伪造商品的产地，伪造或者冒用他人的厂名、厂址，篡改生产日期，伪造或者冒用认证标志等质量标志，否则除承担相应的法律责任外，处罚机关还应当将该情形记入经营者的信用档案，向社会公布。《产品质量法》第 30 条规定："生产者不得伪造产地，不得伪造和冒用他人的厂名、厂址。"综上，我国对地理标志的保护呈现多样化的特征。

【案例】 ZJ 省食品公司与上海 TK 食品公司等侵害商标权纠纷案

【案情】 提起火腿，人们总是会将它和浙江金华联系在一起。作为金华地区的传统名产，"金华火腿"始于唐而盛于宋，有着 1200 多年的历史。虽然"金华火腿"名声显赫，但是直到 1979 年，位于金华地区的 PJ 县食品公司才将其作为商标进行了申请注册。当时的注册证记载为"商标金华牌"，并附有一张用于火腿外包装的标识纸片。1983 年，ZJ 省食品公司以"三统一"（统一经营、统一调拨、统一核算）的行政关系为由，将 PJ 县食品公司注册的"金华火腿"注册商标无偿转移到了自己的名下，并获国家工商局商标局核准，从此以后，位于杭州的 ZJ 省食品公司成了"金华火腿"的商标权人。

为了保护这一具有典型地域特征的产品，2002 年 8 月，国家质量监督检验检疫总局经过认真审查，宣布对以原金华府辖区为准的现东阳、永康等 15 个县、市（区）行政区域范围内生产的"金华火腿"，实施国家原产地域产品保护，之后有 55 家企业经批准取得了使用"金华火腿"原产地域产品名称的资格。

2003 年 7 月，ZJ 省食品公司在上海南京东路的 TK 食品公司门店内，发现一批标有"金华火腿"字样的火腿，但未得到过该公司的商标授权。同年 11 月，ZJ 省食品公司将上海 TK 食品公司告到了法院。在得知这批产品出自浙江永康 S 火腿一厂之后，又追加了该厂作为被告。法庭上，原被告双方围绕着两个焦点问题展开了激烈的交锋。焦点之一，如何界定原告注册商标的专用权保护范围。焦点之二，上海 TK 食品公司和浙江永康 S 火腿一厂两名被告的行为是否侵犯了原告的注册商标专用权。法院最终判决，对原告指控两被告侵犯其注册商标专用权的诉讼请求不予支持。判决之后，原被告双方都没有提出上诉。❶

【评析】 该案中，"金华火腿"是金华这一特定地域的生产者，采用特定的当地原材料，经过特殊、严格的传统加工工艺而制作的火腿产品，而且在全国甚至世界范围内享有盛誉，完全符合地理标志的保护要求，因此，只要该地理标志的有权使用人正当使用该地理标志，而不是意图与"金华火腿"的商标权人相混淆，则此种正当使用方式就是符合"诚实信用"的民事法律原则的，也是应予法律认可和保护的。正是基于此原则，法院驳回了原告的诉讼请求。

思考与讨论

1. 地理标志与原产地名称的关系是什么？
2. 地理标志权的法律特征有哪些？
3. 我国对地理标志的保护措施有哪些？

延伸阅读

1. 贾引狮，宋志国. 中国与东盟地理标志法律制度比较研究 [M]. 北京：知识产权出版社，2017.

2. 曾德国. 地理标志理论与实务 [M]. 北京：知识产权出版社，2014.

3. 赵小平，鑫楠. 地理标志证明商标侵权认定研究 [J]. 山西高等学校社会科学学报，2021（1）.

4. 林秀芹，孙智. 我国地理标志法律保护的困境及出路 [J]. 云南师范大学学报（哲学社会科学版），2020（1）.

---

❶ 参见上海市第二中级人民法院（2003）沪二中民五（知）初字第 239 号民事判决书。

第二十三章 商业秘密权

商业秘密是指不为公众所知悉、具有商业价值并经权利人采取相应保密措施的技术信息、经营信息等商业信息。商业秘密的构成需要具备秘密性、价值性和保密性。而商业秘密权是指商业秘密的权利人依法对其商业秘密享有的权利。其权利内容包含占有权、使用权、收益权和处分权。对于商业秘密权的法律保护,需要我们从商业秘密权的限制、侵犯商业秘密的行为和侵犯商业秘密行为的法律责任三方面进行全面理解。本章的理论知识是正确认定商业秘密的基础,同时也常被用于解决侵犯商业秘密权相关纠纷。

第一节 商业秘密与商业秘密权概述

一、商业秘密的概念

商业秘密是指不为公众所知悉、具有商业价值并经权利人采取相应保密措施的技术信息、经营信息等商业信息。商业秘密是国际上通用的法律术语,法国、德国等国家称之为工商秘密。TRIPs协定使用的是"未披露信息"(Undisclosed Information),它主要就是指商业秘密,而不是指个人的"隐私权"等有关的秘密信息。[1]

从商业秘密的定义中我们可以看出,它包括技术信息、经营信息及其他商业信息,如商业模式,和旧的《反不正当竞争法》相比,现行立法扩大了商业秘密的范围。技术信息,又称技术秘密,是指未公开过,与产品生产和制造有关的技术诀窍或秘密技术,如生产配方、工艺流程、技术诀窍、设计图纸等。经营信息,又称经营秘密,是指能够为经营者带来经济

---

[1] 郑成思. 知识产权法 [M]. 北京:法律出版社,2003:396.

利益的保密信息，❶如进货渠道、客户名单、产销策略、财务资信情况等信息和情报。

二、商业秘密的构成要件

TRIPs协定第39条规定："自然人和法人应有可能防止其合法控制的信息在未经其同意的情况下以违反诚实商业行为的方式向他人披露，或被他人取得或使用，只要此类信息：（a）属秘密，即作为一个整体或就其各部分的精确排列和组合而言，该信息尚不为通常处理所涉信息范围内的人所普遍知道，或不易被他们获得；（b）因属秘密而具有商业价值；并且（c）由该信息的合法控制人，在此种情况下采取合理的步骤以保持其秘密性质。"由此可见，未披露信息受保护需要具备三个条件：第一，未披露信息是秘密的；第二，由于其属于保密状态而具有了商业价值；第三，信息的合法控制人根据情况采取了合理的步骤以保持其秘密状态。从该协定及世界上多数国家的立法实践来看，商业秘密的构成要件有如下几个。

（一）秘密性

要构成商业秘密，必须首先具有秘密性，即"不为公众所知悉"，也就是指该信息具有秘密的一般特性，不特定人不可能从公开的渠道所获悉。反之，如果某些信息已经被公众所知悉或者能够从公开渠道直接获取，则不构成商业秘密。这是构成商业秘密的核心条件，是商业秘密区别于其他知识产权客体的最显著特征。

需要注意的是，商业秘密的秘密性不是绝对的，而是相对的，是相对于不特定的多数人而言的。比如，单位职工因业务需要而掌握的秘密就不能认为是向社会公开。

（二）价值性

商业秘密必须是能为人们带来经济利益、具有实用性的信息，包括现实的实用性和潜在的实用性。也就是说，商业秘密必须是一种现在或者将

---

❶ 李正华.知识产权法学［M］.北京：知识产权出版社，2012：297.

来能够应用于生产经营或者对生产经营有用的具体的技术方案、经营策略或其他商业信息。这一要件包括两方面的要求：一是能为权利人带来经济利益；二是具有实用性。没有价值的信息，既然不能为权利人带来经济利益，也就不具有保护价值。

（三）保密性

商业秘密的保密性要求该商业秘密的合法控制人不仅要在主观上有将商业秘密加以保护的意识，还应当在客观上采取保密措施对其加以管理。

保密性与秘密性是不同的含义，前者是指权利人在主观上采取了保密措施防止公众知悉，后者是指有关信息在客观上没有被公众知悉。如果某些信息客观上没有被公众知悉即具有秘密性，但权利人没有采取有关保密措施对其加以管理，也不构成商业秘密。

三、商业秘密权的概念与特征

商业秘密权是指商业秘密的权利人依法对其商业秘密享有的权利。

我国民法典和反不正当竞争法均确认了商业秘密的财产属性，并规定侵权人负有赔偿责任。这说明，商业秘密权是一种财产权。

根据多数国家法律的规定，商业秘密权归属于知识产权领域。因此，商业秘密权具有知识产权的本质特征，是对创造性成果给予保护的权利形态，但商业秘密权不同于一般的知识产权，其具有以下独有特征。

（1）商业秘密权的效力具有相对性。商业秘密权不具有绝对的排他性，任何人均可以以正当的方式获得并利用该商业秘密。同样的商业秘密可能既为甲所掌控，也为乙所掌控，并且二者均采取了保密措施，同一商业秘密的多个权利主体都可以对商业秘密进行占有、使用、处分和收益。

（2）商业秘密权的保护期限具有不确定性。商业秘密权的保护期限在法律上没有规定，期限的长短取决于权利人的保密措施是否得力及商业秘密是否被公开，只要商业秘密不被泄露出去，其就一直受到法律的保护。

（3）商业秘密权在权利的取得上无须国家授权，只要其符合法律的规定，便可自动受到法律的保护。与此不同的是，专利权、集成电路布图设计权、植物新品种权等创造性成果权的取得，往往需要经过国家机关的审批，具有国家授予的特点。之所以出现这样的差异，主要因为商业秘密具有秘密性，不可能由国家来审批。

（4）商业秘密权的客体本身也具有其个性特征。在商业秘密中，技术秘密的创造性有高有低，经营信息通常无明显的创造性，在确定一项信息是否属于商业秘密时，其秘密性和价值性成为关键。

四、商业秘密权的内容

（一）占有权

占有权是指权利人对商业秘密进行控制与管理，从而防止他人采取不正当手段获取与使用等的权利。权利人对商业秘密实际上的控制与管理，是商业秘密带来竞争优势的前提。这种控制与管理包括采取合理的保密措施，防止他人采取不正当手段获取、泄露与使用。

（二）使用权

使用权是指权利人依法使用自己的商业秘密，而不受他人干涉的权利。权利人有权依法使用自己的商业秘密，只要不违反法律、不妨碍他人的合法利益或者社会公共利益，他人不得干涉。在法定或者当事人约定的情况下，非权利人也可以使用该商业秘密。

（三）收益权

收益权是指权利人从商业秘密的占有、使用、处分中获得经济利益的权利。权利人有权通过自己使用或者许可他人使用获得相应的经济利益，也可以通过转让商业秘密，从受让人那里获得经济利益。权利人还可以将商业秘密作为投资，在生产经营中获得经济利益。

（四）处分权

处分权是指权利人处分自己的商业秘密，包括放弃、无偿公开、赠予或转让等的权利。

第二节 商业秘密权的法律保护

一、商业秘密权的限制

商业秘密权的限制是从权利限制角度进行定义,同时也被称为商业秘密侵权行为的例外情形。其主要表现在以下几方面。

(一)反向工程

根据《最高人民法院关于审理不正当竞争民事案件应用法律若干问题的解释》(2020年修正)第12条规定,反向工程是指通过技术手段对从公开渠道取得的产品进行拆卸、测绘、分析等而获得该产品的有关技术信息。

商业秘密权利人投放到市场上流通的产品中所蕴含的技术信息,一旦被竞争对手通过反向工程的方式分析、研究而获知。此时,商业秘密权利人不得将通过反向工程获得商业秘密的行为指控为侵权行为,即权利人无权禁止他人以反向工程的手段获取其商业秘密。

(二)独立开发

由于商业秘密权的效力具有相对性,并且法律也并不排除在同一商业秘密之上有两个或者两个以上的权利人。因此,独立开发就是指商业秘密权利人以外的人通过自己创造性的智力劳动获得与权利人商业秘密相同的信息的行为。此时,商业秘密权利人不能禁止他人自行研究出相同的商业秘密,也不能禁止他人对自行研制出来的商业秘密因采取保密措施而成为商业秘密权利人。

(三)公权限制

国家机关根据法律的规定在执行公务过程中获取当事人的商业秘密,不视为侵犯商业秘密。在认定因属于公权限制,而不构成侵犯商业秘密权的行为时,要注意三个方面:其一,必须要根据法律的明确规定;其二,以执行职务为限;其三,国家机关及其工作人员对因依法执行职务而获得商业秘密,仍然负有保密义务。

（四）强制披露

基于维护公共利益的需要，强制披露是适用于上市公司的一种侵犯商业秘密的抗辩事由。对于未上市公司可以保持其商业秘密，但是对于上市公司必须按照《公司法》《证券法》的规定进行信息披露，如财务状况、经营情况、重组计划、人事变动等。信息一旦披露，即进入公众领域而不再是商业秘密了。

二、侵犯商业秘密的行为

商业秘密是企业的财产权利，它关乎企业的竞争力，对企业的发展至关重要，有的甚至直接影响到企业的生存。因此，杜绝侵犯商业秘密的行为，加强对商业秘密的法律保护就显得尤为重要。

侵犯商业秘密是指行为人未经权利人（合法控制人）的许可，以非法手段获取、披露、使用或者允许他人使用权利人商业秘密的行为。

侵犯商业秘密的行为具体表现为以下五类。

（1）以盗窃、贿赂、欺诈、胁迫、电子侵入或者其他不正当手段获取权利人的商业秘密，即非法获取商业秘密的行为。盗窃，即秘密窃取他人的商业秘密的行为；贿赂，即以给付物质利益或其他利益的方式，使权利人告知其商业秘密的行为；欺诈，即故意告知虚假事实或者隐瞒真实事实，使权利人在违背其真实意思的情况下让行为人获取了其商业秘密；胁迫，即行为人采取威胁、强迫的手段，使他人在受强制的情况下，违反其真实意愿而提供商业秘密的行为；电子侵入，即行为人未经授权，通过获取数据进而对商业秘密进行不正当窃取，其手段包括黑客、木马等；其他不正当手段，指上述行为以外的其他非法手段。

（2）披露、使用或者允许他人使用以前项手段获取的权利人的商业秘密，即非法披露、使用非法取得的商业秘密的行为。"非法披露"是指获取人将非法手段得到的商业秘密向第三人透露或向不特定的人公开。"非法使用"是指行为人自己或许可他人将不正当获取的商业秘密非法运用于生产经营活动中。

（3）违反保密义务或者违反权利人有关保守商业秘密的要求，披露、使用或者允许他人使用其所掌握的商业秘密。这种侵权行为以行为人负有约定的或法定的保密义务为前提，以其已合法掌握商业秘密为条件，以实施了非法披露和使用行为为事实。

（4）教唆、引诱、帮助他人违反保密义务或者违反权利人有关保守商业秘密的要求，获取、披露、使用或者允许他人使用权利人的商业秘密。《反不正当竞争法》明确将教唆、引诱、帮助等间接侵权行为纳入规制范围，完善了侵权类型。

（5）第三人明知或者应知商业秘密权利人的员工、前员工或者其他单位、个人实施上述违法行为，仍获取、披露、使用或者允许他人使用该商业秘密的，视为侵犯商业秘密。第三人虽然并非为非法手段的直接实施人，也不负有法律上的保密义务，但因为其明知此商业秘密为采取非法手段所获得而仍予以获取、披露、使用或允许他人使用，所以，法律将这种行为也作为侵犯商业秘密的行为来对待。

三、侵犯商业秘密行为的法律责任

（一）民事责任

根据民法典的基本原理，结合侵犯商业秘密案件自身的特性，侵犯商业秘密的行为人一般应承担的民事责任主要有停止侵害和赔偿损失。

1. 停止侵害

侵犯商业秘密权也是一种民事侵权行为，适用民法典关于停止侵权的一般规定，权利人也可以请求行政机关责令侵权人停止违法行为。经营者及其他自然人、法人和非法人组织违反法律规定侵犯商业秘密的，由监督检查部门责令停止违法行为。对于商业秘密侵权案件，如果商业秘密的权利人能够证明以下几点，法院也可以应权利人的申请在诉讼前、诉讼中先行作出停止侵害的裁定：原告初步证明被告侵犯了其商业秘密；如不停止侵权行为，将对权利人造成难以弥补的损失；停止侵害不会给被告造成不合理的损害。要求法院先行裁定停止侵害的权利人应当提供担保。

2. 赔偿损失

根据《最高人民法院关于适用〈中华人民共和国公司法〉若干问题的规定（四）》（2020修正）第11条规定，股东行使知情权后泄露公司商业秘密导致公司合法利益受到损害，或者依法辅助股东查阅公司文件材料的会计师、律师等泄露公司商业秘密导致公司合法利益受到损害，公司有权请求商业秘密泄露人赔偿相关损失。

侵犯商业秘密权给权利人造成损失的，侵权人应当给予赔偿，赔偿数额按照其因被侵权所受到的实际损失确定；实际损失难以计算的，按照侵权人因侵权所获得的利益确定。经营者恶意实施侵犯商业秘密行为，情节严重的，可以在按照上述方法确定数额的一倍以上五倍以下确定赔偿数额，这就是惩罚性赔偿。

经营者侵犯他人商业秘密权，权利人因被侵权所受到的实际损失、侵权人因侵权所获得的利益难以确定的，由人民法院根据侵权行为的情节判决给予权利人五百万元以下的赔偿，这就是法定赔偿。赔偿数额还应当包括经营者为制止侵权行为所支付的合理开支。由此，我们可以看出，在反不正当竞争法修改后，提高了侵权成本，加大了对商业秘密的保护力度。

（二）行政责任

对侵害商业秘密的行为，监督检查部门可以实施的行政处罚有责令停止违法行为、没收违法所得和罚款。其中罚款额度为"处十万元以上一百万元以下的罚款，情节严重的，处五十万元以上五百万元以下的罚款"。

（三）刑事责任

根据我国《刑法》第219条对侵犯商业秘密罪的规定：有下列侵犯商业秘密行为之一，情节严重的，处三年以下有期徒刑，并处或者单处罚金；情节特别严重的，处三年以上十年以下有期徒刑，并处罚金。

（1）以盗窃、贿赂、欺诈、胁迫、电子侵入或者其他不正当手段获取权利人的商业秘密的。

（2）披露、使用或者允许他人使用以前项手段获取的权利人的商业秘密的。

（3）违反保密义务或者违反权利人有关保守商业秘密的要求，披露、使用或者允许他人使用其所掌握的商业秘密的。

明知前款所列行为，获取、披露、使用或者允许他人使用该商业秘密的，以侵犯商业秘密论。

【案例】 王某等3人与深圳市H技术有限公司侵害商业秘密纠纷案

【案情】 深圳市H技术有限公司(以下简称"H公司")于1995年开始研发高科技项目光网络技术,截至2001年10月已投入研发经费人民币2亿多元、科研力量每年1500多人,开发完成并生产出光网络系列设备。据该公司报称,国内销售额已达人民币150亿元。

被告人王某等曾是H公司光网络的研发人员,在职时分别与H公司签有《员工保密合同书》《保密承诺书》,承诺除履行职务需要外,未经公司同意,不得以任何方式向第三方泄露公司的商业秘密,也不在履行职务之外使用这些秘密信息。

2001年8月至11月间,上述人员各自编造理由,先后辞职离开H公司,并与H公司签订《离职员工承诺书》,承诺不带走从公司获取的任何保密资料、未经公司书面同意不向任何单位和个人透露公司的商业秘密、不擅自使用公司商业秘密或利用公司商业秘密从事经营活动。但被告人秦某某却在离开H公司时,用光盘秘密记载了H公司光网络产品时钟模块核心器件选型与组合设计、主控模块核心器件选型与组合设计等技术信息,私自带走。

广东省深圳市南山区人民法院认为,三被告人均违反了其与H公司签订的保密协议;被告人王某、刘某明知是他人违法获取的H公司商业秘密并加以使用、允许他人使用及披露;被告人秦某以盗窃的手段获取H公司的部分商业秘密,共同给H公司造成重大经济损失,三被告人的行为均已构成侵犯商业秘密罪。深圳市南山区人民法院作出一审判决后,3名被告人不服,提起上诉。深圳市中级人民法院经审理认为原审判决认定的事实清楚、证据充分、确实,定罪准确,量刑适当,程序合法,决定维持原判。❶

【评析】 法院的判决是依据我国《刑法》第219条第一款的

---

❶ 参见广东省深圳市中级人民法院(2005)深中法刑二终字第79号刑事裁定书。

规定，以盗窃、利诱、胁迫或者其他不正当手段获取权利人的商业秘密的；或者披露、使用或者允许他人使用以前项手段获取的权利人的商业秘密的；或者违反约定或违反权利人有关保守商业秘密的要求，披露、使用或者允许他人使用其所掌握的商业秘密的，均构成侵犯商业秘密的行为。

给商业秘密的权利人造成重大损失的，处三年以下有期徒刑或者拘役，并处或者单处罚金；造成特别严重后果的，处三年以上七年以下有期徒刑，并处罚金。

对企业来说，必须认识到，某些信息要得到商业秘密的保护，首先是权利人必须自己认为其为"商业秘密"并且采取积极的足够合理的措施予以保护，否则，法律是不保护它的，这一点在对商业秘密的保护中至关重要。

思考与讨论

1. 商业秘密的构成要件有哪些？
2. 我国相关法律所规定的侵犯商业秘密权的具体表现形式有哪些？
3. 比较商业秘密权与其他传统知识产权的异同。
4. 对商业秘密权的限制有哪些？

延伸阅读

1. 冯晓青，涂靖. 商业秘密案件民刑交叉问题研究 [J]. 河南大学学报（社会科学版），2020（6）.

2. 崔国斌. 商业秘密侵权诉讼的举证责任分配 [J]. 交大法学，2020（4）.

3. 郑友德，钱向阳. 论我国商业秘密保护专门法的制定 [J]. 电子知识产权，2018（10）.

4. 李薇薇，郑友德. 欧美商业秘密保护立法新进展及对我国的启示 [J]. 法学，2017（7）.

第二十四章 集成电路布图设计权

我国的《集成电路布图设计保护条例》明确了对集成电路布图设计权的保护。集成电路布图设计权的主体是指依法对集成电路布图设计享有专有权的自然人、法人或者非法人组织；其客体是符合法定保护条件的集成电路布图设计，而非集成电路。集成电路布图设计专有权主要包括复制权和商业利用权两项。同时，我国也规定了对集成电路布图设计权的限制，如合理使用、反向工程、权利穷竭、强制许可和善意买主。本章的理论知识是正确行使集成电路布图设计权和对集成电路布图设计权进行有效保护的前提。

第一节 集成电路布图设计概述

一、集成电路布图设计的概念

1947年世界上第一支晶体管问世，此后随着平面工艺的发明，人们很快制出了集成电路。几十年来，作为计算机硬件技术核心的集成电路发展迅猛。

集成电路是指半导体集成电路，即以半导体材料为基片，将至少有一个是有源元件的两个以上元件和部分或者全部互连线路集成在基片之中或者基片之上，以执行某种电子功能的中间产品或者最终产品。通俗地说，集成电路是一种电子电路，在这个电路中，所有元器件都集中在一块基片上，而不再是由各个分立元件构成。集成电路是微电子技术的核心，是现代电子信息技术的基础，具备体积小、速度快、能耗低的特点，因此，其应用范围极其广泛。

集成电路是一种综合技术成果，它包括布图设计和工艺技术。所谓布图设计又称掩模作品或拓扑图，是附着于各种载体上的电子元件和连接这些元件的连线的有关布局设计。我国自 2001 年 10 月 1 日起施行的《集成电路布图设计保护条例》将集成电路布图设计定义为"指集成电路中至少有一个是有源元件的两个以上元件和部分或者全部互连线路的三维配置，或者为制造集成电路而准备的上述三维配置"。

二、集成电路布图设计的立法

集成电路作为一种工业产品，应当受到专利法的保护。但是，由于现有专利法、著作权法对集成电路布图设计无法给予有效的保护，世界许多国家就通过单行立法，确认布图设计的专有权，即给予其他知识产权保护。

美国于 1984 年颁布了历史上第一个保护集成电路的法律——《半导体芯片保护法》，开创了以专门法律保护集成电路布图设计的先河。随后，日本于 1985 年颁布了《半导体集成电路的线路布局法》。瑞典、英国、德国、法国、意大利、俄罗斯、韩国等也相继制定了自己的集成电路布图设计保护法。

WIPO 曾多次召集专家会议和政府间外交会议研究集成电路保护问题，逐渐形成了以保护布图设计方式实现对集成电路保护的一致观点，终于在 1989 年缔结了《关于集成电路的知识产权条约》。该条约对布图设计的客体条件、保护的法律形式、专有权保护范围、手续程序及保护期限等进行了具体规定。例如，《关于集成电路的知识产权条约》第 4 条规定："每一缔约方可自由通过布图设计（拓扑图）的专门法律或者通过其关于版权、专利、实用新型、工业品外观设计、不正当竞争的法律，或者通过任何其他法律或者任何上述法律的结合来履行其按照本条约应负的义务。"对布图设计保护的法律形式作了明确规定。

我国的集成电路布图设计保护相对较晚。2001 年 3 月 28 日，国务院通过了《集成电路布图设计保护条例》（以下简称《布图条例》），共 6 章 36 条，于 2001 年 10 月 1 日生效。这是目前我国保护集成电路布图设计知识产权的一部重要法规，它初步建立了我国集成电路布图设计的知识产权保护的理论体系。后来，国务院又制定了《集成电路布图设计保护条例实施细则》和《集成电路布图设计行政执法办法》。

第二节　集成电路布图设计权的法律保护

一、集成电路布图设计权的主体和客体

（一）集体电路布图设计权的主体

集成电路布图设计权的主体，是指依法对集成电路布图设计享有专有权的自然人、法人或者非法人组织。

按照我国《布图条例》的规定："中国自然人、法人或者非法人组织创作的布图设计，依照本条例享有布图设计专有权；外国人创作的布图设计首先在中国境内投入商业利用的，依照本条例享有布图设计专有权；外国人创作的布图设计，其创作者所属国同中国签订有关布图设计保护协议或者与中国共同参加有关布图设计保护国际条约的，依照本条例享有布图设计专有权。"据此可知，我国集体电路布图设计权的主体包括中国的自然人、法人或者非法人组织及外国人。

（二）集体电路布图设计权的客体

集体电路布图设计权的客体是指符合法定保护条件的集成电路布图设计。其客体是布图设计，而不是集成电路。

根据《布图条例》的相关规定，"受保护的布图设计应当具有独创性，即该布图设计是创作者自己的智力劳动成果，并且在其创作时该布图设计在布图设计创作者和集成电路制造者中不是公认的常规设计""受保护的由常规设计组成的布图设计，其组合作为整体应当符合前款规定的条件"由此可见，集成电路布图设计权的合格客体必须是具有独创性的布图设计。

对于布图设计的"独创性"，我们可以从以下两方面进行理解。其一，该布图设计必须是创作者自己智力劳动的成果，而非简单复制他人的布图设计。其二，该布图设计在创作完成时不能是当时集成电路行业中常用的、显而易见的或为人所熟知的。也就是说，该布图设计应当具备一定的先进性。

同时，《布图条例》中也明确确定，我国对布图设计的保护，不延及思想、处理过程、操作方法或者数学概念等。这也对集成电路布图设计权的客体作了进一步的确定。

二、集成电路布图设计权的取得

从目前世界各国的立法情况来看,集成电路布图设计权的取得方式主要有三种,分别为自然取得、登记取得、使用与登记取得。大多数国家采取登记取得制。我国也采取登记制度。

根据《布图条例》的规定,我国的集成电路布图设计权的取得程序主要包括如下。

(1)申请。国务院知识产权行政部门负责受理布图设计登记申请。申请时需要提交的文件有:布图设计登记申请表;布图设计的复制件或者图样;布图设计已投入商业利用的,提交含有该布图设计的集成电路样品及国务院知识产权行政部门规定的其他材料。

(2)初审。国务院知识产权行政部门在收到申请人的申请后,对布图设计登记申请进行初步审查。

(3)登记并公告。"布图设计登记申请经初步审查,未发现驳回理由的,由国务院知识产权行政部门予以登记,发给登记证明文件,并予以公告。"这是《布图条例》对布图设计登记与公告的具体规定。

同时,《布图条例》也规定,布图设计自其在世界任何地方首次商业利用之日起2年内,未向国务院知识产权行政部门提出登记申请的,国务院知识产权行政部门不再予以登记。

(4)对驳回申请的复审。布图设计登记申请人对国务院知识产权行政部门驳回其登记申请的决定不服的,可以自收到通知之日起3个月内,向国务院知识产权行政部门请求复审。国务院知识产权行政部门复审后,作出决定,并通知布图设计登记申请人。布图设计登记申请人对国务院知识产权行政部门的复审决定仍不服的,可以自收到通知之日起3个月内向人民法院起诉。

(5)登记的撤销。布图设计获准登记后,国务院知识产权行政部门发现该登记不符合本条例规定的,应当予以撤销,通知布图设计权利人,并予以公告。布图设计权利人对国务院知识产权行政部门撤销布图设计登记的决定不服的,可以自收到通知之日起3个月内向人民法院起诉。

三、集成电路布图设计权的内容及其行使

(一)集成电路布图设计专有权的内容

根据《布图条例》的规定,集成电路布图设计专有权主要包括复制权和商业利用权两项。

1. 复制权

《布图条例》对复制权的规定为,对受保护的布图设计的全部或者其中任何具有独创性的部分进行复制的权利。复制权,是指权利人有权通过光学的、电子学的方式或其他方式来复制其受保护的布图设计。[1]我国《布图条例》对复制的定义为"重复制作布图设计或者含有该布图设计的集成电路的行为"。这种复制与版权法中的复制的含义是不同的,它必须通过特殊的方法实现,实际上是一种重新制作。

2. 商业利用权

《布图条例》对商业利用权的规定为,将受保护的布图设计、含有该布图设计的集成电路或者含有该集成电路的物品投入商业利用的权利。虽然各国立法对此权利内容的规定不完全相同,但一般都包括出售权、出租权、展览权、陈列权及为商业目的或其他方式的利用而进口的权利等。我国《布图条例》对商业利用的定义为"为商业目的进口、销售或者以其他方式提供受保护的布图设计、含有该布图设计的集成电路或者含有该集成电路的物品的行为"。

值得注意的是,从各国现有的关于集成电路的立法规定来看,布图设计权均不包括任何精神权利,且布图设计权不影响权利人根据其他法律而对布图设计所享有的权利。

(二)集成电路布图设计权的行使

1. 集成电路布图设计权的转让

布图设计权利人可以转让其专有权。集成电路布图设计权的转让,就是指权利人将其全部权利转让给受让人所有。其转让的法律后果为布图设计权的主体发生了变化,即原权利人丧失了对集成电路布图设计的专有权,受让人成为该布图设计的权利主体,享有该布图设计的全部权利。

---

[1] 吴汉东. 知识产权法学(第七版)[M]. 北京:北京大学出版社,2019:400.

同时，也对集成电路布图设计权的转让作了相关规定，即"转让布图设计专有权的，当事人应当订立书面合同，并向国务院知识产权行政部门登记，由国务院知识产权行政部门予以公告。布图设计专有权的转让自登记之日起生效"。

2.集成电路布图设计权的许可

集成电路布图设计权的许可是指布图设计权利人通过许可合同，将其权利的全部或一部分许可他人行使。此时，布图设计权的主体并不会发生变化，权利人不会丧失对集成电路布图设计的专有权。

需要注意的是，布图设计权利人在许可他人使用其布图设计时，当事人之间应当订立书面的许可使用合同。

四、集成电路布图设计权的限制

（一）合理使用

合理使用是指为个人目的或者单纯为评价、分析、研究、教学等目的而复制受保护的布图设计的，可以不经布图设计权利人许可，不向其支付报酬。由此可见，构成合理使用存在两种情形：一是为个人目的；二是单纯为评价、分析、研究、教学等目的。当存在合理使用情形之时，行为人对该布图设计进行复制，可不经布图设计权利人许可，不向其支付报酬。

（二）反向工程

反向工程是指在对他人受保护的布图设计进行评价、分析的基础上，创作出具有独创性的布图设计。此时，行为人可以不经布图设计权利人许可，不向其支付报酬。

由于许多先进的布图设计就是在分析他人已有的布图设计的基础上而创作出来的，有利于新产品的开发和促进技术的进步，所以并未将此种行为视为侵权。

（三）权利穷竭

"受保护的布图设计、含有该布图设计的集成电路或者含有该集成电路的物品，由布图设计权利人或者经其许可投放市场后，他人再次商业利用的，可以不经布图设计权利人许可，并不向其支付报酬。"这是《布图条例》对布图设计权之权利穷竭的相关规定。也就是说，当受保护的布图设计、含有该布图设计的集成电路或者含有该集成电路的物品，由布图设计权利人或者经其许可投放市场后，布图设计权利人就不能再对他人的进口、分销等商业行为加以限制，是商业利用的权利"穷竭"。

（四）强制许可

强制许可也称为非自愿许可，是指在不经权利人同意的情况下，由有关主管部门直接发放的对布图设计的使用许可。

在以下三种情况下国务院知识产权行政部门可以给予使用其布图设计的非自愿许可：①国家出现紧急状态或者非常情况；②为了公共利益的目的；③人民法院、不正当竞争行为监督检查部门依法认定布图设计权利人有不正当竞争行为而需要给予补救时。

（五）善意买主

根据《布图条例》的相关规定："在获得含有受保护的布图设计的集成电路或者含有该集成电路的物品时，不知道也没有合理理由应当知道其中含有非法复制的布图设计，而将其投入商业利用的，不视为侵权。前款行为人得到其中含有非法复制的布图设计的明确通知后，可以继续将现有的存货或者此前的订货投入商业利用，但应当向布图设计权利人支付合理的报酬。"在此种情况下，第三人不知道或不应知道其购买的集成电路产品上含有非法复制的受保护的布图设计，其对该产品的其他商业利用行为，不视为侵权，不承担侵权责任。

五、集成电路布图设计权的保护

（一）保护期限

布图设计专有权的保护期为10年，自布图设计登记申请之日或者在世界任何地方首次投入商业利用之日起计算，以较前日期为准。

需要注意的是，无论是否登记或者投入商业利用，布图设计自创作完成之日起15年后，将不再受到保护。

（二）侵犯集成电路布图设计权的行为

侵犯布图设计权的行为，我们可以将其分为两类：其一是未经布图设计权利人许可，复制受保护的布图设计的全部或者其中任何具有独创性的部分的；其二是未经布图设计权利人许可，为商业目的进口、销售或者以其他方式提供受保护的布图设计、含有该布图设计的集成电路或者含有该集成电路的物品的。

（三）侵犯集成电路布图设计权的法律责任

我国对侵犯集成电路布图设计专有权的行为作了民事责任和行政责任两种规定。根据《布图条例》规定，行为人必须立即停止侵权行为，并承担赔偿责任。这是侵犯集成电路布图设计专有权的民事责任的体现。同时，《布图条例》也规定："国务院知识产权行政部门处理时，认定侵权行为成立的，可以责令侵权人立即停止侵权行为，没收、销毁侵权产品或者物品。"这是侵犯集成电路布图设计专有权的行政责任的体现。

【案例】 X 科技（上海）有限公司与南京 Y 科技有限公司侵害集成电路布图设计专有权纠纷案

【案情】 原告 X 科技（上海）有限公司享有 PT4115 集成电路布图设计专有权。被告南京 Y 科技有限公司与 H 公司订立协议开发 1360 集成电路。被告对原告销售的 PT4115 芯片进行了反向剖析，获取其具体电路参数、元器件结构、尺寸和内部构造等数据，形成 1360 集成电路的布图设计，提供给 H 公司，获得设计费若干。H 公司委托第三方生产 1360 管芯并优先销售给被告 67407 只，被告将管芯封装后，编码成 6808、6807 等系列集成电路向市场销售获利五万多元。

江苏省南京市中级人民法院经审理认为，被告接受委托制作的布图设计及其销售的集成电路含有的布图设计均与原告享有专有权的涉案布图设计相同。因此，被告依其与 H 公司的协议开发 1360 集成电路，通过反向剖析的手段，复制了原告涉案 PT4115

布图设计的全部，并提供给H公司进行商业利用，未经原告许可，其行为构成对原告PT4115布图设计专有权的侵害；同时，被告为商业目的，销售了含有其非法复制的布图设计的集成电路，也构成对原告PT4115布图设计专有权的侵害。2010年8月25日，法院判决：被告立即停止侵犯原告PT4115集成电路布图设计专有权的行为并赔偿原告经济损失若干。❶

【评析】布图设计专有权的保护范围应当以布图设计授权文件所确定的三维配置为准。相同的布图设计应当是执行相同电子功能集成电路的电子元件与连线的三维配置相同。实践中，我们在对以下各种情形比较后均认为相同时，可以认定布图设计相同：一是比较功能，如果功能不同，则布图设计不同；二是比较性能，如基片的材料、集成规模、元件数量等；三是比较布局、元件、连线在基片上的分布，包括各层分布及本层分布；四是比较连接状态、元件的连接，元件与连线的连接、输入输出连接等。

《布图条例》第30条规定了侵权责任，即立即停止侵权行为，并承担赔偿责任。针对该案，复制布图设计的行为仍在继续的应立即停止。侵犯布图设计专有权的赔偿数额，为侵权人所获得的利益或者被侵权人所受到的损失，包括被侵权人为制止侵权行为所支付的合理开支。

该案为全国首例涉及集成电路布图设计专有权的案件。该案的裁判，在证据固定、权利内容的理解、权利保护范围的确定、侵权判定的原则、方法及侵权责任的确定等方面进行了深入有益的探索，为此类案审理提供了宝贵的经验与样本。

思考与讨论

1. 集成电路布图设计权的权利内容有哪些？
2. 集成电路布图设计权的权利限制有哪些？
3. 如何理解集成电路布图设计权的保护模式？

---

❶ 参见江苏省南京市中级人民法院（2009）宁民三初字第435号民事判决书。

延伸阅读

1. 祝建军. 集成电路布图设计独创性判断存在的争议与解决 [J]. 电子知识产权, 2020（3）.

2. 曹志明、王志超. 集成电路布图设计专有权保护相关问题研究：国内首例侵权纠纷行政裁决案件引发的思考 [J]. 知识产权, 2018（7）.

3. 马骏. 中外集成电路知识产权制度比较研究 [J]. 科技与法律, 2017（5）.

第二十五章　植物新品种权

植物新品种权属于知识产权的范畴，对其进行保护有利于促进农、林业生产的不断发展。植物新品种的权利人享有生产权、销售权、使用权、许可权、转让权、名称标记权和追偿权。职务育种的植物新品种的申请权属于其单位，而非职务育种的植物新品种的申请权应属于完成育种的个人。植物新品种权的期限、终止、无效及侵犯植物新品种权的法律责任都是植物新品种权法律保护的有机构成。本章的理论知识是对侵犯植物新品种权的行为进行认定，并追究其法律责任的前提。

第一节　植物新品种概述

一、植物新品种的概念

《国际植物新品种保护公约》第1条将"品种"定义为"已知植物最低分类单元中单一的植物群，不论授予育种者的权利的条件是否充分满足，该植物群可以是以某一特定基因型或基因型组合表达的特征来确定；至少表现出上述的一种特性，以区别于任何其他植物群，并且作为一个分类单元其适用性经过繁殖不发生变化"。

我国《植物新品种保护条例》第2条将植物新品种定义为：经过人工培育的或者对发现的野生植物加以开发，具备新颖性、特异性、一致性和稳定性并有适当命名的植物品种。

优良的植物新品种，既可以提高农业和林业的质量和生产能力，减少因病虫灾害而产生的经济损失，又能降低对环境的压力，具有巨大的社会效益和经济效益。我国作为农业和人口大国，加强植物新品种的知识产权保护对于我国有着重要的战略意义。

二、植物新品种的保护制度

20世纪50年代是植物新品种保护制度在西方发达国家形成雏形的时期。1957年，法国组织召开了第一次植物新品种保护外交大会，形成了会议决议。在此基础上，于1961年在巴黎签订并讨论通过了《国际植物新品种保护公约》（以下简称《新品种公约》），1968年8月10日正式生效，也标志着国际保护植物新品种联盟（UPOV）这个政府间国际组织的正式成立。《新品种公约》旨在确认各成员国保护植物新品种育种者的权利，其核心内容是授予育种者对其育成的品种有排他的独占权，他人未经品种权人的许可，不得生产和销售植物新品种，或须向育种者交纳一定的费用。

随着世界经济的不断发展，1972年、1978年又分别对《新品种公约》作了两次小的修订，1991年对公约进行了较大的修改。因此，《新品种公约》拥有两个文本，1991年的文本比1978年的文本提高了植物新品种的保护水平，更严格地保护育种者的权利。我国于1999年加入了《新品种公约》的1978年文本，成为其成员国之一。

此外，TRIPs协定第27条第三款规定："缔约方应以专利方式或者一种有效的特殊体系或两者的结合对植物新品种给予保护。"

目前，各国对植物新品种的保护主要有三种模式：第一种是以专利制度来保护植物新品种；第二种是制定特别法来保护植物新品种，如英国、澳大利亚；第三种是以专利制度保护和特别法保护相结合的方式来保护植物新品种，如美国、丹麦、日本。

我国采用制定特别法保护的模式保护植物新品种。我国《专利法》第25条规定，植物品种不授予专利权。明确了植物品种不属于专利法保护的客体。为了加强对植物新品种的保护，促进我国农、林业的发展，1997年国务院颁布了《植物新品种保护条例》，此后国务院农业部和国家林业局又于1999年分别颁布实施了《植物新品种保护条例实施细则（农业部分）》和《植物新品种保护条例实施细则（林业部分）》。2013年，国务院对《植物新品种保护条例》作了局部修改，自2013年3月1日起施行。在2013年和2014年，国务院又分别对《植物新品种保护条例》作了修订。

第二节　植物新品种权的法律保护

一、植物新品种权保护的条件

植物新品种权受到法律保护须具备以下条件：①在农业或林业植物新品种保护名录范围内。②具有新颖性，即申请品种权的植物新品种在申请日前，其繁殖材料未被销售，或者经育种者许可，在中国境内销售其繁殖材料未超过 1 年，在中国境外销售藤本植物、林木、果树和观赏树木品种繁殖材料未超过 6 年，销售其他品种繁殖材料未超过 4 年。③具有适当的名称，即授予品种权的植物新品种应当具备适当的名称，并与相同或相近的植物的属或者种的名称相区别。该名称经注册登记后即为该植物新品种的通用名称。但是，仅以数字组成的、违反社会公德的和对植物新品种的特征、特性或者育种者的身份等容易引起误解的名称不得用于品种命名。④具有特异性，即申请品种权的植物新品种应当明显区别于在递交申请日以前已知的植物品种。⑤具有一致性，即申请品种权的植物经过繁殖，除可以预见的变异外，其相关的特征或者特性一致。⑥具有稳定性，即申请品种权的植物经过反复繁殖后，或者在特定繁殖周期结束时，其相关的特征或者特性保持不变。另，《植物新品种保护条例实施细则（农业部分）》第 4 条规定："对危害公共利益、生态环境的植物新品种不授予品种权。"

二、植物新品种权的内容、归属及限制

（一）植物新品种权的内容

植物新品种的权利人享有以下权利。

（1）生产权。即品种权人有权禁止没有经过自己许可的其他人，基于商业目的生产该授权品种的繁殖材料。

（2）销售权。即任何授权品种的繁殖材料的销售行为都需要经过品种权人的许可。

（3）使用权，即品种权人有权禁止他人未经许可，将该授权品种的繁殖材料为商业目的，重复用于生产另一品种的繁殖材料的行为。

（4）许可权，即品种权人可以许可他人在一定范围内实施其品种权的

权利。许可他人实施的,当事人双方应订立书面合同,明确双方的权利和义务。

(5)转让权,即品种权人对自己拥有的品种申请权和品种权的处分权。转让品种申请权或者品种权的,当事人双方应当订立书面合同,并由审批机关登记和公告。

(6)名称标记权,即品种权人有权在自己的授权品种包装上标明品种权标记的权利。

(7)追偿权,即品种权被授予后,在自初步审查合格公告之日起至被授予品种权之日止的期间,对未经申请人许可,为商业目的的生产或者销售该授权品种的繁殖材料的单位和个人,品种权人享有追偿的权利。

(二)植物新品种权的归属

执行本单位的任务或者是主要是利用本单位的物质条件,包括本单位的资金、仪器设备、试验场地及单位所有的尚未允许公开的育种材料和技术资料等所完成的育种属于职务育种,植物新品种的申请权属于其单位,而非职务育种的植物新品种的申请权应属于完成育种的个人。申请被批准后,品种权属于申请人。委托育种或合作育种的,品种权的归属由当事人在合同中约定;没有合同约定的,品种权属于受委托完成或者共同完成育种的单位或者个人。

(三)植物新品种权的限制

为了平衡权利人与社会公众之间的利益,确保社会公众接触和利用知识产权的机会,在某些特定情况下会对权利人的专有权行使进行适当的限制。其包括以下两部分。

1. 合理使用

主要包括利用授权品种进行育种及其他科研活动及农民自繁自用授权品种的繁殖材料两种情况。此时,使用授权品种的,可以不经品种权人的许可,不向其支付使用费,但不得侵犯品种权人的其他权利。

2. 强制许可

为了国家利益或公共利益,在某些情况下,审批机关可以依职权,或依当事人的请求强制品种权人许可他人实施植物新品种,并由审批机关予以登记和公告。根据《植物新品种保护条例》第 11 条的规定：取得实施强制许可的单位或者个人应当付给品种权人合理的使用费，其数额由双方商定；双方不能达成协议的，由审批机关裁决。品种权人对强制许可决定或者强制许可使用费的裁决不服的，可以自收到通知之日起 3 个月内向人民法院提起诉讼。

三、植物新品种权的期限、终止和无效

（一）植物新品种权的期限

我国《植物新品种保护条例》第 34 条规定："品种权的保护期限，自授权之日起，藤本植物、林木、果树和观赏树木为 20 年，其他植物为 15 年。"

品种权人应当自被授予品种权的当年开始缴纳年费，并且按照审批机关的要求提供用于检测的该授权品种的繁殖材料。

（二）植物新品种权的终止

有下列情形之一的，品种权在其保护期限届满前终止。
（1）品种权人以书面声明放弃品种权的。
（2）品种权人未按照规定缴纳年费的。
（3）品种权人未按照审批机关的要求提供检测所需的该授权品种的繁殖材料的。
（4）经检测该授权品种不再符合被授予品种权时的特征和特性的。
品种权的终止，由审批机关登记和公告。

（三）植物新品种权的无效

根据植物新品种保护条例的相关规定，自审批机关公告授予品种权之日起，植物新品种复审委员会可以依据职权或者依据任何单位或者个人的书面请求，对不符合新颖性、特异性、一致性和稳定性规定的，宣告品种权无效；对不符合名称规定的，予以更名。宣告品种权无效或者更名的决定，由审批机关登记和公告，并通知当事人。对植物新品种复审委员会的决定不服的，可以自收到通知之日起 3 个月内向人民法院提起诉讼。

被宣告无效的品种权视为自始不存在。宣告品种权无效的决定，对在宣告前人民法院作出并已执行的植物新品种侵权的判决、裁定，省级以上人民政府农业、林业行政部门作出并已执行的植物新品种侵权处理决定，以及已经履行的植物新品种实施许可合同和植物新品种权转让合同，不具有追溯力；但是，因品种权人的恶意给他人造成损失的，应当给予合理赔偿。依照前款规定，品种权人或者品种权转让人不向被许可实施人或者受让人返还使用费或者转让费，明显违反公平原则的，品种权人或者品种权转让人应当向被许可实施人或者受让人返还全部或者部分使用费或者转让费。

四、侵犯植物新品种权的法律责任

《植物新品种保护条例》第39条规定："未经品种权人许可，以商业目的生产或者销售授权品种的繁殖材料的，品种权人或者利害关系人可以请求省级以上人民政府农业、林业行政部门依据各自的职权进行处理，也可以直接向人民法院提起诉讼。

省级以上人民政府农业、林业行政部门依据各自的职权，根据当事人自愿的原则，对侵权所造成的损害赔偿可以进行调解。调解达成协议的，当事人应当履行；调解未达成协议的，品种权人或者利害关系人可以依照民事诉讼程序向人民法院提起诉讼。

省级以上人民政府农业、林业行政部门依据各自的职权处理品种权侵权案件时，为维护社会公共利益，可以责令侵权人停止侵权行为，没收违法所得和植物品种繁殖材料；货值金额5万元以上的，可处货值金额1倍以上5倍以下的罚款；没有货值金额或者货值金额5万元以下的，根据情节轻重，可处25万元以下的罚款。"

《植物新品种保护条例》第40条规定："假冒授权品种的，由县级以上人民政府农业、林业行政部门依据各自的职权责令停止假冒行为，没收违法所得和植物品种繁殖材料；货值金额5万元以上的，处货值金额1倍以上5倍以下的罚款；没有货值金额或者货值金额5万元以下的，根据情节轻重，处25万元以下的罚款；情节严重，构成犯罪的，依法追究刑事责任。"

此外，省级以上人民政府农业、林业行政部门依据各自的职权在查处品种权侵权案件和县级以上人民政府农业、林业行政部门依据各自的职权在查处假冒授权品种案件时,根据需要,可以封存或者扣押与案件有关的植物品种的繁殖材料,查阅、复制或者封存与案件有关的合同、账册及有关文件。

销售授权品种未使用其注册登记的名称的,由县级以上人民政府农业、林业行政部门依据各自的职权责令限期改正,可以处 1000 元以下的罚款。

综上,对于侵犯植物新品种权的,行为人应当根据具体情况承担民事责任、行政责任和刑事责任。

【案例】 四川 LK 农业有限责任公司与绵阳市 Y 种业有限责任公司侵害植物新品种权纠纷案

【案情】 原告四川 LK 农业有限责任公司诉称,2001 年 12 月 4 日,四川 L 大学将其享有品种权的水稻新品种蜀恢 527 向原告授权,授予原告享有对蜀恢 527 及其配制的 D 优 527、冈优 527 等独占生产、经营的权利。2003 年 1 月 1 日,原告获得了 D 优 527《植物新品种权证书》。被告绵阳市 Y 种业有限责任公司未经授权在 2003 年度生产 D 优 527、冈优 527 稻种。故请求判令被告停止侵权、消除影响、公开致歉,销毁库存的 D 优 527、冈优 527 稻种和赔偿损失。

四川省成都市中级人民法院认为,被告不是蜀恢 527 和 D 优 527 出资人、共有人,不享有品种权。被告于 2002 年 10 月 31 日向原告支付了品种权使用费,应当知晓原告系蜀恢 527 品种权的独占生产被许可人。后原告于 2003 年 1 月 1 日经授权成为 D 优 527 的品种权人。被告在 2003 年度未经权利人许可生产冈优 527、D 优 527 水稻种子的行为,系以商业目的生产授权品种 D 优 527 的繁殖材料,以商业目的将授权品种蜀恢 527 的繁殖材料重复使用于生产另一品种冈优 527 的繁殖材料,侵犯了原告享有的蜀恢 527 独占生产权和 D 优 527 品种权。依照《民事诉讼法》第 134 条第一款、第二款、第三款,《民法通则》第 134 条第一款第七项、第九项,《植物新品种保护条例》第 6 条之规定,判决绵阳市 Y 种业有限责任公司立即停止侵犯四川 LK 农业有限责任公司享有的蜀恢 527 独占生产权和 D 优 527 品种权的行为并全部销毁库存的 D 优 527、冈优 527 稻种,赔偿被告经济损失若干,在《四川农村日报》上刊登公开声明,消除侵权影响。后绵阳市 Y 种业有限责任公司提出上诉,2004 年 12 月 15 日四川省高级人民法院终审判决驳回上诉,维持原判。❶

【评析】 该案系植物新品种权保护的一起典型案件,涉及对品种权人和被许可人权利范围及侵权行为性质的认定。品种权包括有生产、销售、使用、许可、转让、名称标记和追偿等权利,《植物新品种保护条例实施细则(农业部分)》第 9 条规定:"完成新品种培育的人员(以下简称'培育人')是指对新品种培育作出创造性贡献的人。仅负责组织管理工作、为物质条件的利用提供方便或者从事其他辅助工作的人不能被视为培育人。"而被告无证据证明其对已由农业部授予植物新品种权的蜀恢 527、D 优 527 的培育作出了创造性贡献(其中蜀恢 527 是冈优 527、D 优 527 的亲本),也无证据证实其对培育冈优 527 作出了创造性贡献。

根据《植物新品种保护条例》第 6 条规定:"完成育种的单位或者个人对其授权品种,享有排他的独占权。任何单位或者个人未经品种权所有人许可,不得为商业目的生产或者销售该授权品种的繁殖材料,不得为商业目的将该授权品种的繁殖材料重复使用于生产另一品种的繁殖材料;但是,本条例另有规定的除外。"因此,被告在 2003 年度生产冈优 527、D 优 527 水稻种子的行为侵犯了原告享有的蜀恢 527 独占生产权和 D 优 527 品种权。

思考与讨论

1. 植物新品种权的保护模式有哪些?
2. 植物新品种的权利人享有哪些权利?

---

❶ 参见四川省高级人民法院(2004)川民终字第 469 号民事判决书。

3. 侵犯植物新品种权的法律责任有哪些?

延伸阅读

1. 管荣齐. 植物新品种的可专利性:"杂交稻培育方法"发明专利无效案 [J]. 中国发明与专利, 2020 (10).

2. 刘雪梅. 植物新品种权侵权典型案例研究 [J]. 电子知识产权, 2016 (9).

3. 侯仰坤. 论植物新品种名称的特征和法律作用 [J]. 知识产权, 2015 (9).

第二十六章 商号权

商号权是企业的一项重要的知识产权。商号又称为字号,是指经营者为了使自己的企业区别于其他经营者的企业而采用的一种标记。商号权则是指企业依法对其使用的商号所享有的专用权,是兼具有人格性与财产性的复合性权利。我国立法对商号权的取得采取登记生效主义,其内容主要包括使用权、转让权、使用许可权和变更权。目前,我国对商号权的保护并无统一立法,对其的保护散见于其他法律法规中,没有形成独立、完整的法律保护体系。本章的理论知识是明确商号这一术语适用的基础,也是解决商号权侵权纠纷的前提。

第一节 商号与商号权概述

一、商号的概念

商号,是代表商人的文字符号,是一个商人与其他商人相区别的标志。其又称为字号,是指经营者为了使自己的企业区别于其他经营者的企业而采用的一种标记。商号作为企业特定化的标志,是企业具有法律人格的表现,体现着特定的企业的商业信誉和服务质量。商号作为企业参与市场竞争的一面旗帜,已经越来越受到人们的关心和企业家的重视。

二、商号与相关概念的比较

(一)商号与企业名称

我国《企业名称登记管理规定》明确了企业名称的内涵,即企业名称是由行政区划名称、字号(或商号)、行业或者经营特点、组织形式组成的。因此,规范的企业名称由行政区划、商号、行业和组织形式四部分组成。例如,"四川长虹电器股份有限公司"这一企业名称中,"四川"是行政区划，"长虹"是公司的商号，"电器"是指公司所属的行业，"股份有限公司"是指公司的组织形式。

由此可以看出，商号是企业名称的组成部分。它是经营者特定化、人格化的标志，是企业名称中具有区别性的部分，发挥着区别不同经营者的作用，没有商号的企业名称是无法将同一注册地内同行业的不同企业区别开来的。

（二）商号与商标

商号与商标的关系极为密切，经常一起出现在同一商品上，商号有的情况下可以成为商标的一个组成部分或同一内容，但有时又不是。商号和商标在作用和性质上是有区别的，主要表现以下三方面。①商标是用来区别商品生产经营者提供的商品或服务的，代表着商品或服务的信誉、质量和特色，商标一般与某种特定的商品或服务相联系而存在；而商号是用来区别生产经营者的，代表着厂商的信誉，一般与商品的生产者或经营者相联系而存在。②我国商标权在全国都有法律效力，按照商标法的规定，有效期十年，但可以无限次地续展。而商号只在其登记注册的范围内有效，不能排除他人在不同地域注册相同商号的企业，因此在全国范围内有可能存在相同的商号，且商号权无法定时间限制，只要权利主体存在，商号权就存在。③同一个商事主体只能拥有一个商号，但是可以拥有无数个商标。

三、商号权的概念与特征

商号权是指企业依法对其使用的商号所享有的专用权。

商号权是私权的一种，属于无形财产，其既有知识产权的一般性特征，又同时具备其自身的独特性。其法律特征主要表现在以下两方面。

（1）永久性。商号权的使用一般不受期限的限制，只要经营者依法使用，原则上可终生享有，即只要企业存在，其商号权就得以无期限地存在。

（2）区域性。相对商标权与专利权受到全国范围保护而言，商号权的效力范围只限定在一定的区域范围内，商号权只在登记范围内受到保护，即只在其所在的登记机关的管辖范围内具有效力。

第二节 商号权的法律保护

一、商号权的取得

商号权的取得，依各国立法的不同通常有以下三种方式：使用取得主义、登记对抗主义和登记生效主义。使用取得主义是指商号一经使用，使用者即可取得该商号的专用权而无须履行法定登记手续，如法国。登记对抗主义是指商号权的取得无须登记，但是未经登记则不足以产生对抗第三人的效力，如韩国、日本。登记生效主义是指商号只有经过登记才可使用，才具有排他性专用权，如德国。

我国立法对商号权的取得采取的是登记生效主义。例如，《企业名称登记管理规定》第4条规定："企业只能登记一个企业名称，企业名称受法律保护。"从上述规定可以看出，登记后的企业名称受法律保护。

二、商号权的内容

商号权的内容主要包括以下几方面。

（一）使用权

商号权人对其商号享有独占使用的权利，其他任何人不得干涉和非法使用。企业在核准登记的区域内对其商号享有排他性的使用权，有权禁止其他企业使用与自己的商号相同或相近似的商号。

（二）转让权

商号权人有权依法将其商号转让给他人使用。对于商号的转让，各国立法有不同的规定，但大致分为两类：一是绝对转让主义，此种观点认为商号不得与使用此商号的企业分离而转让，即商号权的转让应当连同企业一并转让。二是相对转让主义，即商号可以单独与其企业相分离而转让，商号主体可以单独转让商号而不转让企业，而且可以由多个企业同时使用这一个商号。

（三）许可使用权

商号权人允许他人在特定范围内使用其商号权，而自己收取一定的许可使用费。双方当事人可通过协议方式来确定商号权的许可使用，使用许可关系建立以后，商号权人并不丧失商号的所有权。

（四）变更权

商号权人有权变更自己的商号。但商号权人对商号实施变更权并不是无限制的，其不能够擅自变更商号。如果在商号主体因为生产经营的需要时，则可以依法申请变更商号。这是因为，企业若频繁地变更自己的商号，不利于其自身树立稳定的企业形象，因此我国对企业变更商号作了限制性的规定。

三、商号权的法律保护

我国对商号权的保护并无统一立法，保护规定散见于诸多法律法规中，没有形成独立、完整的法律保护体系。

（1）民法典对商号权的保护。例如，《民法典》第1013条至1017条对法人、非法人组织的名称权进行的相关规定就是对商号权法律保护的相关规定。

（2）专门法对商号权的保护。这在我国《反不正当竞争法》《商标法》《公司法》《产品质量法》《消费者权益保护法》等中均有规定。例如，反不正当竞争法将擅自使用他人有一定影响的商号，引人误认为是他人商品或与他人存在特定联系的混淆行为认定为不正当竞争行为。《商标法》第32条规定"申请商标注册不得损害他人现有的在先权利"，此处所称的"在先权利"是包含商号权益在内的。

（3）部分法规对商号权的保护。例如，《企业名称登记管理规定》第21条规定："企业认为其他企业名称侵犯本企业名称合法权益的，可以向人民法院起诉或者请求为涉嫌侵权企业办理登记的企业登记机关处理。企业登记机关受理申请后，可以进行调解；调解不成的，企业登记机关应当自受理之日起3个月内作出行政裁决。"

【案例】 HL 超市股份有限公司与金湖世纪 HL 超市连锁有限公司上海松江第一分公司等侵害企业名称纠纷案

【案情】 原告 HL 超市股份有限公司于 1992 年成立,被告金湖世纪 HL 超市连锁有限公司于 2005 年 6 月 15 日成立,其注册资本为 50 万元,其法定代表人张某某出资 45 万元。张某某曾于 2004 年 12 月与上海 HL 超市杭州有限公司签订劳动合同,担任管理岗位工作。2005 年 6 月,张某某提出辞职,双方因此解除劳动关系。被告金湖世纪 HL 超市连锁有限公司上海松江第一分公司于 2005 年 11 月成立。被告金湖世纪 HL 超市管理有限公司上海第一分公司于 2005 年 12 月成立。

根据公证保全时所拍照片显示,包括被告金湖世纪 HL 松江分公司等 11 家"世纪 HL"超市门店均悬挂"世纪 HL"或"世纪 HL 超市"的招牌,其中有 8 家超市的招牌采用绿底白字或绿底白字外加黄色线框的装潢。超市的购物袋、标价签、吊旗、超市营业员所穿工衣上均印有"世纪 HL"字样。此外,包括被告金湖世纪 HL 松江分公司等 5 家超市还对外销售原告的定牌产品,产品上均标有原告的企业名称及"HL 超市"的标识。

根据被告提供的证据,自 1993 年 12 月至 2007 年,北京、天津等地亦有以"HL"为字号的超市、商厦等企业成立,如北京 HL 集团投资控股有限公司等。

2008 年 6 月 27 日,上海市第一中级人民法院判决被告金湖世纪 HL 超市连锁有限公司上海松江第一分公司等立即停止在其企业名称、门店店招、门店内部装饰及商品标识中使用"HL"文字并赔偿原告经济损失若干。后金湖世纪 HL 超市连锁有限公司提出上诉,2008 年 12 月 15 日,上海市高级人民法院终审判决驳回上诉,维持原判。❶

【评析】 该案的争议焦点为三被告在企业名称中使用"HL"

---

❶ 参见上海市高级人民法院(2008)沪高民三(知)终字第 111 号民事判决书。

文字是否侵犯了原告的企业名称权。根据原、被告的诉辩主张，法院认为：首先，原告对"HL"文字使用在先。原告成立于1992年，其企业名称以"HL"为字号，原告对"HL"文字的使用自成立之日起已有十几年的历史。三被告成立于2005年，其对"HL"文字的使用晚于原告。其次，原告的"HL"字号具有一定知名度。原告经过十几年的发展已具有一定的经营规模，截至2007年6月底，其在全国范围内拥有1,947家直营或加盟超市门店，在超市行业拥有一定的市场占有率。在被告企业名称登记之前，原告及其"HL"品牌就已经获得了较多的荣誉。最后，被告对企业名称的登记具有主观恶意。其一，被告的企业字号与原告的企业字号构成近似。其二，被告在成立时应该知晓原告及其"HL"字号。其三，被告在企业名称中使用"HL"文字无合法依据。其四，被告企业名称的使用已经造成了相关公众的混淆或误认。被告在经营活动中，在其店招、营业员工衣、购物袋、标价签、吊旗等处将"世纪HL"或"世纪HL超市"作为其企业名称的简称使用，由于被告的企业字号与原告的企业字号构成近似，且原、被告都从事超市连锁经营，具有同业竞争关系，这在客观上会使相关公众对"世纪HL超市"与原告的"HL超市"产生混淆或误认为原、被告之间存在某种关联关系。结合原告提供的几篇新闻报道及对相关公众所作的问卷调查，足以认定被告的行为已经造成了消费者的混淆或误认。

综上所述，原告对"HL"字号使用在先，且原告的"HL"字号已具有一定的知名度，根据《最高人民法院关于审理不正当竞争民事案件应用法律若干问题的解释》第6条的规定，具有一定市场知名度、为相关公众所知悉的企业名称中的字号，可以认定为《反不正当竞争法》（1993）第5条第（三）项规定的企业名称。被告未经许可，擅自使用与原告"HL"字号相近似的"世纪HL"字号，已经造成了相关公众的混淆或误认，被告的行为违反了公平竞争和诚实信用原则，侵犯了原告的企业名称权，对原告构成不正当竞争。

思考与讨论

1. 商号与企业名称的关系是什么？
2. 商号与商标之间的相互关系是什么？
3. 商号权有哪些特征？
4. 商号权的内容有哪些？

延伸阅读

1. 梁上上，李国毫. 商号法律制度研究［M］. 北京：法律出版社，2014.

2. 吴琨. 论商号权的法律保护［J］. 重庆科技学院学报（社会科学版），2018（2）.

3. 刘伟，李笑梅. 商标权与商号权诉争中的问题思考［J］. 山东审判，2016（1）.

附录　相关法律法规、司法解释与国际条约

1.《民法典》(2020年5月28日颁布,2021年1月1日施行)

2.《商标法》(1982年8月23日颁布,1993年2月2日第一次修正,2001年10月27日第二次修正,2013年8月30日第三次修正,2019年4月23日第四次修正)

3.《专利法》(1984年3月12日颁布,1992年9月4日第一次修正,2000年8月25日第二次修正,2008年12月27日第三次修正,2020年10月17日第四次修正)

4.《著作权法》(1990年9月7日颁布,2001年10月27日第一次修正,2010年2月26日第二次修正,2020年11月11日第三次修正)

5.《企业名称登记管理规定》(1991年5月6日发布,2012年11月9日第一次修订,2020年12月14日第二次修订)

6.《反不正当竞争法》(1993年9月2日颁布,2017年11月4日第一次修正,2019年4月23日第二次修正)

7.《植物新品种保护条例》(1997年3月20日公布,2013年1月31日第一次修订,2014年7月29日第二次修订)

8.《集成电路布图设计保护条例》(2001年3月28日公布)

9.《专利法实施细则》(2001年6月15日公布,2002年12月28日第一次修订,2010年1月9日第二次修订)

10.《最高人民法院关于审理专利纠纷案件适用法律问题的若干规定》(法释〔2020〕19号,2001年6月制定,2013年2月第一次修正,2015年1月第二次修正,2020年12月23日第三次修正)

11.《计算机软件保护条例》(2001年12月20日公布,2011年1月8日第一次修订,2013年1月30日第二次修订)

12.《音像制品管理条例》(2001年12月25日公布,2011年3月19日第一次修订,2013年12月7日第二次修订,2016年2月6日第三次修订)

13.《著作权法实施条例》(2002年8月2日公布,2011年1月8日第一次修订,2013年1月30日第二次修订)

14.《商标法实施条例》(2002年8月3日公布,2014年4月29日修订)

15.《最高人民法院关于审理著作权民事纠纷案件适用法律若干问题的解释》(法释〔2020〕19号,2002年10月12日公布,2020年12月23日修正)

16.《最高人民法院关于审理商标民事纠纷案件适用法律若干问题的解释》(法释〔2020〕19号,2002年10月12日公布,2020年12月23日修正)

17.《著作权集体管理条例》(2004年12月8日公布,2011年1月8日第一次修订,2013年12月7日第二次修订)

18.《地理标志保护规定》(国家质量监督检验检疫总局2005年5月16日公布)

19.《信息网络传播权保护条例》(2006年5月10日公布,2013年1月30日修订)

20.《最高人民法院关于审理不正当竞争民事案件应用法律若干问题的解释》(法释〔2020〕19号,2007年1月12日公布,2020年12月23日修订)

21.《最高人民法院关于审理涉及驰名商标保护的民事纠纷案件应用法律若干问题的解释》(法释〔2020〕19号,2009年4月22日公布,2020年12月23日修正)

22.《广播电台电视台播放录音制品支付报酬暂行办法》(2009年11月10日公布,2011年1月8日修正)

23.《最高人民法院关于审理侵犯专利权纠纷案件应用法律若干问题的解释》(法释〔2009〕21号,2009年12月28日公布)

24.《最高人民法院关于审理侵犯专利权纠纷案件应用法律若干问题的解释(二)》(法释〔2020〕19号,2016年3月21日公布,2020年12月23日修正)

25.《著作权质权登记办法》(国家版权局2010年11月25日公布)

26.《专利标识标注办法》(国家知识产权局2012年3月8日公布)

27.《专利实施强制许可办法》(国家知识产权局2012年3月15日公布)

28.《最高人民法院关于审理侵害信息网络传播权民事纠纷案件适用法律若干问题的规定》(法释〔2020〕19号,2012年12月17日公布,2020年12月23日修正)

29.《最高人民法院关于审查知识产权纠纷行为保全案件适用法律若干问题的规定》(法释〔2018〕21号,2018年12月12日公布)

30.《规范商标申请注册行为若干规定》(国家市场监督管理总局2019年

10月11日公布）

31.《注册商标专用权质押登记程序规定》（国家知识产权局2020年4月22日公布）

32.《专利权质押登记办法》（国家知识产权局2021年11月15日公布）

33.《保护工业产权巴黎公约》（Paris Convention For the Protection of Industry Property，简称《巴黎公约》，1883年3在法国巴黎订立，现行文本为1967年的斯德哥尔摩文本）.

34.《保护文学和艺术作品伯尔尼公约》（Berne Convention for the Protection of Literary and Artistic Works，简称《伯尔尼公约》，1886年9月在伯尔尼缔结，现行文本为1971年的巴黎修订本）

35.《与贸易有关的知识产权协定》（Agreement on Trade-Related Aspects of Intellectual Property，简称TRIPs协定，1994年4月由关贸总协定成员缔结，1995年7月1日生效）

36.《世界知识产权组织版权条约》（World Intellectual Property Organization Copyright Treaty，WCT，1996年12月在瑞士日内瓦签订）

37.《世界知识产权组织表演和录音制品条约》（World Intellectual Property Organization Performances and Phonograms Treaty，WPPT，1996年12月在瑞士日内瓦签订，2002年3月生效）

38.《视听表演北京条约》（Audio Visual Performance Beijing Treaty，简称《北京条约》，2012年6月26日于北京签订，2020年4月28日生效）